Hubert Klausmann (Hg.)

Sprachlicher und gesellschaftlicher Wandel in Baden-Württemberg

Projekte der Tübinger Arbeitsstelle
„Sprache in Südwestdeutschland“ (2020–2023)

LUDWIG-UHLAND-INSTITUT FÜR EMPIRISCHE KULTURWISSENSCHAFT

Untersuchungen | Band 129

Hubert Klausmann (Hg.)

Sprachlicher und gesellschaftlicher Wandel in Baden-Württemberg

Projekte der Tübinger Arbeitsstelle „Sprache in Südwestdeutschland“ (2020–2023)

Tübinger Vereinigung für Empirische Kulturwissenschaft e.V.

Dieser Band wurde mit Mitteln des Ministerium für Wissenschaft, Forschung und Kunst Baden-Württemberg, dem Förderverein Schwäbischer Dialekt e.V. und der Eva Mayr-Stihl Stiftung unterstützt.

Baden-Württemberg
MINISTERIUM FÜR WISSENSCHAFT, FORSCHUNG UND KUNST

Förderverein Schwäbischer Dialekt e.V.

EVA MAYR-STIHL STIFTUNG

Bibliografische Information der Deutschen Nationalbibliothek
Die Deutsche Nationalbibliothek verzeichnet diese Publikation in der Deutschen Nationalbibliografie; detaillierte bibliografische Daten sind im Internet über http://dnb.d-nb.de abrufbar.

Hubert Klausmann (Hg.): Sprachlicher und gesellschaftlicher Wandel in Baden-Württemberg. Projekte der Tübinger Arbeitsstelle „Sprache in Südwestdeutschland“ (2020–2023)
Tübingen: Tübinger Vereinigung für Empirische Kulturwissenschaft e. V., 2023.

ISBN: 978-3-947227-14-3

www.ekw-verlag.de

Lektorat: Hubert Klausmann
Gestaltungskonzept: Christiane Hemmerich Konzeption und Gestaltung,Tübingen
Layout und Satz: Antonia Clausnitzer
Druck: Gulde-Druck, Tübingen

INHALTSVERZEICHNIS

Vorwort

Hubert Klausmann

In den Jahren 2020 bis 2023 haben wir an der Tübinger Arbeitsstelle „Sprache in Südwestdeutschland“ gleich mehrere Projekte durchgeführt. Das größte Projekt war hierbei das Projekt „Der Dialekt im sprachlichen und gesellschaftlichen Wandel“, das vom Ministerium für Wissenschaft, Forschung und Kunst Baden-Württemberg (MWK) finanziert wurde und aus mehreren Teilprojekten bestand. Aus diesen Teilprojekten berichten in diesem Sammelband Isabell Arnstein, Rudolf Bühler und Margret Findeisen. Parallel dazu gab es das Hörbuch-Projekt 2 „Bis nach Sankt Petersburg – Ländliche Räume im Austausch“, das wir dem Ministerium für Ernährung, Ländlichen Raum und Verbraucherschutz Baden-Württemberg verdanken und das Mirjam Nast bearbeitet hat. Hierzu gibt es eine eigene Publikation. Ein kleines Projekt zur „Dialektkompetenz in der Grundschule“ wurde schließlich noch von der Eva Mayr-Stihl Stiftung finanziert. Über dieses Projekt berichte ich in diesem Sammelband. Hinzugefügt wurde noch eine kleine Untersuchung, die schon mehrere Jahre zurückliegt und bei der wir die sprachlichen Register in Baden-Württemberg erfragt haben. Auch dieser Beitrag stammt von mir.[1]

Die Ergebnisse des Projekts „Dialektkompetenz in der Grundschule“ werden in diesem Sammelband mit meinem Aufsatz „Der Sprachalltag in Baden-Württemberg: Zwischen Dialekt und Hochdeutsch“ wiedergegeben. Grundlage hierfür war eine Umfrage in den Grundschulklassen 1 und 2 aus dem Jahr 2019, bei der die Lehrerinnen und Lehrer Angaben zu den sprachlichen Registern der Kinder als auch zu ihrer eigenen sprachlichen Registerauswahl machten. Zur Beantwortung der Fragen standen stets vier Möglichkeiten zur Auswahl: Hochdeutsch, regional gefärbtes Hochdeutsch, nicht so starker Dialekt, Dialekt. Um sich ein klares Bild über die sprachliche Situation in unserem Bundesland zu machen, muss man alle Angaben in Beziehung setzen. So zeigt sich zum Beispiel ein großer Unterschied in der Dialektkompetenz der Kinder zwischen den einzelnen Landkreisen. Während die sprachlichen Register der Kinder von den Lehrerinnen und Lehrer nicht einzeln, sondern nur gruppenweise erfasst wurden, war es bei den Lehrkräften möglich, das Sprachverhalten bei jeder einzelnen Person zu beschreiben, da jede Lehrkraft für sich ein eigenes Blatt ausgefüllt hat. Durch die Möglichkeit

1 In diesem Band werden die Bezeichnungen Register und Varietät als Synonyme verwendet.

der Mehrfachnennung wird hierbei deutlich, welche Rolle der Registerwechsel im heutigen Sprachalltag spielt. Ein eigenes Kapitel ist der Einstellung der Lehrkräfte gegenüber dem Dialekt gewidmet, wobei hier wieder interessant ist, inwiefern diese das sprachliche Verhalten der Kinder mitbestimmt. Vorbild für die vorliegende Untersuchung war die Untersuchung zur Dialektkompetenz in den Kindergärten von Bayerisch-Schwaben. Am Schluss werden die dort gemachten Ergebnisse mit den baden-württembergischen Erkenntnissen verglichen.

Da es sich inhaltlich anbietet, füge ich der Grundschuluntersuchung noch einen kurzen Beitrag zu den sprachlichen Registern im ländlichen Raum bei. Dieser basiert auf einer indirekten Erhebung in 136 Ortschaften, bei der wir zwischen 2010 und 2012 nach den sprachlichen Registern in verschiedenen Situationen gefragt haben. Einzelne Ergebnisse dieser Untersuchung wurden bereits in verschiedenen Publikationen erwähnt. An dieser Stelle werden sie erstmalig vollständig publiziert.

Isabell Arnsteins Untersuchung „Innere und äußere Mehrsprachigkeit im beruflichen Schulwesen im Norden Baden-Württembergs – eine Pilotstudie“ baut auf meinem Aufsatz zur Dialektkompetenz in der Grundschule auf und erweitert diesen, indem dem Fragebogen weitere Aspekte hinzugefügt wurden. Im Zentrum des Interesses stehen zunächst wieder Fragen nach dem Sprachalltag und dem Sprachgebrauch. Darüber hinaus wird jetzt aber auch nach den Identifikationsmöglichkeiten des eigenen Dialekts gefragt und es wird der Zusammenhang zwischen Dialektkompetenz und Ortsloyalität untersucht. Das Besondere an dieser Untersuchung ist auch, dass der 21 Fragen umfassende Fragebogen sowohl von Schülerinnen und Schülern mit Deutsch als Muttersprache als auch von Schülerinnen und Schülern beantwortet wurde, die nicht Deutsch als Muttersprache haben. Am Schluss geht Isabell Arnstein noch auf die Umsetzungsmöglichkeiten des Themas im Schulunterricht ein, wobei sie Anregungen der Schülerinnen und Schüler miteinbezieht. Die von ihr untersuchten Schulen liegen alle in den ländlich geprägten Landkreisen Rhein-Neckar, Neckar-Odenwald und Main-Tauber. Am Ende ihrer Erhebungsphase konnte die Autorin auf 911 abgeschlossene Fragebögen zugreifen und daraus ihre Erkenntnisse ableiten.

Der zweite Aufsatz von Isabell Arnstein beschreibt die Ergebnisse einer weiteren Pilotstudie, bei der von ihr zwei 8. Klassenstufen einer Realschule in Bayern mit einer aus Baden-Württemberg mit Blick auf Dialektkompetenz und Dialektgebrauch verglichen werden. Schaut man in die Bildungspläne der beiden Bundesländer, so scheint das Thema „Dialekt“ seinen Platz im Schulalltag gefunden zu haben. Die für die Klasse 8 vorgesehenen Sprachbücher zeigen aber ein anderes Bild. Bei der konkreten Befragung in den Klassen stellt sich heraus, dass die Angaben zur Dialektkompetenz der Schülerinnen und Schüler, die diese von sich selbst abgegeben haben, mit der Einschätzung der Lehrerschaft nicht unbedingt übereinstimmen. Aber auch die Lehrerinnen und Lehrer sind sich untereinander bei der Beurteilung der Dialektalität ihrer Klassen nicht einig. Weitere Fragen betreffen das Interesse der Klassen am Thema „Dialekt".

Das über 800 Stunden umfassende Arno-Ruoff-Archiv wurde vom Namengeber seinerzeit aus sprachwissenschaftlichem Interesse aufgebaut und Ruoff hat mit seinen Schülerinnen und Schülern die Interviews auch unter diesem Blickwinkel untersucht und zahlreiche Publikationen hierzu veröffentlicht. In dieser Tradition steht der Beitrag von Rudolf Bühler. Er benutzt in seinem Aufsatz „Was bleibt von der Mundart im Südwesten? Vom Wandel sprachlicher Ebenen in den Jahren 1955 bis 2022 bei jungen Erwachsenen in Baden-Württemberg" die Aufnahmen des Arno-Ruoff-Archivs als Folie, um in drei schwäbischen Dialekträumen stichprobenartig aktuellen Tendenzen im Sprachverhalten bei jungen Erwachsenen nachzugehen. Hierzu hat er neuere Leitfaden-Interviews in den Landkreisen Rottweil (Westschwäbisch), Ostalb/Heidenheim (Ostschwäbisch) und Biberach/Ravensburg (Südschwäbisch) durchgeführt, die er mit Ruoff-Aufnahmen jüngerer Gewährspersonen aus den drei Räumen vergleicht. Für seine Analyse beobachtet er folgende sprachliche Phänomene, für die es eine dialektale und eine standardsprachliche Variation gibt: mhd. *î*, mhd. *û*, mhd. *ê/ô/oe*, mhd. *ei*, die Palatalisierung von *st*, die Aussprache von *nicht*, der Gebrauch des Frikativs bei *auch*, *noch*, *gleich*, die Realisierung des Auslauts in *schon*, die Reduktion des Pronomens *es* sowie die Verwendung des *ge*-Präfixes beim Partizip Perfekt vor Nicht-Plosiv. Die von ihm erstellten Samples zeigen, wo es besonders starke Unterschiede zwischen den Ruoff-Aufnahmen und den heutigen Aufnahmen gibt. Der abschließende Vergleich zwischen den drei Regionen darf allerdings nicht zu falschen Schlüssen führen. So wählen die jungen Sprecherinnen im ostschwäbischen Westhausen, die in einer Firma die telefonische Beratung durchführen, im Interview mit Rudolf Bühler eine relativ standardnahe Sprechform, die sie stets im Umgang mit Fremden gewohnt sind. Dies erklärt die relativ geringe Dialektalität in ihrer Sprechweise. Interessant ist in diesem Zusammenhang, dass die jungen Sprecherinnen und Sprecher zum Zeitpunkt der Ruoff-Aufnahmen noch problemlos mit dem Explorator Dialekt gesprochen haben. Dies zeigen die Samples der Ruoff-Aufnahmen deutlich. Letztendlich wird durch Bühlers Vergleich ein deutlicher Wechsel im Sprachgebrauch sichtbar. Der Dialekt hat sich ganz in den privaten Bereich zurückgezogen. Mit Fremden spricht man ihn nicht mehr.

Während Rudolf Bühler Aufnahmen aus dem umfangreichen Arno-Ruoff-Archiv als Vergleichsfolien zu heutigen Interviews nimmt, um aufzuzeigen wie sehr sich der Sprachgebrauch in den letzten 70 Jahren verändert hat, legt Margret Findeisen in ihrem Dissertationsprojekt dar, wie ein bislang unbekannter Teil des Archivs, nämlich die sogenannten Vertriebenen-Aufnahmen, für kulturwissenschaftliche Fragestellungen zugänglich gemacht werden kann. Ziel ist es, heute noch lebende Nachkommen der 1955 aufgenommenen Personen zu finden, gemeinsam mit ihnen die Aufnahmen ihrer Vorfahren anzuhören und durch leitfadengestützte Interviews die Rolle von Flucht und Vertreibung in der Individual- und Familienbiografie zu thematisieren. Neben dem inhaltlichen Interesse am Gesagten steht dabei auch die Frage nach der auditiven Verfasstheit der Aufnahmen und dem Hören als Wahrnehmungsmodus im Zentrum der Forschung. Die Autorin ist sich dabei bewusst, dass das Heranziehen dieses Materials durchaus problematisch ist, da die Interviews damals aus rein linguistischem Interesse durchgeführt wurden, was sich deutlich in der Interviewführung niedergeschlagen hat. Margret Findeisen nimmt die Leserinnen und Leser in ihrem Beitrag auf eine Reise durch ihre Forschungsarbeit mit: Sortieren - Aussortieren - Fokussieren sind hierbei die ersten Schritte, bevor dann die schwierige Suche nach Nachkommen beginnen kann, die auf verschiedensten Wegen zum Erfolg - oder auch Misserfolg - führte. Nach einer Einbettung ihrer Arbeit in die Tradition der Vertriebenenforschung als Teil der Empirischen Kulturwissenschaft gibt uns die Autorin am Schluss noch einen Einblick in erste Interviews, in welchen die Nachfahren der einst Interviewten ihre Erfahrungen von Nähe und Fremdheit zu den Tonaufnahmen beschreiben. Für Margret Findeisen erweisen sich die Tonbandaufnahmen somit „als hochanschlussfähiger Stimulus, der neben inhaltlichen Anknüpfungspunkten nicht zuletzt epistemische Fragen nach auditiv konzeptionierter Wissensgenerierung stellt“ (S. 298).

Der Sprachalltag in Baden-Württemberg: Zwischen Dialekt und Hochdeutsch

Eine Umfrage in den baden-württembergischen Grundschulklassen 1 und 2 und ein Vergleich mit Bayerisch-Schwaben

Hubert Klausmann

Abstract

Die vorliegende Untersuchung zur Dialektkompetenz in den Klassen 1 und 2 der Grundschule in Baden-Württemberg basiert auf Informationen über 13.591 Schülerinnen und Schüler aus 697 Klassen und auf Angaben von 705 Lehrkräften. Sie zeigt, dass hier nur noch 11,2–15,3 % der Kinder den Ortsdialekt sprechen können. Nimmt man die Kategorie „nicht so starker Dialekt" hinzu, so sind es noch etwa 32 % der Kinder, die eine regionale Sprache beherrschen. Hierbei gibt es große Unterschiede. Der Dialekt hat sich im ländlichen Raum am besten erhalten können und dort vor allem in den schwäbischen Gebieten im Osten und Süden Baden-Württembergs. Bei den Lehrerinnen und Lehrern ist interessant, dass ihnen bewusst ist, dass sie zwischen verschiedenen sprachlichen Registern wechseln. Vergleicht man diese Untersuchung mit einer Untersuchung der Dialektkompetenz in den Kindergärten von Bayerisch-Schwaben, so wird deutlich, dass der Dialekt dort viel häufiger als „schön", „vorteilhaft" und „wichtig" angesehen wird, als dies auf der baden-württembergischen Seite der Fall ist. Beide Untersuchungen haben aber auch gezeigt, dass die Einstellungen gegenüber dem Dialekt einen Einfluss auf den Dialektgebrauch haben. Letztendlich kommt man bei beiden Untersuchungen zum gleichen Schluss: Die sprachliche Entwicklung geht in Richtung Dialektverlust.

1 Einleitung

Der baden-württembergische Ministerpräsident Winfried Kretschmann eröffnete im Dezember 2018 mit einer Tagung im Stuttgarter Neuen Schloss eine Dialektinitiative, mit der er etwas gegen den vielfach beklagten Rückgang des Dialekts unternehmen wollte. In den Diskussionsrunden musste man an diesem Tag aber immer wieder feststellen, dass aktuelle Zahlen zum Dialektgebrauch in Baden-Württemberg fehlen. Die am Ludwig-Uhland-Institut der Universität Tübingen angesiedelte Arbeitsstelle „Sprache in Südwestdeutschland“, die die Dialektinitiative von Anfang an begleitete, sah es daher als ihre Aufgabe an, möglichst rasch einen ersten Überblick über die Dialektkompetenz im Land zu erhalten. Durch Werner König (Augsburg), der an der Stuttgarter Tagung teilnahm und dort in der abschließenden Podiumsdiskussion die sprachwissenschaftliche Seite des Themas vertrat, hatte ich schon früh von der Augsburger Untersuchung zum Dialekt im Kindergarten erfahren. Diese diente mir als Vorbild.[1]

2 Das Vorbild: Die Augsburger Untersuchung „Dialekt im Kindergarten“

Im Jahr 2019 erschien in der „Zeitschrift für Dialektologie und Linguistik“ (ZDL) der Aufsatz „Dialekt im Kindergarten. Ergebnisse einer Fragebogenerhebung in Bayerisch-Schwaben“ von Werner König, Christian Pfeiffer und Péter Maitz.[2] Sie hatten in den Jahren 2016 und 2017 eine Fragebogenstudie durchgeführt, um „Informationen zu Dialektkompetenz und Dialektgebrauch von 5341 Kindern im Alter von zwei bis sechs Jahren“[3] in Bayerisch-Schwaben zu erhalten. Teilgenommen hatten 173 Kindergärten und Kindertagesstätten. 380 Personen hatten als Erzieherin oder Erzieher einen Fragebogen für jedes einzelne Kind ausgefüllt.

Folgende Informationen und Zusammenhänge wurden im Fragebogen für Bayerisch-Schwaben erhoben, wobei ich hier lediglich diejenigen Informationen zusammentrage, die ich für meine Befragung übernommen habe:[4]

1. Die Herkunft der Familie der Kinder.
2. Die Sprachkompetenz und Sprachverwendung der Kinder (im Urteil der erziehenden Personen).

1 Ich danke Werner König ganz herzlich für die vielen Ratschläge vor meiner Erhebung und Anmerkungen bei der Ausarbeitung des vorliegenden Textes.

2 Werner König/Christian Pfeiffer/Péter Maitz: Dialekt im Kindergarten. Ergebnisse einer Fragebogenerhebung in Bayerisch-Schwaben. In: Zeitschrift für Dialektologie und Linguistik 86, Stuttgart 2019, S. 247–283.

3 Ebd., S. 250.

4 Da beim Dialektzensus der Augsburger Kollegen jedes Kindergartenkind einzeln beurteilt wurde, sind diese Erhebung und meine Erhebung nicht 100 % deckungsgleich.

3. Der Zusammenhang von Ortsgröße und Sprachverwendung (im Urteil der erziehenden Personen).
4. Die Muttersprache der Kinder und ihre Sprachverwendung (im Urteil der erziehenden Personen).
5. Die Herkunft der Familie und die Sprachverwendung der Kinder (im Urteil der erziehenden Personen).
6. Die Sprachverwendung der erziehenden Personen (nach ihrer eigenen Einschätzung) im Vergleich mit der Sprachverwendung der Kinder.
7. Die Einstellung der erziehenden Personen gegenüber dem Dialektgebrauch bei einem Kind
8. Die Sprachverwendung der erziehenden Personen und ihre Einstellung zum Dialekt beim Kind.
9. Die Ergebnisse in den einzelnen Regionen.

3 Anmerkungen zur Methode

König/Pfeiffer/Maitz haben in ihrer Untersuchung ausführlich die Befragungsmethode und die zu erwartenden Probleme einer Fragebogenerhebung erörtert. Da unsere Untersuchung ähnlich konzipiert war, sollen hier lediglich noch einmal ein paar wichtige Punkte herausgestellt werden:

(1) Das Problem der persönlichen Einschätzung

Alle Angaben, die im Fragebogen gemacht werden, beruhen auf den persönlichen Einschätzungen der befragten Personen. Sie allein geben an, ob die beurteilten Kinder im Unterricht oder in der Pause Dialekt, Standardsprache, hier als Hochdeutsch bezeichnet, oder eine Zwischenstufe sprechen. Wie bei allen indirekten Erhebungen sind die einzelnen Antworten daher stets mit Vorsicht zu betrachten. Die große Zahl der beurteilten Kinder sollte aber einen zuverlässigen Überblick über das Sprachverhalten in dieser Altersstufe ermöglichen.[5] Die beiden folgenden Probleme müssen bei der Interpretation der gewonnen Daten stets noch berücksichtigt werden.

(2) Das Problem der Adressenorientiertheit

Das Ausfüllen eines Fragebogens zum Thema Dialekt ist immer auch eine Art „Selbstdarstellung“, die stets adressenorientiert ist.[6] Wenn also zur Zeit die Einstellung der Öffentlichkeit gegenüber dem Dialekt recht positiv gesehen wird, so

5 Dies sehen auch die Autoren der Augsburger Untersuchung so. Vgl. ebd., S. 251.
6 Vgl. ebd., S. 250 und S. 252.

kann sich dies auf die Beantwortung der Frage durch einen Lehrer oder eine Lehrerin, ob man den Dialekt bei Kindern positiv sieht, niederschlagen, auch wenn diese Person ihn eigentlich nicht sehr schätzt. Die Tatsache, dass der Fragebogen von einem universitären „Dialektinstitut" verschickt worden war und das Kultusministerium die Erhebung unterstützt hatte, konnte also durchaus bei den befragten Personen eine vorsichtigere Haltung gegenüber dem Thema hervorrufen. Gerade bei den Fragen zu den Einstellungen der Lehrerinnen und Lehrer zum Dialekt konnte dies zu weniger negativen oder auch einfach zu neutralen Antworten führen. Dasselbe gilt für die Frage nach der sprachlichen Varietät, die die Lehrpersonen im Unterricht sprechen. Da aber für viele Personen wohl Hochdeutsch als alleinige Unterrichtssprache gilt, wird hier manche Person das Kreuz bei dieser Varietät gemacht haben, auch wenn es ein regionales Hochdeutsch ist.[7]

(3) Das Definitionsproblem „Dialekt" und „Hochdeutsch" bei Laienbefragungen

Ein weiteres Problem stellt der Terminus „Dialekt" dar, da Laien darunter eine sehr unterschiedliche sprachliche Kompetenz verstehen. Wer, wie König/Pfeiffer/Maitz mit Recht sagen, der Ansicht ist, dass der Ministerpräsident von Baden-Württemberg, Winfried Kretschmann, Dialekt spricht, siedelt den Begriff sehr nahe an der Standardsprache an, während Dialektpuristen unter Dialekt nur den alten Ortsdialekt akzeptieren und Standarddeutsch bei ihnen schon sehr früh anfängt.[8] Um dieses Problem zu lösen, haben die Autoren bei ihrer Befragung ein 3er-System zur Beantwortung angeboten: Dialekt, Standard und „etwas dazwischen". Bei einer früheren Untersuchung zu den sprachlichen Varietäten in Baden-Württemberg hatten wir den Gewährspersonen sieben Stufen, vom Orts-

7 Laut Bildungsplan für die Grundschulen in Baden-Württemberg sollen die Kinder „sich an der gesprochenen Standardsprache orientieren und artikuliert sprechen, zwischen Dialekten und Standardsprache unterscheiden und beide Sprachformen passend einsetzen" (Bildungsplan der Grundschule. Amtsblatt des Ministeriums für Kultus, Jugend und Sport Baden-Württemberg. Stuttgart 2016, S. 10). Diese Formulierung gibt den Lehrenden durchaus einen gewissen Spielraum, wann man die Standardsprache im Unterricht verwendet. In der Unterrichtspraxis ist aber – nicht nur bei Unterrichtsbesuchen durch die Schulbehörde – davon auszugehen, dass die Lehrerinnen und Lehrer nur die Standardsprache als Unterrichtssprache einsetzen.

8 Vgl. König/Pfeiffer/Maitz 2019, S. 261 Fußnote 12. Ein sehr weiter Dialektbegriff liegt zweifellos auch der Repräsentativerhebung zu aktuellen Spracheinstellungen zugrunde, die das Institut für deutsche Sprache im Jahr 2008 durchgeführt hat und wonach in Bayern und Baden-Württemberg die Mehrheit der Bevölkerung Dialekt spricht (vgl. Anne Katrin Gärtig/Albrecht Plewnia/Astrid Rothe: Wie Menschen in Deutschland über Sprache denken. Ergebnisse einer bundesweiten Repräsentativerhebung zu aktuellen Spracheinstellungen. Herausgegeben vom Institut für deutsche Sprache. Arbeitspapiere und Materialien zur deutschen Sprache. Band 40. Mannheim 2010, S. 139. Auch Davies sieht diese Angaben – in seinem Fall für Nordrhein-Westfalen – kritisch (vgl. Winifried V. Davies: Gymnasiallehrkräfte als SprachnormvermittlerInnen und Sprachnormautoritäten. In: Ders. u. a. (Hg.): Standardsprache zwischen Norm und Praxis. Theoretische Betrachtungen, empirische Studien und sprachdidaktische Ausblicke. Tübingen 2017, S. 132.

dialekt (1) bis zu Hochdeutsch (7), angeboten, mit denen sie die Varietät in verschiedenen Situationen in ihrem Ort beurteilen sollten.[9] Bei der Auswertung der Daten wurden die Stufen 1 und 2 sowie die Stufen 6 und 7 zusammengefasst, was ein auch von Arno Ruoff für das Schwäbische vorgeschlagene 5er-System ergab.[10] Um nun möglichst nahe an das Augsburger Modell heranzukommen, habe ich in meinen Fragebögen ein 4er-System eingebaut. Es sollte die beiden Extreme „Dialekt“ und „Hochdeutsch“ entlasten und den befragten Personen die Antwort erleichtern. Da bei unseren vielen Interviews im Rahmen der Erhebungen zum „Sprachatlas von Nord Baden-Württemberg“ aber auch in Tageszeitungen[11] immer wieder betont wurde, dass es keinen Dialekt mehr im Ort gebe, sollte der Begriff „nicht so starker Dialekt“ diese strenge Auffassung ebenso auffangen wie der Begriff „regionales Hochdeutsch“ auch diejenigen ansprechen sollte, die – wie es der wohl ursprünglich nur ironisch gemeinte baden-württembergische Slogan vorgibt – der Ansicht sind, kein korrektes Hochdeutsch zu sprechen.[12] Letztendlich geht es bei der Auffächerung der Antwortmöglichkeiten auf drei oder vier Register aber auch darum, die Reaktion der Personen zu testen. Inwieweit nehmen sie dieses Angebot an?

Ein weiteres Problem bei der sprachlichen Zuordnung ergibt sich durch die Frage, was man unter „Stadt“ und was man unter „Land“ versteht. Im Fragebogen waren für die Einteilung vier Größenordnungen vorgesehen, die bei der Auswertung zu zwei Größen reduziert wurden, da sich gezeigt hatte, dass der entscheidende Unterschied den Schwellenwert zwischen unter 10.000 und über 10.000 Einwohner betraf. Ob die beurteilenden Personen die Frage der Ortsgröße dabei richtig erfasst haben, kann man wegen der notwendigen Anonymität nicht überprüfen. Die Anonymität war aber Voraussetzung für die Genehmigung der Untersuchung durch das Kultusministerium. Eine genauere Definition, die die Frage klärt, welchen Ort man dem Land und welchen Ort man der Stadt zu-

9 Vgl. Hubert Klausmann/Bernhard Tschofen: „Sprachalltag“. Ein sprach- und kulturwissenschaftliches Projekt zur Alltagssprache in Nord Baden-Württemberg. In: Hubert Wicker (Hg.): Schwäbisch – Dialekt mit Tradition und Zukunft. Festschrift zum 10-jährigen Bestehen des Fördervereins Schwäbischer Dialekt e.V. Gomaringen 2011, S. 94 und Hubert Klausmann: Zwischen Dialekt und Standard – Die sprachlichen Register in den verschiedenen Situationen in Baden-Württemberg. Tübingen 2022 in diesem Band.

10 Vgl. Hubert Klausmann: Schwäbisch. Eine süddeutsche Sprachlandschaft. Darmstadt 2014, S. 36 sowie Arno Ruoff: Mundarten in Baden-Württemberg. Mit einem Beiheft. Stuttgart 1983, S. 7.

11 Vgl. hierzu Rudolf Bühler/Mirjam Nast: Warum der Dialekt (jetzt) doch nicht verschwindet. In: Ders./Hubert Klausmann/Mirjam Nast (Hg.): Schule – Medien – Öffentlichkeit. Sprachalltag und dialektale Praktiken aus linguistischer und kulturwissenschaftlicher Perspektive. Tübinger Vereinigung für Volkskunde. Untersuchungen. Band 124. Tübingen 2020, S. 151.

12 Zur Einteilung regionalsprachlicher Spektren siehe Roland Kehrein: Regionalsprachliche Spektren im Raum. Zur linguistischen Struktur der Vertikale. Zeitschrift für Dialektologie und Linguistik. Beihefte 179. Stuttgart 2012, S. 21–33.

ordnen soll, kann daher im Gegensatz zum Kindergarten-Dialektzensus hier nicht gegeben werden.[13]

(4) Die Qualität der Antworten

Zu Beginn der Auswertung habe ich alle Fragebögen durchgeschaut, um mir einen Eindruck über die Art der Beantwortung zu verschaffen. Hierbei zeigte sich, dass gelegentlich auch Fragen ausgelassen wurden. Daher kann die Zahl der Belege von Frage zu Frage schwanken. Dass die Zahl der Klassen nicht mit der Zahl der beurteilenden Lehrerinnen und Lehrer übereinstimmt, hängt damit zusammen, dass manchmal nur eine Seite beantwortet wurde. Hier zeigte sich der Nachteil eines Fragebogens mit Vorder- und Rückseite. Problematisch war auch die Frage nach dem sprachlichen Verhalten der Kinder in der Pause, da einige Personen entweder keine Pausenaufsicht führen müssen oder einen so großen Abstand zu den Kindern einhalten, dass sie dies nicht beantworten konnten. Daher war hier auch manchmal die Bemerkung „Woher soll ich das wissen?“ zu lesen.

Trotz der in den vorherigen Abschnitten dargelegten Problematik einer indirekten Erhebung zum Thema Dialekt an Grundschulen stimme ich den Autoren der Augsburger Erhebung zu, wenn sie am Ende ihrer Methodenreflexion schreiben:

> „Auch wenn die Urteile den im Abschnitt 2 beschriebenen Einflussfaktoren unterliegen, so meinen wir doch, dass diese Laienbewertungen eine Realität abbilden. Die große Menge an Urteilen (5341), die wir haben, lässt den Zufallsfehler klein werden. Es besteht kein Zweifel, dass die Einschätzungen von Linguistinnen bei der Analyse der Regionalität von Sprachformen und die der Laien nicht immer übereinstimmen. Unabhängig davon, dass auch die diesbezüglichen Einschätzungen von Linguistinnen sprachtheoretisch und auch sprachideologisch geprägte Konstrukte und insofern hinterfragbar, variabel und veränderlich sind, sollte man die Kompetenz unserer „Laienexpertinnen“ in dieser Frage nicht unterschätzen.“[14]

(5) Die Grundschuluntersuchung als Beitrag zu einer linguistisch fundierten Sprachkritik

Wie oben bereits erwähnt wurde, ist die hier vorgestellte Untersuchung im Rahmen der Dialektinitiative des baden-württembergischen Ministerpräsidenten

13 Zur Stadt-Land-Unterscheidung beim Kindergarten-Dialektzensus siehe König/Pfeiffer/Maitz 2019, S. 275.

14 Ebd., S. 256. In ihrem Aufsatz sprechen König/Pfeiffer/Maitz als „Wiedergutmachung der jahrhundertelangen diesbezüglichen Hintansetzung der Frauen“ (ebd., Fußnote 1) generisch nur von Frauen.

Kretschmann erfolgt. Ziel dieser Initiative war und ist es zu fragen, was von Seiten der Landesregierung an unterstützenden Maßnahmen zum Erhalt der Dialekte unternommen werden kann. Bevor man aber über solche Maßnahmen spricht, muss erst einmal eine Bestandsaufnahme durchgeführt werden. Dies ist ganz im Sinne der linguistisch fundierten Sprachkritik, wie sie Jürgen Schiewe, Martin Wengler u. a. in den letzten Jahren in diversen Publikationen differenziert begründet und überzeugend ausformuliert haben.[15] An anderer Stelle habe ich mit Frank Janle bereits eine Bestandsaufnahme bezüglich der Lehrpläne und der Schulbücher zum Thema Dialekt und Standardsprache durchgeführt.[16] Mit der vorliegenden Untersuchung kommen wir jetzt einen Schritt weiter, nämlich in die konkreten Schulklassen, wo nach dem dortigen Sprachalltag gefragt wird. Bei dieser Bestandsaufnahme geht es aber nicht nur um Zahlen bezüglich Dialektkompetenz und Dialektverwendung in der Schule oder im privaten Bereich, sondern auch um den Zusammenhang zwischen den Einstellungen der Unterrichtenden zum Thema Dialekt und der Verwendung der einzelnen sprachlichen Register der Kinder. Wirkt sich eine negative Einstellung zu den Dialekten auf den Sprachalltag der Kinder in der Schule aus? Sprechen sie weniger Dialekt als bei Lehrerinnen und Lehrern mit positiver Einstellung?

Dass die Schule maßgeblich die Normvorstellungen der Schülerinnen und Schüler bestimmt, steht außer Zweifel. Und die dort erfahrenen Vorstellungen, Normen oder gar sprachlichen Ideologien bleiben in der Regel ein Leben lang haften. Nur so ist es auch zu erklären, dass eine sprachliche Ideologie wie zum Beispiel der Hannoverismus, der besagt, dass man in Hannover das beste Hochdeutsch spricht, von Generation zu Generation weitergegeben wird.[17] Und dies gilt nicht nur für Laien, sondern auch, wie wir nachweisen konnten, für die normgebenden Instanzen in der Schule.[18] Wenn es letztendlich darauf hinausläuft, dass die Themen „sprachliche Variation“ und „innere Mehrsprachigkeit“ – ebenso wie die „äußere Mehrsprachigkeit“ – einen Platz in der Ausbildung der Referendarinnen und Referendare sowie in der späteren Fortbildung einnehmen sollten, so müssen wir möglichst viel über den momentanen Sprachalltag in und außerhalb der Schulen wissen. Die danach formulierten Vorschläge stehen auf sichererem Boden und können von Personen, die dieses Thema bei der Ausbildung und Fortbildung für nicht würdig empfinden, nicht einfach weggewischt werden.[19]

15 Vgl. Jürgen Schiewe/Martin Wengler: Was ist Sprachkritik? In: Iris Forster/Tobias Heinz (Hg.): Deutsche Gegenwartssprache. Globalisierung – Neue Medien – Sprachkritik. Stuttgart 2010, S. 97ff.

16 Vgl. Frank Janle/Hubert Klausmann: Dialekt und Standardsprache in der Deutschdidaktik. Eine Einführung. Tübingen 2020a, S. 87–124.

17 Zu dieser Ideologie siehe ausführlich Michael Elmentaler: In Hannover wird das beste Hochdeutsch gesprochen. In: Lieselotte Anderwald (Hg.): Sprachmythen – Fiktion oder Wirklichkeit. Frankfurt/Main 2012, S. 105–109.

18 Siehe Janle/Klausmann 2020a, S. 51–61.

19 In der Podiumsdiskussion, die die Dialekttagung im Dezember 2018 im Stuttgarter Neuen Schloss beendete, war der Leiter eines baden-württembergischen Ausbildungsseminars der

4 Die Fragebogenerhebung in den baden-württembergischen Grundschulklassen 1 und 2

Werner König hatte mir – wie oben schon gesagt – bereits einige Zeit vor dem Erscheinen der soeben dargestellten Kindergarten-Untersuchung von diesem Dialektzensus erzählt und mir auch den Fragebogen zukommen lassen. Zunächst dachte ich daran, dieses Projekt 1:1 für Baden-Württemberg zu übernehmen, doch war schnell klar, dass wir dies mit der gleichen Zielgruppe an der Tübinger Arbeitsstelle „Sprache in Südwestdeutschland", wo wir mit der Fertigstellung verschiedener Projekte beschäftigt waren, nicht leisten konnten. Auch war an eine Honorierung der befragten Kindergärten nicht zu denken. Um dennoch etwas annähernd Vergleichbares durchführen zu können, habe ich den Fragebogen etwas abgeändert, um die Befragung mit den Lehrerinnen und Lehrern baden-württembergischer Grundschulen durchzuführen. Der Vorteil dieser Vorgehensweise lag darin, dass ich zu diesem Zeitpunkt dem baden-württembergischen Ministerpräsident Winfried Kretschmann bei seiner Dialektinitiative beratend zur Seite stand und die damalige Kultusministerin Susanne Eisenmann sich dieser Initiative anschloss. Auf diese Weise konnte ich vom Kultusministerium die Genehmigung für die Untersuchung erhalten und die einzelnen Schulämter als Verteiler einsetzen. Damit war von unserer Seite der Verwaltungsaufwand relativ gering. Die Umfrage führten wir glücklicherweise noch im Herbst 2019 durch. Später wäre dies nach dem Ausbruch des Corona-Virus nicht mehr möglich gewesen. Da wir – wie gesagt – 2019/2020 mit dem Abschluss mehrerer Projekte beschäftigt waren und zu Beginn des Jahres 2021 neue Projekte starten mussten, blieben die zurückgekommenen Fragebögen liegen, bis uns im Sommer 2021 die Eva Mayr-Stihl Stiftung anbot, die Ausarbeitung dieser Fragebogenaktion zu finanzieren.[20]
Erhoben wurden folgende Daten:

1. Schulort, Anzahl der Schülerinnen und Schüler in der ganzen Schule.
2. Sprachliche Herkunft der die Schule besuchenden Kinder.
3. Sprachverwendung der die Klasse beurteilenden Lehrerinnen und Lehrer im privaten Bereich.
4. Sprachverwendung der die Klasse beurteilenden Lehrerinnen und Lehrer in der Klasse.
5. Einstellung der beurteilenden Lehrerinnen und Lehrer zur Dialektverwendung bei den Kindern.
6. Benennung des Ortsdialekts in der Bevölkerung.
7. Anzahl der Schülerinnen und Schüler der zu bewertenden Klasse.

Ansicht, dass das Thema „Dialekt" für die Ausbildung der Referendarinnen und Referendare nicht relevant sei und daher dort auch keinen Platz bekommen sollte.

20 Hierfür sei der Eva Mayr-Stihl Stiftung an dieser Stelle ganz herzlich gedankt. Da alle Mitarbeiterinnen und Mitarbeiter bereits mit neuen Projekten beschäftigt waren, habe ich die Ausarbeitung selber übernommen.

8. Herkunft der Kinder in der zu bewertenden Klasse.
9. Dialektkompetenz der Kinder in der zu bewertenden Klasse.
10. Sprachverwendung der Kinder in der zu bewertenden Klasse im Unterricht/in der Pause.
11. Sprachkompetenz der Kinder in der zu bewertenden Klasse, die Deutsch nicht als Muttersprache haben.
12. Anzahl der Kinder in der zu bewertenden Klasse, die an einer Sprachförderung teilnehmen.

Der Rücklauf war – mit der Genehmigung des Kultusministeriums im Hintergrund und der Bezugnahme im Anschreiben auf die Dialektinitiative des Ministerpräsidenten – erfreulich schnell und gut. Allerdings war offenbar das Interesse an der Mitarbeit in den verschiedenen Regionen nicht gleich. Sehr engagiert waren die südbadischen und südwürttembergischen Landkreise. Bedeutend schwächer war die Mitarbeit dagegen in den Regierungsbezirken Nordbaden und Nord-Württemberg, wo nur noch die südlichen Landkreise an der Umfrage teilnahmen. Deshalb fehlen die Landkreise Mannheim, Heidelberg, Rhein-Neckar, Neckar-Odenwald, während im ganzen Südteil Baden-Württembergs lediglich die Schulen in den Landkreisen Rottweil und Schwarzwald-Baar nicht mitmachten, was dort nicht weiter tragisch war, da wir aus den Nachbarlandkreisen genügend Antworten bekommen hatten, um uns ein Bild von der Region zu machen.

Da wir bei einigen Fragen ausdrücklich auf eine Mehrfachnennung hingewiesen haben, liegt in vielen Fällen der Gesamt-Prozentsatz über 100 %. Häufig wurden aber auch einzelne Fragen nicht beantwortet. Daher kann die Zahl der berücksichtigten Fragebögen von Frage zu Frage unterschiedlich sein.

Insgesamt haben wir aber immer noch Informationen über 697 Klassen mit 13.591 Schülerinnen und Schülern der Klassen 1 (41,6 %) und 2 (43,6 %). In 10,6 % der Klassen wurden die Kinder der beiden Jahrgangsstufen zusammen unterrichtet, bei den übrigen Fragebögen (4,2 %) fehlte die Angabe. Im Durchschnitt waren 20 Kinder in einer Klasse. Die höchste Rücklaufquote erzielte der Ortenaukreis (OG) mit 1127 Angaben für Schülerinnen und Schüler, gefolgt von den Landkreisen Ludwigsburg (LB, 1121), Pforzheim mit Enzkreis (PF, 1074) und Ostalb (AA, 922). Mit der geringsten Rücklaufquote mussten wir uns beim Landkreis Tuttlingen (TUT, 99) zufriedengeben, gefolgt von den Landkreisen Heilbronn (HN, 101), Freudenstadt (FDS, 126), Heidenheim (HDH, 179) und Hohenlohe (KÜN, 190). Im Durchschnitt kamen 428 Fragebögen pro Landkreis zurück. Beim Dialektzensus in den Kindergärten von Bayerisch-Schwaben waren es im Schnitt 485.[21]

21 Zu weiteren Zahlen siehe Tabelle 15 im Anhang.

5 Ergebnis der Auswertung für die baden-württembergischen Grundschulklassen 1 und 2[22]

5.1 Die regionale Herkunft der Kinder

Bezüglich der Frage nach der regionalen Herkunft wurden für 1855 (= 13,6 %) der Kinder keine Angaben gemacht.

Tabelle 1: Die regionale Herkunft der Kinder (Fragebogen Seite 2, Frage 1)

	Anzahl	**Prozent**
Anzahl Kinder	13.591	100 %
wohl aus der Region	6872	50,6 %
wohl aus dem sonstigen Baden-Württemberg	610	4,5 %
wohl aus einem anderen Bundesland im Süden Deutschlands	221	1,6 %
wohl aus einem anderen Bundesland im Norden Deutschlands	487	3,6 %
wohl aus dem deutschsprachigen Ausland	64	0,5 %
wohl aus einem anderen nicht deutschsprachigen Land	3130	23,0 %
keine Zuordnung möglich	352	2,6 %
Keine Angabe	1855	13,6 %

Für die nachfolgende Analyse des Fragebogens ist wichtig, dass also mindestens 50,6 % der Kinder aus der Region stammen und mehr oder weniger die Chance gehabt hätten, den Dialekt in voller Ausprägung oder in abgeschwächter Form zu

22 Das Eintippen der Antworten aus den Fragebögen übernahmen Hilfskräfte. Stellvertretend für alle sei hier Henriette Schneider gedankt, die zahlreiche Tabellen nach meinen Wünschen aus der Excel-Datei herausfilterte.

erlernen. Da auch Kinder mit einer anderen regionalen Herkunft durchaus aufgrund der sprachlichen Umgebung einen Dialekt oder Regiolekt erlernen könnten, dürfte der Prozentsatz an potentiellen Dialekt sprechenden Kindern sogar noch höher sein. Wie bei der Augsburger Untersuchung[23] sind im Folgenden alle Herkunftsgruppen bei den statistischen Werten miteinbezogen worden.

5.2 Sprachkompetenz und Sprachverwendung der Grundschulkinder insgesamt (Fragebogen Seite 2, Frage 2)

Bei dieser Frage fehlen für 2762 (= 20,3 %) der Kinder die Angaben. Offenbar fühlten sich die befragten Lehrerinnen und Lehrer bei einer Einschränkung auf nur zwei Antworten unwohl, eine Interpretation, die dadurch bestätigt wird, dass bei Frage 3 mit vier Antwortmöglichkeiten die Anzahl der fehlenden Angaben deutlich geringer war. Tabelle 2a berücksichtigt auch die Zahl der fehlenden Angaben, während in Tabelle 2b nur die tatsächlich gemachten Angaben berücksichtigt wurden.

Tabelle 2a: Wie viele Kinder der Klasse beherrschen einen Dialekt? (Fragebogen Seite 2, Frage 2: zwei Antwortmöglichkeiten)

Anzahl der Kinder insgesamt	**13.591**	**100 %**
beherrschen einen Dialekt	4789	35,2 %
beherrschen keinen Dialekt	6040	44,4 %
Keine Angabe	2762	20,3 %

Nimmt man nur die Fragebögen mit Angabe in die Bewertung, so ergeben sich logischerweise noch höhere Bewertungen:

Tabelle 2b: Wie viele Kinder der Klassen 1 und 2 beherrschen einen Dialekt? (Fragebogen Seite 2, Frage 2: zwei Antwortmöglichkeiten. Nur Fragebögen mit Angabe ausgewertet.)

Anzahl der Fragebögen mit Angabe	**10.829**	**100 %**
beherrschen einen Dialekt	4789	44,2 %
beherrschen keinen Dialekt	6040	55,8 %

23 König/Pfeiffer/Maitz 2019, S. 257.

Die Zahlen verwundern zunächst, aber sie zeigen, dass in der öffentlichen Meinung bei einer Auswahl zwischen nur zwei Antwortmöglichkeiten alles, was nicht Hochdeutsch - und das ist im Bewusstsein vieler Personen in den südlichen Bundesländern Norddeutsch - klingt, dem Dialekt zugeordnet wird.[24] Um die Antworten aus Frage 2 zu überprüfen, haben schon die Autoren des Kindergarten-Dialektzensus eine dritte Antwort eingebaut und die Frage noch einmal gestellt, aber dieses Mal nach der tatsächlichen Verwendung der verschiedenen sprachlichen Register gefragt. Da ich bei unseren Erhebungen in Baden-Württemberg in den letzten Jahren eine noch größere Auffächerung der Antworten bis zu sieben Stufen ermöglicht hatte, andererseits wegen des Vergleichs mit dem Dialektzensus in Bayerisch-Schwaben nicht zu sehr von der dortigen Untersuchung abweichen wollte, habe ich vier Stufen als Antwort zur Verfügung gestellt: (a) Hochdeutsch, (b) regional gefärbtes Hochdeutsch, (c) nicht so starker Dialekt, (d) Dialekt. Hier waren Mehrfachnennungen möglich. Das Ergebnis ist in den Tabellen 3a-3c zu sehen.

Tabelle 3a: Was verwenden die Kinder im Unterricht in den Klassen 1 und 2? (Fragebogen Seite 2, Frage 3: vier Varietäten zur Auswahl. Mehrfachnennungen möglich, aber auf den ausgefüllten Fragebögen nicht genau erkennbar, da die Klassen als Ganzes beurteilt wurden. Wegen der Mehrfachnennungen Gesamtprozentzahl über 100 %.)

Anzahl der Kinder:	**13.591**	**100 %**
Hochdeutsch (im Unterricht)	4246/13.591	31,2 %
regional gefärbtes Hochdeutsch (im Unterricht)	5156/13.591	37,9 %
nicht so starker Dialekt (im Unterricht)	2166/13.591	15,9 %
Dialekt (im Unterricht)	1520/13.591	11,2 %
Keine Angabe	1299/13.591	9,6 %

Vergleichen wir die Tabellen 2a und 3a, so stehen den 35,2 % Dialektsprechenden nur noch 11,2 % gegenüber. Was im vorangegangenen Abschnitt vermutet wurde, hat sich also bestätigt. Die beurteilenden Grundschullehrerinnen und

24 Dies ist - neben der breiter gefächerten Auswahl der Informanten - sicher auch ein Grund dafür, dass bei einer Repräsentativerhebung des Instituts für deutsche Sprache 85,7 % der befragten Personen in Baden-Württemberg angegeben haben, einen Dialekt zu sprechen. Vgl. Gärtig/Plewnia/Rothe 2010, S. 139.

-lehrer haben das erweiterte Registerangebot sofort aufgegriffen und 53,8 % der Kinder sprachlich zwischen Dialekt und Standardsprache verortet.[25] Damit ist dies heute im Unterricht die mit Abstand größte Gruppe, gefolgt von den Kindern, die Hochdeutsch sprechen (31,2 %), während die im Unterricht noch Dialekt sprechenden Kinder mit 11,2 % eine deutliche Minderheit bilden. Dass die Beurteilung der Sprachregister bei einem mehrstufigen Angebot den Vorstellungen der beurteilenden Lehrerinnen und Lehrer stärker entgegenkommt als das zweistufige Angebot, zeigt sich auch daran, dass jetzt die Zahl der nicht gemachten Angaben deutlich geringer ist. Auch wenn man die Zahl für die nicht gemachten Angaben abzieht und also nur die vorhandenen Angaben berücksichtigt, so ändert sich das Bild nur unwesentlich. Wie Tabelle 3b zeigt, erhöht sich jetzt der Anteil der Dialekt sprechenden Kinder lediglich auf 12,4 %.

Tabelle 3b: Was verwenden die Kinder im Unterricht in den Klassen 1 und 2? (Fragebogen Seite 2, Frage 3: Mehrfachnennungen möglich, aber auf den ausgefüllten Fragebögen nicht genau erkennbar, da die Klassen als Ganzes beurteilt wurden. Nur vorhandene Angaben berücksichtigt.)

Anzahl der vorhandenen Angaben:	**12.292**	**100 %**
Hochdeutsch (im Unterricht)	4246/12.292	34,5 %
regional gefärbtes Hochdeutsch (im Unterricht)	5156/12.292	41,9 %
nicht so starker Dialekt (im Unterricht)	2166/12.292	17,6 %
Dialekt (im Unterricht)	1520/12.292	12,4 %

Da ich davon ausgegangen bin, dass die Kinder in der Pause vielleicht eher Dialekt sprechen als im Unterricht, habe ich auch nach dem Sprachverhalten der Kinder in der Pause gefragt. Allerdings war die Beantwortung dieser Frage nicht unproblematisch, denn es hatte sich – wie oben bereits erwähnt – bei der Durchsicht der Fragebögen schnell herausgestellt, dass hier viele Fragebögen unbeantwortet blieben, oftmals mit dem Hinweis „Woher soll ich das wissen?". Dennoch liegen immerhin 11.400 Angaben vor.

25 Den Einwand, dass der Unterschied an der unterschiedlichen Fragestellung (beherrschen – verwenden) liegen könnte, haben bereits die Autoren des Dialektzensus widerlegt, indem sie darauf hingewiesen haben, dass „die Erzieherinnen nur über den tatsächlichen Gebrauch ein Urteil auch zur Kompetenz abgeben können" (König/Pfeiffer/Maltz 2019, S. 261).

Tabelle 3c: Was sprechen die Kinder in der Pause? (Fragebogen Seite 2, Frage 3: vier Varietäten zur Auswahl, Mehrfachnennungen möglich, aber auf den ausgefüllten Fragebögen nicht genau erkennbar, da die Klassen als Ganzes beurteilt wurden. Wegen der Mehrfachnennungen Gesamtprozentzahl über 100 %.)

Anzahl der Kinder:	**13.591**	**100 %**
Hochdeutsch (in der Pause)	3651/13.591	26,9 %
regional gefärbtes Hochdeutsch (in der Pause)	4237/13.591	31,2 %
nicht so starker Dialekt (in der Pause)	1870/13.591	13,8 %
Dialekt (in der Pause)	1742/13.591	12,8 %
Keine Angabe	2191/13.591	16,1 %

Tabelle 3d: Was sprechen die Kinder in der Pause? (Fragebogen Seite 2, Frage 3: vier Varietäten zur Auswahl, Mehrfachnennungen möglich, aber im Fragebogen nicht erkennbar. Wegen der Mehrfachnennungen Gesamtprozentzahl über 100 %. „Keine Angaben“ nicht berücksichtigt.

Anzahl der vorhandenen Angaben:	**11.400**	**100 %**
Hochdeutsch (in der Pause)	3651/11.400	32,0 %
regional gefärbtes Hochdeutsch (in der Pause)	4237/11.400	37,1 %
nicht so starker Dialekt (in der Pause)	1870/11.400	16,4 %
Dialekt (in der Pause)	1742/11.400	15,3 %

Wie erwartet wird das Sprechen im Dialekt in der Pause höher eingeschätzt als im Unterricht. Allerdings ist der Unterschied dann doch mit 12,8 % gegenüber 11,2 % nicht sehr groß. Nimmt man nur die tatsächlichen Angaben als Bezugsgröße, so liegt der Anteil der Dialekt sprechenden Kinder zwischen 12,2 % und 15,3 %.

Fazit: Der Anteil der Kinder, die in Baden-Württemberg in den Klassen 1 und 2 der Grundschulen heute noch Dialekt sprechen (können), liegt zwischen 11,0 % (im Unterricht) und 15 % (in der Pause).

5.3 Sprachliche Varietäten im Deutschen bei Kindern, die Deutsch nicht als Muttersprache haben

Tabelle 4 (Fragebogen Seite 2, Frage 5):

Anzahl Kinder mit Angaben	3130	
Hochdeutsch	1724	55,1 %
regional gefärbtes Hochdeutsch	1092	34,9 %
nicht so starker Dialekt	210	6,7 %
Dialekt	45	1,4 %
Keine Angaben	59	1,9 %

Bei dieser Tabelle sind drei Ergebnisse interessant:

(1) Der Anteil der Kinder, die nach Ansicht der beurteilenden Lehrerschaft Hochdeutsch sprechen, wird mit 55,1 % bedeutend höher eingeschätzt als dies für die Gesamtheit aller Kinder der Fall war. Allerdings steht auf vielen Fragebögen eine handschriftliche Ergänzung, die mitteilen soll, dass dies ein „gebrochenes" Hochdeutsch sei.

(2) Auch für diese Gruppe zeigt sich, dass die Register zwischen Dialekt und Hochdeutsch mit 41,6 % im Sprachalltag eine wesentliche Rolle spielen.

(3) Wenn wir die beiden Register „Dialekt" und „nicht so starken Dialekt" zusammennehmen, so spielt für diese Gruppe das regionale Sprechen mit 8,1 % bei der Integration in die süddeutsche Sprachgemeinschaft noch eine gewisse Rolle.

5.4 Exkurs: Zur Frage nach der Sprachförderung

Tabelle 5:

Kinder mit Deutsch als Muttersprache mit Sprachförderung	225
Kinder mit Deutsch nicht als Muttersprache mit Sprachförderung	974

Die Zahl derer, die für eine Sprachförderung in Frage kommen, dürfte übrigens um einiges höher sein, denn zahlreiche Fragebögen kamen mit der Bemerkung zurück, dass an dieser Schule leider keine Sprachförderung angeboten werden kann.

5.5 Dialektgebrauch und Ortsgröße (Stadt - Land)

Im Folgenden soll dem Unterschied zwischen Stadt und Land nachgegangen werden, denn es ist anzunehmen, dass auf dem Land mehr Dialektkompetenz vorhanden sein könnte als in der Stadt.[26] Im baden-württembergischen Fragebogen hatten wir bei der Ortsgröße folgende Aufteilung vorgenommen: (a) unter 3000, (b) 3000-10.000, (c) 10.000-60.000, (d) über 60.000. Nach der Durchsicht der Fragebögen hatte sich nun ergeben, dass der entscheidende Unterschied bei den Antworten den Gegensatz zwischen unter 10.000 und über 10.000 Einwohner betraf. Das mag damit zusammenhängen, dass viele größere Dörfer durch Eingemeindungen heute weit über 3000 Einwohner haben. Daher wurde in der folgenden Tabelle die Aufteilung von vier Größen, wie sie im Fragebogen enthalten war, auf zwei Größen (Land: bis 10.000 Einwohner - Stadt: über 10.000 Einwohner) reduziert. Diese Einteilung gilt auch für spätere Gegenüberstellungen von Stadt und Land.

26 Dies gilt nach Gärtig/Plewnia/Rothe 2010, S. 146 allgemein für alle deutschen Dialekte.

Tabelle 6: Sprachliche Variation bei den Kindern im Unterricht der Grundschulklassen 1 und 2 (Mehrfachnennungen möglich, aber im Fragebogen nicht erkennbar. Die Spalte mit „keine Angaben" wird weggelassen.)[27]

Sprachliches Register:	**Hochdeutsch**	**regional gefärbtes Hochdeutsch**	**nicht so starker Dialekt**	**Dialekt**
Stadt: 100 % (4769 Kinder)	39,2 % (1870)	39,0 % (1860)	11,7 % /559)	6,1 % (289)
Land: 100 % (8822 Kinder)	26,9 % (2376)	37,3 % (3294)	18,2 % (1607)	13,8 % (1221)
Unterschied:	**-12,3 %**	**-1,7 %**	**+6,5 %**	**+7,7 %**

Der Unterschied ist deutlich: Der Dialekt ist nach Einschätzung der befragten Lehrerinnen und Lehrer auf dem Land im Vergleich mit der Stadt mehr als doppelt so stark vertreten (13,8 % : 6,1 %) und das umgekehrte Verhältnis gilt für Hochdeutsch (26,9 % : 39,2 %). Wenn wir uns die Zahlen für jeden Landkreis getrennt anschauen, so kann man durchaus noch weitere Unterschiede feststellen. Um hierbei sichere Aussagen machen zu können, werden in Tabelle 7 aus allen Landkreisen diejenigen herausgegriffen, für die sowohl für die Stadt als auch für das Land eine relativ große Schülerzahl vorliegt. Dies ist der Fall bei den Landkreisen Ostalb (AA), Ludwigsburg (LB), Lörrach (LÖ) und Ortenaukreis (OG).

27 Auf eine Tabelle für alle Landkreise mit einer getrennten Berechnung für Stadt und Land wie beim Dialektzensus in Bayerisch-Schwaben habe ich verzichtet, da die Zahlen in einigen Landkreisen für die einzelnen Register zu niedrig waren, um aussagekräftig zu sein. Addiert man allerdings alle Belege getrennt für „Land" und „Stadt" in sämtlichen Landkreisen, so erhält man durchaus belastbare Zahlen, die die Grundlage für Tabelle 6 bilden.

Tabelle 7: Vergleich Stadt – Land. Ausgewählte Beispiele bei Landkreisen mit relativ hoher Anzahl von Angaben (Bezugsgröße ist die Gesamtzahl der Kinder in den Klassen in der rechten Spalte. Mehrfachangaben möglich, aber im Fragebogen nicht erkennbar. Auch wurde die Spalte mit „keine Angaben" weggelassen. Daher ergibt die Addition der Zahlen in den Spalten a-d nicht unbedingt die Gesamtzahl der Kinder)

Sprachliches Register/ Landkreise	**a Hochdeutsch**	**b regionales Hochdeutsch**	**c nicht so starker Dialekt**	**d Dialekt**	**Gesamtzahl der Kinder:**
AA	20,3 % (187)	24,7 % (228)	25,4 % (234)	32,2 % (297)	922
AA-Stadt	30,8 % (49)	30,8 % (49)	18,2 % (29)	20,1 % (32)	159
AA-Land	18,1 % (138)	23,5 % (179)	26,9 % (205)	34,7 % (265)	763
LB	36,4 % (408)	45,1 % (506)	11,6 % (130)	4,9 % (55)	1121
LB-Stadt	45,3 % (231)	44,1 % (225)	8,0 % (41)	2,6 % (13)	510
LB-Land	29,0 % (177)	46,0 % (281)	14,6 % (89)	6,9 % (42)	611
LÖ	45,3 % (312)	35,2 % (242)	8,7 % (60)	11,3 % (78)	688
LÖ-Stadt	36,8 % (93)	41,9 % (106)	2,0 % (5)	2,4 % (6)	253
LÖ-Land	50,3 % (219)	31,3 % (136)	12,6 % (55)	16,6 % (72)	435

OG	24,0 % (271)	40,2 % (453)	21,6 % (243)	12,4 % (140)	1127
OG-Stadt	37,4 % (177)	42,1 % (199)	14,2 % (67)	3,4 % (16)	473
OG-Land	14,4 % (94)	38,8 % (254)	26,9 % (176)	19,0 % (124)	654

Die Tabelle bestätigt erstens nochmals den großen Unterschied zwischen Stadt und Land beim Dialektgebrauch der Grundschulkinder in Baden-Württemberg: Im Landkreis Ludwigsburg (LB) steigt der Anteil der Dialektsprechenden beim Wechsel von der Stadt aufs Land um fast das Dreifache und im Ortenaukreis (OG) und im Landkreis Lörrach (LÖ) sogar um das Fünf- bis Siebenfache. Zweitens zeigt die Tabelle, dass auch in einer eher ländlich geprägten Region wie dem Ostalbkreis (AA) der Anteil der Dialektsprechenden in der Stadt mit 20,1 % relativ hoch sein kann. Drittens gibt es auch bei den Schulen auf dem Land große Unterschiede. Vergleicht man nur die Schulen auf dem Land, bei denen wir Angaben von mehr als 400 Schülerinnen und Schülern haben, so fällt auf, dass bei den Dialektsprechenden der Ostalbkreis weit vorne an erster Stelle liegt (34,7 %), mit großem Abstand gefolgt vom Ortenaukreis (19,0 %) und dem Landkreis Lörrach (16,6 %). Alle drei Landkreise haben in ihrem Raum den größtmöglichen Abstand zu den jeweiligen Großstädten Stuttgart, Karlsruhe und Freiburg. Andererseits ist die „ländliche" Umgebung einer Großstadt wie Freiburg mit einem Dialektanteil von 4,5 % nahezu dialektfrei. Den stärksten Dialektgebrauch meldet eine Grundschule im Ostalbkreis, wo in einer Gemeinde mit ca. 3000 Einwohnern 65 Schülerinnen und Schüler die Klassen 1 und 2 besuchen. Da wir – wie oben ausgeführt – davon ausgehen dürfen, dass auf dem Land mit der Rubrik „Dialekt" strenger umgegangen wird, nehmen wir hier die Rubriken „Dialekt" und „nicht so starker Dialekt" zusammen. Dann beträgt der Anteil von mehr oder weniger Dialekt sprechenden Kindern in dieser Schule 92,3 % – und dies betrifft ohne einen einzigen Unterschied sowohl den Unterricht als auch die Pause. Solche Inseln mit immer noch häufig Dialekt sprechenden Kindern findet man über das ganze Bundesland verteilt immer wieder. So hat eine andere Grundschule mit 100 Schülerinnen und Schülern auf dem Land im Landkreis Sigmaringen bei den Dialekt und nicht so starken Dialekt sprechenden Kindern einen Anteil von 81 % im Unterricht und 87,2 % in der Pause gemeldet.

Zum Schluss dieser Erhebung der sprachlichen Register in der Grundschule bleibt noch darauf hinzuweisen, dass alle Angaben ein in sich logisches Bild abgeben, d.h. dass die beurteilenden Personen sich Mühe gemacht und nicht willkürlich irgendetwas angekreuzt haben. Auch hier deckt sich meine Beobachtung mit der Erfahrung der Kollegen beim Dialektzensus der Kindergärten in Bayerisch-Schwaben.[28]

5.6 Sprachverwendung der Grundschullehrerinnen und Grundschullehrer im privaten Bereich und im Unterricht (nach ihrer eigenen Einschätzung; Fragebogen Seite 1, Fragen 3 und 4)

Tabelle 8a: Sprachverhalten der Grundschullehrerinnen und Grundschullehrer im privaten Bereich und im Unterricht (Lehrerinnen und Lehrer insgesamt: 705. Mehrfachnennungen möglich)

Register: Situation:	Hochdeutsch	regionales Hochdeutsch	nicht so starker Dialekt	Dialekt	zwischen Registern wechseln	Keine Angabe
privat:	14,5 % (102)	28,5 % (201)	16,3 % (115)	14,8 % (104)	25,5 % (180)	0,4 % (3)
im Unterricht:	30,2 % (213)	36,2 % (255)	3,5 % (25)	0,1 % (1)	28,7 % (202)	1,3 % (9)

Dass 30,2 % im Unterricht Hochdeutsch sprechen, verwundert nicht, ist doch Hochdeutsch für viele Lehrpersonen die Zielsprache an deutschen Schulen. Beachtlich ist aber, dass 36,2 % ihr Hochdeutsch als „regionales Hochdeutsch" einstufen, was der Wirklichkeit sehr nahekommen dürfte. Noch interessanter dürfte aber der Registerwechsel sein, den wir – im Gegensatz zur Erhebung bei den Kindern – bei dieser Gruppe erfassen können, da jede Lehrkraft einen eigenen Bogen ausgefüllt hat. Wie Tabelle 8a zeigt, spielt der Registerwechsel im Sprachalltag der befragten Gruppe offenbar eine besonders große Rolle. 25,5 % der Lehrerinnen und Lehrer wechseln im privaten Bereich zwischen den verschiedenen Registern und im Unterricht steigert sich dieser Wert nochmals auf 28,7 %.

28 Siehe König/Pfeiffer/Maitz 2019, S. 264.

Und wie dieser Registerwechsel genau aussieht, zeigen die Tabellen 8b und 8c. Im privaten Bereich wird vor allem zwischen Hochdeutsch und regional gefärbtem Hochdeutsch (32,2 %) sowie zwischen regional gefärbtem Hochdeutsch und nicht so starkem Dialekt (31,7 %) gewechselt, während sich im schulischen Bereich diese Verteilung - ganz im Sinne des gewünschten Unterrichtsziels - deutlich in Richtung Hochdeutsch verschiebt: 57,9 % der Personen, die verschiedene sprachliche Register anwenden, wechseln jetzt zwischen Hochdeutsch und regional gefärbtem Hochdeutsch und 26,2 % noch zwischen regional gefärbtem Hochdeutsch und nicht so starkem Dialekt. Alle Umfragewerte machen auf jeden Fall deutlich, wie bewusst den befragten Personen dieser Registerwechsel im sprachlichen Alltag ist. Am Beispiel von zwei Landkreisen, bei denen besonders viele Antworten vorliegen, kann dies nochmals präzisiert werden: Im Ostalbkreis (AA) wechseln 28,2 % der befragten Personen privat zwischen den sprachlichen Registern, im schulischen Bereich sogar 37 %, und im Landkreis Ludwigsburg (LB) sind es 11,8 % im privaten und 23,5 % im schulischen Bereich.

Tabelle 8b: Mehrfachnennungen beim Sprachverhalten der Lehrerinnen/Lehrer privat
Von 705 Lehrkräften haben 25,5 % (= 180 Personen) bei Frage 3 mehr als eine Antwort angekreuzt.

Mehrfachnennungen beim Sprachverhalten privat: 180 Personen	**100 %**
Hochdeutsch & regional gefärbtes Hochdeutsch	32,2 % (58)
Hochdeutsch & nicht so starker Dialekt	1,1 % (2)
Hochdeutsch & Dialekt	3,3 % (6)
regional gefärbtes Hochdeutsch & nicht so starker Dialekt	31,7 % (57)
regional gefärbtes Hochdeutsch & Dialekt	10,0 % (18)
nicht so starker Dialekt & Dialekt	6,1 % (11)
Hochdeutsch & regional gefärbtes Hochdeutsch & nicht so starker Dialekt	3,3 % (6)

Hochdeutsch & regional gefärbtes Hochdeutsch & Dialekt	3,9 % (7)
regional gefärbtes Hochdeutsch & nicht so starker Dialekt & Dialekt	3,3 % (6)
Hochdeutsch & regional gefärbtes Hochdeutsch & nicht so starker Dialekt & Dialekt	5,0 % (9)

Tabelle 8c: Mehrfachnennungen beim Sprachverhalten der Lehrerinnen/Lehrer in der Schule
Von 705 Lehrkräften haben 28,7 % (= 202 Personen) bei Frage 4 mehr als eine Antwort angekreuzt.

Mehrfachnennungen beim Sprachverhalten in der Schule: 202 Personen	**100 %**
Hochdeutsch & regional gefärbtes Hochdeutsch	57,9 % (117)
Hochdeutsch & nicht so starker Dialekt	2,5 % (5)
Hochdeutsch & Dialekt	1 % (2)
regional gefärbtes Hochdeutsch & nicht so starker Dialekt	26,2 % (53)
regional gefärbtes Hochdeutsch & Dialekt	4,4 % (9)
Hochdeutsch & regional gefärbtes Hochdeutsch & nicht so starker Dialekt	3,5 % (7)
Hochdeutsch & regional gefärbtes Hochdeutsch & Dialekt	1,5 % (3)
regional gefärbtes Hochdeutsch & nicht so starker Dialekt & Dialekt	1 % (2)
Hochdeutsch & regional gefärbtes Hochdeutsch & nicht so starker Dialekt & Dialekt	2 % (4)

Wenn wir die unter der Rubrik „Registerwechsel“ gemachten Angaben auf die anderen vier Register übertragen, so erhalten wir überall noch höhere Werte und der Anteil des Dialekts am Sprachgebrauch der Lehrerinnen und Lehrer würde im privaten Bereich sogar auf 22,8 % steigen. Sowohl Tabelle 8a als auch der soeben erwähnte Prozentsatz nach der Umschichtung der Zahlen in Tabelle 8d macht deutlich, dass der Dialekt im Sprachalltag der Lehrerinnen und Lehrer einen doch merklich höheren Anteil hat als bei den beurteilten Kindern, was man als Beleg für den überall zu beobachtenden Dialektschwund betrachten könnte.

Tabelle 8d: Sprachverhalten der Grundschullehrerinnen und Grundschullehrer im privaten Bereich (Lehrerinnen und Lehrer insgesamt: 705. Mehrfachnennungen auf die Register übertragen)

Register:	**Hochdeutsch**	**regionales Hochdeutsch**	**nicht so starker Dialekt**	**Dialekt**	**Keine Angabe**
Privat:	26,9 % (190)	51,3 % (362)	29,2 % (206)	22,8 % (161)	0,4 % (3)

Problematisch an der Selbsteinstufung der Lehrerinnen und Lehrer ist allerdings zweifelsohne, dass wir auch zu einem gewissen Teil davon ausgehen müssen, dass manche vielleicht so geantwortet haben, wie es sich heute die baden-württembergische Landesregierung und die fragende Institution – in dem Fall ein Institut für Dialektforschung in Tübingen – wünscht: Der Dialekt soll gestärkt werden, indem man in der Schule flexibel darauf reagiert. Trotz dieser Einschränkungen bin ich der Ansicht, dass die Selbsteinteilung der Lehrerinnen und Lehrer für die Beschreibung der heutigen sprachlichen Situation von großer Bedeutung ist. Sie macht nämlich zwei Aspekte klar:

1. Im Süden ist sowohl privat als auch im Unterricht eine regionale Sprechweise die Normalität.

2. Ebenso wird privat wie im Unterricht zwischen den verschiedenen sprachlichen Registern gewechselt. Und dieser Wechsel findet vor allem zwischen Hochdeutsch und regional gefärbtem Hochdeutsch sowie zwischen regional gefärbtem Hochdeutsch und nicht so starkem Dialekt statt.

Werfen wir noch einen Blick auf den Gegensatz Stadt – Land, indem wir bei Tabelle 8d zwischen den Schulen auf dem Land und den Schulen in der Stadt unterscheiden und „regionales Hochdeutsch“ und „nicht so starker Dialekt“ in der Spalte „etwas dazwischen“ zusammenfassen. Dann ergibt sich ohne Berücksichtigung der drei fehlenden Angaben folgender Unterschied:

Tabelle 8e: Unterschied Stadt – Land bei den Lehrerinnen und Lehrern im privaten Bereich (Mehrfachnennungen möglich)

Lehrerinnen/Lehrer gesamt: 705	**Hochdeutsch**	**etwas dazwischen**	**Dialekt**
Baden-Württemberg: 919 Angaben	190	568	161
Lehrerinnen/Lehrer in der Stadt: 251	30,3 % (76)	78,9 % (198)	20,3 % (51)
Lehrerinnen/Lehrer auf dem Land: 454	25,1 % (114)	81,5 % (370)	24,2 % (110)

Der Unterschied zwischen Stadt und Land ist beim Sprechen im privaten Bereich bei den Grundschullehrerinnen und -lehrern mit knapp vier Prozent relativ gering. Allerdings ist es interessant zu beobachten, dass diejenigen Landkreise, die bei den Kindern den stärksten Dialektanteil hatten, auch beim Dialektgebrauch der Lehrerinnen und Lehrer vorne liegen. Als Beispiel kann hier wieder der Ostalbkreis dienen, für den wir immerhin 46 Fragebögen und wegen der Mehrfachangaben 64 Antworten haben. Kontrastiv daneben stehen die Angaben für den Landkreis Ludwigsburg, der beim Dialektgebrauch der Kinder in der Rangfolge der dialektstärksten Landkreise weit hinten liegt[29] und für den wir ebenfalls sehr viele Antworten vorliegen haben.

Tabelle 8f: Aufteilung der sprachlichen Register bei den Lehrerinnen und Lehrern im privaten Bereich am Beispiel des Ostalbkreises (AA) und des Landkreises Ludwigsburg (LB) (Mehrfachnennungen möglich)

Register: **Landkreis:**	**Hochdeutsch**	**regionales Hochdeutsch**	**nicht so starker Dialekt**	**Dialekt**
Ostalbkreis	12,5 % (8)	26,6 % (17)	34,4 % (22)	26,6 % (17)
Ludwigsburg	28,3 % (17)	35 % (21)	25 % (15)	11,7 % (7)

29 Siehe Tabelle 16 im Anhang.

Auch in den Landkreisen Sigmaringen (SIG) und Reutlingen (RT), die in der Rangfolge der dialektstärksten Landkreise weit vorne liegen, haben wir ähnliche Verhältnisse, wobei bei beiden sogar niemand „Hochdeutsch" angekreuzt hat. Mit 17 und 22 Lehrkräften lohnt es sich aber hier nicht, die Angaben 0-4-6-7 (SIG) und 0-7-6-9 (RT) in Prozente umzurechnen. Auch im Alb-Donau-Kreis mit Ulm liegen die Verhältnisse mit 4-5-13-6 (UL) noch ähnlich. In der Landeshauptstadt Stuttgart lautet die Verteilung von Hochdeutsch über die Register „dazwischen" bis zum Dialekt 6-10-4-2 und in Konstanz sogar 2-9-1-0.

Meines Erachtens sind die Angaben der Lehrerinnen und Lehrer über ihr Sprachverhalten im privaten Bereich deshalb wichtig, weil sie die sprachlichen Verhältnisse des jeweiligen Landkreises widerspiegeln.[30] Im Ostalbkreis habe ich mehrere Jahrzehnte gewohnt und hier sozusagen eine teilnehmende Beobachtung über 30 Jahre durchführen können. Daher kann ich sagen, dass die oben angeführte Aufteilung des sprachlichen Verhaltens wirklich dieser Region entspricht. Schwäbisch spielt in der ostschwäbischen Variante auf dem Land nach wie vor eine große Rolle und in der Stadt hört man an vielen Orten ein Schwäbisch, bei dem auffallend ostschwäbische Besonderheiten wie die Sprossvokalbildung (Beispiel: *gern* > *gäärä*) fehlen, aber gemeinschwäbische Lautungen und Formen (Beispiel: die Pluralbildung auf *-et*) ebenso beibehalten werden wie kleinräumige Besonderheiten bei der Bildung von Partizip Perfektformen (Beispiel: *gwäst* „gewesen").

5.7 Der Zusammenhang zwischen dem Sprachregister der beurtei lenden Personen im privaten Bereich und ihrem sprachlichen Verhalten mit den Kindern

Die Tabellen 9a und 9b sollen an zwei Beispielen konkret aufzeigen, wie diejenigen Personen, die privat „etwas dazwischen" oder „Dialekt" sprechen, ihr sprachliches Register im Unterricht verändern.

30 Eine Stadt-Land-Untersuchung für die sprachlichen Register im Unterricht ist wegen der geringen Zahl von Personen, die in der Grundschule überhaupt den Dialekt einsetzen, nicht aussagekräftig. Daher wird hier auf eine Tabelle mit diesem Thema verzichtet.

Tabelle 9a: Lehrerinnen/Lehrer sprechen privat „etwas dazwischen" (568). Dann sprechen sie mit den Kindern...

Hochdeutsch	**regionales Hochdeutsch**	**nicht so starken Dialekt**	**Dialekt**
39,3 % (223/568)	67,1 % (381/568)	10,6 % (60/568)	2,3 % (13/568)

Tabelle 9b: Lehrerinnen/Lehrer sprechen privat Dialekt (161). Dann sprechen sie mit den Kindern...

Hochdeutsch	**regionales Hochdeutsch**	**nicht so starken Dialekt**	**Dialekt**
37,9 % (61/161)	64,6 % (104/161)	33,5 % (54/161)	16,1 % (26/161)

Ein Vergleich der beiden Tabellen zeigt deutlich, wie sehr bei den Lehrkräften der regionale Charakter des sprachlichen Registers im Unterricht ins Spiel kommt, wenn sie auch privat noch Dialekt sprechen. Von Tabelle 9a zu Tabelle 9b erhöht sich dann der Anteil des Dialekts im Unterricht von 2,3 % auf 16,1 % und fasst man die Register „nicht so starker Dialekt" und „Dialekt" zusammen, so erhöht sich der Anteil dieses „regionalen Sprachcharakters" sogar von 12,9 % auf 49,6 %.

5.8 Der Zusammenhang zwischen dem Sprachregister der beurteilenden Personen im privaten Bereich und dem sprachlichen Verhalten der Kinder

Es wurde bereits oben gesagt, dass das sprachliche Verhalten der Lehrerinnen und Lehrer im privaten Bereich nicht nur etwas über die einzelnen Personen aussagt, sondern – was für uns viel wichtiger ist – auch die sprachlichen Verhältnisse des Landkreises widerspiegelt. Daher ist es sinnvoll, die sprachlichen Register der Lehrkräfte in einen Zusammenhang mit den sprachlichen Registern der Kinder zu bringen. Tabelle 10 zeigt, wie sehr die beiden Registerverteilungen zusammenhängen.

Tabelle 10: Wenn die Lehrkräfte privat... sprechen, dann sprechen die Kinder...[31]

	Dann sprechen die Kinder im Unterricht:			
Lehrerin/ Lehrer spricht privat...	**Hochdeutsch**	**regionales Hochdeutsch**	**nicht so starken Dialekt**	**Dialekt**
Hochdeutsch	46,2 % (1603/3472)	32,9 % (1144/3472)	12,3 % (428/3472)	8,6 % (297/3472)
regional gefärbtes Hochdeutsch	31,9 % (2106/6604)	43,4 % (2863/6604)	15,5 % (1026/6604)	9,2 % (609/6604)
nicht so starken Dialekt	25,6 % (986/3843)	38,4 % (1475/3843)	22,8 % (876/3843)	13,2 % (506/3843)
Dialekt	31,5 % (958/3042)	32,0 % (972/3042)	16,6 % (505/3042)	19,9 % (607/3042)

Der Zusammenhang zwischen den vier sprachlichen Registern der Lehrkräfte (privat), die die sprachliche Umgebung der Kinder widerspiegeln, und den sprachlichen Registern der Kinder ist eindeutig. Leben diese in einer Gegend, in der der Dialekt noch relativ gut erhalten ist, so erreicht der Dialektanteil bei den Kindern im Unterricht im Landesdurchschnitt noch 19,9 %. Handelt es sich beim Schulort aber um einen Raum, in dem das Hochdeutsche vorherrscht, so sinkt der Dialektanteil bei den Kindern in diesem Fall auf 8,6 %.

5.9 Einstellungen zum Thema Dialekt (Fragebogen Seite 1, Frage 5)

5.9.1 Einstellungen der Lehrerinnen und Lehrer zur Verwendung des Dialekts bei den Kindern

31 Da sowohl bei den Bewertungen der sprachlichen Verhältnisse bei den Lehrkräften als auch bei den Schülerinnen und Schülern Mehrfachangaben möglich waren, liegt die Gesamtzahl der Angaben weit höher als in den Tabellen 3a–d.

Tabelle 11a: Die 705 Lehrkräfte finden Dialekt bei einem Kind... (Mehrfachangaben möglich, daher Gesamtprozentzahl auch über 100 % möglich.)

sehr/eher schön	**neutral**	**sehr/eher unschön**	**keine Angabe**
50,6 % (357/705)	39,3 % (277/705)	6,8 % (48/705)	7,0 % (49/705)
sehr/eher vorteilhaft	**neutral**	**sehr/eher nachteilig**	**keine Angabe**
13,0 % (92/705)	41,1 % (290/705)	31,2 % (220/705)	14,6 % (103/705)
sehr/eher wichtig	**neutral**	**sehr/eher unwichtig**	**keine Angabe**
40,0 % (282/705)	34,9 % (246/705)	5,7 % (40/705)	19,4 % (137/705)
im Gespräch unter Kindern:			
sehr/eher angemessen	**neutral**	**sehr/eher unangemessen**	**keine Angabe**
64,8 % (457/705)	34,2 % (241/705)	2,1 % (15/705)	0,3 % (2/705)
im Gespräch mit Erwachsenen:			

sehr/eher angemessen	neutral	sehr/eher unangemessen	keine Angabe
38,3 % (270/705)	50,5 % (356/705)	13,0 % (92/705)	0,4 % (3/705)

Das Ergebnis dieser Umfrage ist sicher mit Vorsicht zu genießen, da sich viele Personen bei der Befragung nicht zu kritisch gegenüber dem Dialekt bei Kindern äußern wollten. Schließlich hatte – wie eingangs schon erwähnt – kurz vor unserer Umfrage die baden-württembergische Landesregierung eine Dialektinitiative zum Schutz der Dialekte gestartet und unsere Erhebung hatten wir auch so vorgestellt, dass wir im Rahmen dieser Initiative mehr über den aktuellen Zustand der Dialekte erfahren wollten. Schauen wir uns die Ergebnisse trotzdem etwas näher an.

50,6 % der Grundschullehrerinnen und Grundschullehrer finden es sehr schön oder eher schön, wenn die Kinder noch einen Dialekt sprechen. Nimmt man den Prozentsatz für „keine Angabe“ und denjenigen für „neutral“ zusammen, so erhält man mit 46,3 % aber auch sehr viele Personen, die sich nicht äußern wollen, was wohl mit dem im vorigen Abschnitt Gesagten zusammenhängt. Bleibt bei Frage 1 mit „unschön“ die negative Auffassung (6,8 %) noch eindeutig in der Minderheit, so ist beim Gegensatz „vorteilhaft“ – „nachteilig“ der negative Aspekt mit 31,2 % so stark vertreten wie bei keiner anderen Frage. Hier äußert sich die allgemeine Sorge, dass sich das Dialektsprechen in der Schule, zum Beispiel bei der Rechtschreibung, aber auch in der Gesellschaft nachteilig auswirken könnte. Allerdings wird dieser Prozentsatz von der „neutralen“ Ansicht mit 55,7 % (einschließlich der nicht gemachten Angaben) bei weitem übertroffen. Es ist zu vermuten, dass in dieser neutralen Antwort noch viele negative Beurteilungen enthalten sind. Auch bei der Frage nach der Wichtigkeit ist die Mehrheit mit 54,3 % auf das neutrale Feld („neutral“ + „keine Angabe“) ausgewichen. Eine scharfe Trennung gibt es bezüglich der Kommunikationspartner. Hier sind Grundschullehrerinnen und -lehrer in Baden-Württemberg offenbar sehr tolerant, solange sich die Kinder untereinander unterhalten. 64,8 % Zustimmung sprechen für sich. Im Gespräch mit Erwachsenen sieht das aber ganz anders aus. Hier finden nur noch 38,3 % der Befragten, dass der Dialekt angemessen ist, während die Zahl bei der Beurteilung mit dem Prädikat „unangemessen“ von 2,1 % (Kinder untereinander) auf 13,0 % und damit um mehr als das Sechsfache ansteigt.

Dass es bei der Einstellung zum Dialekt auch einen Unterschied zwischen Stadt (Einwohnerzahl über 10.000) und Land (Einwohnerzahl unter 10.000) gibt, zeigt Tabelle 11b. Auf dem Land wird das Dialektsprechen eindeutig positiver gesehen: Dialekt ist dort um 10 % schöner und um 6,4 % wichtiger. Gleichzeitig empfindet man aber auf dem Land noch stärker als in der Stadt, dass der Dialekt für die Kinder von Nachteil ist (32,6 % : 28,7 %).

Tabelle 11b: Vergleich bei der Einstellung zum Dialekt zwischen Land und Stadt

Einstellung: Dialekt ist....	**Land**	**Stadt**
sehr schön / eher schön	52,6 %	42,6 %
sehr nachteilig / eher nachteilig	32,6 %	28,7 %
sehr wichtig/ eher wichtig	42,3 %	35,9 %

5.9.2 Der Zusammenhang zwischen den Einstellungen der Lehrerinnen und Lehrer zum Dialekt und dem sprachlichen Register der Kinder im Unterricht (Frage 5 von Seite 1 verknüpft mit Frage 3 von Seite 2)

In diesem Abschnitt soll der Frage nachgegangen werden, ob die Einstellungen der Lehrerinnen und Lehrer zum Dialekt einen Einfluss auf die Beurteilung beim Sprechen der Kinder hat.

Tabelle 12a:

Lehrerin/Lehrer findet Dialekt bei Kindern	**Kinder sprechen Hochdeutsch**	**Kinder sprechen etwas dazwischen**	**Kinder sprechen Dialekt**
schön	29,8 % (1702/5700)	53,6 % (3054/5700)	16,6 % (944/5700)
unschön	45,4 % (344/758)	45,6 % (346/758)	9,0 % (68/758)
neutral	35,3 % (1400/3965)	51,9 % (2057/3965)	12,8 % (508/3965)

Tabelle 12b:

Lehrerin/Lehrer findet Dialekt bei Kindern	**Kinder sprechen Hochdeutsch**	**Kinder sprechen etwas dazwischen**	**Kinder sprechen Dialekt**
vorteilhaft	34,7 % (546/1571)	46,0 % (722/1571)	19,3 % (303/1571)
nachteilig	31,7 % (1022/3228)	54,0 % (1744/3228)	14,3 % (462/3228)
neutral	36,0 % (1633/4543)	51,6 % (2345/4543)	12,4 % (565/4543)

Tabelle 12c:

Lehrerin/Lehrer findet Dialekt bei Kindern	**Kinder sprechen Hochdeutsch**	**Kinder sprechen etwas dazwischen**	**Kinder sprechen Dialekt**
wichtig	34,4 % (1665/4842)	48,9 % (2369/4842)	16,7 % (808/4842)
unwichtig	30,3 % (170/562)	53,2 % (299/562)	16,5 % (93/562)
neutral	35,3 % (1316/3730)	52,8 % (1970/3730)	11,9 % (444/3730)

Sind die Lehrerinnen und Lehrer gegenüber dem Dialekt positiv eingestellt, so ist ihrer Ansicht nach der Anteil der Dialektsprechenden im Unterricht besonders hoch: „schön“ (16,6 %), „vorteilhaft“ (19,3 %), „wichtig“ (16,7 %). Der Wert bei Frage 3 (Fragebogen Seite 2) lag im Vergleich hierzu bei 11,0 % bis 12,8 %, wenn man nur die gemachten Angaben berücksichtigt, bei höchstens 15,3 %. Es ist daher eine mehr oder weniger deutliche Zunahme gegenüber dem „Normalwert“ festzuhalten. Ist die Lehrerschaft hingegen gegenüber dem Dialekt negativ eingestellt, so verringert sich die Anzahl der dialektsprechenden Kinder im Unterricht erheblich: bei „unschön“ von 16,6 % („schon“) auf 9,0 %, bei „nachteilig“ von 19,3 % („vorteilhaft“) auf 14,3 %. Bei „wichtig/unwichtig“ ist hingegen der Unterschied kaum zu spüren (16,7 % : 16,5 %) und bei „unangemessen“ ist die Zahl der angegebenen Kinder mit insgesamt 164 zu gering, als dass man eine solide Aussage machen könnte. Würde hier eine weitere Klasse mit 25 Schülerinnen und Schülern hinzukommen, könnten wir eventuell ein völlig anders Ergebnis erhalten.

5.9.3 Der Zusammenhang zwischen dem Sprachverhalten der Lehrerinnen und Lehrer im privaten Bereich und ihrer Einstellungen gegenüber dem Dialekt bei den Kindern

Tabelle 13: Der Zusammenhang zwischen dem sprachlichen Register der beurteilenden Lehrkräfte im privaten Bereich und ihrer Einstellungen zum Dialekt der Kinder

	Sie finden Dialekt bei den Kindern...			
Lehrer/Lehrerinnen	sehr schön/ eher schön	neutral	eher unschön/unschön	Keine Angabe
sprechen Dialekt: 161	64,0 % (103/161)	28,6 % (46/161)	2,4 % (4/161)	4,8 % (8/161)
sprechen nicht so starken Dialekt: 206	56,3 % (116/206)	34,0 % (70/206)	5,3 % (11/206)	4,4 % (9/206)
sprechen regional gefärbtes Hochdeutsch: 362	47,2 % (171/362)	45,6 % (165/362)	1,4 % (5/362)	5,8 % (21/362)
sprechen Hochdeutsch: 190	38,4 % (73/190)	44,2 % (84/190)	10,5 % (20/190)	6,8 % (13/190)

Der Zusammenhang ist eindeutig: Wer privat Hochdeutsch spricht, findet den Dialekt bei den Kindern zu 38,4 % sehr schön oder eher schön. Diese Zustimmung steigert sich dann über 47,2 % bei denjenigen, die ein regionales Hochdeutsch sprechen, und 56,3 % bei jenen, die einen nicht so starken Dialekt sprechen, bis zu 64,0 % bei denjenigen Lehrerinnen und Lehrern, die privat noch Dialekt sprechen.

Ähnlich sieht es bei den anderen Kriterien aus: Bei „vorteilhaft" steigern sich die Prozentwerte von 8,9 % über 10,5 % und 14,6 % bis zu 19,9 %, bei „wichtig" von 32,1 % über 35,1 % und 42,2 % bis zu 59,6 %, bei „angemessen mit Kindern" von 51,6 % über 58,6 % und 72,8 % bis zu 78,3 % und bei „angemessen mit Erwachsenen" von 26,8 %

über 32,9 % und 45,1 % bis zu 55,9 % bei den im privaten Bereich Dialekt sprechenden Lehrkräften. Je stärker die Lehrperson noch eine Regionalsprache oder einen Dialekt spricht, desto höher werden die positiven Werte. Oder anders ausgedrückt: Lehrerinnen und Lehrer, die auch privat nur Hochdeutsch sprechen, finden den Dialekt bei den Kindern weniger schön, weniger vorteilhaft, weniger wichtig und weniger angemessen. Tabelle 13 macht übrigens auch darauf aufmerksam, dass sich Personen, deren Sprache einen weniger regionalen Charakter hat, bei der Beurteilung von Dialekt sprechenden Kindern gerne enthalten und in die neutrale Rubrik gehen. Die Werte steigen hier von 28,6 % über 34,0 % bis zu 45,6 % und 44,2 %.

5.9 Dialektverwendung und Region

Die folgende Tabelle zeigt die 15 Landkreise, in denen die höchste Dialektverwendung angegeben wurde. Sie greift damit die Aufteilung der Dialektverwendung nach Landkreisen von Tabelle 7 nochmals auf. Mit der Farbgebung soll aber jetzt auf das jeweilige Dialektgebiet aufmerksam gemacht werden, wobei es sich bei den erwähnten Dialektbezeichnungen um die Benennungen der Lehrerinnen und Lehrer handelt (Fragebogen Seite 1, Frage 6). Mit der Farbgebung wird zusätzlich auf die wissenschaftliche Raumeinteilung verwiesen: Rot markiert sind die schwäbischen Landkreise, grün die oberrhein-, bodensee- und südalemannischen Landkreise und blau die fränkischen Landkreise. Die Mundart des Landkreises Calw ist eine schwäbisch-fränkische Übergangsmundart.

Es fällt nun auf, dass die beiden ersten Plätze mit großem Abstand zu allen anderen von zwei schwäbischen Landkreisen eingenommen werden und dass unter den ersten zehn Plätzen sieben schwäbische Landkreise vertreten sind. Da auch der Landkreis Calw größtenteils im schwäbischen Sprachraum liegt, bleiben unter den ersten zehn Plätzen nur noch der Landkreis Rastatt und der Ortenaukreis (OG) als nicht-schwäbische Landkreise übrig. Auch wenn man in den Landkreisen die städtischen von den ländlichen Schulen trennen würde, würde sich an diesem Gesamtbild wenig ändern. Ebenso, wenn man die beiden Sprachregister „Dialekt“ und „nicht so starker Dialekt“ (Tabelle 17) zusammennimmt: Immer sind es schwäbische Regionen, die mit Abstand vor den anderen Dialektregionen die ersten Plätze einnehmen. Lediglich der Hohenlohekreis (KÜN) kann sich bei der Addition von „Dialekt“ und „nicht so starker Dialekt“ unter die führenden schwäbischen Landkreise mischen.

Damit erweisen sich die schwäbischen Kinder als besonders dialektstark. Wir hatten oben schon festgestellt, dass die dialektstärksten Landkreise von den Großstädten am weitesten entfernt sind. Dies trifft für die meisten der ersten 15 Landkreise aus der Tabelle 14 zu, auch für die Landkreise RT und GP, die zwar in der Nähe zum Großraum Stuttgart liegen, aber dennoch durch ihre Ausdehnung nach Osten eine gewisse Distanz zur Großstadt aufweisen. Das Besondere am Schwäbischen ist aber, dass es in Baden-Württemberg nicht nur die einzige in der Bevölkerung verankerte Bezeichnung ist, die mit der wissenschaftlichen Benennung übereinstimmt, sondern „Schwäbisch“ ist auch die einzige Bezeichnung, die die Menschen in diesem gesamten Dialektraum verwenden. Die Antworten der Lehrerinnen und Lehrer auf unsere Frage 6 auf Seite 1, die in der rechten Spalte von Tabelle 14 wiedergegeben werden, machen dies deutlich. Von wenigen Ausreißern abgesehen, kennt man in diesem Dialektraum nur die Bezeichnung „Schwäbisch“. Ganz anders ist es in den anderen Mundartlandschaften. Zwar haben die südalemannischen Landkreise Lörrach und Waldshut mit „Alemannisch“ noch eine recht einheitliche Bezeichnung, die auch mit der wissenschaftlichen Definition der Mundart übereinstimmt, doch weicht man weiter nördlich im Ortenaukreis (OG) und im Landkreis Rastatt (RA) auf den Begriff „Badisch“ aus, der bei unseren Untersuchungen für den „Sprachatlas von Nord Baden-Württemberg“ auch im fränkischen Dialektraum neben der kleinräumigen Bezeichnung des jeweiligen Ortsdialekts immer wieder auftaucht.[32]

Die Eigenbenennung „Schwäbisch“ verfügt in Baden-Württemberg mit Abstand über die stärkste Identifikationsmöglichkeit und das Adjektiv taucht auch in vielen Zusammenhängen auf.[33] Und dass das Schwäbische über ein hohes Prestige verfügt, sieht man auch daran, dass dieser Dialekt im Bodenseeraum das dortige Alemannische verdrängt.[34] Interessant ist in diesem Zusammenhang aber auch, dass die beiden fränkischen Landkreise Hohenlohekreis (KÜN) und Schwäbisch-Hall (SHA) doch relativ weit vorne liegen und der Hohenlohekreis in Tabelle 17, wo die Angaben für „Dialekt“ und „nicht so starker Dialekt“ zusammengefasst sind, sogar den dritten Platz einnimmt. Aber auch dies bestätigt wieder die große Bedeutung von Identifikationsmöglichkeiten, denn „Hohenlohisch“ ist in der Bevölkerung ausgesprochen positiv verankert. Zwar gibt es – dialektologisch betrachtet – kein abgegrenztes „hohenlohisches“ Mundartgebiet, aber es gibt den Landschaftsraum „Hohenlohe“, dessen Bewohner stolz auf ihre Hohenloher Herkunft sind, was auch durch Weltmarktführer, die aus diesem Raum stammen, unterstützt wird. Wie Nina Kim Leonhardt nachgewiesen hat, treffen an der stärksten Dialektgrenze des Lan-

32 Siehe die Abbildung 3 bei Leonhardt 2014, S. 48.

33 Siehe Olaf Siart/Miriam Régerat-Kobitzsch (Hg.): Die Schwaben, zwischen Mythos und Marke. Ausstellungskatalog zur Großen Landesausstellung im Württembergischen Landesmuseum Stuttgart (22.10.2016–23.4.2017). Stuttgart 2016. Gibt man den Begriff „Schwäbisch“ in eine bekannte Suchmaschine ein, so erhielt man am 3.3.2023 nicht weniger als 50 Millionen Adressen.

34 Siehe hierzu zuletzt Hubert Klausmann: Das östliche Bodenseegebiet – ein Gebiet im sprachlichen Umbruch. In: Leben am See im Wandel. Herausgegeben vom Bodenseekreis. Tettnang 2022, S. 68–76. Zur Kritik an der Theorie, dass Prestige und Loyalität allerdings alleine den Rückgang eines Dialekts erklären könnten, siehe Péter Maitz: Warum-Fragen und Interdisziplinarität in der Dialektsoziologie. Eine kritische Bestandsaufnahme am Beispiel von Erklärungen zum Rückgang des Dialekts. In: Helen Christen (Hg.): Dialekt, Regiolekt und Standardsprache im sozialen und zeitlichen Raum. Beiträge zum 1. Kongress der Internationalen Gesellschaft für Dialektologie des Deutschen Marburg/Lahn, 5.–8. März 2003. Wien 2004, S. 29.

des zwischen Ellwangen/Jagst und Crailsheim genau die beiden positiv besetzten Bezeichnungen aufeinander: hier „Hohenlohisch", dort „Schwäbisch". Dass die Dialektgrenze auch in der heutigen Zeit noch weiterexistiert, muss mit dem Aufeinanderprallen zweier prestigestarker Bezeichnungen zusammenhängen.[35]

Tabelle 14: Schülerinnen und Schüler sprechen im Unterricht (nach Einschätzungen der Lehrerinnen und Lehrer nach Prozenten in den Landkreisen) – Rangfolge nach Anteil der Dialektsprechenden

Landkreis	**Hochdeutsch**	**regionales Hochdeutsch**	**nicht so starker Dialekt**	**Dialekt**	**Eigenbenennung**
1 SIG	18,0 % (48)	16,9 % (45)	21,0 % (56)	**43,1 % (115)**	13xSchwäbisch 1xBadisch
2 AA	20,3 % (187)	24,7 % (228)	25,4 % (234)	**32,2 % (297)**	31xSchwäbisch
3 RT	19,5 % (68)	41,4 % (144)	18,7 % (65)	**21,6 % (75)**	18xSchwäbisch
4 RV	14,4 % (57)	42,9 % (170)	29,0 % (115)	**20,1 % (83)**	21xSchwäbisch 2xAllgäuisch
5 GP	21,2 % (114)	41,2 % (221)	24,0 % (129)	**17,3 % (93)**	28xSchwäbisch
6 RA	25,6 % (57)	38,1 % (85)	23,8 % (53)	17,0 % (38)	11xBadisch
7 UL	32,9 % (184)	35,1 % (196)	5,7 % (32)	**16,6 % (93)**	26xSchwäbisch 1xAlemannisch

35 Siehe Leonhardt 2014, S. 150 und Klausmann 2014, S. 65–71.

8 CW	23,9 % (75)	39,2 % (123)	15,9 % (50)	**13,4 % (42)**	14xSchwäbisch
9 FN	37,7 % (132)	34,9 % (122)	13,1 % (46)	**12,9 % (45)**	16xSchwäbisch 2xBadisch 2xAlemannisch
10 OG	24,0 % (271)	40,2 % (453)	21,6 % (243)	**12,4 % (140)**	51xBadisch 1xAlemannisch 3xBad.-Alem.
11 BL	18,6 % (47)	41,5 % (105)	24,1 % (61)	**12,3 % (31)**	9xSchwäbisch 1xÄlblerisch
12 SHA	24,5 % (49)	46,0 % (92)	20,0 % (40)	**11,5 % (23)**	7xHohenlohisch 1xSchw.-Hohen. 1xHSchwäbisch
13 LÖ	45,3 % (312)	35,2 % (242)	8,7 % (60)	**11,3 % (78)**	31xAleman. 3xBadisch 2xBad.-Alem.
14 KÜN	21,6 % (41)	28,4 % (54)	39,5 % (75)	**11,1 % (21)**	6xHohenlohisch 3xSchwäbisch 1xFränk.-Hohen.
15 FDS	28,6 % (36)	58,7 % (74)	24,6 % (31)	10,3 % (13)	7xSchwäbisch

6 Der Vergleich mit der Kindergartenuntersuchung in Bayerisch-Schwaben

6.1 Die Herkunft der Kinder

Der erste Vergleich gilt der Herkunft der befragten Gruppe. Hier zeigt sich zwischen den beiden Untersuchungen ein kleiner Unterschied bezüglich der Herkunft aus der Region und ein größerer bei der Anzahl der nicht beantworteten Fragebögen, was damit zusammenhängen dürfte, dass man im Kindergarten mit den einzelnen Kindern und deren Eltern viel besser vertraut ist als in der Grundschule, wo die Lehrerinnen und Lehrer auch noch andere Klassen unterrichten.[36]

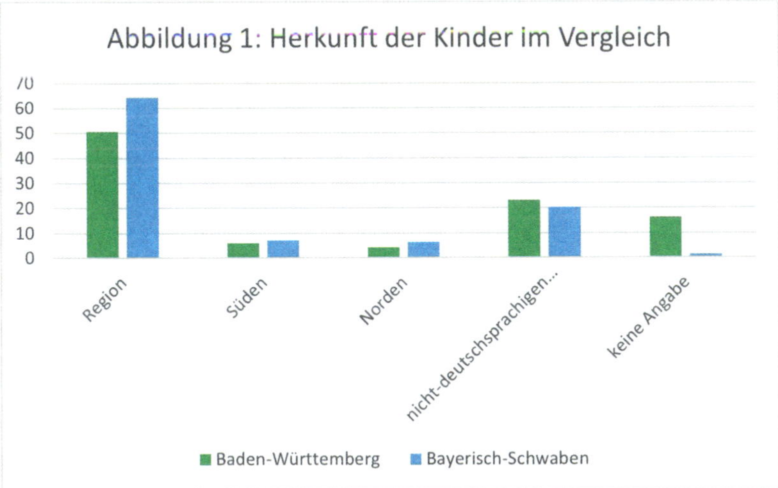

Es sei hier nochmals daran erinnert, dass in den folgenden Statistiken stets **alle** Kinder der Grundschulklassen 1 und 2 beziehungsweise der Kindergärten erfasst sind, also auch diejenigen, die aus Familien kommen, die nicht aus der jeweiligen Region Baden-Württemberg oder Bayerisch-Schwaben stammen.

36 Unter die Rubrik „Süden" wurden die Zahlen für Baden-Württemberg und den Süden Deutschlands bzw. für das sonstige Bayern, den Süden Deutschlands und Österreich/Schweiz zusammengefasst.

6.2 Die Dialektkompetenz der Kinder

Wir hatten in Kapitel 5.2 bereits deutlich gemacht, dass eine Fragestellung, bei der die befragten Lehrerinnen und Lehrer bezüglich der sprachlichen Register der Kinder nur Dialekt oder Hochdeutsch ankreuzen können, zu einem völlig verzerrten Bild führt. Dies hat sich auch bei der Untersuchung in Bayerisch-Schwaben gezeigt, wo bei nur zwei Antwortmöglichkeiten 53 % der Kinder angeblich Dialekt – oder anders ausgedrückt: 53 % nicht ein norddeutsch geprägtes Hochdeutsch sprechen. Die Erweiterung auf drei Antwortmöglichkeiten ergibt da schon ein weitaus realistischeres Bild. Um die Daten aus den jeweiligen Tabellen vergleichbar zu machen, mussten die Angaben der baden-württembergischen Untersuchung allerdings an die sprachliche Registerunterteilung des Kindergartenzensus angeglichen werden. Unsere Möglichkeiten „regional gefärbtes Hochdeutsch“ und „nicht so starker Dialekt“ werden jetzt unter der Rubrik „etwas dazwischen“ zusammengefasst. Bei den beiden baden-württembergischen Diagrammen wurden die Tabellen 3a und 3c verwendet, beim Dialektzensus in Bayerisch-Schwaben Tabelle 4.[37]

Abbildung 2: Sprachverhalten der Kinder bei drei Registern zur Auswahl

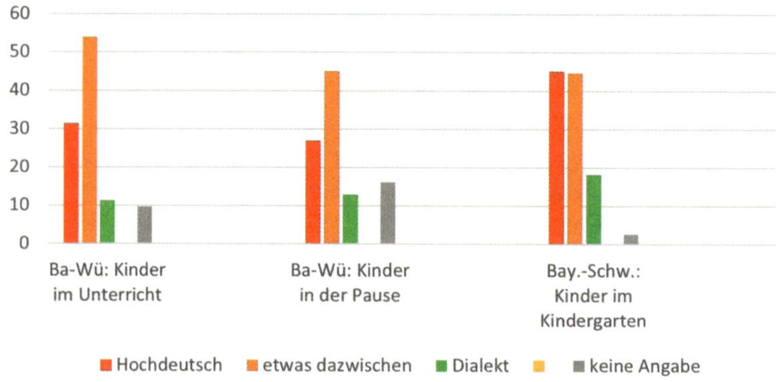

Der Vergleich zeigt folgende Ergebnisse:

1. Auffallend ist, dass der Anteil der Kinder, die etwas dazwischen sprechen, in beiden Gebieten sehr hoch ist. In Bayerisch-Schwaben sind es 44,7 %, in Baden-Württemberg sogar 53,8 % im Unterricht und 45,0 % in der Pause.

37 Siehe König/Pfeiffer/Maitz 2019, S. 261.

Dies ist ein eindeutiger Beweis, dass der heutige Sprachalltag im Süden durch eine zwischen Standardsprache und altem Basisdialekt liegende Zwischenebene geprägt wird. Bei der Analyse des Sprachverhaltens der Lehrerinnen und Lehrer wird diese wichtige Frage nochmals aufgegriffen.

2. Dass die Zahl der Hochdeutsch sprechenden Kinder in Bayerisch-Schwaben bedeutend höher ist als in Baden-Württemberg, hängt wohl einerseits mit der Tatsache zusammen, dass die Lehrerinnen und Lehrer bei unserer Untersuchung ein Register mehr zur Auswahl hatten und auch ein Register „regional gefärbtes Hochdeutsch" ankreuzen konnten. Wer den berühmten baden-württembergischen Werbespruch „Wir können alles - Außer Hochdeutsch" verinnerlicht hat, der hat vielleicht sein Kreuz eher hier gemacht als beim neutralen Begriff „Hochdeutsch". Hinzukommt, dass bei der Untersuchung in Baden-Württemberg der Anteil der nicht beantworteten Fragebögen sehr hoch ist.
3. Für den Unterschied beim Dialektgebrauch gibt es zwei Interpretationsmöglichkeiten. Entweder spricht man in Bayern und damit auch in Bayerisch Schwaben - wie in Baden-Württemberg allgemein behauptet wird - noch „viel häufiger" Dialekt als in Baden-Württemberg oder wir gehen davon aus, dass in den Kindergärten in Baden-Württemberg der Anteil der dialektsprechenden Kinder genauso hoch ist wie in Bayerisch-Schwaben und in den ersten Grundschulklassen die Erziehung zur Standardsprache schon Früchte getragen hat. Hinzu kommt, dass es sich bei den von uns befragten Grundschulen um staatliche Schulen handelt, so dass dem von vielen Lehrerinnen und Lehrern wohl gewünschten Erziehungsziel „Hochsprache" sicher stärker Rechnung getragen wird als in den Kindergärten.

6.3 Sprachliche Register bei Kindern, die Deutsch nicht als Muttersprache haben

Im Folgenden sollen unsere Tabelle 4 und die Tabelle 7 der Kindergartenuntersuchung gegenübergestellt werden.

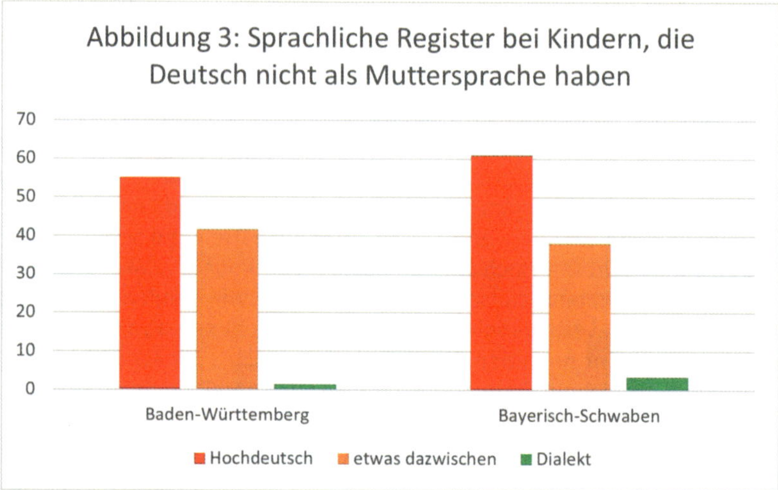

Der Vergleich zeigt die gleiche Tendenz wie bei den Kindern mit Deutsch als Muttersprache: In Bayerisch-Schwaben ist der Anteil der Kinder, die Deutsch nicht als Muttersprache haben und dennoch Dialekt sprechen, höher als bei den baden-württembergischen Grundschulkindern, wobei auch hier das in Baden-Württemberg stärkere Ausweichen in die Zwischenebene wieder deutlich wird.

6.4 Sprachliche Register und Ortsgröße

Bei der Kindergartenuntersuchung in Bayerisch-Schwaben beziehen sich die Angaben auf Tabelle 17. Bei den Angaben für Baden-Württemberg wurden wieder die beiden Register „regionales Hochdeutsch“ und „nicht so starker Dialekt“ aus Tabelle 6 zusammengefasst.

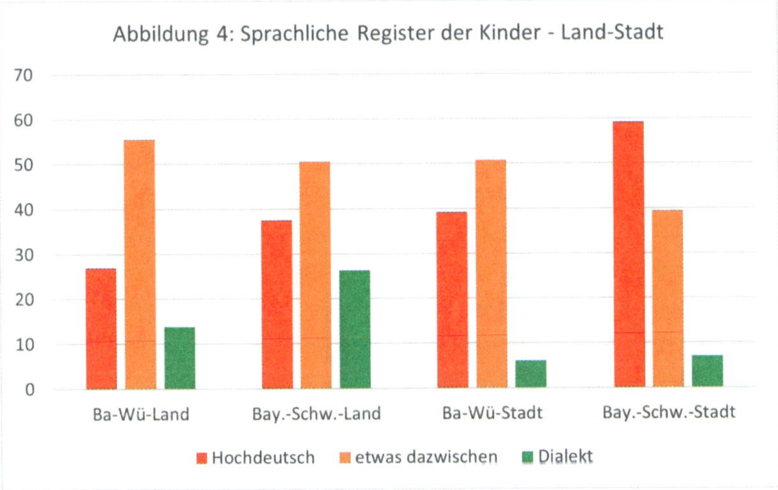

Der Vergleich zeigt wieder Gemeinsamkeiten und Unterschiedliches: Gemeinsam ist bei beiden Untersuchungen der deutlich größere Anteil der Dialektsprechenden auf dem Land gegenüber der Stadt, unterschiedlich ist abermals die Aufteilung in „Hochdeutsch" und „dazwischen". In Baden-Württemberg weicht man – wie oben schon erwähnt – bei der Fragestellung nach der Sprachverwendung der Kinder eher in den Bereich „dazwischen" aus, zumal hier einerseits gleich zwei Möglichkeiten bereitstehen und mit der Möglichkeit „regionales Hochdeutsch" ein ‚verlockendes' Angebot besteht, während man in Bayerisch-Schwaben die Kategorie „dazwischen" auf dem Land und in der Stadt weniger ankreuzte. Ein weiteres Ausweichen auf eine vierte Möglichkeit bestand hier nicht. Außerdem ist der Gesamtprozentsatz in Bayerisch-Schwaben um einiges höher als in Baden-Württemberg. Dort wurde die Mehrfachangabe viel häufiger angekreuzt, was zu einem Gesamtprozentsatz weit über 100 % führte.

6.5 Sprachverwendung der beurteilenden Gruppen im Vergleich

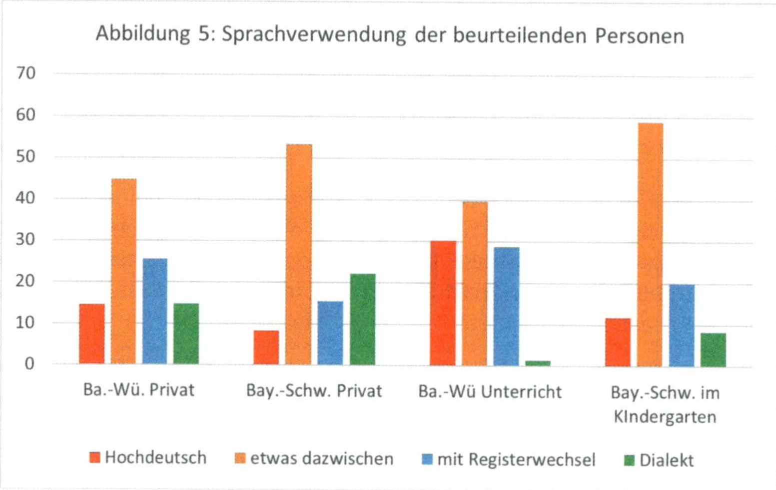

Da wir beim Sprachverhalten der Grundschullehrerinnen und -lehrer wie bei den Erzieherinnen und Erziehern den Registerwechsel zwischen Hochdeutsch, etwas dazwischen und Dialekt genau verfolgen konnten, können wir hier einen direkten Vergleich ziehen.[38] In beiden Regionen wird vom Registerwechsel häufig Gebrauch gemacht und zwar im schulischen Bereich häufiger als im privaten. Und dieser Registerwechsel spielt prinzipiell in Baden-Württemberg eine noch größere Rolle als bei den bayerisch-schwäbischen Nachbarn. Dort ist dagegen das Sprechen im Dialekt stärker verbreitet als hier. Über 22 % der Erzieherinnen und Erzieher sprechen in Bayerisch-Schwaben privat einen Dialekt, während dies für das Personal an den Grundschulen auf der baden-württembergischen Seite nur noch für knapp 15 % gilt. Und umgekehrt spielt Hochdeutsch im privaten wie auch im schulischen Bereich auf der baden-württembergischen Seite eine größere Rolle als in Bayerisch-Schwaben. Lösen wir den Registerwechsel auf und ordnen die dort gemachten Angaben den drei Möglichkeiten „Dialekt", „etwas dazwischen" und „Hochdeutsch" zu, so erreicht der Dialekt im privaten Bereich bei den baden-württembergischen Grundschullehrerinnen und -lehrern einen Anteil von 22,8 %, bei den Befragten in den Kindergärten Bayerisch-Schwabens sogar

38 Verglichen wird hier unsere Tabelle 8a mit der Tabelle 9 des Kindergartenzensus. Mit Registerwechsel ist gemeint, dass die befragten Personen sowohl Dialekt als auch Hochdeutsch oder sowohl Hochdeutsch als auch etwas dazwischen oder Dialekt als auch etwas dazwischen oder sogar alle drei Register verwenden.

34,0 %.[39] Was die Verwendung des Dialekts im Unterricht anbelangt, so sind die Ergebnisse naturgemäß nicht vergleichbar, da in der Grundschule die von vielen erwünschte Zielsprache „Hochdeutsch“ sicher einen höheren Stellenwert hat.

6.6 Der Zusammenhang zwischen dem Sprachregister der beurteilenden Personen im privaten Bereich und ihrem sprachlichen Verhalten mit den Kindern

Bei der baden-württembergischen Untersuchung hatte sich gezeigt, dass unterrichtende Personen, die privat Dialekt sprechen, im Unterricht sprachlich stärker variieren als Personen, die nicht so starken Dialekt sprechen und dass diese den regionalen Charakter ihrer Sprache im Gespräch mit den Kindern zurückdrängen. Beides ist auch beim Dialektzensus in Bayerisch-Schwaben zu beobachten gewesen, wobei es wegen des unterschiedlichen „Schultyps“ beim Sprechen im Dialekt erhebliche Unterschiede gibt. Während in den Grundschulen Baden-Württembergs der Dialektanteil im Unterricht bei Lehrerinnen und Lehrern, die privat auch Dialekt sprechen, nur noch bei 16,1 % liegt, setzen in Bayerisch-Schwaben immerhin noch 56,3 % der privat Dialekt Sprechenden den Dialekt im Gespräch mit den Kindern ein.[40] Sprechen die Lehrkräfte in Baden-Württemberg privat etwas dazwischen, so liegt der Dialektanteil im Unterricht der Grundschulen nur noch bei 2,3 %, bei den Erzieherinnen und Erziehern in Bayerisch-Schwaben dagegen bei 11,2 %. Allerdings muss man bei diesem Vergleich abermals daran erinnern, dass wir es in der Grundschule mit einem offiziellen Unterrichtsziel beim Sprachunterricht in Richtung Standardsprache zu tun haben, was für die Kindergärten sicher in diesem Ausmaß nicht gilt. Hinzu kommt, dass der Dialekt als Sprache der Nähe dort eher verwendet wird als bei größeren Kindern.

39 Diese Zahlen beziehen sich auf die obige Tabelle 8d und Tabelle 10 bei König/Pfeiffer/Maitz 2019, S. 266.

40 Die Angaben für Bayerisch-Schwaben beziehen sich auf die dortige Tabelle 10. Für die baden-württembergischen Grundschulen siehe Tabellen 9a und 9b.

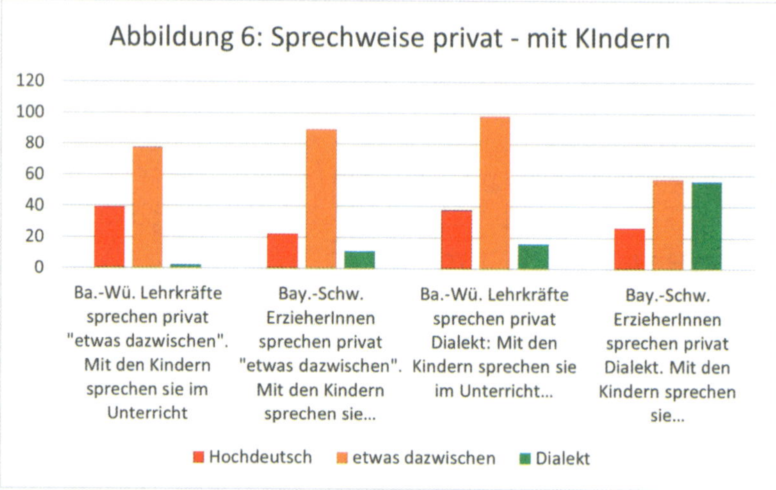

6.7 Die Sprache der beurteilenden Personen und die Sprache der Kinder

In Kapitel 5.8 wurde bereits dargelegt, dass das sprachliche Verhalten der Lehrerinnen und Lehrer im privaten Bereich nicht nur etwas über deren Sprachalltag aussagt, sondern – was für uns viel wichtiger ist – auch die sprachlichen Verhältnisse der Region wiedergibt, in der die Kinder aufwachsen. Daher spiegelt sich in den von den Lehrkräften angegebenen sprachlichen Registern der Kinder auch die Akzeptanz von regionalen Varietäten. Geht ein Kind in einer (noch) dialektfreundlichen Region in die Schule, so erhöht sich gegenüber einer eher hochdeutschen Umgebung der Dialektanteil der Kinder. In den baden-württembergischen Grundschulklassen 1 und 2 steigt dieser dann von 8,6 % auf 19,9 %.[41] Beim Dialektzensus in den Kindergärten von Bayerisch-Schwaben zeigt sich diese Spiegelung in den Tabellen 15 und 16, wobei es dort – im Gegensatz zur Grundschuluntersuchung – um die Sprache geht, mit der die Erzieherinnen und Erzieher mit den Kindern sprechen. Man sieht dabei deutlich, wie die Sprache, mit der die Kinder angesprochen werden, ihre eigene Sprachauswahl beeinflusst, was die Autoren mit folgenden Worten zusammenfassen: „Die Zahlen der Dialekt verwendenden Kinder erhöhen sich, wenn sie mit Dialekt angesprochen werden. Fehlt der Dialektimpuls von Seiten der Erzieherin, dann ist Dialekt unterdurchschnittlich vertreten“[42].

41 Siehe Tabelle 10.
42 König/Pfeiffer/Maitz 2019, S. 274.

6.8 Die Einstellung der beurteilenden Personen zum Dialekt

Abbildung 7: Die Einstellung zum Dialekt. Die beurteilenden Personen finden Dialekt bei einem Kind...

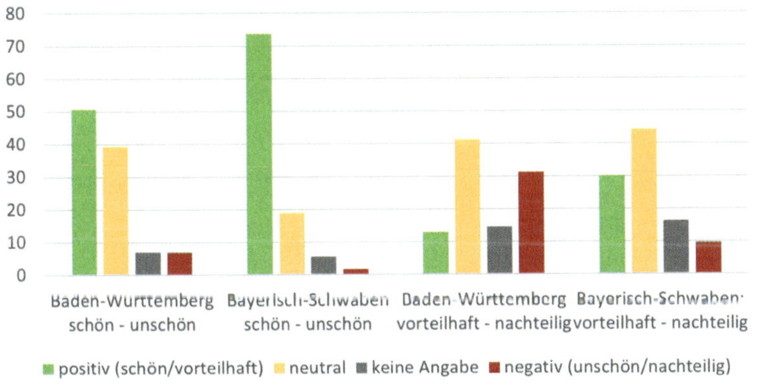

In Abbildung 7 werden die Einstellungen der beurteilenden Personen gegenüber dem Dialekt verglichen.[43] Da die Befragung in beiden Fällen identisch war und auch der Prozentsatz für „keine Angabe" berücksichtigt wurde, können die Angaben wieder direkt verglichen werden. Die Abbildung zeigt nun einen überraschend großen Unterschied zwischen beiden Regionen: Bei der untersuchten Gruppe in Bayerisch-Schwaben wird das Dialektsprechen bei Kindern nämlich bedeutend positiver gesehen als dies bei den Lehrkräften der baden-württembergischen Grundschulen der Fall ist. Dass die Zahlen bei „unschön" nicht einen ähnlichen Unterschied mit einem entsprechend hohen Ausschlag auf der baden-württembergischen Seite zeigen, mag einerseits daran liegen, dass viele baden-württembergische Lehrerinnen und Lehrer in den Bereich „neutral" geflüchtet sind.[44] Es wurde oben schon darauf hingewiesen, dass man wusste, dass die Landesregierung eine Dialektinitiative zum Schutz der Dialekte gestartet hat und dass die vorliegende Untersuchung im Rahmen dieser Initiative von einem „Dialektinstitut" durchgeführt wurde. Da wollte man vielleicht nicht so sehr dagegen sprechen und flüchtete in die Neutralität. Andererseits muss man auch sagen,

43 Verglichen wird Tabelle 11a der Grundschuluntersuchung mit der Tabelle 12 der Kindergartenuntersuchung bei ebd., S. 268.
44 Eine ähnliche Vermutung äußern auch König/Pfeiffer/Maitz bei der Besprechung der hohen Zahlen bei „neutral", als es um Vorteil und Nachteil des Dialekts geht. Vgl. ebd., S. 268.

dass die negative Bewertung lediglich 48mal angekreuzt wurde und diese geringe Anzahl für eine tiefer gehende Interpretation kaum belastbar ist.

Kommen wir zur Frage, ob der Dialekt vorteilhaft oder nachteilig ist. Hier ist die Flucht in die Neutralität noch größer. Addieren wir die beiden Antworten „neutral“ und „keine Angabe“, so kommen wir in Baden-Württemberg auf 55,7 %, in Bayern auf 60,5 %. Die beurteilenden Personen scheinen hier dem folgenden Konflikt aus dem Weg gehen zu wollen: Es gibt viele, die einerseits Dialekt bei einem Kind noch durchaus schön finden, andererseits aber die weit verbreitete Meinung vertreten, dass dialektsprechende Kinder in der Schule beim Sprechen und beim Diktat Nachteile haben. Da man diese Ansicht aber nicht beweisen kann, weicht man bei der Antwort auf das neutrale Feld aus. Dass dennoch bei der Kindergartenuntersuchung in Bayerisch-Schwaben viel mehr Personen ihr Kreuz bei „sehr/eher vorteilhaft“ gemacht haben als in den baden-württembergischen Grundschulen, könnte zwei Gründe haben: Erstens kann sich hier ein vielleicht höherer Stellenwert des Dialekts in Bayern niederschlagen, zweitens – und das scheint mir wahrscheinlicher zu sein – ist man in der Grundschule tagtäglich direkt mit dem Lehrauftrag „richtiges Sprechen“ und „richtiges Schreiben“ konfrontiert. Auf mehreren Fragebögen haben die Lehrerinnen und Lehrer bei der Angabe „sehr/eher nachteilig“ mit zusätzlichen Hinweisen wie „besonders für die Rechtschreibung“, „besonders für die Aussprache“, „gerade bei der Grammatik“ auf dieses Problem hingewiesen. So zeigt sich gerade bei der Beantwortung dieser Frage, wie wichtig es wäre, in die Ausbildung der Lehrerinnen und Lehrer das Thema „Dialekt und Schule“ zu integrieren, um über die weit verbreitete Ideologie des schulischen Nachteils von dialektsprechenden Kindern aufzuklären. Wie wenig Wissen hier vorhanden ist, haben unsere jüngsten Untersuchungen mit angehenden Deutschlehrerinnen und Deutschlehrern am Studienseminar Stuttgart gezeigt.[45]

Vergleichen wir zum Abschluss dieses Kapitels über die Einstellungen der beurteilenden Personen zur Verwendung des Dialekts bei Kindern noch die Antworten auf die Frage, ob der Dialekt wichtig/unwichtig sei. Tabelle 15 bestätigt das Bild, das wir schon aus Abbildung 7 erhalten haben:

45 Siehe Janle/Klausmann 2020a und Frank Janle/Hubert Klausmann: Der Dialekt im Spannungsverhältnis zwischen Sprachdidaktik, Sprachklischee und sprachlicher Wirklichkeit. Beobachtungen zur Behandlung des Themas im Deutschunterricht Baden-Württembergs (Schwerpunkt Gymnasien). In: Rudolf Bühler/Hubert Klausmann/Mirjam Nast (Hg.): Schule – Medien – Öffentlichkeit. Sprachalltag und dialektale Praktiken aus linguistischer und kulturwissenschaftlicher Perspektive (Tübinger Vereinigung für Volkskunde. Untersuchungen. Band 124). Tübingen 2020b, S. 55–96.

Tabelle 15
Die beurteilenden Personen finden Dialekt bei einem Kind...

	sehr wichtig/ eher wichtig	neutral	sehr unwichtig/eher unwichtig	Keine Angabe
Ba-Wü	40,0 %	34,9 %	5,7 %	19,4 %
Bayern	57,6 %	25,8 %	4,7 %	11,8 %

Bei der Kindergartenuntersuchung in Bayerisch-Schwaben wird der Dialekt mit 57,6 % bedeutend wichtiger angesehen als in den Grundschulen Baden-Württembergs mit nur 40 %. Hier ähnelt der Unterschied zwischen den beiden Regionen der Differenz, die sich bei der Kategorie „schön" in Abbildung 7 ergab. Und ebenso wie bei der Frage nach dem Vorteil/Nachteil des Dialektsprechens findet in Baden-Württemberg mit 54,3 % wieder die Mehrheit, dass der Dialekt weder wichtig noch unwichtig ist (neutral + keine Angabe). Bei den Erzieherinnen und Erziehern der Kindergärten in Bayerisch-Schwaben sind es in diesem Fall lediglich 37,6 %

Was die Frage nach der Angemessenheit des Dialektsprechens bei den Kindern anbelangt, so haben wir bei unserer Untersuchung zwischen dem Dialektsprechen der Kinder untereinander und mit Erwachsenen unterschieden, weshalb die beiden Untersuchungen nicht direkt vergleichbar sind. Dennoch kann man hier wohl Folgendes festhalten: Man hält das Dialektsprechen der Kinder für angemessen, und zwar in den Kindergärten von Bayerisch-Schwaben mit 53,9 %, in den Grundschulen Baden-Württembergs mit 64,8 %, wenn die Kinder miteinander sprechen, und mit 38,3 %, wenn sie mit Erwachsenen sprechen. Und in beiden Regionen ist der Prozentsatz der Personen, die das Dialektsprechen der Kinder für unangemessen halten, extrem gering: in Bayerisch-Schwaben 1,1 %, in Baden-Württemberg 2,1 % (Kinder untereinander) und 13,0 % (Kinder mit Erwachsenen). Die Neutralität (einschließlich dem Prozentsatz für keine Angaben) bevorzugen in Bayerisch-Schwaben wieder 45 %, in Baden-Württemberg 34,5 % (Kinder untereinander) beziehungsweise 50,9 % (Kinder mit Erwachsenen). Was König/Pfeiffer/Maitz am Ende ihrer Besprechung der Einstellungen zum Dialekt in den bayerisch-schwäbischen Kindergärten mit dem hohen Anteil an neutralen Antworten festhalten, gilt also genauso für die Situation an den baden-württembergischen Grundschulen:

> „Offiziell ist der Dialekt im Sinne einer gewünschten Vielfalt wünschenswert, wichtig, angemessen, aber die seit dem 17. Jahrhundert sich entwickelnde und heute noch herrschende Ideologie einer erwünschten Homogenität nicht nur der Sprache, die sich das geistig führende na-

tional(istisch) denkende Bildungsbürgertum auf die Fahnen geschrieben hatte, versucht alles, diese Vielfalt in den Dialekten zu diskreditieren. Und, wie unsere Ergebnisse zeigen, ist dieses Ziel schon fast erreicht. Die unsere Bögen ausfüllende Person weicht ins Neutrale aus, weil sie beiden sich widersprechenden Ideologien nicht gerecht werden kann."[46]

6.9 Der Zusammenhang zwischen der Einstellung der beurteilenden Personen gegenüber den sprachlichen Registern und dem Sprachverhalten der Kinder

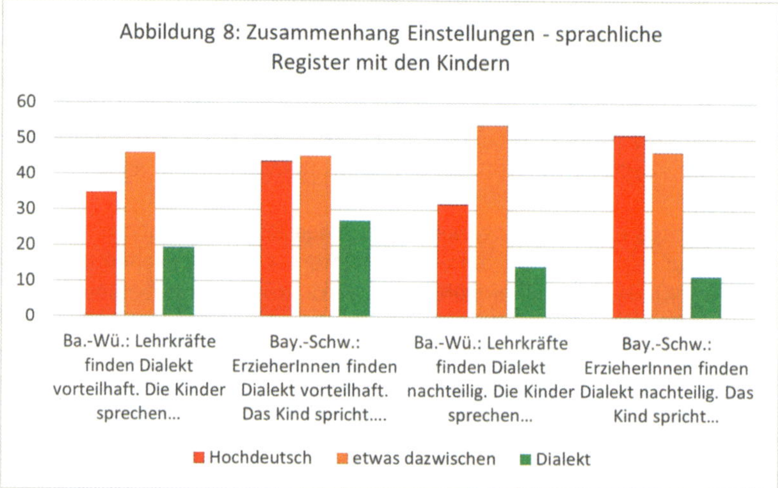

Verglichen wird in Abbildung 8 die Tabelle 12b der Grundschuluntersuchung mit der Tabelle 13 des Kindergartenzensus. Das Problem bei der Auswertung der weiteren Tabellen zu diesem Zusammenhang liegt darin, dass die vorhandenen Zahlen teilweise zu niedrig sind, um darauf eine valide Interpretation aufbauen zu können. Um dennoch die Frage nach dem Zusammenhang zwischen Einstellung und Sprachgebrauch zu beantworten, bietet sich aufgrund relativ hoher Zahlen die Bewertung „vorteilhaft – nachteilig" an, da wir in beiden Untersuchungen auch für die negative Bewertung durchaus belastbare Zahlen vorliegen haben: In Baden-Württemberg beziehen sich die Angaben für „nachteilig" auf 3228 Kinder, in Bayerisch-Schwaben auf 584 Kinder. Bei „unschön" sind es lediglich 758 beziehungsweise 106.

46 König/Pfeiffer/Maitz 2019, S. 269.

Wie die Abbildung zeigt, nimmt in beiden Gebieten die Zahl der Dialekt sprechenden Kinder bei einer negativen Einstellung der Lehrerinnen/Lehrer beziehungsweise der Erzieherinnen/Erzieher zum Dialekt eindeutig ab. Gegenüber einer positiven Einstellung fällt in den Grundschulen der Wert von 19,3 % auf 14,3 %, in den Kindergärten von 27,0 % auf 11,6 %. Anders ausgedrückt: Eine positive Bewertung des Dialekts bei den unterrichtenden beziehungsweise erziehenden Personen führt im Kindergarten und in der Grundschule zu einer höheren Zahl von Dialekt sprechenden Kindern. Will man etwas zur Förderung der Dialekte tun, so wäre hier also ein Punkt, an dem man ansetzen könnte. Zum wiederholten Mal ist bei den Grundschulen in Baden-Württemberg bei einer negativen Bewertung des Dialektsprechens bei der Bewertung des sprachlichen Registers der Kinder wieder ein Ausweichen in eine Zwischenlage festzustellen. Beim Wechsel von „vorteilhaft" zu „nachteilig" steigt nicht der Anteil der Hochdeutsch sprechenden Kinder, sondern der Kinder, die „etwas dazwischen" sprechen, und zwar von 46 % auf 54 %.

6.10 Der Unterschied Stadt – Land und die Identifikationsmöglichkeiten mit der Region

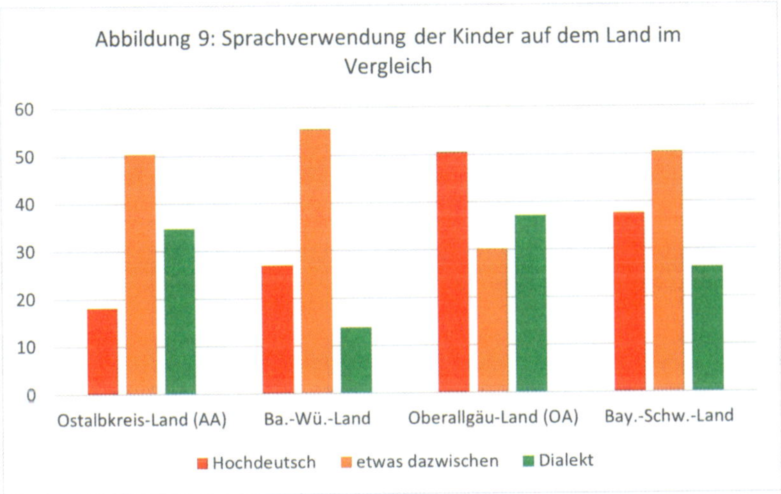

Abbildung 4 hat bereits deutlich gemacht, dass in beiden Untersuchungsgebieten der Dialekt auf dem Land deutlich stärker verbreitet ist als in der Stadt. In den Grundschulen Baden-Württembergs liegt die Differenz bei 7,7 %, in den Kindergärten Bayerisch Schwabens sogar bei 19,2 %. Mit Abbildung 9 wird dieses

Thema nochmals aufgegriffen, wobei aus jedem Gebiet jeweils ein Beispiel mit einer hohen Identifikationsmöglichkeit dargestellt wird: in Baden-Württemberg der Ostalbkreis (AA), in Bayerisch-Schwaben der Landkreis Oberallgäu.[47]

Betrachtet man in beiden Untersuchungsgebieten die dialektstärksten Regionen, so fällt auf, dass sie dort liegen, wo die Bevölkerung auch einen klaren Begriff von Landschaft und Dialekt hat. In Baden-Württemberg, wo es mehrere Großraumdialekte gibt, sind es eindeutig die schwäbischen Landkreise, die mit großem Abstand vor den fränkischen und alemannischen Landkreisen liegen. In Bayerisch-Schwaben wohnen die Kinder mit den höchsten Dialektwerten im Ries und im Allgäu. Die Autoren des Kindergartenzensus erklären dies abschließend mit folgenden Worten:

> „Es ist das historische und kulturell identitätsstiftende Potential, das in den Landschaftsbezeichnungen Ries und Allgäu steckt. Beides sehr alte Namen, Ries noch aus der Römerzeit (aus lat. *raetia*) und das Allgäu aus dem frühen Mittelalter, die den Menschen dieser Regionen ein Gefühl der Zusammengehörigkeit und der Exklusivität und Selbstbewusstsein geben.“[48]

Was in Bayerisch-Schwaben für Allgäuer und Rieser gilt, gilt in Baden-Württemberg für die Schwaben und – mit Abstrichen – für Hohenlohe.[49]

7 Zusammenfassung

Die vorliegende Untersuchung basiert auf Informationen über 13.591 Schülerinnen und Schüler aus 697 Klassen 1 und 2 der baden-württembergischen Grundschulen und auf Angaben von 705 Lehrkräften. Bei diesen Zahlen handelt es sich allerdings um das Maximum, oft wurden für manche Bereiche auch keine Angaben gemacht, so dass die Zahl der vorhandenen Antworten von Frage zu Frage

47 Die Angaben in Abbildung 9 beziehen sich auf Tabelle 6 (Ba-Wü-Land) und Tabelle 7 (AA: Ostalbkreis) beziehungsweise auf Tabelle 17 bei König/Pfeiffer/Maitz 2019, S. 275f. Der überraschend hohe Prozentsatz bei Hochdeutsch im Oberallgäu hängt zweifellos mit der sehr kritischen Einstellung beim Dialektbegriff auf dem Land zusammen. Wie in der Einleitung schon erwähnt, geht man auf dem Land mit diesem Begriff häufig strenger um als in der Stadt. Dialekt ist dann nur das, was die Großeltern noch gesprochen haben.

48 König/Pfeiffer/Maitz 2019, S. 277.

49 Die historische Verwurzelung, die Exklusivität und das Selbstbewusstsein der Schwaben sind eindrücklich dokumentiert im Ausstellungskatalog „Die Schwaben“ (siehe Siart/Régerat-Kobitzsch 2016). Zum Bewusstsein der Bevölkerung im Raum Hohenlohe mit dem Landkreis Schwäbisch-Hall (SHA) und dem Hohenlohekreis (KÜN) siehe oben Kapitel 5.9. Bei unseren Erhebungen zum „Sprachatlas von Nord Baden-Württemberg“ hatten wir den Eindruck , dass auch die „Kurpfalz“ zu den starken Dialektgebieten gehört, doch liegen für den Rhein-Neckar-Kreis leider zu geringe Zahlen vor.

variiert. Auch wenn es sich um die subjektive Wahrnehmung jeder einzelnen Lehrperson handelt, so dürfte die Summe aller Wahrnehmungen der Wirklichkeit doch nahekommen. Dass die Lehrerinnen und Lehrer durchaus einen guten Blick auf die eigenen und die sprachlichen Register der Kinder werfen können, zeigt auch die Tatsache, dass sie die Zwischenregister ins Zentrum des von ihnen beobachteten Sprachalltags stellen, was genau der Feststellung der Sprachwissenschaft entspricht. Auch finden sich keine Widersprüche zwischen den einzelnen Angaben.[50]

Die ausführliche Darstellung der Grundschuluntersuchung in Baden-Württemberg und der anschließende Vergleich mit dem Dialektzensus der Kindergärten in Bayerisch-Schwaben führt abschließend zu folgenden Erkenntnissen:

(1) Der einfache Gegensatz Dialekt – Hochdeutsch, wenn es ihn überhaupt je gab, gehört in Baden-Württemberg wie auch im benachbarten Bayerisch-Schwaben der Vergangenheit an. Die befragten Personen haben die ihnen in den Umfragen angebotene Auffächerung der Register auf drei (Bayerisch-Schwaben) oder sogar vier (Baden-Württemberg) Möglichkeiten sofort angenommen, und dies sowohl bei der Beurteilung der eigenen Sprechweise (Abb. 5) als auch bei der Beurteilung der Kinder (Abb.2). Was die Sprachwissenschaft schon länger weiß, ist damit eindeutig auch unseren Informantinnen und Informanten bewusst: Die sprachliche Wirklichkeit im Süden Deutschlands ist mehrfach aufgefächert. Und dies gilt nicht nur für den schulischen Bereich, sondern prinzipiell für den gesamten Sprachalltag. Wie Untersuchungen aus den Jahren 2010 bis 2012 an unserer Arbeitsstelle „Sprache in Südwestdeutschland“ gezeigt haben, sieht diese Auffächerung im familiären Bereich etwas anders aus als im Freundeskreis, im Rathaus in einem kleinen Dorf anders als im Rathaus einer größeren Stadt mit Eingemeindungen, im engeren beruflichen Kreis anders als bei Fortbildungen in der Großstadt, im Radio anders als im Fernsehen.[51]

(2) Parallel zur neuen Auffächerung der sprachlichen Register hat sich im Süden Deutschlands auch die Auffassung von dem, was man als Dialekt bezeichnet, verändert. Dies haben bei beiden Untersuchungen gerade die Bewertungen in den Großstädten gezeigt, wo der Begriff „Dialekt“ offenbar schon dann

50 Zu einer positiven Bewertung von dialektgeographischen Aussagen linguistischer Laien, was unsere Informantinnen und Informanten in Bezug auf dialektologische Kenntnisse durchaus sind, kommt am Ende seiner Untersuchung im ganzen deutschen Sprachraum auch Toke Hoffmeister. Siehe: Toke Hoffmeister: Der Einfluss der regionalen Herkunft auf das Dialektwissen linguistischer Laien. In: Markus Hundt/Nicole Palliwoda/Saskia Schröder (Hg.): Der deutsche Sprachraum aus der Sicht linguistischer Laien. Ergebnisse des Kieler DFG-Projekts. Berlin/Boston2017, S. 258.

51 Zu dieser Untersuchung siehe Klausmann 2014, S. 35ff sowie in diesem Band S. 81ff.

der Sprache eines Kindes zugeordnet wurde, wenn dies nicht (norddeutsch geprägtes) Hochdeutsch gesprochen hat. Die Großstädte spielen in unserem Raum zahlenmäßig aber nur eine kleine Rolle, weshalb das Gesamtbild, das die Befragung ergeben hat, dadurch nicht wesentlich beeinflusst sein dürfte. Da die Mehrheit der Befragten aus dem nicht-großstädtischen Raum stammt, müssen wir uns aber auch umgekehrt fragen, was man dort heute wohl unter „Hochdeutsch" und „Dialekt" versteht. König/Pfeiffer/Maitz bringen es zweifellos auf den Punkt, wenn sie schreiben: „Hochdeutsch ist für die meisten Menschen Süddeutschlands heute alles, was keine süddeutschen regionalen Merkmale trägt."[52] Dass man im Süden allerdings davon ausgeht, dass die norddeutsche Variante eher diesem Hochdeutsch entspricht, wurde in den letzten Jahren schon mehrfach belegt.[53] Und wie sieht es mit dem Begriff „Dialekt" aus? In zahlreichen Vorträgen, die ich in den letzten Jahren außerhalb des universitären Fachpublikums gehalten habe, ist mir klargeworden, dass die dialektsprechende Bevölkerung – gerade auf dem Land – hier sehr strenge Maßstäbe setzt. Der Begriff „Dialekt" wird dort häufig auf die alte untergegangene bäuerliche Welt der Großeltern eingeschränkt. Wer dieser Auffassung ist, macht auf unserem Fragebogen bei dialektsprechenden Kindern eher sein Kreuzchen bei „nicht so starker Dialekt".

(3) Es ist nur folgerichtig, dass durch die Auflösung des einfachen Gegensatzes Dialekt – Hochdeutsch durch die oben beschriebene Auffächerung der Anteil des Dialekts am Sprachalltag zurückgehen muss. Während die Autoren der bayerisch-schwäbischen Kindergartenuntersuchung noch von einem Gesamtwert von 18,2 % bis 18,7 % ausgehen[54], können wir für die Klassen 1 und 2 der baden-württembergischen Grundschulen nur noch einen Wert von 11,2 % bis 15,3 % feststellen. Wenn wir berücksichtigen, dass viele Personen für die Zuordnung der Kinder zum Register Dialekt strenge Maßstäbe angelegt und daher das Kreuzchen eher bei „nicht so starker Dialekt" gemacht haben, dann kämen in Baden-Württemberg zu den 11,2 % bis 15,3 % Dialekt sprechenden Kindern noch einmal 15,9 % bis 16,5 % hinzu, so dass wir im optimistischsten Fall 26,9 %–31,8 % der Grundschulkinder einem Regiolekt zuordnen könnten.

(4) Vergleicht man beide Untersuchungen bezüglich der Einstellungen zum Dialekt, so zeigen sich deutliche Unterschiede. In Bayerisch-Schwaben wird der Dialekt von den betreuenden Personen im Kindergarten bei einem Kind viel

52 König/Pfeiffer/Maitz 2019, S. 262.

53 Siehe Werner König: Wir können alles. Außer Hochdeutsch. Genialer Werbespruch oder Eigentor des deutschen Südens? Zum Diskriminierungspotenzial dieses Slogans. In: Sprachreport 2013 (4), S. 5–14; Klausmann 2014; Janle/Klausmann 2020a; Janle/Klausmann 2020b.

54 Wenn wir bei König/Pfeiffer/Maitz in der Tabelle 4 nur die Fragebögen „mit Angabe" zählen, kommen wir bei den Dialekt sprechenden Kindern auf 18,7 %.

häufiger als „sehr schön/schön", „sehr/eher vorteilhaft" und „sehr/eher wichtig" angesehen, als dies auf der baden-württembergischen Seite der Fall ist. Beide Untersuchungen haben aber auch gezeigt, dass die Einstellungen gegenüber dem Dialekt prinzipiell einen Einfluss auf die Bewertung des Dialektgebrauchs haben. Findet die beurteilende Person Dialekt bei einem Kind positiv, so steigt bei der Beurteilung der Anteil der Dialekt sprechenden Kinder (Abb. 8).

(5) Ebenso beeinflussen die sprachlichen Register der beurteilenden Personen offenbar den Dialektgebrauch der Kinder. Beide Umfragen zeigen deutlich, dass die Verwendung des Dialekts bei den Kindern der Grundschule bedeutend höher ist, wenn sie sich in einer „dialektfreundlichen" Umgebung befinden. Diese findet sich indirekt in den Angaben der Grundschullehrerinnen und -lehrer über ihren privaten Dialektgebrauch wieder. Besonders stark konnte die Kindergartenbefragung den Zusammenhang zwischen der Ansprache des Erziehers/der Erzieherin und dem sprachlichen Register eines Kindes nachweisen: Dort erhöhte sich die Zahl der Dialekt sprechenden Kinder gegenüber dem Durchschnitt um 29,9 %, wenn sie im Dialekt angesprochen wurden.[55]

(6) Bei beiden Untersuchungen erweist sich der ländliche Raum als Schwerpunkt des Dialekts. Auffallend ist, dass sich die Regionen mit dem stärksten Dialekterhalt weit entfernt von den Großstädten sowie in einer Region mit großem Identitätspotential befinden. In Baden-Württemberg ist dies der schwäbische und dort ganz besonders der ostschwäbische Raum, in Bayerisch-Schwaben sind dies das Ries und das Allgäu. Das große Identitätspotential in diesen Gebieten führt auch zu einer großen Ortsloyalität: Man ist stolz auf seine Region und möchte dort auch gerne nach der Schulausbildung wohnen bleiben oder nach dem Studium dorthin zurückkehren. Und wenn man dennoch tagsüber außerhalb seines Wohnortes arbeiten und vielleicht in eine größere Stadt pendeln muss, so kehrt man gerne am Abend wieder in seinen Wohnort zurück, um dort die freie Zeit in der Familie, mit Freunden oder in den Vereinen zu verbringen. Und dort ist auch der Dialekt (noch) daheim.[56]

(7) Dass die Werte für Dialekt bei allen Untersuchungen in Bayerisch-Schwaben stets etwas höher sind als bei der baden-württembergischen Befragung kann zunächst einmal durchaus mit dem unterschiedlichen Alter der befragten Gruppen und der unterschiedlichen Institution zusammenhängen. Wenn das

55 Siehe König/Pfeiffer/Maitz 2019, Tabelle 16, S. 271.
56 Zum Zusammenhang zwischen Ortsloyalität und sprachlicher Stabilität im Norden Baden-Württembergs siehe Leonhardt 2014, S. 230–233.

Ziel der schulischen Sprachbildung in beiden Bundesländern darauf hinausläuft, dass die Kinder Hochdeutsch lernen, so haben sich die Kinder in der Grundschule naturgemäß vom Ausgangsregister Dialekt schon weiter entfernt als die Kleinen im Kindergarten. Dass die Werte für Hochdeutsch parallel dazu bei der Befragung in der Grundschule nicht einfach entsprechend höher werden, mag am baden-württembergischen Slogan „Wir können alles - Außer Hochdeutsch" liegen.[57] Dies könnte erklären, warum bei der baden-württembergischen Befragung auf dem Land wie in der Stadt der Wert für „etwas dazwischen" stets deutlich höher liegt als bei der Untersuchung in den Kindergärten von Bayerisch-Schwaben.

(8) Vergleicht man die für Bayerisch-Schwaben gemachten Angaben für die Erzieherinnen und Erzieher mit den Angaben für die Kinder, so kann man feststellen, dass die Erwachsenen privat noch häufiger Dialekt sprechen als die Kinder. Dies gilt - wenn auch mit nicht so starker Differenz - auch für die Verhältnisse in Baden-Württemberg. Dort lautet das Verhältnis aufgerundet 23 % : 11 %-16 %, in Bayerisch-Schwaben 34 % : 18 %-19 %.

(9) Wenn man in Betracht zieht, dass 50,6 % der Kinder bei der baden-württembergischen Grundschuluntersuchung und 66 % beim Dialektzensus in Bayerisch-Schwaben aus der Region stammen, aber davon lediglich 11 %-15 % beziehungsweise 18,2 %-18,7 % der Kinder heute noch dem Dialekt zugeordnet werden können und wenn man das im vorigen Abschnitt Gesagte berücksichtigt, dass die Generation der bewertenden Personen noch viel häufiger Dialekt spricht als die Generation der bewerteten Kinder, so kann man daraus nur einen Schluss ziehen: Die sprachliche Entwicklung geht in beiden Bundesländern eindeutig in Richtung Dialektverlust. Auf die Frage, ob die Sprachebene „dazwischen", also der Regiolekt, den gleichen Weg nehmen wird wie der Dialekt, kann unsere Untersuchung keine Antwort geben.

(10) Ich hatte im Einleitungskapitel davon gesprochen, dass mit dieser Untersuchung ein weiterer Beitrag zur Beschreibung der Dialektsituation in Baden-Württemberg geleistet werden soll und dass eine solche Beschreibung den Ausgangspunkt einer wissenschaftlich fundierten Sprachkritik sein muss. Nach der Untersuchung der baden-württembergischen Lehrpläne und der Schulbücher[58] ist mit der hier vorliegenden Untersuchung ein dritter Baustein vorhanden und die Dialektsituation in unserem Bundesland so gut beschrieben wie noch nie. Welche Folgerungen und welche Forderungen kann man - auch im Hinblick auf die Dialektinitiative des Landes - daraus ziehen?

57 Siehe hierzu König 2013.
58 Siehe Janle/Klausmann 2020a und 2020b.

Will man den Rückgang der Dialekte verlangsamen oder sogar aufhalten, so müsste in der Bevölkerung ein Bewusstsein geschaffen werden, das den Dialekt von allen negativen sprachlichen Ideologien befreit. Und die zentralen Stellen, dieses Bewusstsein zu verändern, sind Eltern und Schule. Hier erfahren die Kinder die Sprachwertnormen, die sie in der Regel durch das ganze Leben beibehalten. Das Vorurteil, das in der Diskussion um den Dialekt in der Schule immer wieder zu hören ist und auch in unseren Fragebögen häufig am Rande notiert wurde, nämlich dass das Dialektsprechen in der Schule für Rechtschreibung und Grammatik schlecht sei,[59] kann nur durch eine Aufklärungsarbeit in der Ausbildung oder Fortbildung beseitigt werden. Dasselbe gilt für alle anderen sprachlichen Ideologien.[60] Dass diese auch in den Köpfen der Lehrerinnen und Lehrer fest verankert sind, habe ich zusammen mit Frank Janle erst vor kurzem nachgewiesen.[61] Auch Rudolf de Cillia beklagt – in diesem Fall für die Schulen in Österreich – eine mangelhafte Thematisierung der Vorstellungen von Sprache und fordert eine „explizite, bewusste Thematisierung der Varietäten und der Plurizentrik des Deutschen“[62]. Ähnlich äußert sich Eva L. Wyss für die Schweiz.[63] Durch eine solche Aufklärungsarbeit wird die Standardsprache keinesfalls entwertet, sondern das Verhältnis zwischen beiden wird entkrampfter und es kann ein neues Verständnis von Sprache, ganz besonders aber von den Funktionen von Sprache, von sprachlicher Variation als etwas Normalem und von Sprachwandel entstehen. Dies würde einem rückwärtsgewandten oder auch elitären Sprachverständnis entgegensteuern. Von der Schule ausgehend müsste dieses neue Verständnis von Dialekt und Standardsprache in alle Bereiche der Öffentlichkeit hineingetragen werden, auch in die Medien, wo die Leistung des Dialekts häufig nur auf lustige Sketche oder Nebenrollen, die die regionale Verankerung

59 Zur langen Tradition dieser Ansicht siehe Hermann Bausinger: Dialekt als Unterrichtsgegenstand. In: Der Deutschunterricht 35/2, 1983, S. 75 und Hubert Klausmann: Der Sprachatlas im Deutschunterricht. In: Alemannisches Jahrbuch 1993/94. Herausgegeben vom Alemannischen Institut Freiburg/ Breisgau. Bühl 1995, S. 284.

60 Zu den verschiedenen sprachlichen Ideologien im Zusammenhang mit der Schule siehe Maitz 2015 und Maitz/Foldenauer 2015.

61 Siehe Janle/Klausmann 2020a, 109ff.

62 Siehe Rudolf De Cillia: Sprache(n) im Klassenzimmer. Varietätengebrauch und Spracheinstellungen in der Schule aus Sicht der Lehrer/innen und der Schüler/innen. In: Monika Dannerer/Peter Mauser (Hg.). Unter Mitarbeit von Philip C. Vergeiner. Formen der Mehrsprachigkeit. Sprachen und Varietäten in sekundären und tertiären Bildungskontexten. Tübingen 2018, S. 83.

63 Siehe Eva L. Wyss: Sprachnormurteile im Dilemma. Deutschlehrerinnen und Deutschlehrer an Deutschschweizer Gymnasien beurteilen Sprachkompetenzen, Sprachgebrauch und Zweifelsfälle. In: Winifred V. Davies u. a. (Hg.): Standardsprache zwischen Norm und Praxis. Theoretische Betrachtungen, empirische Studien und sprachdidaktische Ausblicke. Tübingen, S. 168. Ebenso Regula Schmidlin: Normwidrigkeit oder Variationsspielraum? Die Varianten des Standarddeutschen als sprachliche Zweifelsfälle. In: Winifried V. Davies u. a. (Hg.): Standardsprache zwischen Norm und Praxis. Theoretische Betrachtungen, empirische Studien und sprachdidaktische Ausblicke. Tübingen 2017, S. 53.

eines Films deutlich machen sollen, beschränkt wird. Auch dies ist eine Diskriminierung, wie sie im Zusammenhang mit dem Dialekt immer wieder geschieht. Und neben die Korrektur der Vorurteile müsste in der Schule und in der Öffentlichkeit auch einmal die positive Seite des Dialekts oder des Regiolekts treten, denn für viele Menschen ist Dialekt mit Nähe, Heimat, Verwurzelung, Identität verbunden,[64] was der 2020 verstorbene Germanist Horst Sitta einmal zusammenfassend wie folgt beschrieben hat:

> „Wer einen Dialekt spricht, hat einen kostbaren Besitz; wer in einem Dialekt lebt, hat ein wichtiges Zuhause. Zu Hause sein zu dürfen ist ein elementares Bedürfnis eines jeden Menschen – wahrscheinlich gibt es wenige Bedürfnisse von solch elementarem Charakter. Keiner sollte dieses Bedürfnis entwerten.“[65]

Literatur

Bausinger, Hermann: Dialekt als Unterrichtsgegenstand. In: Der Deutschunterricht 35/2 (1983), S. 75–85.

Bildungsplan: Bildungsplan der Grundschule. Amtsblatt des Ministeriums für Kultus, Jugend und Sport Baden-Württemberg. Stuttgart 2016.

Buchner, Elisabeth/Elspaß, Stephan: Varietäten und Normen im Unterricht. Wahrnehmungen und Einstellungen von Lehrpersonen an österreichischen Schulen. In: Informationen zur Deutschdidaktik. Zeitschrift für den Deutschunterricht in Wissenschaft und Schule (ide) 4 (2018), S. 70–81.

Bühler, Rudolf/Nast, Mirjam: Warum der Dialekt (jetzt) doch nicht verschwindet. In: Rudolf Bühler/Hubert Klausmann/Mirjam Nast (Hg.): Schule – Medien – Öffentlichkeit. Sprachalltag und dialektale Praktiken aus linguistischer und kulturwissenschaftlicher Perspektive. Tübinger Vereinigung für Volkskunde. Untersuchungen. Band 124, Tübingen 2020, S. 151–178.

Davies, Winifried V.: Gymnasiallehrkräfte als SprachnormvermittlerInnen und Sprachnormautoritäten. In: Ders. u. a. (Hg.): Standardsprache zwischen Norm

64 Siehe hierzu auch Elisabeth Buchner/Stephan Elspaß: Varietäten und Normen im Unterricht. Wahrnehmungen und Einstellungen von Lehrpersonen an österreichischen Schulen. In: Informationen zur Deutschdidaktik. Zeitschrift für den Deutschunterricht in Wissenschaft und Schule (ide) 2018, S. 75.

65 Horst Sitta: Im Dialekt leben. In: Franz Lanthaler (Hg.): Dialekt und Mehrsprachigkeit. Beiträge eines internationalen Symposiums. Bozen 1994, S. 20.

und Praxis. Theoretische Betrachtungen, empirische Studien und sprachdidaktische Ausblicke. Tübingen 2017, S. 123–146.

De Cillia, Rudolf: Sprache(n) im Klassenzimmer. Varietätengebrauch und Spracheinstellungen in der Schule aus Sicht der Lehrer/innen und der Schüler/innen. In: Monika Dannerer/Peter Mauser (Hg.). Unter Mitarbeit von Philip C. Vergeiner: Formen der Mehrsprachigkeit. Sprachen und Varietäten in sekundären und tertiären Bildungskontexten. Tübingen 2018, S. 67–86.

Elmentaler, Michael: In Hannover wird das beste Hochdeutsch gesprochen. In: Lieselotte Anderwald (Hg.): Sprachmythen – Fiktion oder Wirklichkeit. Frankfurt/Main 2012, S. 105–109.

Gärtig, Anne Katrin/Plewnia, Albrecht/Rothe, Astrid: Wie Menschen in Deutschland über Sprache denken. Ergebnisse einer bundesweiten Repräsentativerhebung zu aktuellen Spracheinstellungen. Herausgegeben vom Institut für deutsche Sprache. Arbeitspapiere und Materialien zur deutschen Sprache. Band 40. Mannheim 2010.

Hoffmeister, Toke: Der Einfluss der regionalen Herkunft auf das Dialektwissen linguistischer Laien. In: Markus Hundt/Nicole Palliwoda/Saskia Schröder (Hg.): Der deutsche Sprachraum aus der Sicht linguistischer Laien. Ergebnisse des Kieler DFG-Projekts. Berlin/Boston 2017, S. 213–262.

Janle, Frank/Klausmann, Hubert: Dialekt und Standardsprache in der Deutschdidaktik. Eine Einführung. Tübingen 2020a.

Janle, Frank/Klausmann, Hubert: Der Dialekt im Spannungsverhältnis zwischen Sprachdidaktik, Sprachklischee und sprachlicher Wirklichkeit. Beobachtungen zur Behandlung des Themas im Deutschunterricht Baden-Württembergs (Schwerpunkt Gymnasien). In: Rudolf Bühler/Hubert Klausmann/Mirjam Nast (Hg.): Schule – Medien – Öffentlichkeit. Sprachalltag und dialektale Praktiken aus linguistischer und kulturwissenschaftlicher Perspektive. Tübinger Vereinigung für Volkskunde. Untersuchungen. Band 124. Tübingen 2020b, S. 55–96.

Kehrein, Roland: Regionalsprachliche Spektren im Raum. Zur linguistischen Struktur der Vertikale. Zeitschrift für Dialektologie und Linguistik. Beihefte 179. Stuttgart 2012.

Klausmann, Hubert: Der Sprachatlas im Deutschunterricht. In: Alemannisches Jahrbuch 1993/94. Bühl 1995, S. 283–300.

Klausmann, Hubert: Schwäbisch. Eine süddeutsche Sprachlandschaft. Darmstadt 2014.

Klausmann, Hubert: Kleiner Sprachatlas von Baden-Württemberg. Heidelberg 2020.

Klausmann, Hubert: Das östliche Bodenseegebiet – ein Gebiet im sprachlichen Umbruch. In: Leben am See im Wandel. Herausgegeben vom Bodenseekreis. Tettnang 2022, S. 68–76.

Klausmann, Hubert/Tschofen, Bernhard: „Sprachalltag“. Ein sprach- und kulturwissenschaftliches Projekt zur Alltagssprache in Nord Baden-Württemberg. In: Hubert Wicker (Hg.): Schwäbisch – Dialekt mit Tradition und Zukunft. Fest-

schrift zum 10-jährigen Bestehen des Fördervereins Schwäbischer Dialekt e.V. Gomaringen 2011, S. 91–102.
König, Werner: Wir können alles. Außer Hochdeutsch. Genialer Werbespruch oder Eigentor des deutschen Südens? Zum Diskriminierungspotenzial dieses Slogans. In: Sprachreport 2013 (4), S. 5–14.
König, Werner/Pfeiffer, Christian/Maitz, Péter: Dialekt im Kindergarten. Ergebnisse einer Fragebogenerhebung in Bayerisch-Schwaben. In: Zeitschrift für Dialektologie und Linguistik 86/3 (2019), S. 247–283.
Leonhardt, Nina Kim: Dialektgrenzen als soziokulturelle Konstrukte. Subjektive Sprachräume in Nord-Baden-Württemberg. Dissertation Universität Tübingen 2014. http://hdl.handle.net/10900/58665. (18.1.2022)
Maitz, Péter: Warum-Fragen und Interdisziplinarität in der Dialektsoziologie. Eine kritische Bestandsaufnahme am Beispiel von Erklärungen zum Rückgang des Dialekts. In: Helen Christen (Hg.): Dialekt, Regiolekt und Standardsprache im sozialen und zeitlichen Raum. Beiträge zum 1. Kongress der Internationalen Gesellschaft für Dialektologie des Deutschen Marburg/Lahn, 5.–8. März 2003. Wien 2004, S. 21–48.
Maitz, Péter: Sprachvariation, sprachliche Ideologien und Schule. In: Zeitschrift für Dialektologie und Linguistik 82/2, S. 206–227.
Maitz, Péter/Foldenauer Monika: Sprachliche Ideologien im Schulbuch. In: Jana Kiesendahl/Christine Ott (Hg.): Linguistik und Schulbuchforschung. Gegenstände – Methoden – Perspektive. Göttingen 2015, S. 217–234.
Plewnia, Albrecht/Rothe, Astrid: Sprache – Einstellungen – Regionalität. In: Ludwig Eichinger u. a. (Hg.): Sprache und Einstellungen. Spracheinstellungen aus sprachwissenschaftlicher und sozialpsychologischer Perspektive. Mit einer Sprachstandserhebung zum Deutschen von Gerhard Stickel. Tübingen 2012, S. 9–118.
Ruoff, Arno: Mundarten in Baden-Württemberg. Mit einem Beiheft. Stuttgart 1983.
Schiewe, Jürgen/Wengler, Martin: Was ist Sprachkritik? In: Iris Forster/Tobias Heinz (Hg.): Deutsche Gegenwartssprache. Globalisierung – Neue Medien – Sprachkritik. Stuttgart 2010, S. 97–102.
Schmidlin, Regula: Normwidrigkeit oder Variationsspielraum? Die Varianten des Standarddeutschen als sprachliche Zweifelsfälle. In: Winifried V. Davies u. a. (Hg.): Standardsprache zwischen Norm und Praxis. Theoretische Betrachtungen, empirische Studien und sprachdidaktische Ausblicke. Tübingen 2017, S. 41–59.
Siart, Olaf/Régerat-Kobitzsch, Miriam (Hg.): Die Schwaben, zwischen Mythos und Marke. Ausstellungskatalog zur Großen Landesausstellung im Württembergischen Landesmuseum Stuttgart (22.10.2016–23.4.2017). Stuttgart 2016.
Sitta, Horst: Im Dialekt leben. In: Franz Lanthaler (Hg.): Dialekt und Mehrsprachigkeit. Beiträge eines internationalen Symposiums. Bozen 1994, S. 13–26.
Wyss, Eva L.: Sprachnormurteile im Dilemma. Deutschlehrerinnen und Deutschlehrer an Deutschschweizer Gymnasien beurteilen Sprachkompetenzen, Sprachgebrauch und Zweifelsfälle. In: Winifred V. Davies u. a. (Hg.): Standard-

sprache zwischen Norm und Praxis. Theoretische Betrachtungen, empirische Studien und sprachdidaktische Ausblicke. Tübingen 2017, S. 148–185.

9 Anhang

Tabelle 15:
*Schülerinnen und Schüler sprechen im **Unterricht** (nach Einschätzungen der Lehrerinnen und Lehrer): nach Landkreisen geordnet*

Landkreis	Hochdeutsch	regional gefärbtes Hochdeutsch	nicht so starker Dialekt	Dialekt	Kinder in den Klassen:
AA	20,3 % (187)	24,7 % (228)	25,4 % (234)	32,2 % (297)	922
BB	35,1 % (122)	33,0 % (115)	10,9 % (38)	4,0 % (14)	348
BC	15,5 % (56)	46,0 % (166)	19,9 % (72)	9,4 % (34)	361
BL	18,6 % (47)	41,5 % (105)	24,1 % (61)	12,3 % (31)	253
CW	23,9 % (75)	39,2 % (123)	15,9 % (50)	13,4 % (42)	314
EM	38,4 % (153)	42,5 % (169)	17,3 % (69)	3,8 % (15)	398
ES	17,9 % (75)	41,9 % (175)	20,6 % (86)	6,7 % (28)	418
FDS	28,6 % (36)	58,7 % (74)	24,6 % (31)	10,3 % (13)	126
FN	37,7 % (132)	34,9 % (122)	13,1 % (46)	12,9 % (45)	350
FR	35,1 % (208)	44,0 % (258)	16,5 % (97)	2,7 % (16)	587
GP	21,2 % (114)	41,2 % (221)	24,0 % (129)	17,3 % (93)	537
HDH	32,4 % (58)	28,5 % (51)	26,3 % (47)	8,4 % (15)	179

HN	43,6 % (44)	21,8 % (22)	10,9 % (11)	1,0 % (1)	101
KA	39,2 % (288)	37,6 % (276)	7,1 % (52)	8,3 % (61)	735
KN	59,6 % (143)	29,2 % (70)	2,9 % (7)	0 % (0)	240
KÜN	21,6 % (41)	28,4 % (54)	39,5 % (75)	11,1 % (21)	190
LB	36,4 % (408)	45,1 % (506)	11,6 % (130)	4,9 % (55)	1121
LÖ	45,3 % (312)	35,2 % (242)	8,7 % (60)	11,3 % (78)	688
OG	24,0 % (271)	40,2 % (453)	21,6 % (243)	12,4 % (140)	1127
PF	36,8 % (395)	39,0 % (419)	14,9 % (160)	3,4 % (37)	1074
RA	25,6 % (57)	38,1 % (85)	23,8 % (53)	17,0 % (38)	223
RT	19,5 % (68)	41,4 % (144)	18,7 % (65)	21,6 % (75)	348
RV	14,4 % (57)	42,9 % (170)	29,0 % (115)	20,1 % (83)	396
S	54,9 % (209)	25,5 % (97)	1,3 % (5)	0 % (0)	381
SHA	24,5 % (49)	46,0 % (92)	20,0 % (40)	11,5 % (23)	200
SIG	18,0 % (48)	16,9 % (45)	21,0 % (56)	43,1 % (115)	267
TBB	36,8 % (105)	35,8 % (102)	8,8 % (25)	0 % (0)	285
TÜ	44,7 % (96)	36,3 % (78)	7,0 % (15)	1,9 % (4)	215
TUT	27,3 % (27)	41,4 % (41)	31,3 % (31)	4,0 % (4)	99
UL	32,9 % (184)	35,1 % (196)	5,7 % (32)	16,6 % (93)	559

WN	12,1 % (25)	66,2 % (137)	11,1 % (23)	6,7 % (14)	207
WT	45,6 % (156)	35,1 % (120)	2,3 % (8)	10,2 % (35)	342
Gesamt:	**4246**	**5156**	**2166**	**1520**	**13.591**
Prozent	**31,2 %**	**37,9 %**	**15,9 %**	11,2 %	
Keine Angaben:	9,6 % (1299)				

Anmerkung: Wir haben Angaben zu 13.591 Kindern in den beiden Grundschulkassen 1 und 2. Diese Zahl ist die Bezugsgröße für das Ausrechnen der einzelnen Prozentsätze. Alle von den Lehrerinnen und Lehrern angegebenen Zahlen ergeben insgesamt die Zahl 13.088. Hinzu kommen noch 1299 Schülerinnen und Schüler, für die keine Angaben gemacht worden sind. Dass die Gesamtzahl (13.088+1299) höher ist als 13.591 hängt mit der Möglichkeit des mehrfachen Ankreuzens zusammen.

Tabelle 16:
Schülerinnen und Schüler sprechen im ***Unterricht*** *(nach Einschätzungen der Lehrerinnen und Lehrer): Reihenfolge nach der Zahl der Dialekt sprechenden Kinder*

Landkreis	**Hochdeutsch**	**regional gefärbtes Hochdeutsch**	**nicht so starker Dialekt**	**Dialekt**	**Kinder in den Klassen:**
SIG	18,0 % (48)	16,9 % (45)	21,0 % (56)	43,1 % (115)	267
AA	20,3 % (187)	24,7 % (228)	25,4 % (234)	32,2 % (297)	922

RT	19,5 % (68)	41,4 % (144)	18,7 % (65)	21,6 % (75)	348
RV	14,4 % (57)	42,9 % (170)	29,0 % (115)	20,1 % (83)	396
GP	21,2 % (114)	41,2 % (221)	24,0 % (129)	17,3 % (93)	537
RA	25,6 % (57)	38,1 % (85)	23,8 % (53)	17,0 % (38)	223
UL	32,9 % (184)	35,1 % (196)	5,7 % (32)	16,6 % (93)	559
CW	23,9 % (75)	39,2 % (123)	15,9 % (50)	13,4 % (42)	314
FN	37,7 % (132)	34,9 % (122)	13,1 % (46)	12,9 % (45)	350
OG	24,0 % (271)	40,2 % (453)	21,6 % (243)	12,4 % (140)	1127
BL	18,6 % (47)	41,5 % (105)	24,1 % (61)	12,3 % (31)	253
SHA	24,5 % (49)	46,0 % (92)	20 % (40)	11,5 % (23)	200
LÖ	45,3 % (312)	35,2 % (242)	8,7 % (60)	11,3 % (78)	688
KÜN	21,6 % (41)	28,4 % (54)	39,5 % (75)	11,1 % (21)	190
FDS	28,6 % (36)	58,7 % (74)	24,6 % (31)	10,3 % (13)	126

WT	45,6 % (156)	35,1 % (120)	2,3 % (8)	10,2 % (35)	342
BC	15,5 % (56)	46,0 % (166)	19,9 % (72)	9,4 % (34)	361
HDH	32,4 % (58)	28,5 % (51)	26,3 % (47)	8,4 % (15)	179
KA	39,2 % (288)	37,6 % (276)	7,1 % (52)	8,3 % (61)	735
ES	17,9 % (75)	41,9 % (175)	20,6 % (86)	6,7 % (28)	418
WN	12,1 % (25)	66,2 % (137)	11,1 % (23)	6,7 % (14)	207
LB	36,4 % (408)	45,1 % (506)	11,6 % (130)	4,9 % (55)	1121
BB	35,1 % (122)	33,0 % (115)	10,9 % (38)	4,0 % (14)	348
TUT	27,3 % (27)	41,4 % (41)	31,3 % (31)	4,0 % (4)	99
EM	38,4 % (153)	42,5 % (169)	17,3 % (69)	3,8 % (15)	398
PF	36,8 % (395)	39,0 % (419)	14,9 % (160)	3,4 % (37)	1074
FR	35,4 % (208)	44,0 % (258)	16,5 % (97)	2,7 % (16)	587
TÜ	44,7 % (96)	36,3 % (78)	7,0 % (15)	1,9 % (4)	215
HN	43,6 % (44)	21,8 % (22)	10,9 % (11)	1,0 % (1)	101
KN	59,6 % (143)	29,2 % (70)	2,9 % (7)	0 % (0)	240
S	54,9 % (209)	25,5 % (97)	1,3 % (5)	0 % (0)	381
TBB	36,8 % (105)	35,8 % (102)	8,8 % (25)	0 % (0)	285

Gesamt:	**4246**	**5156**	**2166**	**1520**	**13.591**
Prozent	**31,2 %**	**37,9 %**	**15,9 %**	**11,2 %**	
Keine Angaben:	9,6 % (1299)				

Anmerkung: Wir haben Angaben zu 13.591 Kindern in den beiden Grundschulkassen 1 und 2. Diese Zahl ist die Bezugsgröße für das Ausrechnen der einzelnen Prozentsätze. Alle von den Lehrerinnen und Lehrern angegebenen Zahlen ergeben insgesamt die Zahl 13.088. Hinzu kommen noch 1299 Schülerinnen und Schüler, für die keine Angaben gemacht worden sind. Dass die Gesamtzahl (13.088+1299) höher ist als 13.591 hängt mit der Möglichkeit des mehrfachen Ankreuzens zusammen.
Erklärung der Farben: Schwäbisch, Fränkisch, Alemannisch; Übergangsdialekt.

Tabelle 17:
Schülerinnen und Schüler sprechen im Unterricht (nach Einschätzungen der Lehrerinnen und Lehrer): „Dialekt“ und „nicht so starker Dialekt“ zusammengefasst. Reihenfolge nach der Zahl der Dialekt und nicht so stark Dialekt sprechenden Kinder

Landkreis	**Hochdeutsch**	**regional gefärbtes Hochdeutsch**	**nicht so starker Dialekt + Dialekt**	**Zahl der Schülerinnen/ Schüler:**
SIG	18,0 % (48)	16,9 % (45)	64,1 % (171)	267
AA	20,3 % (187)	24,7 % (228)	57,6 % (531)	922
KÜN	21,6 % (41)	28,4 % (54)	50,6 % (96)	190

RV	14,4 % (57)	42,9 % (170)	49,1 % (198)	396
GP	21,2 % (114)	41,2 % (221)	41,3 % (222)	537
RA	25,6 % (57)	38,1 % (85)	40,8 % (91)	223
RT	19,5 % (68)	41,4 % (144)	40,3 % (140)	348
BL	18,6 % (47)	41,5 % (105)	36,4 % (92)	253
TUT	27,3 % (27)	41,4 % (41)	35,3 % (35)	99
FDS	28,6 % (36)	58,7 % (74)	34,9 % (44)	126
HDH	32,4 % (58)	28,5 % (51)	34,7 % (62)	179
OG	24,0 % (271)	40,2 % (453)	34,0 % (383)	1127
SHA	24,5 % (49)	46,0 % (92)	31,5 % (63)	200
BC	15,5 % (56)	46,0 % (166)	29,3 % (106)	361
CW	23,9 % (75)	39,2 % (123)	29,3 % (92)	314
ES	17,9 % (75)	41,9 % (175)	27,3 % (114)	418
FN	37,7 % (132)	34,9 % (122)	26 % (91)	350
UL	32,9 % (184)	35,1 % (196)	22,3 % (125)	559
EM	38,4 % (153)	42,5 % (169)	21,1 % (84)	398
LÖ	45,3 % (312)	35,2 % (242)	20,0 % (138)	688

FR	35,4 % (208)	44,0 % (258)	19,2 % (113)	587
PF	36,8 % (395)	39,0 % (419)	18,3 % (197)	1074
WN	12,1 % (25)	66,2 % (137)	17,8 % (37)	207
LB	36,4 % (408)	45,1 % (506)	16,5 % (185)	1121
KA	39,2 % (288)	37,6 % (276)	15,4 % (113)	735
BB	35,1 % (122)	33,0 % (115)	14,9 % (52)	348
WT	45,6 % (156)	35,1 % (120)	12,5 % (43)	342
HN	43,6 % (44)	21,8 % (22)	11,9 % (12)	101
TÜ	44,7 % (96)	36,3 % (78)	8,9 % (19)	215
TBB	36,8 % (105)	35,8 % (102)	8,8 % (25)	285
KN	59,6 % (143)	29,2 % (70)	2,9 % (7)	240
S	54,9 % (209)	25,5 % (97)	1,3 % (5)	381
Gesamt	**31,2 % (4246)**	**37,9 % (5156)**	**27,1 % (3686)**	**13.591**

Bezugsgröße: 13.591 Kinder in den Klassen
Keine Angaben: 9,6 % (1299)

Fragebogen

Fragebogen, Seite 1:

Dieses Blatt bitte durch die Lehrkraft ausfüllen lassen, die den Bogen für die Klasse bearbeitet.
Bitte machen Sie zunächst ein paar Angaben zu Ihrer Schule!

(1) Die Grundschule befindet sich im Landkreis ______________

Einwohnerzahl: unter 3000 3000-10 000 10 000-60 000 über 60 000

Die Schule besuchen etwa _________ Kinder.

(2) In der Schule sind vorwiegend Kinder
mit nicht deutscher Muttersprache
mit deutscher Muttersprache
ungefähr halb und halb

Bitte beurteilen Sie Ihr eigenes Sprachverhalten!

(3) Sie selbst sprechen im privaten Umfeld (Mehrfachnennungen möglich)
Hochdeutsch
regional gefärbtes Hochdeutsch
nicht so starken Dialekt
Dialekt

(4) Sie sprechen mit den Schülerinnen und Schülern in Ihrer Klasse (Mehrfachnennungen möglich)
Hochdeutsch
regional gefärbtes Hochdeutsch
nicht so starken Dialekt
Dialekt

(5) Sie selbst finden den Gebrauch des Dialekts bei einem Kind (Mehrfachnennungen möglich)

sehr unschön	eher unschön	neutral	eher schön	sehr schön
sehr nachteilig	eher nachteilig	neutral	eher vorteilhaft	sehr vorteilhaft
sehr unwichtig	eher unwichtig	neutral	eher wichtig	sehr wichtig

im Gespräch unter Kindern
sehr unangemessen eher unangemessen neutral eher angemessen sehr angemessen

im Gespräch mit Erwachsenen
sehr unangemessen eher unangemessen neutral eher angemessen sehr angemessen

(6) Wie nennt die Bevölkerung den Dialekt Ihrer Region? (Schwäbisch, Badisch usw.)

____

Fragebogen, Seite 2:

Sie machen auf diesem Blatt Angaben für Schülerinnen und Schüler der
Klasse 1 Klasse 2
Diese Klasse besuchen _____ Schülerinnen und Schüler.

(1) Von den Kindern in dieser Klasse kommen die Eltern

______ wohl aus der Region
______ wohl aus dem sonstigen Baden-Württemberg
______ wohl aus einem anderen Bundesland im Süden Deutschlands
______ wohl aus einem anderen Bundesland im Norden Deutschlands
______ wohl aus dem deutschsprachigen Ausland (A, CH usw.)
______ wohl aus einem anderen (nicht deutschsprachigen) Land
______ keine Zuordnung möglich

(2) Von den Kindern in dieser Klasse beherrschen

______ einen Dialekt

______ keinen Dialekt

(3) Von den Kindern in dieser Klasse verwenden im Unterricht (Mehrfachnennungen möglich)

______ Hochdeutsch _____ regional gefärbtes Hochdeutsch
______ nicht so starken Dialekt _____ Dialekt

(4) Von den Kindern in dieser Klasse verwenden in der Pause (Mehrfachnennungen möglich)

______ Hochdeutsch _____ regional gefärbtes Hochdeutsch
______ Nicht so starken Dialekt _____ Dialekt

(5) Von den Kindern, die Deutsch nicht als Muttersprache haben, sprechen auf Deutsch

______ Hochdeutsch ______ regional gefärbtes Hochdeutsch

______ nicht so starken Dialekt ______ Dialekt

(6) An einer Sprachförderung nehmen von den Kindern aus der Klasse

______ teil mit Deutsch als Muttersprache

______ teil mit Deutsch nicht als Muttersprache

Zwischen Dialekt und Standard

Die sprachlichen Register in den verschiedenen Situationen im ländlichen Raum in Baden-Württemberg

Hubert Klausmann

Abstract

Dieser Aufsatz fasst die Ergebnisse einer Umfrage in 136 Ortschaften in Baden-Württemberg aus den Jahren 2010 bis 2012 zusammen, bei der nach den sprachlichen Registern in verschiedenen Situationen gefragt wurde. Sie zeigt einerseits, dass das Sprechen im alten Ortsdialekt innerhalb der Familie von Generation zu Generation geringer geworden ist. Andererseits ist aber die Familie trotzdem noch das Rückzugsgebiet des alten Dialekts. Dieser wird neben dem neuen Dialekt, dem Regiolekt, außer in der Familie auch noch mit Freunden, auf dem Sportplatz, im Verein oder mit bekannten Personen wie dem Briefträger gesprochen. Je offizieller die Situation ist, desto stärker verändert man seine Sprache in Richtung Standardsprache. Aber auch diese hat letztendlich noch einen regionalen Charakter.

1 Einleitung: Die Fragebogenaktion 2010 bis 2012

In den Jahren 2010 bis 2012 haben wir bei der Arbeitsstelle „Sprache in Südwestdeutschland“ am Ludwig-Uhland-Institut der Universität Tübingen eine Umfrage bei 136 Ortsvorsteherinnen und Ortsvorstehern, verteilt über ganz Baden-Württemberg, durchgeführt, bei der wir wissen wollten, wie im jeweiligen Ort in welcher Situation gesprochen wird.[1] Wir hatten die Gruppe der Ortsvorsteherinnen und Ortsvorsteher ausgesucht, weil hier direkt eine Person angeschrieben werden konnte, die dann – vielleicht während der Sprechstunde

1 Der Fragebogen ist im Anhang abgedruckt.

– den kurzen Fragebogen ausfüllen und die sprachliche Situation im Ort auch gut einschätzen konnte. Aus diesem Grund handelt es sich bei der vorliegenden Untersuchung tatsächlich um eine Untersuchung der sprachlichen Situation auf dem Land. Größere Städte wie Freudenstadt (23.000 Einwohner) oder Bretten (30.000 Einwohner) bildeten bei dieser Untersuchung eine absolute Ausnahme. Auch wenn die Fragen 3 und 4 mit ihrer einfachen Gegenüberstellung von „ja“ und „nein“ der sprachlichen Mehrschichtigkeit in Südwestdeutschland nicht gerecht werden, so zeigen die Antworten immerhin, dass unsere Gewährspersonen zur Gruppe der noch mehr oder weniger Dialekt sprechenden Personen gehören, denn die Fragen 3 und 4 wurden zu 95 % und 94 % mit „ja“ beantwortet. In den meisten Fällen werden sie vermutlich auch aus dem Ort stammen, für den sie hier ihre Antworten abgegeben haben.

Da wir zum Zeitpunkt der Erhebung gleichzeitig mit den Aufnahmen für den „Sprachatlas von Nord Baden-Württemberg“ beschäftigt waren, wurden die zurückgekommenen Fragebogen beiseitegelegt. In verschiedenen Publikationen wurden aber gelegentlich einzelne Ergebnisse in Diagrammform veröffentlicht[2], eine Gesamtanalyse aber fehlt bis heute. Dies soll an dieser Stelle nachgeholt werden.

2 Die sprachlichen Register in den verschiedenen Situationen

Bei der Befragung, wie man im jeweiligen Ort spricht, hatten wir verschiedene Situationen vorgegeben, die in soziolinguistischen Analysen immer wieder genannt werden. Unsere Gewährspersonen konnten hierbei unter sieben Sprachstufen auswählen, die vom Ortsdialekt bis zur Standardsprache reichten. Man könnte sie mit Kehrein 2012 auch folgendermaßen benennen: a = Basisdialekt; b = Regionaldialekt; c = unterer Regiolekt; d = mittlerer Regiolekt; e = Regionalakzent; f = Kolloquialstandard; g = Standardsprache.[3] Bevor wegen der besseren Darstellung in Diagrammform diese sieben Stufen etwas zusammengefasst werden, soll das Ergebnis zunächst der Vollständigkeit halber in der folgenden Tabelle wiedergegeben werden:

2 So zum Beispiel in Hubert Klausmann: Schwäbisch. Eine süddeutsche Sprachlandschaft. Darmstadt 2014, S. 36, Frank Janle/Hubert Klausmann: Dialekt und Standardsprache in der Deutschdidaktik. Eine Einführung. Tübingen 2020, S. 45 oder Hubert Klausmann: Kleiner Sprachatlas von Baden-Württemberg. Heidelberg u. a. 2020, S. 22.

3 Roland Kehrein: Regionalsprachliche Spektren im Raum. Zur linguistischen Struktur der Vertikale (= Beihefte zur Zeitschrift für Dialektologie und Linguistik. 152). Stuttgart 2012, S. 208 (Abb. 6–28).

Tabelle 1

Situation	**a**	**b**	**c**	**d**	**e**	**f**	**g**	**k.A.**
In der Familie								
Mit den Großeltern	63	40	18	5	3	4	0	3
Mit den Geschwistern	47	37	26	14	5	1	3	3
Mit der Verwandtschaft	31	37	35	24	2	3	1	3
Mit den Kindern	26	23	38	22	17	6	2	2
Im Freundes- und Bekanntenkreis	**a**	**b**	**c**	**d**	**e**	**f**	**g**	**k.A.**
Auf dem Sportplatz	43	41	33	11	3	2	1	2
Im Verein	30	41	30	24	7	2	0	2
Mit Freunden	22	40	33	25	7	3	1	5
Mit dem Briefträger	22	32	45	26	9	0	1	1
In offizielleren Situationen	**a**	**b**	**c**	**d**	**e**	**f**	**g**	**k.A.**
Auf dem Rathaus im Ort	9	25	31	33	22	11	2	3
Auf dem Rathaus in der nächsten Stadt	3	10	18	28	35	31	7	4
Auf dem Landratsamt	1	12	17	27	29	38	7	5
Im Radio	0	4	12	12	39	43	23	3

In der Schule	**a**	**b**	**c**	**d**	**e**	**f**	**g**	**k.A.**
In der Pause mit Mitschülern/ Mitschülerinnen	13	18	29	30	19	15	4	8
Mit den Lehrerinnen/Lehrern in der Pause	2	6	13	29	37	31	6	12
In der Grundschule	2	2	16	26	39	38	7	6
In der weiterführenden Schule	1	3	5	9	30	56	23	9

k.A. = keine Angabe

3 Zusammenfassung der Ergebnisse

Wenn man mit König/Pfeiffer/Maitz 2019 davon ausgeht, dass die Sprecherinnen und Sprecher in Süddeutschland eine klare Vorstellung von der Standardsprache haben, andererseits der Begriff „Dialekt" heute sehr weitgefasst werden kann[4], so bietet es sich an, die Stufen a und b zusammenzufassen und die Stufe g alleine zu lassen. Da in der Familie und im Freundeskreis die Stufen c und d deutlich von den Stufen e und f abgesetzt werden, kann man hier zwei weitere Gruppen machen, bestehend aus c und d einerseits und e und f andererseits. Damit erhalten wir ein vierstufiges System, das ich auch bei anderen Untersuchungen verwendet habe und dem man folgende Bezeichnungen zuordnen könnte: Dialekt (a, b), Regiolekt (c, d), regionaler Standard (e, f), Standardsprache (g).

4 Werner König/Christian Pfeiffer/Péter Maitz: Dialekt im Kindergarten. Ergebnisse einer Fragebogenerhebung in Bayerisch-Schwaben. In: Zeitschrift für Dialektologie und Linguistik 86, S. 253–255.

3.1 Die sprachlichen Register im Kreis der Familie

Situation	Dialekt	Regiolekt	Regionaler Standard	Standardsprache
In der Familie				
Mit den Großeltern	77,5 % (103)	17,3 % (23)	5,2 % (7)	0 % (0)
Mit den Geschwistern	63,2 % (84)	30,0 % (40)	4,5 % (6)	2,3 % (3)
Mit der Verwandtschaft	51,1 % (68)	44,4 % (59)	3,7 % (5)	0,8 % (1)
Mit den Kindern	36,6 % (49)	44,8 % (60)	17,1 % (23)	1,5 % (2)

In allen Regionen des Landes ist der Dialekt im Gespräch mit der Generation der Großeltern am besten erhalten geblieben. Danach baut er sich von Generation zu Generation ab. Betrug der Anteil der Dialekte im Gespräch mit den Großeltern noch 77,5 %, so fiel dieser im Gespräch mit den Geschwistern schon auf 63,2 %, um schließlich beim Gespräch mit den Kindern den Tiefpunkt von 36,6 % zu erreichen. Innerhalb von zwei Genrationen ist die Verwendung der Dialekte in Baden-Württemberg um mehr als 50 % zurückgegangen. Abbildung 1 macht dies noch einmal deutlich.[5] Am stärksten war die Dialektverwendung mit den Großeltern mit über 84 % im Nordosten (Postleitzahlen 73, 74), was auch dazu führte, dass dort mit den Kindern immerhin noch zu 40 % Dialekt gesprochen wurde. Die Größenordnung des Verlusts von der Generation der Großeltern zur Generation der Kinder liegt aber auch hier bei über 50 %.

5 In allen Abbildungen werden bei den Prozentzahlen die Fragebögen ohne Angaben nicht berücksichtigt.

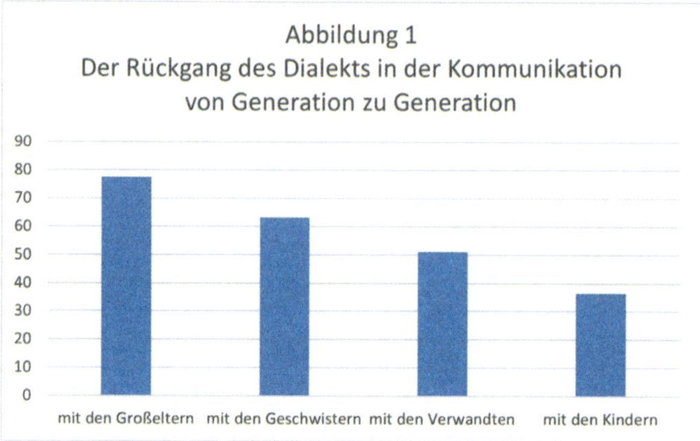

3.2 Die sprachlichen Register im Freundes- und Bekanntenkreis

Mit den Freundinnen oder Freunden, im Verein oder auf dem Sportplatz hat man es häufig noch mit Menschen zu tun, die ebenfalls eine enge Verbindung zum Ort haben (Ortsloyalität). Dass hier noch sehr häufig Dialekt gesprochen wird, zeigt Abbildung 2. Für den Erhalt des Dialekts spielt diese Situation heute eine zentrale Rolle.

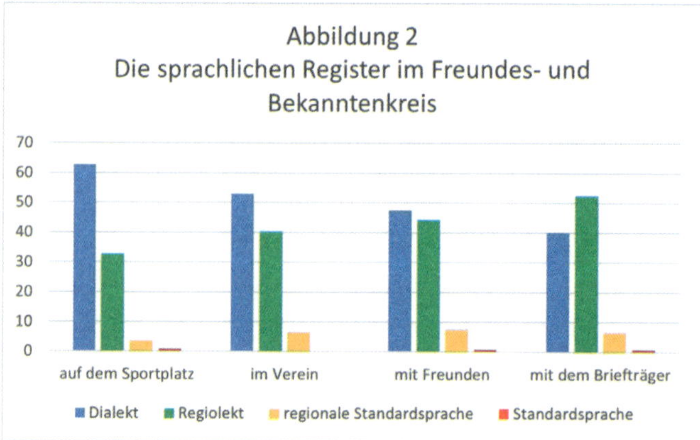

3.3 Die sprachlichen Register in offizielleren Situationen

Verlässt man den familiären, privaten Raum, ändert man auch sein Sprachverhalten. Sehr deutlich zeigt dies der Wechsel vom Rathaus im Ort zu einem Rathaus in der nächsten Stadt, wie es bei Eingemeindungen heute oft der Fall ist (Abb.

3). Lag der Anteil des Dialekts im ersten Fall, wo man häufig die Personen in der Verwaltung noch persönlich kennt, bei über 25 %, so fällt dieser Anteil bei der Ansprache in einer „fremden“ Behörde auf 9,8 %. Noch stärker weicht man bei einem Gespräch oder Anruf im Radio von seinem Dialekt ab, wo man versucht, der Standardsprache besonders nahe zu kommen. Da man allerdings relativ selten im Radio spricht, spielt diese Situation für den Sprachalltag eine geringe Rolle. Wichtig ist, dass man erkennt, dass in allen diesen offizielleren Situationen die Sprecherinnen und Sprecher vor allem zwischen Regiolekt und regionalem Standard wechseln.

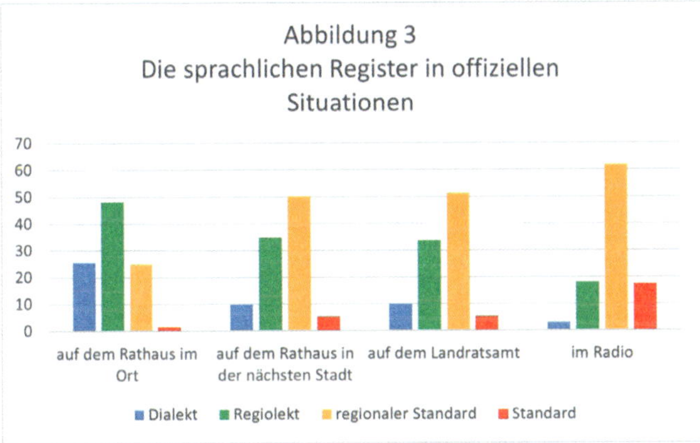

Abbildung 3
Die sprachlichen Register in offiziellen Situationen

3.4 Die sprachlichen Register in der Schule

Ganz anders sieht es mit der Schule aus, wo die Standardsprache den höchsten Prozentsatz erreicht (Abb. 4). Hier spielt der Dialekt – von der Pause abgesehen – keine Rolle mehr, wobei es zwischen der Grundschule und der weiterführenden Schule einen deutlichen Einschnitt gibt. War in der Grundschule der Regiolekt mit einem Anteil von 32,3 % noch recht stark vertreten, so sinkt sein Anteil in der weiterführenden Schule auf 11 %. Dort beherrscht der regionale Standard mit 67,7 % den Sprachalltag und die Standardsprache ist sogar für 18,1 % der befragten Personen vorherrschend.

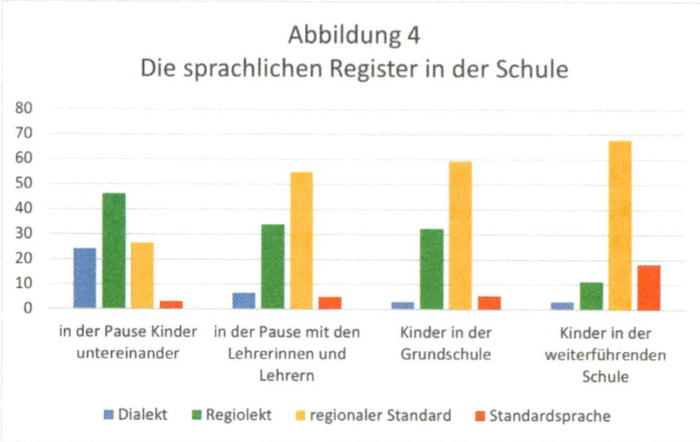

Leider war bei all diesen unterschiedlichen Situationen eine genauere Aufteilung nach Regionen nicht möglich, da die statistische Grundlage hier zu gering war, um gesicherte Aussagen machen zu können.

4 Fazit

Unsere in den Jahren 2010 bis 2012 durchgeführte Befragung vorwiegend im ländlichen Raum hat gezeigt, dass die Weitergabe des Dialekts von Generation zu Generation nicht mehr gewährleistet (Abb. 1) und dass er - wenn dies so weitergeht - vor dem Untergang nicht mehr zu retten ist. Den drastischen Rückgang von einer Generation zur anderen hat auch unsere Grundschuluntersuchung gezeigt[6], wobei dort - aufgrund der hohen Zahlen - ein deutlicher Unterschied zwischen den einzelnen Regionen festgestellt werden konnte. Stabilisierend für die Dialekte - und in Zukunft für die Regiolekte - ist neben der Familie und dem Freundes- und Bekanntenkreis vor allem das Vereinsleben.

Die Gründe für den Rückgang der Dialekte wurden schon mehrfach genannt: Es ist zunächst die in den letzten Jahrzehnten enorm gewachsene Mobilität, die dazu führt, dass heute viele Menschen tagsüber in anderen Regionen arbeiten, sich sprachlich anpassen und erst am Abend wieder in die Heimat zurückkehren. Noch stärker aber scheinen die sprachlichen Ideologien zu wirken[7]. Wäh-

6 Siehe: Hubert Klausmann: Der Sprachalltag in Baden-Württemberg: Zwischen Dialekt und Hochdeutsch in diesem Band.

7 Zu den sprachlichen Ideologien siehe zum Beispiel Péter Maitz/Stephan Elspaß: Dialektfreies Sprechen - leicht gemacht! Sprachliche Diskriminierung von deutschen Muttersprachlern in Deutschland, in: Der Deutschunterricht 6/2011, S. 7-17; Péter Maitz: Sprachvariation, sprachliche Ideologien und Schule. In: Zeitschrift für Dialektologie und Linguistik 82/2. Stuttgart 2015, S. 206-227; Péter Maitz/Monika Foldenauer: Sprachliche Ideologien im Schulbuch.

rend nämlich die Mobilität durch ein hohes Maß an Ortsloyalität[8] ausgeglichen werden kann, da viele auswärts arbeitende Personen am Abend in der Familie oder im Verein wieder zum Heimatdialekt zurückkehren und diesen stabilisieren (siehe Abb. 2), gibt es für die sprachlichen Ideologien bislang keine „Gegenmaßnahmen“. Obwohl die sprachlichen Ideologien wie der Standardismus (Jede Nation darf nur eine einzige Standardsprache haben), der Homogenismus (Eine Standardsprache darf keine Varianten haben) und der Hannoverismus (In Hannover spricht man das beste Deutsch) nachweislich falsch sind, führen sie in der deutschen Gesellschaft zu einer Herabsetzung aller Varianten, die diesen Ideologien nicht entsprechen. Und dies gilt sowohl für die Standardsprache, bei der man jede, von der norddeutschen Variante abweichende regionale Variante als falsch ablehnt, als auch erst recht für die Dialekte, die in besonders hohem Maße dem von den sprachlichen Ideologien geprägten Sprachideal widersprechen. Verstärkt werden diese drei sprachlichen Ideologien durch die Erfahrung vieler Eltern, die in der Schule wegen ihrer regionalen oder dialektalen Sprechweise Nachteile, wenn nicht sogar offene Diskriminierungen erfahren haben. Da sie dies ihren Kindern ersparen wollten, haben viele Eltern ihren Dialekt an die nächste Generation nicht mehr weitergegeben. Auch hält sich in den Köpfen vieler Eltern die Meinung, dass die Dialekte an der schlechten Rechtschreibung ihrer Kinder schuld seien. Auch dieses Vorurteil hält sich über Generationen hinweg, obwohl es ebenfalls wissenschaftlich widerlegt ist.[9] Im Grunde genommen könnte nur eine massive Öffentlichkeitsarbeit dazu führen, diese hartnäckigen Ideologien aus den Köpfen zu bekommen. Solange aber Medien und Schule daran kein Interesse haben, werden die sprachlichen Ideologien weiter für den Abbau der Dialekte – und danach womöglich der Regiolekte – sorgen.

In: Jana Kiesendahl/Christine Ott (Hg.): Linguistik und Schulbuchforschung. Gegenstände – Methoden – Perspektive. Göttingen 2015, S. 217–234.

8 Siehe hierzu Nina Kim Leonhardt: Dialektgrenzen als soziokulturelle Konstrukte. Subjektive Sprachräume in Nord-Baden-Württemberg. Dissertation Universität Tübingen 2014, S. 230ff. http://hdl.handle.net/10900/58665. (Zugriff 27.9.2022).

9 Allein ein Blick in die Schweiz, wo die Dialekte in fast allen Situationen den Sprachalltag dominieren, lehrt, dass das Dialektsprechen nicht der Grund für Rechtschreibprobleme sein kann, denn Schweizer Kinder schneiden bei Rechtschreibtest genauso gut oder schlecht ab wie Kinder ohne Dialektkompetenz.

Literatur

Janle, Frank/Klausmann, Hubert: Dialekt und Standardsprache in der Deutschdidaktik. Eine Einführung. Tübingen 2020.

Kehrein, Roland: Regionalsprachliche Spektren im Raum. Zur linguistischen Struktur der Vertikale (= Beihefte zur Zeitschrift für Dialektologie und Linguistik. 152). Stuttgart 2012.

Klausmann, Hubert: Schwäbisch. Eine süddeutsche Sprachlandschaft. Darmstadt 2014.

Klausmann, Hubert: Kleiner Sprachatlas von Baden-Württemberg. Heidelberg u. a. 2020.

Klausmann, Hubert: Dialekt in den baden-württembergischen Grundschulklassen 1 und 2. Tübingen 2023, in diesem Band S. 11-78.

König, Werner/Pfeiffer, Christian/Maitz, Péter: Dialekt im Kindergarten. Ergebnisse einer Fragebogenerhebung in Bayerisch-Schwaben. In: Zeitschrift für Dialektologie und Linguistik 86 (3) Stuttgart 2019, S.247–283.

Leonhardt, Nina Kim: Dialektgrenzen als soziokulturelle Konstrukte. Subjektive Sprachräume in Nord-Baden-Württemberg. Dissertation Universität Tübingen 2014. http://hdl.handle.net/10900/58665. (27.9.2022).

Maitz, Péter/Elspaß, Stephan: Dialektfreies Sprechen – leicht gemacht! Sprachliche Diskriminierung von deutschen Muttersprachlern in Deutschland. In: Der Deutschunterricht 6, Hannover 2011, S. 7–17.

Maitz, Péter: Sprachvariation, sprachliche Ideologien und Schule. In: Zeitschrift für Dialektologie und Linguistik 82/2. Stuttgart 2015, S. 206–227.

Maitz, Péter/Foldenauer, Monika: Sprachliche Ideologien im Schulbuch. In: Jana Kiesendahl/Christine Ott, (Hg.): Linguistik und Schulbuchforschung. Gegenstände – Methoden – Perspektive. Göttingen 2015, S. 217–234.

Fragebogen

Umfrage: Sprachalltag in Baden-Württemberg
1. Für welchen Ort machen Sie die Angaben:............................
2. Aus welcher Gegend stammen Sie? Bitte ankreuzen:

Baden-Württemberg		Bayern, Rh.-Pfalz,Hessen	
anderes Bundesland		außerhalb der BRD	

3. Wurde bei Ihnen zu Hause Dialekt gesprochen?
ja: ☐ nein: ☐

4. Können Sie selbst Dialekt sprechen?
ja: ☐ nein: ☐

5. Wie wird in Ihrem Ort gesprochen? Bitte kreuzen Sie auf der Skala von 1 (= reiner Ortsdialekt) bis 7 (= reines Hochdeutsch) einen Wert an, der ihrer Ansicht nach der Sprachlage in der entsprechenden Situation in Ihrem Ort entspricht.
Situation: Ortsdialekt -Regionalsprache -Hochdeutsch

	1	2	3	4	5	6	7
mit den Geschwistern							
mit den Großeltern							
mit den Kindern							
in der Verwandtschaft							
mit Freunden/guten Bekannten							
im Verein							
auf dem Sportplatz beim Zuschauen							
im Unterricht (Grundschule)							

im Unterricht (weiterführende Schule)							
mit Mitschülern in der Pause (weiterführende Schule)							
mit den Lehrern in der Pause (weiterführende Schule)							
mit Norddeutschen							
mit Ausländern							
beim Bäcker/Metzger zu Hause							
mit dem Briefträger zu Hause							
an der Wursttheke im Supermarkt in der Stadt							
auf dem Rathaus zu Hause							
auf dem Rathaus der nächst größeren Stadt							
auf dem Landratsamt							
auf dem Finanzamt							
bei einem Anruf beim Radio							

Innere und äußere Mehrsprachigkeit im beruflichen Schulwesen im Norden Baden-Württembergs

Eine Pilotstudie

Isabell Arnstein

Abstract

Diese Pilotstudie gibt einen Einblick in die Einstellung beruflicher Schülerinnen und Schüler gegenüber ihrer eigenen inneren und äußeren Mehrsprachigkeit. Angelegt im Norden Baden-Württembergs in den Landkreisen Rhein-Neckar, Main-Tauber und Neckar-Odenwald werden knapp 1000 Jugendliche im Alter von ca. 16 bis 25 Jahren befragt, inwiefern für sie persönlich die eigene Muttersprache – sei diese ein Dialekt bzw. dialektal gefärbt oder eine nicht-deutsche Sprache – sowohl für ihre eigene Identität von Bedeutung ist, als auch was sie von der Umsetzung des Themas Dialekt im Unterricht halten. Darüber hinaus werden Querverbindungen gezogen zwischen Dialektsprechen und Ortsloyalität.

Einleitung

> „Eine Sprache ist nicht nur sprachlich definiert. Es gibt eine historische, politische, kulturelle und soziale Dimension, die maßgeblich mit Emotionen und Identität verbunden ist.“[1]

Unsere deutsche Sprachlandschaft ist immer auch zugleich eine Dialektlandschaft und Dialekte weisen eine überdurchschnittlich soziale Komponente auf:

1 Unn Røyneland: Nynorsk is a Separate Language. In: Mari Lilleslåtten (Hg.): Norway is Strengthening the position of Minority Languages, 2021. URL: https://www.hf.uio.no/multiling/english/news-and-events/news/2021/lme (20.02.2022).

identitätsstiftend und solidarisierend, geprägt von einer emotionalen Beziehung an eine Region, einen Ort.[2] Im Südwesten Deutschlands ist der Dialekt im Sprachalltag nach wie vor sehr präsent, wenn auch im Wandel begriffen, doch für welche Sprache trifft dieser Umstand nicht zu?[3] Das hier vorliegende Dialekt-Standard-Kontinuum wie auch das migrationsbedingte kosmopolitische Bevölkerungskonstrukt machen die äußere und innere Mehrsprachigkeit zu wesentlichen Elementen der Gesellschaft Baden-Württembergs.[4] Doch vielfach wird dieser Umstand nicht beachtet und das darin liegende gesellschaftliche Potenzial verstreichen lassen. So tolerant unsere Gesellschaft im Laufe der letzten Jahrzehnte geworden ist, so wenig tolerant scheint sie mitunter gegenüber den dialektalen und nicht-muttersprachlichen Sprachvarietäten zu sein, die in der Öffentlichkeit eher wenig zu hören sind. Dabei ist die Akzeptanz von Vielfalt wesentliches Element unserer Gesellschaft, die Akzeptanz und Wertschätzung von Dialekt oder einer weiteren nicht-deutschen Sprache meist nicht unbedingt. Zudem ist die Idee einer höchst individualisierten Sprachbetrachtung nicht neu, bereits die Junggrammatiker forderten:

> „Wir müssen eigentlich so viele Sprachen unterscheiden als es Individuen giebt. Wenn wir die Sprachen einer bestimmten Anzahl von Individuen zu einer Gruppe zusammenfassen und die anderer Individuen dieser Gruppe gegenüber ausschliessen, so abstrahieren wir dabei immer von gewissen Verschiedenheiten, während wir auf andere Wert legen."[5]

Bislang wird im Rahmen der schulischen Sozialisation an baden-württembergischen Schulen dialektalen Sprachvarietäten im oralen Gebrauch nur nach persönlichem Ermessensspielraum der jeweiligen Lehrkraft Raum gegeben, demnach passiv geduldet. Das Potenzial der Wertschätzung der inneren Mehrsprachigkeit im Hinblick auf identitätsstiftende Wirkungsmöglichkeiten, die kognitive Bereicherung und auch ortsloyales wirtschaftliches und soziales Enga-

2 Vgl. Alfred Lameli: Standard und Substandard. Regionalismen im diachronen Längsschnitt. Stuttgart 2004, S. 33; vgl. Peter Auer: Europe's sociolinguistic unity. A typology of European dialect/standard constellations. In: Johan van der Auwera; Nicol Delbecque, Dirk Geeraerts (Hg.): Perspectives on variation. Sociolinguistic, historical, comparative. Berlin/New York 2005, S. 27.

3 Wandel und Stase – mit Blick auf Sprachwandelbetrachtungen, vor allem diejenige von Rudi Keller in Anlehnung an die „invisible hand"-These von Smith, muss man diese beiden Eigenschaften unter vielfältigen Aspekten immer im Blick haben, wenn man sich mit Sprache und insbesondere Dialekten auseinandersetzt und untersuchen möchte, welche dynamischen Aspekte den Wandel befördern bzw. welche statischen ihn hemmen. Vgl. Rudi Keller: Sprachwandel. Von der unsichtbaren Hand in der Sprache. Tübingen/Basel 1994.

4 Vgl. Mario Wandruszka: Die Mehrsprachigkeit des Menschen. München 1979. Im Kern ist seine Aussage, dass jede Sprache ihren Wert hat und alle Menschen in einem größer gefassten Sinne „mehrsprachig" bzw. „vielsprachig" sind.

5 S. Hermann Paul: Prinzipien der Sprachgeschichte. Halle 1898, S. 35f.

gement scheinen noch zu wenig erkannt und genutzt. Dabei ist das schulische Umfeld im Hinblick auf die Spracheinstellung der Kinder und Jugendlichen überaus prägend und formt den Umgang von Schülerinnen und Schülern mit Dialekt wie auch mit Mehrsprachigkeit generell.[6] Schule sollte die Lernenden im Sprachschatz reicher machen und nicht auf eine Variante hin verengen.

Im Leitfaden „Sprachsensibel unterrichten in allen Fächern“ für Berufliche Schulen vom Zentrum für Schulqualität und Lehrerbildung Baden-Württemberg ist als relevanter Passus und Anweisung für die Lehrkräfte zur Unterrichtssprache zu lesen: „Die Lehrkraft achtet auf die Sprache der Schülerinnen und Schüler und auf die eigene Sprache. Dialekt lässt sich nicht vermeiden, sollte aber angesprochen werden. Die Lehrkraft muss fachlich korrekt sprechen, zum Beispiel „Bringe mir bitte eine Spitzzange!“ nicht „Bring mir bitte des Zängle!“.[7]

Die Beigabe „lässt sich nicht vermeiden“ wird hier den dialektalen Varianten zuteil, obgleich der Anspruch der Handreichung zur Gestaltung des Unterrichts ist, „mit der Sprache der Schülerinnen und Schüler zu arbeiten und sie schrittweise zu erweitern“.[8]

Mit ähnlichem sprachverengendem Blickwinkel begegnet man den Zugezogenen, die in unserer multikulturellen Gesellschaft mittlerweile eine feste Größe sind. Ältere jugendliche und erwachsene Migranten werden an örtlichen Volksschulen in DaF-Kurse geschickt, wobei hier beispielsweise kaum bis nicht nach schulischer Vorbildung und auch nicht nach der Muttersprache unterschieden wird.[9] Für Kinder und jüngere Jugendliche mit einer anderen Muttersprache gibt es meist gar keine Angebote, sondern sie müssen sich während ihrer schulischen Laufbahn eigenständig bewähren und sich die deutsche Sprache im praktischen Gebrauch aneignen. So scheint neben der inneren auch die äußere Mehrsprachigkeit mit ihrem vielfältigen Sprachpotenzial nicht als zukunftsweisende Ressource erkannt zu werden, darüber hinaus wird dieser Personenkreis auch nicht bis kaum über die ortsspezifischen dialektalen Verhältnisse bei den Eingliederungsmaßnahmen aufgeklärt.[10] Lediglich das Erlernen der Standardsprache

6 Vgl. Peter Maitz/Monika Foldenauer: Sprachliche Ideologien im Schulbuch. In: Jana Kiesendahl/Christine Ott (Hg.): Linguistik und Schulbuchforschung. Gegenstände – Methoden – Perspektiven. Göttingen 2015, S. 217–234.

7 Zentrum für Schulqualität und Lehrerbildung (ZSL) Baden-Württemberg: Sprachsensibel unterrichten in allen Fächern. Ein Leitfaden für Berufliche Schulen. Leinfeld-Echterdingen 2020, S. 12.

8 Ebd., S. 6.

9 Natürlich steht hier auch die Frage nach den personellen und finanziellen Ressourcen im Raum, die die BAMF-Kurse, wie auch die DaZ- und DaF-Kurse benötigen.

10 Aus eigener Erfahrung im Abhalten von vier Integrationskursen an der Volkshochschule in Buchen in den Jahren 2015/16 hatten die Schüler deutliche Hemmungen vor dem Einkaufen in ortsansässigen Geschäften, weil sie Probleme beim Verstehen des lokalen Dialekts hatten.

steht auf dem Programm, was einen integrativen Ansatz zur Identifikation mit der ortstypischen Sprache gar nicht erst in Aussicht stellt.[11]

Darf man die wagemutige These stellen: Wer sich mit seiner Individualität, ausgedrückt auch durch das eigene Sprachenpotenzial, nicht wertgeschätzt fühlt, der hat auch weniger Motivation sich in die Gesellschaft einzubringen? Auch stellt sich die Frage, mit welchem Recht der mitgebrachte Sprachschatz jedes einzelnen verkümmern soll, sei er eine andere Erstsprache oder auch der Dialekt?

Um hier ansetzen und diesen forschen Behauptungen nachgehen zu können, bedarf es einer Analyse des Ist-Standes zur persönlichen Einstellung gegenüber und Verwendung der inneren und äußeren Mehrsprachigkeit einer abgegrenzten Probandengruppe. Dies soll in der vorliegenden Pilotstudie am Beispiel der Schülerinnen und Schüler des beruflichen Schulwesens im Norden Baden-Württembergs dargestellt werden, zum einen, weil diese heterogene Schülerklientel ein realistisches Abbild der Gesellschaft zeigt und zum anderen, weil zu dieser Region unseres Bundeslandes bislang wenig wissenschaftliche Publikationen und kaum empirische Daten im Bereich innerer wie auch äußerer Mehrsprachigkeit vorliegen.[12]

Forschungsstand

Eine Sprache besteht immer aus vielen Sprachen. Die Bedeutung der Mehrsprachigkeit des Menschen, gerade auch im Kontext Schule, hebt Mario Wandruszka schon in den 70ern hervor.[13] Lehrerinnen und Lehrer dürften „ihre Aufgabe nicht darin sehen, die Sprachen zu bekämpfen, die die Kinder von zu Hause mitbringen, ihre Dialekte, ihre Regiolekte, ihre Soziolekte, ihre Haussprachen, Minderheitensprachen, Fremdsprachen, um sie durch die allein seligmachende Schriftsprache, Hochsprache, Bildungssprache zu ersetzen [...].“[14] Erst durch ein gewisses „Recht auf Mehrsprachigkeit“[15] ist es möglich, die Fülle der eigenen

11 Wie auch Thoma schreibt, dass die Schule schließlich ein Ort institutionalisierten Sprachenlernens darstellt, wie auch ein Ort der mehrsprachigen Kommunikation ist. Sprache kann gerade im schulischen Umfeld ein Mittel sein, mit dem „Diskurse über Migration und/oder Sprache(n) (re-)produziert, verhandelt und/oder transformiert werden.“ Vgl. Nadja Thoma: Sprachbiographien in der Migrationsgesellschaft. Eine rekonstruktive Studie zu Bildungsverläufen von Germanistikstudenten*innen. Bielefeld 2018, S. 179.

12 In der jüngst erschienenen Studie der Eva Mayr-Stihl Stiftung, ebenfalls Teil dieses Sammelbandes, erfasst Hubert Klausmann an der Zielgruppe der Primarstufe landesweit die Dialektkompetenz und den Dialektgebrauch der Schülerinnen und Schüler, doch z. B. der Neckar-Odenwald-Kreis wie auch der Rhein-Neckar-Kreis haben hier keine Daten zurückgemeldet.

13 Vgl. Mario Wandruszka: Die Mehrsprachigkeit des Menschen. München 1979.

14 Ebd, S. 321f.

15 Ebd, S. 322.

sprachlichen Möglichkeiten auszuschöpfen und dem Denken einen größeren sprachlichen Spielraum zu geben. Wobei Wandruszka gerade der Muttersprache eine besondere Bedeutung bemisst, weil sie für jedes Individuum der Erstzugang zur Welt ist, dass „wir die Welt in unserer Muttersprache besitzen, daß unsere Muttersprache unsere Welt ist."[16] Und hierzu an späterer Stelle anknüpft: „Schon in unserer Muttersprache sind wir mehrsprachig."[17]

Auch Hermann Bausinger spricht von den „‚Deutschs', [...] der Mannigfaltigkeit der Sprachen innerhalb unserer Sprache, von der Vielfalt der Kommunikationsmöglichkeiten und -bedingungen."[18] Es gibt nicht die eine absolute Norm, im Südwesten Deutschlands schon gar nicht. Im hier vorliegenden Dialekt-Standard-Kontinuum gehört der Dialekt nach wie vor zum schulischen Sprachalltag, mag er auch verschieden stark ausgeprägt sein, aber er ist auf jeden Fall nicht zu leugnen. Die Sprecher ziehen aus dem persönlichen Sprachregister ihrer inneren Mehrsprachigkeit diejenige sprachliche Form, die sie in einer bestimmten Situation als passend erachten, auch vor dem Hintergrund der angestrebten kommunikativen Reichweite.[19] Da kann mitunter eine dialektale Form angemessener und damit „richtiger" sein als ein Wort aus der Standardsprache.[20] Man gleitet hin und her zwischen den Ebenen Basisdialekt, regionalen Umgangssprachen und der Standardsprache.

16 Mario Wandruszka: Sprachen, vergleichbar und unvergleichlich. München 1969, S. 8.
17 Mario Wandruszka: Die Mehrsprachigkeit des Menschen. München 1979, S. 321.
18 Hermann Bausinger: Deutsch für Deutsche. Dialekte, Sprachbarrieren, Sondersprachen. München 1986, S. 7.
19 Vgl. Werner König: dtv-Atlas Deutsche Sprache. München 2004, S. 132.
20 Mit diesem Phänomen befassen sich auch aktuell zahlreiche, gern gelesene populärwissenschaftliche Kolumnen in Zeitungen bzw. auch verkaufsstarke Bücher und dies zeigt, dass es in der Bevölkerung durchaus ein gewisses Bewusstsein und Gespür für den Wert der inneren Mehrsprachigkeit gibt. Vgl. Sofia Blind/Nikolaus Heidelbach: Wörter, die es nicht auf Hochdeutsch gibt. Von Anscheuseln bis Zurückdummen. Köln 2021.

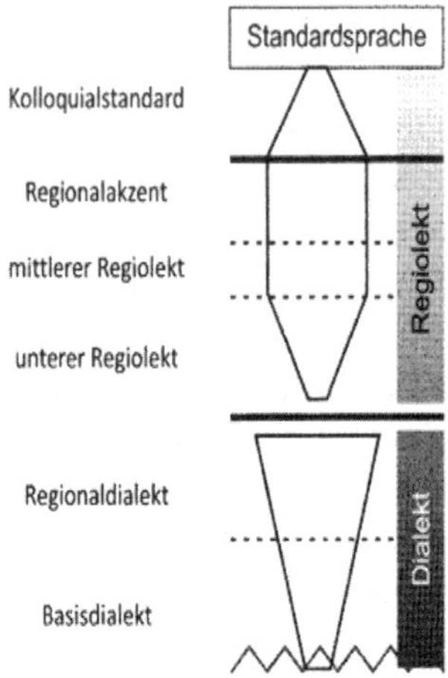

Abbildung 1: Regionalsprachliche Spektren.[21]

Auch ist im Rahmen des schulischen Sprachalltags im Baden-Württemberg dem Umstand Rechnung zu tragen, dass viele Schülerinnen und Schüler in Folge von Migrationsbewegungen eine andere Muttersprache als Deutsch erworben haben bzw. mitbringen. Diese äußere Mehrsprachigkeit findet bislang im Umfeld der schulischen Sozialisation in Deutschland keinen bis kaum Widerhall,[22] wie auch noch vergleichsweise wenig Raum in der Forschung. Aber auch Schülerinnen und Schüler mit einer anderen Muttersprache als Deutsch können durchaus Dialekt sprechen, verfügen demnach sogar über die äußere als auch über die innere Mehrsprachigkeit. Vor den Erfahrungen der letzten Jahre, in Folge der

21 Roland Kehrein: Regionalsprachliche Spektren im Raum. Zur linguistischen Struktur der Vertikale (= Beihefte zur Zeitschrift für Dialektologie und Linguistik. 152). Stuttgart 2012, S. 208.

22 In Österreich sieht das zum Beispiel anders aus. Hier haben Sprecher der sechs autochthonen Minderheitensprachen in gewissen Rahmenbedingungen durch Minderheitenschulgesetze einen Anspruch auf bilingualen Unterricht, erfahren damit also eine Förderung ihrer eigenen, nicht-deutschen Muttersprache. Vgl. Rudolf de Cillia: Mehrsprachigkeit statt Zweisprachigkeit – Argumente und Konzepte für eine Neuorientierung der Sprachenpolitik an den Schulen. In: Ders. u. a. (Hg.): Diskurs. Politik. Identität, Tübingen 2010, S. 247f. oder vgl. auch: Eva Fuchs/ Stephan Elspaß: Innere und äußere Mehrsprachigkeit an österreichischen Schulen: ein Projektbericht zu Wahrnehmungen und Einstellungen. Teil 1, Universität Salzburg, FWF- Spezialforschungsbereich (SFB) „Deutsch in Österreich (DiÖ). Variation – Kontakt – Perzeption“: erste Ergebnisse aus Teilprojekt 10. Salzburg 2019, S. 1. Aber im zahlenmäßig größeren Teil derjenigen Schülerinnen und Schüler mit einer anderen Muttersprache als Deutsch sieht der Unterrichtsalltag ähnlich aus wie in Deutschland: Weltsprachen mit höherem Prestige wie Englisch, Spanisch, Französisch kommen im Rahmen des Fremdsprachenunterrichts vor – prestigeärmere Sprachen hingegen kommen nirgends vor.

Flüchtlingswellen und des Ukraine-Kriegs, könnte dieses Forschungsgebiet einen Schub erfahren und Zahlenmaterial einfordern, das es bislang noch viel zu wenig gibt.

Schon 2017 geht aus Rupert Hochholzers Studie zur inneren und äußeren Mehrsprachigkeit an einer Regensburger Realschule hervor,[23] dass in diesem Forschungsgebiet ein „eklatanter Mangel“[24] an empirischen Untersuchungen besteht und dass Schüler ihre eigene Mehrsprachigkeit als selbstverständlichen Teil ihrer Lebenswirklichkeit annehmen, der aber in der Unterrichtsrealität kaum berücksichtigt wird.[25] Das Potenzial des Themas innere und äußere Mehrsprachigkeit innerhalb der deutschen Forschungslandschaft wird auch an dem an der Universität Regensburg neu eingeführten Masterstudiengang „Mehrsprachigkeit und Regionalität“ deutlich, der großen Studentenzuspruch erfährt.[26] Und wie hier im Titel zu ersehen, geht es bei Mehrsprachigkeit – sei es die äußere oder die innere – immer auch um den regionalen Aspekt. Wechselseitige Spracheinflüsse, Sprachhierarchien, die unterschwellig manifestiert werden, oder Registerwechsel in verschiedenen Kommunikationsdomänen, um nur einige Aspekte zu nennen, in denen es eben auch wichtig ist, auf die dialektalen Varietäten zu schauen.

Eine neue und große Breitenuntersuchung zur inneren Mehrsprachigkeit ist 2019 von Werner König, Christian Pfeiffer und Péter Maitz durchgeführt worden,[27] bei der die Dialektkompetenz im Elementarbereich an Kindertagesstätten in Bayerisch-Schwaben im Vordergrund steht. Die Dialektkompetenz scheint nach Beobachtungen der Erzieherinnen und Erzieher bei den Kindern im Alter von 2 bis 6 Jahren abnehmend, doch, so König, könnten die Kinder im fortgeschrittenen Alter, im Rahmen eigener persönlicher Reflektionen, dennoch dialektale Nuancen als identitätsstiftendes Element erachten. Von den Ergebnissen

23 Vgl. Rupert Hochholzer: Innere und äußere Mehrsprachigkeit in einer Regensburger Schule. In: Rudolf Bühler/Hubert Klausmann/Mirjam Nast (Hg.): Schule – Medien – Öffentlichkeit. Sprachalltag und dialektale Praktiken aus linguistischer und kulturwissenschaftlicher Perspektive. Tübingen 2020, S. 37–54.

24 Ebd., S. 50.

25 Vgl. Rupert Hochholzer: Konfliktfeld Dialekt. Das Verhältnis von Deutschlehrerinnen und Deutschlehrern zu Sprache und ihren regionalen Varietäten. Regensburg 2004. Hochholzers Habilitation „Konfliktfeld Dialekt“, die im Jahr 2004 auf den Markt gekommen ist, thematisiert das Verhältnis von Deutschlehrern zu regionalen Varietäten und diskutiert generell über den Stellenwert des Dialekts im Unterricht. Dieses Werk kann immer noch als Ausgangswerk für die aktuellen Diskussionen und Erforschung der Konstellation „Dialekt und Schule“ gelten. Hochholzer nimmt für seine Forschung die Bundesländer Bayern, Nordrhein-Westfalen und Mecklenburg-Vorpommern in den Blick.

26 Vgl. Universität Regensburg: Master Mehrsprachigkeit und Regionalität, 2019. URL: https://www.uni- regensburg.de/sprache-literatur-kultur/germanistik-daz/lehre/master-mehrsprachigkeit-und-regionalitaet/index.html (07.02.2022); hierunter fällt auch die im Zuge dieses Masters in Regensburg eingeführte Zusatzausbildung zur Mehrsprachigkeitsberatung;

27 Vgl. Werner König/Christian Pfeifer/Peter Meitz: Dialekt im Kindergarten. In: ZDL 86 (2019), S. 247–283.

dieser Studie im Elementarbereich motiviert, fokussiert sich Hubert Klausmann dann bei seiner neuesten Studie zu Dialektkompetenz und Dialektgebrauch auf die Klassen 1 und 2 an baden-württembergischen Grundschulen und leistet hier einen maßgeblichen Baustein zur Beschreibung des Sprachalltags im Primarbereich in Baden-Württemberg und damit auch einen Ansatz zur Sprachkritik, das heißt zur Anregung, das Thema Dialekt stärker in den Bildungsplänen, im Unterrichtsmaterial und in der Lehrerausbildung zu verankern.[28] Schon am Tag der Pressekonferenz dieser Studie ging das Thema in den Sozialen Medien viral. Binnen weniger Stunden konnten mehrere hundert Social Media Beiträge auf den Seiten vom SWR und von den Tageszeitungen verzeichnet werden, in denen User von ihren eigenen schulischen Diskriminierungserfahrungen als Dialektsprecher berichtet haben. Diese Erlebnisse mögen einige Jahre zurückliegen und die Sprachstereotype, dass es „eine beste Version des Deutschen" gäbe, müsste mittlerweile doch hoffentlich aus der Welt geschafft sein, doch gerade im Bereich der Lehrerschaft bestätigen Frank Janle und Hubert Klausmann bei ihren Untersuchungen mit Lehramtsanwärtern bereits gehegte Vermutungen, dass es beim Thema Dialekt immer noch große Wissensdefizite gibt, selbst in der Gruppe von angehenden Deutschlehrerinnen und Deutschlehrern. [29] Darüber hinaus trat in der Studie auch zutage, dass das Thema Dialekt immer noch unzureichend im schulischen Kontext bedacht ist, obwohl es seit Jahren in den Bildungsplänen als fester Bestandteil aufgenommen ist. Dennoch scheint die Sprachwirklichkeit in Baden-Württemberg trotz schwindender dialektaler Färbung so, dass die Schüler immer noch eine positive Einstellung zu ihrem eigenen Dialekt haben. Nina Kim Leonhardt hat in ihrer Dissertation zur subjektiven Wahrnehmung von Dialekten herausgearbeitet, dass im Schnitt Dreiviertel der befragten Schülerinnen und Schüler der Sekundarstufe I (hier: Realschule und Gymnasium) eine positive Einstellung zu ihrem eigenen Dialekt haben.[30]

Nach dem Aufsatz von Janis Harjus scheint der schulische Unterricht einen großen Einfluss auf die Meinungsbildung der Sprecher gegenüber der Verwendung sprachlicher Varianten zu haben, so dass der Schulunterricht für die individuelle Spracheinstellung auf jeden Fall von Relevanz ist und dass gerade hier für die Auswirkungen auf das Prestige einer Sprachvarietät und deren Verwendung genauere Untersuchungen angestellt, folglich empirische Daten gesammelt werden müssen. Für die Praxis im Schulalltag ist die Erforschung des Deutschen als

28 Vgl. Hubert Klausmann: Untersuchung zur Dialektkompetenz von Grundschülerinnen und Grundschülern der Klassen 1 und 2 in Baden-Württemberg. Tübingen 2023, in diesem Band.

29 Vgl. Frank Janle/Hubert Klausmann: Dialekt und Standardsprache in der Deutschdidaktik. Eine Einführung. Tübingen 2020.

30 Vgl. Nina Kim Leonhardt: Dialektgrenzen als soziokulturelle Konstrukte. Subjektive Sprachräume in Nord-Baden- Württemberg. Tübingen 2015. URL: http://hdl.handle.net/10900/58665; http://nbn-resolving.de/urn:nbn:de:bsz:21- dspace-586651; http://dx.doi.org/10.15496/publikation-89 (06.08.2022);

plurizentrische Sprache generell sehr wichtig, gerade im Hinblick auf sprachdidaktische und lexikographische Konsequenzen, wie auch Schmidlin betont.[31]

Rudolf de Cillia, der 2018 einen Aufsatz zum Varietätengebrauch und zur Spracheinstellung in der Schule publiziert hat,[32] sagt eindeutig zum Schluss seines Aufsatzes, dass es Bedarf an empirischen Erhebungen zur Sprachverwendung und zum tatsächlichen Sprachverhalten im Klassenzimmer und im Raum Schule gibt, wobei sein Desiderat primär erst einmal Österreich betrifft, was aber wohl doch umfassend auf alle Gebiete mit Deutsch als Muttersprache angesehen werden kann. Brigitta Busch stellt im Rahmen ihrer Publikation im Jahr 2021 fest, dass gerade das Thema Mehrsprachigkeit im Erwachsenenalter, also auch bei älteren Schülerinnen und Schülern, generell noch recht spärlich erforscht ist.[33] Wie sich zeigt, hat das Thema also umfassende Brisanz. Und so setzt sich auch die 20. Arbeitstagung zur alemannischen Dialektologie im Sommer 2022 das Tagungsthema „Dialekt und Gesellschaft und Schule“. Vierzehn Tagungsbeiträge gehen hier auf das Spannungsfeld „Dialekt und Schule“ ein und gerade vor dem Hintergrund ganz aktueller dialektologischer Forschungen passt vorliegende Pilotstudie sehr gut in dieses aktuelle Themenspektrum hinein, indem sie weitere Datenbausteine aus Baden-Württemberg liefert und damit die Diskussionsgrundlage zum Umgang mit der Mehrsprachigkeit im Schulalltag erweitert, auch im Hinblick auf die gesamtdeutschsprachige Forschungslandschaft. Jüngst (Ende 2022) wurde in Österreich, an der Kirchlich Pädagogischen Hochschule Wien/Krems, ein Sammelband zur Sprachenvielfalt und Mehrsprachigkeit im Unterricht veröffentlicht, der zum einen international angelegt ist und zum anderen linguistische, sprachdidaktische und bildungswissenschaftliche Perspektiven in sich vereint. Mehrsprachigkeit kommt hier deutlich als Herausforderung der gegenwärtigen Bildungsstrukturen zum Ausdruck und zu diesem Themenkomplex gehört eben nicht nur die äußere Mehrsprachigkeit, sondern auch die innere, gehören nicht nur einheimische Schülerinnen und Schüler, sondern auch aus dem Ausland zugezogene. Ein vielfältiger Sprachalltag wird für die Zukunft des Schulunterrichts eine Herausforderung sein – aber auch eine Chance in der Wertschätzung der jeweiligen Sprachvarietät eine gewisse Form von Heimat zu spenden.

31 Vgl. Regula Schmidlin: Die Vielfalt des Deutschen: Standard und Variation. Gebrauch, Einschätzung und Kodifizierung einer plurizentrischen Sprache. Berlin/Boston 2011, S. 78.

32 Vgl. Rudolf de Cillia: Sprache(n) im Klassenzimmer. Varietätengebrauch und Spracheinstellungen in der Schule aus der Sicht der Lehrer/innen und der Schüler/innen. In: Monika Dannerer/Peter Mauser (Hg.): Formen der Mehrsprachigkeit. Sprachen und Varietäten in sekundären und tertiären Bildungskontexten. Tübingen 2018, S. 67–86.

33 Vgl. Brigitta Busch: Mehrsprachigkeit. Wien 2021, S. 58.

Zielsetzung der Pilotstudie

Vorliegende Pilotstudie knüpft an den hier angeführten Forschungsstand und -ergebnissen an, wie auch an den darin geäußerten Forschungsdesideraten und möchte einen Einblick in die Einstellung junger Erwachsener im Norden Baden-Württembergs zu ihrer persönlichen inneren und äußeren Mehrsprachigkeit geben. Insbesondere der Frage nach dem Sprachalltag und dem Sprachgebrauch wird Gewicht beigemessen, aber es wird auch der Frage nachgegangen, welche Identifikationsmöglichkeiten der eigene Dialekt bzw. die eigene Muttersprache womöglich haben könnten, welche Ansätze für ortsloyales Engagement[34] zu Tage treten und welche Motivation und Umsetzungsmöglichkeiten es aus Schülerperspektive für das Thema der Mehrsprachigkeit in der Unterrichtsgestaltung geben könnte. Vorbilder der Studie sind bezüglich der Fragestellungen die Arbeiten von König/Maitz/Pfeiffer (2019)[35] und Klausmann (2022)[36], bezüglich der didaktischen Zielrichtung die Arbeiten von Janle/Klausmann (2020a, 2020b)[37]. Da hier aber auch die äußere Mehrsprachigkeit parallel mitberücksichtigt wird, geht die vorliegende Studie über diese Arbeiten hinaus. Auch sind Fragestellungen enthalten, die in den Vorlagen nicht vorhanden waren.

Der Sprachraum im Norden Baden-Württembergs – Dialektbewusstsein nur über Ortsmundarten?

„Hardemerisch, Buchemerisch, Mudemerisch, ...“ die Liste wäre um viele Orte erweiterbar, denn die Schülerergebnisse auf die Frage nach dem Namen ihres eigene Dialekts fielen beinahe komplett zugunsten der jeweiligen Ortsnamen aus. Ganz so kleinschrittig sollte man fachwissenschaftlich den Blickwinkel nicht auf

34 Gerade auch in den in dieser Pilotstudie im Fokus stehenden Mittelzentren im ländlichen Raum wirkt sich die zunehmende Globalisierung gesellschaftspolitisch vergleichsweise stark aus. Zuzüge und Wegzüge, verstärkt auch von Menschen mit Migrationshintergrund, machen einen gelingenden Integrationsprozess wünschenswert. Nur wenn Neubürger sich mit ihrem Wohnort identifizieren, entsteht ein funktionierendes Gemeinschaftsleben, der Wunsch nach ehrenamtlicher Teilhabe und ein lebenswertes Umfeld. Und Identifikation erfolgt zumal zum Großteil durch Sprache.

35 Vgl. Werner König/Christian Pfeifer/Peter Meitz: Dialekt im Kindergarten. In: ZDL 86 (2019), S. 247–283.

36 Hubert Klausmann: Untersuchung zur Dialektkompetenz von Grundschülerinnen und Grundschülern der Klassen 1 und 2 in Baden-Württemberg. Tübingen 2023, in diesem Band.

37 Vgl. Frank Janle/Hubert Klausmann: Dialekt und Standardsprache in der Deutschdidaktik. Eine Einführung. Tübingen 2020; vgl. Frank Janle/Hubert Klausmann: Der „Dialekt“ im Spannungsverhältnis zwischen Sprachdidaktik, Sprachklischee und sprachlicher Wirklichkeit. In: Rudolf Bühler/ Hubert Klausmann/Mirjam Nast: Schule – Medien – Öffentlichkeit.Sprachalltag und dialektale Praktiken aus linguistischer und kulturwissenschaftlicher Perspektive. Tübingen 2020, S. 55–96.

den Dialektraum im Norden Baden-Württembergs legen, doch den Umstand im Blick behalten, dass sich dieses Gebiet viel stärker über kleinere Ortsmundarten definiert als es im Rest des Bundeslandes der Fall ist.

Fachwissenschaftlich betrachtet untergliedert sich der Sprachraum im Norden Baden-Württembergs von West nach Ost in die Großgebiete des Rheinfränkischen im Raum Mannheim, des Südfränkischen im Raum Karlsruhe, Heidelberg, Heilbronn und teilweise Mosbach und Buchen, wo sich schließlich das Ostfränkische anschließt und weiter in den Raum Tauberbischofsheim, Künzelsau und Schwäbisch Hall reicht; schließlich haben wir das Unterostfränkische in einem nördlichen Teil des Kreises Tauberbischofsheim.[38]

Der Fränkische Sprachraum im Norden Baden-Württembergs ist das Pendant zum Alemannischen, der anderen großen Dialektfamilie in unserem Bundesland. Strikt genommen gehört das Schwäbische zu den alemannischen Dialekten.[39] Die Einteilung der deutschen Dialekte orientiert sich an der unterschiedlichen Teilnahme an der Zweiten Lautverschiebung, bei der das Deutsche aus der germanischen Sprachfamilie ausgegliedert worden ist. Bis auf das Rheinfränkische gehören alle Dialekte (also das Südfränkische, das Ostfränkische und das Unterostfränkische) im Norden Baden-Württembergs zum Oberdeutschen Sprachraum. Allein der Raum um Mannheim herum ist zum Mitteldeutschen Sprachraum zu zählen. Hier wurde der Wandel von /pp/ zu /pf/ (Stichwort: Appel-Apfel-Linie/Speyrer Linie) nicht durchgeführt.[40]

38 Eine eindrückliche Karte der Anordnung der fränkischen Dialektfamilie findet sich bei: Hubert Klausmann: Kleiner Sprachatlas von Baden-Württemberg. Tübingen 2020, S. 24, empfehlenswert ist auch der Sprechende Sprachatlas von Baden-Württemberg, online verfügbar unter: https://uni-tuebingen.de/fakultaeten/wirtschafts-und-sozialwissenschaftliche-fakultaet/faecher/fachbereich-sozialwissenschaften/empirische-kulturwissenschaft/forschung/la-sprache/sprechender-sprachatlas/ (04.03.2022).

39 Vgl. ebd., S. 25.

40 Vgl. ebd., S. 27.

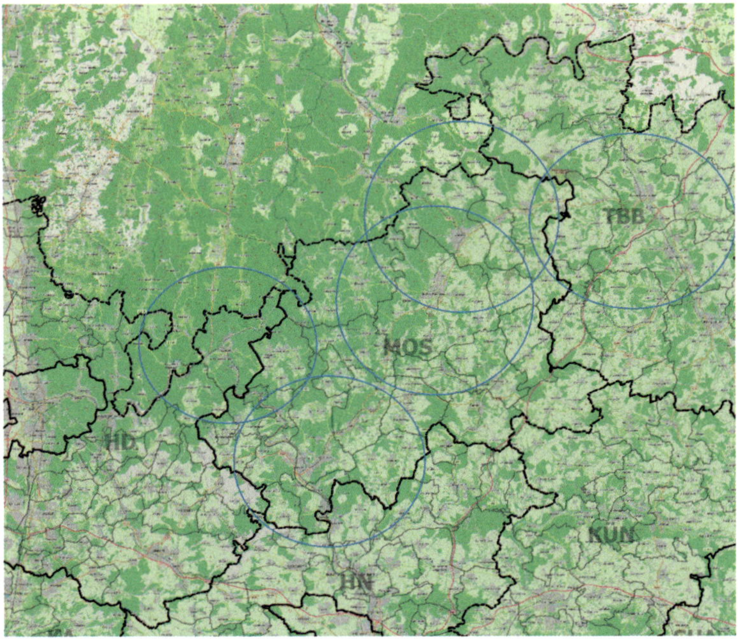

Abbildung 2: Schulstandorte mit ungefährem Einzugsradius.

Trotz der Eindeutigkeit, dass es sich im ganzen Norden Baden-Württembergs um das fränkische Mundartgebiet handelt, ist das eben nicht die dialektale Selbstbezeichnung und schon gar nicht das dialektale Selbstverständnis der hier heimischen Menschen, die demnach auch eher von der Ortsmundart her eine Gruppenzugehörigkeit generieren, welche sich nicht an dem dialektalen Großgebiet des Fränkischen ausrichtet.[41]

„Ich spreche fränkisch", dieser Satz kommt bei Leuten im Norden Baden-Württembergs im Prinzip so gut wie nicht vor, höchstens aus der Bemühung um fachliche Korrektheit heraus. Man spreche badisch, dies ist öfters zu hören, doch wird hier dann eben mit einem politischen Begriff gehandelt und mit keinem linguistischen. Das ist in anderen Teilen des Landes nicht so der Fall. In den dialektalen Großgebieten des Schwäbischen und Alemannischen nimmt

41 Diese Tatsache stützt auch die Erkenntnis von Schmidlin, dass sich regionale Identität eher an Sprache festmacht in Orten, bei denen ein Dialekt-Standard-Kontinuum vorliegt. Vgl. Regula Schmidlin: Die Vielfalt des Deutschen: Standard und Variation. Gebrauch, Einschätzung und Kodifizierung einer plurizentrischen Sprache. Berlin/Boston 2011, S. 85, die sich hier beruft auf: Michael Clyne: The Interaction of National Identity, Class and Pluriglossia in a Pluricentric Language. In: DonaldC. Laycock/Werner Winter (Hg.): A World of Language. Papers presented to Professor S.A. Wurm on his 65th Birthday. Canberra 1987, S. 127–139, hier: S. 134.

man durchaus die jeweiligen Dachbegriffe, wenn man seinen eigenen Dialekt einordnen möchte und fühlt sich damit auch - schlichtweg durch die Masse an Gruppenmitgliedern - einer gewichtigen Großgruppe zugehörig. Dieses „Identifikationsproblem mit einem dialektalen Großgebiet", wenn man es so nennen möchte, erklärt zu einem gewissen Teil den Umstand, dass sich im Bereich der Dialektförderung auch im Norden Baden-Württembergs nicht ansatzweise solche Strukturen herausgebildet haben, wie sie in der Mitte und im Süden des Landes der Fall sind. Zwar gibt es rege und engagierte Einzelinitiativen, doch hat der Norden bisher keine Vereinsstruktur zur Förderung der eigenen Mundart(en), die auch eine Prestigeerhöhung mit sich bringen würde, wie dies zum Beispiel bei der ‚Muettersproch Gsellschaft'[42] für das Alemannische oder auch dem ‚Förderverein für Schwäbischen Dialekt e.V.'[43] für das Schwäbische der Fall ist. Ohne Fürsprecher - und dadurch bedingt - ohne Aktivitäten und mediale Präsenz hat die fränkische Mundart des badischen Grenzgebietes zum naheliegenden Bayern und Hessen weniger Prestige als sie haben müsste bzw. könnte. Was medial nicht auftaucht, das existiert nicht – darf man im Medienzeitalter durchaus behaupten. Seit dem Beginn der Dialektinitiative des Ministerpräsidenten Winfried Kretschmann im Jahr 2018 hat sich hier jedoch einiges getan und es haben sich zarte, auf Dauer angelegte und öffentlichkeitswirksam beworbene Strukturen und Initiativen gebildet, die es nun zu festigen gilt. Heimatvereine wurden aktiv,[44] Museen und Freilichtmuseen erkennen das Potenzial, auch den Dialekt in ihre Sammlungs- und Vermittlungstätigkeiten miteinzubeziehen. Und gerade im fränkischen Sprachraum wird aller Voraussicht nach bis Ende des Jahres 2023 ein eigener Dialektverein gegründet, der sich hier in drei Sektionen unterteilen wird: den Raum um Karlsruhe herum, den Raum im Ballungsgebiet Heidelberg/Mannheim und einer Sektion im nordöstlichen Teil des Landes mit dem Mittelpunkt Buchen im Odenwald. Auch steht als neueste Entwicklung die Etablierung eines landesweiten Dachverbandes für alle Dialektlandschaften in Baden-Württemberg auf dem Programm einer überfraktionellen parlamentarischen Initiative im Landtag, wesentlich initiiert durch MdL Markus Rösler.

Im Bereich Schule & Bildung wird das Thema Dialekt seit Kurzem auch verstärkt wahrgenommen. Im landeskundlichen Bereich werden Lehrerinnen und Lehrer zunehmend auf den Wert mündlicher Dialektbeispiele für die Unterrichts-

42 Vgl. Verein für d alemannisch Sproch e.V. URL: www.alemannisch.de (24.11.2022).

43 Vgl. Förderverein Schwäbischer Dialekt e.V.: „Dialekt – Wiederentdeckung des Selbstverständlichen?". URL: www.schwaebischer-dialekt.de (24.11.2022).

44 Zu nennen ist hier u. a. der Heimatverein Mudau, der unter der Federführung seines Vorsitzendes Hans Slama in Kooperation mit dem Bezirksmuseum Buchen einen überregionalen Mundartweg initiiert hat (Eröffnung im Mai 2022), der auf fast 70 Kilometern mit 25 Stationen aufwartet, an denen es einen Einblick in die vielfältige Dialektlandschaft im Norden Baden-Württembergs gibt – einen Abstecher über die Ländergrenze nach Bayern in die dortigen Dialektverhältnisse inkludiert. (Die Mundartbeispiele der 25 Tafeln sind dauerhaft abspielbar unter: www.bezirksmuseum.de/mundartweg; (24.11.2022).

gestaltung aufmerksam. Auch durch mittlerweile mehrere jugendliche Vorbilder in dem Künstler-Genre Dialekt werden Kinder und Jugendliche auf die verschiedenen Sprachvarietäten und die Vielfalt in der gesamtdeutschen Sprachlandschaft neugierig gemacht. Durch Instagram, Facebook, TicToc und Künstler wie zum Beispiel Cossu, Khalil Khalil oder heiiijoy bzw. spatzemitsoos erlangt das Thema neue Impulse und auch eine neue Zielrichtung – weg vom Schriftlichen und hin zu reellen Beispielen aus dem Sprachalltag, die dann auch die Aktualität des Themas zeigen und den Umstand, dass Dialekte natürlicher Teil des sprachlichen Zusammenlebens sind.

Schülerinnen und Schüler wurden durch das Engagement der 8. KulturLounge im Frühjahr 2022 der Kulturregion Karlsruhe angesprochen und gefragt,[45] inwiefern für sie das Thema Dialekt überhaupt noch Relevanz besitzt. Das Meinungsbild der Schülerinnen und Schüler fiel hier sehr positiv aus, was auch für die Fragengestaltung für vorliegende Pilotstudie anregend war. Die bisherigen vielfältigen Resultate seit dem Jahr 2018 lassen hoffen und bestärken die Marschrichtung der Dialektinitiative, dass das „Kulturgut Dialekt" erhaltenswert ist und in Schule und Öffentlichkeit mehr Raum bekommt – für hier Geborene als auch für Zugezogene.

Mehrsprachigkeit im Kontext des beruflichen Schulwesens – ein Abbild der gesellschaftlichen Wirklichkeit

Im Norden Baden-Württembergs haben wir, von West nach Ost, die ländlich geprägten Landkreise Rhein-Neckar, Neckar-Odenwald und Main-Tauber.[46] Aus diesen Landkreisen sind für die vorliegende Studie folgende berufliche Schulen ausgesucht worden: Im Rhein-Neckar-Kreis die Theodor-Frey-Schule Eberbach (TFS)[47]; im Neckar-Odenwald-Kreis die Zentralgewerbeschule Buchen (ZGB)[48], die Helene-Weber Schule Buchen (HWS)[49], die Gewerbeschule Mosbach (GSM)[50]

45 Vgl. Regionalverband Mittlerer Oberrhein: Startseite Kultur Region Karlsruhe. URL: https://www.region- karlsruhe.de/kulturregion/ (02.08.2022).

46 Die Stadtkreise Mannheim und Heidelberg werden ausgeklammert. Es wird sich rein auf den ländlichen Raum fokussiert.

47 Vgl. Theodor-Frey-Schule Eberbach: Startseite. URL: https://www.tfse.de (03.10.2022).

48 Vgl. Zentralgewerbeschule Buchen (ZGB): Startseite. URL: https://www.zgb-buchen.de (03.10.2022).

49 Vgl. Helene-Weber-Schule Buchen: Startseite. URL: https://www.hws-buchen.de (03.10.2022).

50 Vgl. Gewerbeschule Mosbach (GSM): Startseite. URL: https://gewerbeschule-mosbach.de (03.10.2022).

und die Augusta-Bender-Schule Mosbach (ABS)[51]; im Main-Tauber-Kreis die Gewerbliche Schule Tauberbischofsheim (GSTBB)[52].

Alle Schulen sind in ländlichen Mittelzentren ansässig, sind sich in ihrer Struktur und ihrem Bildungsangebot sehr ähnlich und haben ein Schülereinzugsgebiet, das in einem Radius von ca. 40 Kilometer um den Schulstandort herum liegt. Der Radius ist größer als es bei allgemeinbildenden Schulen der Fall ist, da die Schularten bei beruflichen Schulen wesentlich stärker spezialisiert sind und Schülerinnen und Schüler deswegen auch weitere Schulwege in Kauf nehmen. In unserem Falle haben die ausgewählten Schulen entweder die gewerbliche, die hauswirtschaftliche oder die betriebswirtschaftliche Spezialisierung. Die umliegenden Orte der betrachteten Schulen sind allesamt ländlich geprägt. Mit den nächsten größeren Städten Heilbronn, Heidelberg und Würzburg gibt es im Prinzip keine Berührungspunkte. Ein kleiner Teil der Schülerklientel beim Schulstandort Buchen kommt aus dem unterfränkischen, sprich bayerischen Raum und pendelt auf der Bahnstrecke von Miltenberg über Walldürn nach Buchen an die dort ansässigen berufsbildenden Schulen. Dieser „Bildungstourismus" erklärt sich aus dem Umstand heraus, dass das baden-württembergische Bildungsprinzip „kein Abschluss ohne Anschluss" für Schülerinnen und Schüler des bayerischen Grenzgebiets eine Möglichkeit bereithält, an ihren dort erworbenen Schulabschluss anzuknüpfen.

Das berufliche Schulwesen zeichnet sich insgesamt durch eine heterogene Schülerklientel aus, verteilt in verschiedene Schularten. Neben der Berufsschule mit Ausbildungsberufen in vielen verschiedenen Berufsfeldern gibt es einige Vollzeitschularten, die in durchgängigen Bildungslaufbahnen die Schülerinnen und Schüler auf alle Schulabschlüsse vorbereiten, sogar über den an allgemeinen Schulen obersten Bildungsabschluss, die allgemeine Hochschulreife hinaus. Im Beruflichen Schulwesen bieten die Technikerfachschulen einen Bildungsabschluss auf Niveau 6 des DGQ-Rahmens, äquivalent zum Bachelor-Abschluss der Hochschulen. Aus dieser Vielfalt heraus zeigt das berufliche Schulwesen ein besseres Abbild der gesellschaftlichen Wirklichkeit als beispielsweise ein Gymnasium oder eine Gemeinschaftsschule. Auch sind die Schülerinnen und Schüler an beruflichen Schulen mit einer Altersspanne von ca. 16 Jahren bis ca. 25 Jahren allumfassend reflektiert genug, um bei Fragebögen die Fragen sinnvoll beantworten zu können[53] oder in Diskussionsrunden und Interviews ihren Stand-

51 Vgl. Augusta-Bender-Schule Mosbach: Startseite. URL: https://www.augusta-bender-schule.de (03.10.2022).

52 Vgl. Gewerbliche Schule Tauberbischofsheim (GTB): Startseite. URL: https://www.gstbb.de (03.10.2022).

53 Siehe u. a. Klaus Mattheier: Alter, Generation. In: Ulrich Ammon/Norbert Dittmar/Klaus Mattheier (Hg.): Soziolinguistik. Ein internationales Handbuch. Berlin/New York 1987, Bd. 1, S. 79, der hierzu schreibt, dass „die Beurteilungsfähigkeit und auch die Fähigkeit zur Differenzierung gegenüber verschiedenen Sprachvarietäten ab einem Alter von ca. 10 Jahren einsetzt." In

punkt auch fundiert und mit etwas Erfahrung und Weitsicht zu vertreten. Gerade auch durch den Kontakt zur Berufswelt, der im beruflichen Schulwesen vorhanden ist, haben die Schülerinnen und Schüler zudem auch einen breiteren Erfahrungsraum mit der Sozialgesellschaft außerhalb des geschützten schulischen Umfeldes. Bei der Befragung der jungen Erwachsenen ergibt sich weiterhin auch eine Perspektive im Hinblick auf das sprachliche Verhalten gegenüber ihrer Peer Group, sowohl im direkten Kontakt als auch in den sozialen Netzwerken.[54] Unter diesen Voraussetzungen ergeben sich ideale Bedingungen, um ein Fundament von vielfältigen aussagekräftigen empirischen Daten sowohl für diese nördliche Region Baden-Württembergs als auch für diese bisher kaum bedachte Zielgruppe zu generieren. Flankiert werden diese Betrachtungen durch Einzelinterviews aus der Lehrerperspektive wie auch durch Klasseninterviews, um manchen Umfrageergebnissen im persönlichen Gespräch mit den Schülerinnen und Schülern tiefer auf den Grund zu gehen.

Die Pilotstudie – Konzeption, Durchführung, Ergebnisse

Zur Datenerhebung dient ein Fragebogen mit insgesamt 21 Fragen, der zum Einstieg nach der jeweiligen Muttersprache fragt, d.h. ob der Schüler bzw. die Schülerin Deutsch als Muttersprache hat oder nicht.[55] Diese vorangestellte Einstiegsfrage dient als Lotsenfrage, durch die entschieden wird, ob die Befragung im weiteren Verlauf in Richtung innerer oder äußerer Mehrsprachigkeit geht. Der Fragebogen wurde online im Klassenverband durch den Klassenlehrer durchgeführt. Hierzu aufgerufen wurde von den jeweiligen Schulleitern, denen diese Umfrage und das dahinter liegende Forschungsinteresse per Email zugegangen ist. Drei Klassen wurde der Fragebogen vor der Online-Durchführung ausgedruckt

traditionellen dialektologischen Erhebungen wird das Alter der Gewährspersonen möglichst hoch angestrebt (man denke an die sog. NORMs, die Native Old Rural Males in der angelsächsischen Dialektologietradition), um die Differenz zur „Ortsmundart" so gering wie möglich zu halten, doch dieser Fokus steht hier nicht im Zentrum. Die hier vertretene Altersgruppe könnte aber zum Beispiel verstärkt Aufschluss geben über Dialektverwendung von Digital Natives im Bereich Soziale Netzwerke.

54 Nach Labov übt die Peer Group ab dem Jugendalter einen größeren Einfluss aus als die Familie. Siehe hierzu: William Labov: Die Logik des Nonstandard-Englisch (Auszug). In: Wolfgang Klein; Dieter Wunderlich: Aspekte der Soziolinguistik. Frankfurt am Main 1971, S. 86.

55 Bei den Deutsch-Muttersprachlern wird nach der Einstiegsfrage nach der Mobilität seit Kindertagen gefragt; bei denjenigen, die nicht Deutsch als Muttersprache haben, wird zusätzlich abgefragt, ob sie vor der Einschulung oder nach der Einschulung nach Deutschland gekommen sind: Bis in etwa zum Einschulungsalter bzw. zu Beginn der Primarstufe lernt man i.d.R. eine neue Sprache bzw. auch einen Dialekt mühelos gekonnt zu beherrschen. Vgl. John Kenneth Chambers: Sociolinguistic theory. Linguistic variation and its social significance. Oxford/Cambridge 1995, S. 85. Ebenso: Henning Wode: Psycholinguistik. Eine Einführung in die Lehr- und Lernbarkeit von Sprachen. Ismaning 1993, S. 304f.

vorgelegt, quasi als Testlauf, ob die gefragten Inhalte für die angedachte Klientel schlüssig sind und um vorzufühlen, in welcher Form und in welchen Bereichen man nach der Fragebogen-Phase noch Einzelinterviews bzw. Klassendiskussionsrunden anfügen kann. In Printform ist der Fragebogen in den Anhang gefügt.[56] Im Kern zielt der Fragebogen darauf ab, die Wohn- und Lebenssituation der Jugendlichen abzufragen und ihre Einstellung zum Dialekt wie auch ihre eigene Dialektkompetenz. Im letzten Teil des Fragebogens sollen sich die Jugendlichen dazu äußern, ob sie daran interessiert wären, dass das Thema Dialekt mehr im Unterrichtsgeschehen berücksichtigt wird. Abschließend wurde den Teilnehmenden noch für ihr Mitmachen gedankt. Dass die erhobenen Daten anonym und zweckgebunden verwendet werden, wurde den Schülern selbstverständlich auch mitgeteilt. Die Kontaktadresse für evtl. Rückfragen lag den Schülerinnen und Schülern ebenso zu jeder Zeit vor.[57]

Insgesamt nahmen 1219 Jugendliche bei der Umfrage teil. Hiervon haben 932 Personen die Umfrage begonnen und 911 auch abgeschlossen. Der überwiegende Teil nahm auf dem Handy teil, nämlich 596 Schülerinnen und Schüler, 324 auf dem PC/Laptop und nur 12 auf dem Tablet. Man hätte von mehr Tablet-Teilnehmenden ausgehen können, in Anbetracht der vermeintlich zahlreich existierenden „Tablet-Klassen" im Bundesland seit der Corona-Pandemie.

Lotsenfrage

Bei der Lotsenfrage, ob die Schülerinnen und Schüler Deutsch als Muttersprache haben oder nicht, trennt sich die Teilnehmerschaft in 744 (82 %) Muttersprachler und 167 (18 %) Nicht-Muttersprachler. Damit liegt die Quote unterhalb des erwarteten Schnitts, wenn man von einem Migrationsanteil der Bevölkerung in Baden-Württemberg von ca. 31 % ausgeht.[58] Von diesen ca. 31 % der Menschen mit Migrationshintergrund sind 69,5 % im Ausland geboren und es besitzen in etwa die Hälfte (48,3 %) die deutsche Staatsangehörigkeit.[59]

56 Linke Spalte: innere Mehrsprachigkeit, rechte Spalte: außere Mehrsprachigkeit;

57 In der Tat nahmen auch ein paar der teilnehmenden Schüler per Email Kontakt auf und wollten die Hintergründe der Pilotstudie erfahren und auch „wann sich denn etwas im Schulunterricht ändern würde". Die Rückmeldungen waren durchwegs positiver Natur.

58 Siehe hierzu. https://sozialministerium.baden-wuerttemberg.de/fileadmin/redaktion/m-sm/intern/downloads/Downloads_PIK/SIM_Landesintegrationsbericht_2020_P14_1.pdf (21.04.2022), Seite 21: „In Baden-Württemberg hatten im Jahr 2018 3.428.000 Menschen einen MH (=Migrationshintergrund), was einem Anteil von 31,5 % der Gesamtbevölkerung entspricht. Seit 2011 hat sich dieser Anteil stetig erhöht, um insgesamt 6,2 Prozentpunkte."

59 Siehe hierzu https://sozialministerium.baden-wuerttemberg.de/fileadmin/redaktion/m-sm/intern/downloads/Downloads_PIK/SIM_Landesintegrationsbericht_2020_P14_1.pdf (21.04.2022), S. 22.

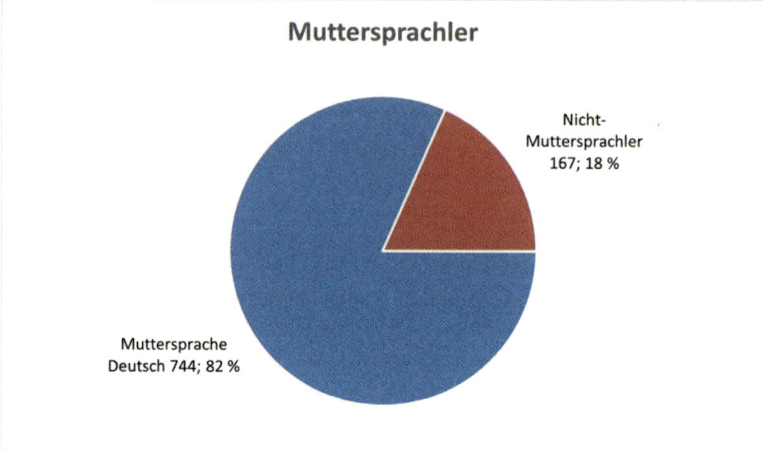

Abbildung 3: Muttersprachler Deutsch vs. Nicht-Muttersprachler Deutsch.

Generell zu beachten ist, dass manche Schülerinnen und Schüler während der Beantwortung des Fragebogens einzelne Fragen überspringen, womit Unstimmigkeiten zwischen der Gesamtteilnehmerzahl und der Teilnehmerzahl bei einzelnen Fragen zu erklären sind.

Muttersprache Deutsch

80 % der Teilnehmer lagen in der Altersspanne zwischen 16 und 19 Jahren, darunter waren es lediglich zwei Prozent; bei der Altersgruppe 20 Jahre und älter waren es 18 %. Der Verteilung zwischen den Geschlechtern lag bei 67 % männlich und 32 % weiblich, der verschwindend kleine Rest gab „divers“ an. Der höhere Anteil an männlichen Schülern ist bei beruflichen Schulen erwartbar, vor allem da in der Pilotstudie nur eine hauswirtschaftliche Schule vertreten war - in dieser Spezialisierung liegt der Anteil der weiblichen Teilnehmer deutlich über den männlichen, bei den Spezialisierungen gewerblich und betriebswirtschaftlich ist das Verhältnis zugunsten der männlichen Teilnehmer in etwa im Anteil 1 : 4. Auf die Frage Nr. 3, welchen Schulabschluss die Schüler anstreben, erfolgten diese Antworten:

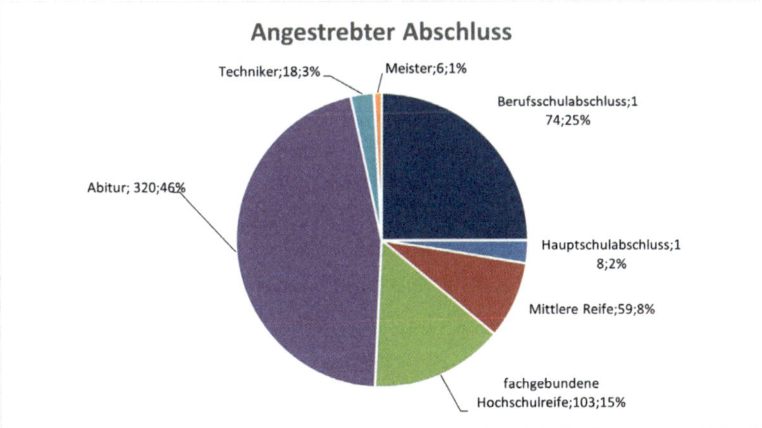

Abbildung 4: Muttersprache Deutsch; Angestrebter Schulabschluss.

Eine sehr große Anzahl, nämlich 588 (84 %) der SuS[60], wohnen an dem Ort, an dem sie aufgewachsen sind (Frage 5), 117 (16 %) verneinen diese Frage und geben als Antwort hier bei Frage Nr. 6 detaillierter an, in welcher Entfernung sie aktuell zu ihrem Geburtsort leben:

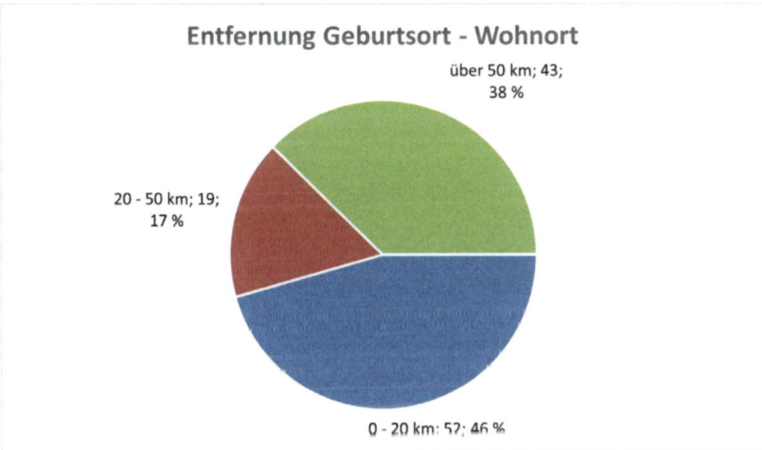

Abbildung 5: Muttersprache Deutsch; Entfernung Geburtsort - Wohnort.

60 Die Abkürzung „SuS“ wird im Folgenden für die Langform „Schülerinnen und Schüler“ verwendet.

Der Großteil der SuS lebt also auch hier nahe des Geburtsortes und es handelt sich um verhältnismäßig wenig Zugezogene. Und von diesen Zugezogenen leben fast die Hälfte sogar im 20 Kilometer Umkreis ihres Geburtsortes. Die Region erscheint hier im muttersprachlichen Umfeld als recht ortsstabil bzw. erscheinen die Eltern der Jugendlichen als wenig umzugsfreudig. Im städtischen Umfeld dürften hier andere Zahlen zu erwarten sein. Auf die Frage Nr. 7, wie groß der gegenwärtige Wohnort der SuS sei, antworten diese wie folgt:

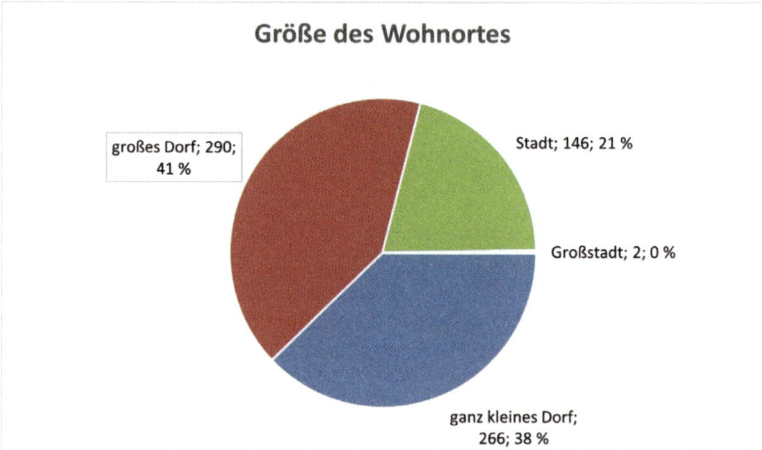

Abbildung 6: Muttersprache Deutsch; Größe des Wohnortes.

Abgesehen von zwei vereinzelten Aussagen, dass sie in einer Großstadt lebten – die definitiv in diesem ländlichen Raum nicht vorhanden ist – lebt der überwiegende Teil der SuS im dörflichen Umfeld, sei dies größer oder kleiner, doch auf jeden Fall ländlich dominiert, was eingangs bereits festgestellt worden ist. Als „Städte" kommen bei den Umfrageteilnehmern Mosbach, Tauberbischofsheim und Buchen in Frage, doch auch diese Städte haben ihren ländlichen Charakter bewahrt und gehen in den städtischen Randgebieten schnell in dörfliche Strukturen über.[61] Bei Frage Nr. 8, wie es bei der Mobilität im Wohnort der Eltern ausschaut, geben 349 (50 %) der SuS an, dass beide Elternteile in der Nähe des jetzigen Wohnortes aufgewachsen sind. Das ist eine recht große Anzahl und

61 Aus der persönlichen Erfahrung zahlreicher DaF- und DaZ-Kurse an der Volkshochschule in Buchen möchten die aus dem Ausland Zugezogenen zu einem sehr großen Teil nicht in der ländlich geprägten Region in Nordbaden bleiben. Zum großen Teil gaben sie in persönlichen Gesprächen an, dass es an der fehlenden städtischen Infrastruktur liege und hieran gekoppelt auch an deren Vermutung, dass sie eine Integration in den ländlichen Raum als schwieriger erachten als in der Stadt.

impliziert, dass die Eltern entweder nach ihrer eigenen Schullaufbahn zur Ausbildung gleich in der Region geblieben bzw. nach einem Studium wieder in ihre Heimat zurückgezogen sind. Spannend wäre hier eine Nachforschung, auf welche Gründe dieser hohe prozentuale Anteil der elterlichen Ortsstabilität zurückzuführen ist. Liegt dies daran, dass der Wohnraum schlichtweg günstiger ist als in städtischen Ballungsgebieten bzw. im Rahmen einer Einliegerwohnung o.ä. im großen elterlichen Wohnhaus schon vorhanden war. Oder liegt es tatsächlich an einer tiefen Zuneigung zur Region, die sich auch in einer sprachlichen Verbundenheit äußert?

Bei 192 (27 %) entstammt nur ein Elternteil der näheren Umgebung und bei 146 (21 %) kommt kein Elternteil von hier. Lediglich 13 (2 %) der SuS wissen nicht, woher ihre Eltern stammen. Diese Zahl gibt zu denken.

Ob die SuS später an ihrem Wohnort leben möchten (Frage 9), bejahen 308 (44 %). Deutlich weniger, 149 (21 %), verneinen dies, und 243 (35 %) sind sich noch unschlüssig. Fast die Hälfte aller Befragten fühlt sich also mit der Region verbunden, was vor allem deswegen interessant ist, weil die drei Landkreise verhältnismäßig wenig Freizeitangebote zu bieten haben und die Jugendlichen sich zur Wochenendgestaltung eigenständig organisieren müssen und nicht einfach Angebote „konsumieren“ können, wie es im städtischen Umfeld der Fall ist. Liegen hier vielleicht noch mehr Vereinsmitgliedschaften vor als im städtischen Umfeld? Was bewegt diese jungen Menschen zu ihrer Aussage? Weitere Fragen nach der persönlichen Gestaltung der Freizeitaktivitäten mit freien Antwortmöglichkeiten wären hier im Nachhinein erkenntnisreich gewesen. Und genau wie bei der starken Heimatverbundenheit in der Elterngeneration stellt sich auch hier die Frage, ob diese Ortsloyalität auch in sprachlicher Hinsicht Auswirkungen zeigt. Stehe ich positiver den regionalen Dialekten gegenüber, wenn ich mich in der Region auch persönlich wohler, verbundener fühle?

Dialektkompetenz Muttersprache Deutsch

Bei Frage Nr. 10 werden die SuS nach ihrer Dialektkompetenz gefragt, also wie stark sie den örtlichen Dialekt sprechen. Dazu gab es die Auswahlmöglichkeiten: starker Dialekt, nicht so starker, etwas oder gar nicht. Hierzu folgende Ergebnisse:

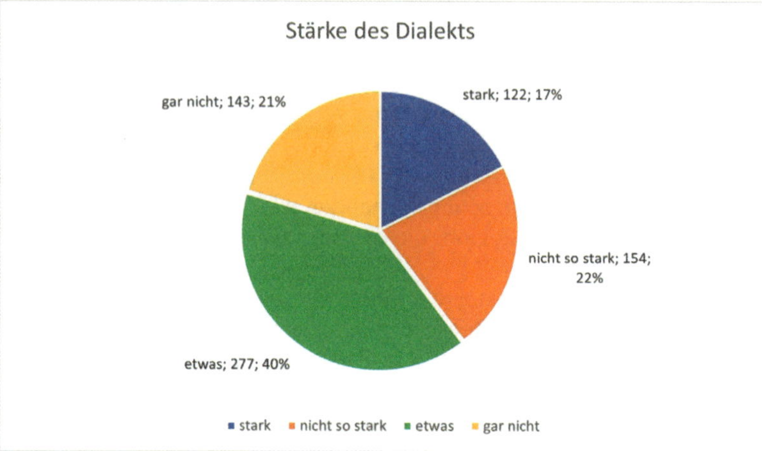

Abbildung 7: Muttersprache Deutsch; Dialektkompetenz.

Immerhin 39 % schätzen sich als nicht so starke bis starke Dialektsprecher ein. 40 % glauben von sich, etwas Dialekt zu reden, 21 % verneinen das. Die Zahl zeigt, dass im Bewusstsein der SuS durchaus das süddeutsche Dialekt-Standard-Kontinuum vorhanden ist und auch dass sie sich dazu bekennen. Im Rahmen eines Klasseninterviews mit dem 2. Lehrjahr einer Nahrungsklasse[62], am 11. Mai 2022 in einer Doppelstunde, bei dem zu dieser Frage tiefergehend nachgefragt wurde, wurde deutlich, dass sich die SuS positiv und selbstbewusst als Dialektsprecher definieren, ja sogar, dass sie hier versuchten eine höhere Dialektkompetenz anzugeben als sie nach meiner fachlichen Meinung als Interviewer eigentlich hatten. Die Meinung der Schüler, was denn nun schon als Dialekt gelte, wurde recht groß gefasst und begann fast schon bei Abschleifung von Endungspartikeln. Deutlich wurde, dass man beinahe konstatieren könnte, dass alles, was nicht gemäß der Schriftsprache ausgesprochen wird, bei den SuS schon als dialektal gilt. Die persönliche Perspektive, was man als Dialekt bzw. wie stark man die dialektale Färbung einschätzt, liegt sehr stark im Auge des Betrachters und differiert auch enorm zwischen den Altersstufen. Je älter die Gewährspersonen sind, desto „härtere Kriterien“ legen diese bei der Bewertung des Dialekts an. Im Hintergrund schwingt hier sicher noch das ein oder andere Mal der Vergleich zum alten Ortsdialekt mit. Diese Perspektive fehlt Jüngeren, insofern wird hier schneller als Dialekt eingestuft, was bei den Älteren gar nicht als Dialekt gelten würde.

62 In dieser Klasse werden in den allgemeinen Fächern die Ausbildungsberufe Bäcker, Metzger und die dazugehörenden Fachverkäufer gemeinsam beschult.

Bei der sich hieran anknüpfenden Frage (Nr. 11) nach der Bezeichnung ihres eigenen Dialektes versuchen sich 260 der 562 SuS an Antworten, die aber in der Zusammenschau kein homogenes Bild ergeben und damit auch keineswegs einen dialektalen gemeinschaftlichen Großraum des Fränkischen erkennen lassen. Vielmehr ist hier der in der Beschreibung der Dialektlandschaft geäußerte Umstand bestätigt, dass sich die dialektale Identität des ländlichen Raumes im Norden Baden-Württembergs überdurchschnittlich stark durch Ortsmundarten definiert. Man fühlt sich hier primär bspw. der „Getzemer Mundart" (Götzinger Mundart) zugehörig, und – wenn überhaupt – erst in zweiter Linie dem fränkischen Sprachraum. Doch es scheint, als ob dieses Wissen um die Bezeichnung des dialektalen Großraums in der jüngeren Generation sogar überhaupt nicht vorhanden ist.[63]

Abbildung 8: Wortwolke Ortsdialekte.

Die in der Wortwolke und weitere gegebene Antworten hier nochmals in Auswahl niedergeschrieben: Briggehosslerisch, Kurpfälzisch, Unterlandisch, Bischesemer

63 Aus Schülergesprächen im Rahmen eines Klasseninterviews mit einer AVDual Klasse, 1. Jahr, am 26. April 2022 wurde deutlich, dass das Thema Sprachvarietäten ein völlig neues Feld sei und dass während der bisherigen Schullaufbahn (Hauptschule; Gemeinschaftsschule bis Klasse 9) hierzu nichts im Unterricht gelehrt wurde.

Dialekt, Külsemerisch, Höpfemerisch, Bämerisch, Werbachhäuserisch, Rindfelderisch, Aaldemerisch, Schloßemarisch, Getzemerisch, Bülfmarisch, Oberlaudarisch, Heckfelderisch, Schönfelderisch, Buchemerisch, Singelscherisch, Schefflenzerisch, Hettemarisch, Mudemerisch, Stedemerisch, Dürmerisch. Die Anzahl der verschiedenen Antworten beläuft sich insgesamt auf 76 verschiedene Ortsdialekte, die hier aufgeführt wurden.

Wie bereits angerissen, ist bei der Beantwortung dieser Frage bestätigt, dass von Schülerseite ein eindeutiges Wissensdefizit um die eigene Dialektzugehörigkeit vorhanden ist. Der Umstand, dass 40 SuS ihren eigenen Dialekt als „Badisch" bezeichnen, weiterhin ein halbes Dutzend ihren Dialekt als „Schwäbisch", lässt auf einiges Unvermögen schließen und bestätigt die in den Interviews getätigten Schüleräußerungen, dass sie in ihrer bisherigen Schullaufbahn kaum bis gar nichts über das Thema Dialekt, Sprachvarietäten, Sprachgeschichte etc. gelehrt bekommen haben.

Zur Frage 12 (In welchem Umfeld sprichst oder schreibst Du Dialekt (Mehrfachnennungen sind hier möglich?) fielen die Antworten folgendermaßen aus:

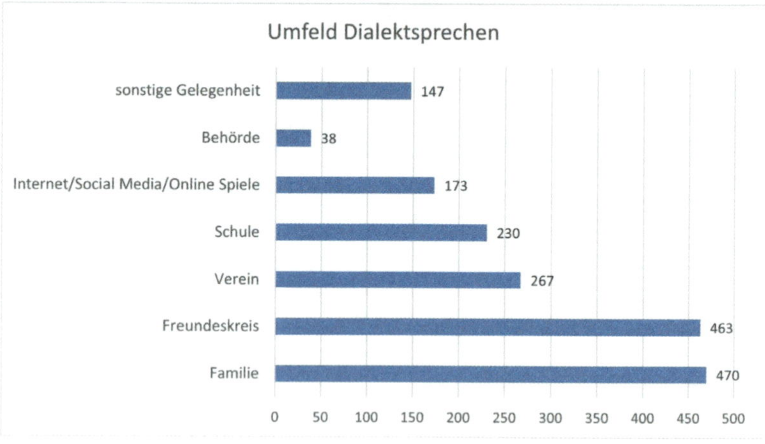

Abbildung 9: Muttersprache Deutsch; Umfeld Dialektsprechen.

Erstaunlicherweise beantworten bei Frage 13, in der danach gefragt wird, ob sich die SuS schon einmal wegen ihrer dialektnahem Aussprache benachteiligt fühlen, 540 SuS von 556 SuS (95 %), dass sie sich nicht benachteiligt fühlen. Nur 27 (5 %) bejahen hier und geben als Hauptrubrik der Benachteiligung die Schule an (s. Frage 14): 22 der genannten 27 SuS fühlen sich in der Schule als Dialektsprecher in irgendeiner Form benachteiligt, was aber zugunsten des Gesamtergebnis ein vernachlässigbarer Wert ist, der ein sehr positives Bild abgibt.

Ein Vergleich zu einem städtischen Umfeld wäre an dieser Stelle interessant. Zu vermuten wäre hier ein größerer Anteil von Personen, die „Benachteiligung erfahren" haben.

Spannend ist das Ergebnis, das sich in Frage 15 an die Beantwortung der Frage 12 anschließt: Wer in Frage 12 angekreuzt hat, dass er auch im „Internet / Social Media / Online-Spielen" seinen Dialekt verwendet, der wird anschließend nach der Häufigkeit der Verwendung gefragt. Folgendes Ergebnis kam bei den 173 SuS heraus, die „Online" ebenfalls ihren Dialekt verwenden.

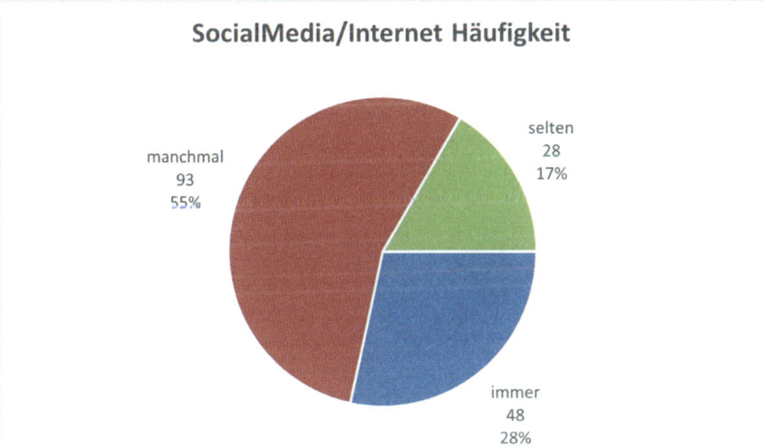

Abbildung 10: Muttersprache Deutsch; Social Media/Internet Häufigkeit.

28 % (48 SuS) benutzen immer eine dialektal gefärbte Sprache während ihrer Internetnutzung, 55 % (93 SuS) geben an, „manchmal" im Dialekt zu schreiben oder zu reden. Diese Werte sind erstaunlich hoch und wurden im Klasseninterview weiter hinterfragt.[64] Die SuS wurden hier mit den Gesamtergebnissen von Frage 12 („In welchem Umfeld ...") und 15 („Wenn du auch im Internet ...") konfrontiert. Anschließend sollten sie sich in einem Arbeitsauftrag mit der Frage auseinandersetzen, wie diese Werte an Dialektverwendung für die Bereiche Social Media (Thema 1) und Online-Spiele (Thema 2) zu erklären seien. Jede Frage wurde von zwei Gruppen behandelt, so dass die Gruppenergebnisse im Anschluss miteinander diskutiert werden konnten und auch kontroverse Standpunkte zur Geltung kamen. Die Gruppenergebnisse wurden von jeder Gruppe mittels eines Plakats und Moderationskarten festgehalten. Die Ergebnisse, nach 45 Minuten Gruppenarbeit, strukturierten sich so:

64 Klasseninterview am 11. Mai 2022, von 13.45 Uhr bis 15.15 Uhr. Es handelt sich um das 2. Lehrjahr einer Nahrungsklasse, mit 8 Schülerinnen und 8 Schülern.

Abbildung 11: Schülerergebnisse Gruppendiskussion.

Im anschließenden Gespräch wurde deutlich, dass sich die SuS in Social Media und bei Online-Spielen sprachlich „nicht verstellen" wollen. Die Schüler verstehen dies als ihren privaten Raum, weshalb sie sich hier sprachlich so verhalten wie im Umgang mit ihrer Familie oder ihren (realen) Freunden. Anders verhält es sich jedoch, wenn sie sich online in einer „offiziellen" Situation befinden, beispielsweise bei einer Bewerbung für eine Arbeitsstelle. Hier würden sich die SuS „bemühen Hochdeutsch zu sprechen".

Bei ihren Ausbildungsplätzen, im Umgang mit ihrem Ausbilder oder mit Kollegen, gaben die SuS an, fast ausschließlich eine dialektale Sprache zu verwenden. Begründet wird dies damit, dass der Ausbilder selbst „von hier" stamme, aber dies könne man bei einem Bewerbungsgespräch, egal ob online oder real, nicht wissen. Deshalb verwende man hier eher die Hochsprache, weil man nichts „falsch" machen wolle.

Bei Online-Spielen und im Social Media-Bereich bemüht man sich vor allem im „offiziellen" schriftlichen Bereich (Beiträge bei Instagram, Beschreibung von Spiel-Charakteren o.ä.) um Äußerungen gemäß der Norm (Rechtschreibung, Grammatik). Bei Chats innerhalb der Spiele wird jedoch vermehrt auf Umgangssprache (zum Beispiel „nix" für „nichts") oder Dialekt (zum Beispiel „kommscht" für „kommst du“) zurückgegriffen, weil man da keine Zeit habe, normgerecht zu schreiben.

Bei mündlichen Beiträgen, zum Beispiel Instagram-Reels, Videos oder bei Sprachhandlungen in Online-Spielen, wird nahezu ausschließlich „Dialekt“[65] geredet, dann könne man „so reden, wie man auch in echt redet“. Die Tendenz der Schülerantworten ist plausibel: durch die gefühlt intime Atmosphäre der gleichgesinnten Peer bei Social Media und bei Online-Spielen ist die sprachliche Situation ähnlich wie in der Kommunikation mit der Familie oder mit Freunden und man spricht so, wie man es in diesem Rahmen handhabt.

Als weiteres Ergebnis des Klasseninterviews kann man festhalten, dass unterschwellig immer noch eine Befürchtung herrscht, als Dialektsprecher, wenn man mit fremden Menschen erstmalig in Kontakt tritt, zum Beispiel im Rahmen einer Bewerbungssituation, ungebildeter zu erscheinen.

Bedeutung von Dialekt

Auf die Frage 16 („Wie wichtig ist es für Dich, dass Du Dialekt sprichst?“) antworten 538 SuS wie folgt:

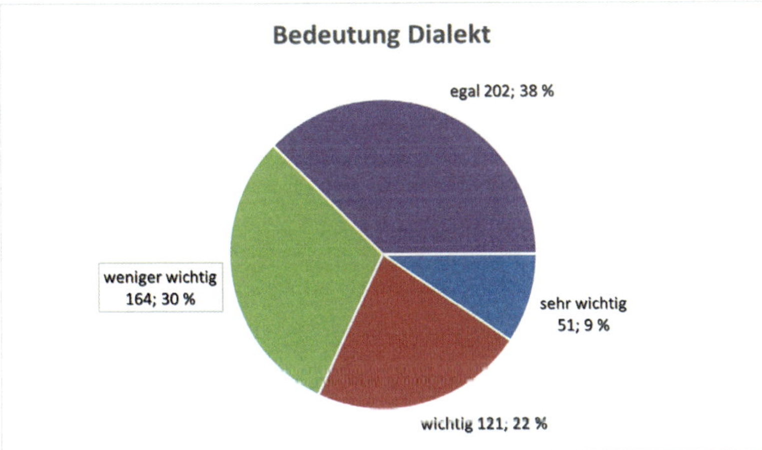

Abbildung 12: Muttersprache Deutsch; Bedeutung Dialekt.

65 Es muss jedoch betont werden, dass den SuS in der Klasse der Unterschied zwischen Dialekt und Umgangssprache nicht geläufig war.

Es sind also 32 % („sehr wichtig“ und „wichtig“) von der Bedeutung des Dialekts für sich persönlich überzeugt. Als für sich „weniger wichtig“ schätzen 30 % den eigenen Dialekt ein, was ihm aber immer noch eine gewisse Bedeutung beimisst. „Egal“ ist der Dialekt für 38 %. Insbesondere an dieser Aussage „egal“ wurde im Rahmen der Gruppendiskussion mit genannter Klasse angesetzt und kann als Ergebnis festgehalten werden, dass die Schülerinnen und Schüler das Sprechen von Dialekt als eine Selbstverständlichkeit betrachten und sich noch nie tiefere Gedanken um die Relation von Sprache und Identität gemacht haben. Insofern ist die Antwort „egal“ nicht negativ zu werten, sondern nur der Tatsache geschuldet, dass man mit den Schülern noch nie derartige Diskussionen geführt hat. Mit dieser Fragestellung korrespondiert auch das Ergebnis aus Frage 17, die nochmal bei der persönlichen Bedeutung von Dialekt ansetzt. Hier werden die SuS gefragt: „Wie würdest Du folgenden Satz beurteilen? „Mein Dialekt ist ein wesentlicher Teil von mir.“

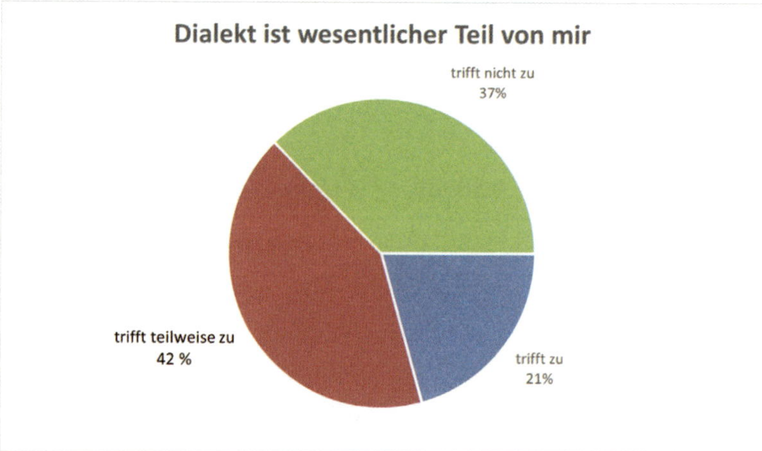

Abbildung 13: Muttersprache Deutsch; Dialekt und Identität.

Damit werden die Ergebnisse der vorherigen Frage bestätigt. Fast Zweidrittel, nämlich 63 %, erachten ihren eigenen Dialekt als Teil ihrer Persönlichkeit. Dieser Wert zeugt durchaus von einer gewissen sprachlichen Sensibilität und Reflektiertheit der Schülerinnen und Schüler, denn die SuS zeigten, dass sie einschätzen können, was für sie wichtig ist. Vermutlich hätte man auf diese Frage in einer Unterstufe weniger verwertbare Zahlen herausbekommen.

Schulunterricht und Dialekt aus der Perspektive der Muttersprachler

Die Umfrage schließt mit dem Themenkomplex „Schulunterricht und Dialekt", Frage 18 bis 20. Mehr als die Hälfte der SuS, nämlich 58 %, sind der Meinung, dass im schulischen Bereich dem Umstand mehr Rechnung beigemessen werden sollte, dass manche Schüler (auch) Dialekt sprechen.

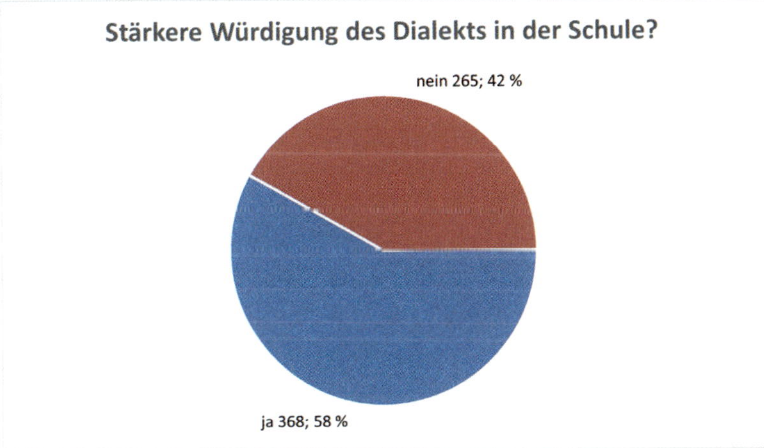

Abbildung 14: Muttersprache Deutsch; Würdigung Dialekt in Schule.

Die SuS wurden anschließend zusätzlich gebeten zu begründen, warum ihnen eine stärkere Würdigung des Themas im Schulunterricht wichtig ist. Das Ergebnis waren zahlreiche qualitativ hochwertige und auch facettenreiche Begründungen. Die für SuS typischen Begründungen aus der Rubrik: „weil halt"; „mir egal", „ist halt so" etc. kommen nur ganz vereinzelt vor. Der vollständige Einblick in diese aussagekräftigen und zum Diskutieren anregenden Schüleräußerungen aus Frage 18 findet sich im Anhang.[66] Doch ein paar dieser verschiedenster Blickwinkel sollen hier kurz umrissen werden:

So erkennen die Schülerinnen und Schüler durchaus den Dialekt als Teil der eigenen Sprache an und stellen ihn auch als Ort der Heimat heraus. Heimat ist immer auch ein „Hörbegriff", um MdB Johann Saathoff zu zitieren, der zum 25. Ehrentag der Europäischen Charta für Regional- und Minderheitensprachen diese Wendung bei seiner Rede auf Niederdeutsch im Deutschen Bundestag geprägt hat. Die Verbundenheit zwischen Heimat und Sprache scheint der über-

66 Anm.: Mitunter vorhandene Rechtschreib- und Zeichensetzungsfehler in den Schüleräußerungen wurden für die Wiedergabe in diesem Aufsatz korrigiert.

wiegenden Anzahl der Jugendlichen bewusst, betrachtet man die Antworten in der Gesamtschau. Auch dass die Weitergabe an die nächste Generation wichtig ist, bemerkt eine Vielzahl der Schülerinnen und Schüler, weil Dialekt ein Teil der eigenen Kultur und Herkunft sei, so oftmals die Begründung bzw. weil man seinen Dialekt auch kaum ablegen kann, sagen einige. Herauszustellen ist die oft zu lesende Betonung darauf, dass Dialekt etwas Normales für die Befragten ist und dass jeder so sprechen dürfen soll, wie er will. Hauptsache man versteht sich, so oftmals die Äußerung, die damit genau in den Kern vieler Debatten um das Thema Dialekt zielt. Es scheint hingegen eine unterschwellige Befürchtung zu existieren, dass die selbstverständliche Verwendung von Dialekt in vielfältigen Alltagssituationen zu Verständnisproblemen führten könnte. Dies ist definitiv nicht der Fall, da Sprache immer kontextualisiert ist und Worte nie alleine stehen. So können vermeintlich unbekannte Worte durch den Kontext erschlossen werden – oder es erfolgt eine Nachfrage, wenn dem nicht so sein sollte. Dennoch äußern etliche Schülerinnen und Schüler diesen Umstand und sagen auch, dass wegen der Verständigung die „Hochsprache" entwickelt wurde, um eben Sprachbarrieren zu minimieren. Wenn es die Standardsprache schon gäbe, dann sollte man sie auch nutzen, so eine Schülerin. Auffallend ist die oft genannte Begründung, dass keine verstärkte Wertschätzung des Dialekts erfolgen sollte, weil es normal wäre, wenn Menschen Dialekt sprechen. Diese Äußerung zeigt, dass im süddeutschen Raum die Jugendlichen durchaus immer noch Dialekt als Teil ihres Sprachalltags betrachten.

Im Anschluss an diese Frage werden die Schüler konkret zur Situation im Deutschunterricht gefragt, ob sie es gut fänden, wenn sie mehr zum Thema Dialekt lernen würden. 649 SuS haben diese Frage beantwortet, 356 (55 %) bejahen diese Frage, 293 (45 %) verneinen. Wiederum werden die SuS hier gebeten, ihre Antwort zu begründen. Eine Gesamtschau der Antworten findet sich im Anhang. Bejahend gehen die Argumente in die Richtung eines stärkeren Zusammenhaltes durch eine verstärkte Berücksichtigung des Themas Dialekt im Unterricht, weil Dialekt teil von Heimat und vom Zusammensein ist. Solche Aussagen zeigen, dass die Schülerinnen und Schüler eine positive Verbindung zum Dialekt haben und diesen als Teil ihrer nahen Lebensumgebung, ihrer Familie, ihres Freizeitlebens und Freundeskreises sehen. Auch haben Schülerinnen und Schüler scheinbar ein starkes Interesse an fachlich fundierter Wissensvermittlung zum Thema Sprachvarietäten und generell ein Bedürfnis über die deutsche Sprachlandschaft (auch bundesweit) mehr zu erfahren. Es gibt wohl ein großes Halbwissen in diesem Bereich unter den Jugendlichen, was auch den Umstand erklären könnte, weshalb die Jugendlichen ihre eigene Dialektzugehörigkeit nicht bezeichnen können und sich hier oft mit den Ortsmundarten behelfen. Die Begründungen der Schülerinnen und Schüler lassen erkennen, dass sie die Relevanz des Themas als regional und als gesellschaftlich wichtiges Thema erachten. Bei den negativen Äußerungen hingegen kommt zum Ausdruck, dass eine Angst davor besteht mit zusätzlichem Leistungsdruck überlastet zu werden und dass durch die Berücksichtigung des Themas Dialekt im Unterricht dann weiteres abprüfbares Wissen auf die Schülerinnen und Schüler zukommt. Die Befürchtung vor verstärktem Notendruck und einer Überfrachtung des Stoffplanes lässt sich klar erkennen. Es wird bei verschiedenen Schüleräußerungen deutlich, dass nur die Themen in der Schule durchgenommen werden sollen, die auf die Abschlussprüfungen vorbereiten oder auf das Leben in Beruf und Studium. Natürlich sind solche Haltungen berechtigt, zeigen aber auch, dass sich vieles im Unterrichtsgeschehen unter diesen Prämissen abspielt bzw. abspielen muss. „Hochdeutsch bereitet mich auf das spätere Leben vor - Dialekt nicht.“, Zitat einer Schüleräußerung.

Diejenigen 356 (55 %), die es gut fänden, im Deutschunterricht mehr zum Thema Dialekt zu erfahren, haben sich für folgende Anregungen ausgesprochen: (Mehrfachnennungen waren hier erlaubt)

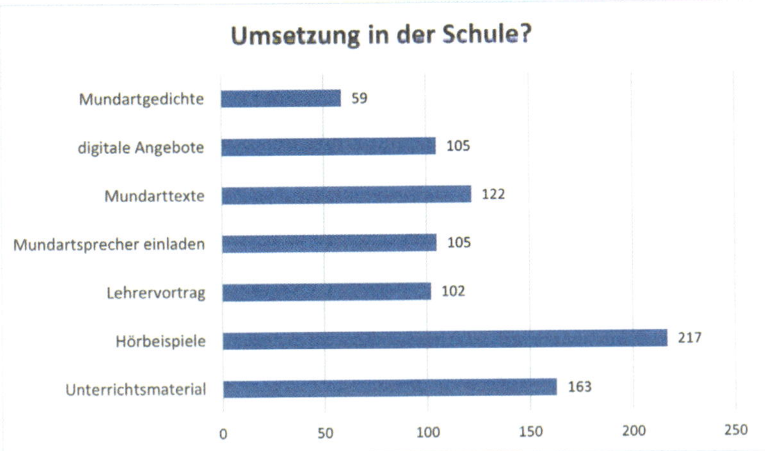

Abbildung 15: Muttersprache Deutsch; Umsetzung in der Schule.

Bei der abschließend den SuS gegebenen Möglichkeit (Frage 21), das ein oder andere zu diesem Themengebiet zusätzlich niederzuschreiben, was ihnen am Herzen liegt, haben zwar 139 SuS einen Kommentar hinterlassen, aber im Endeffekt ist der Mehrwert dieser Aussagen gering, weil sich die Äußerungen im Vergleich zu den beiden vorherigen Begründungsfragen wiederholen. So werden hier nur wenig vereinzelte Äußerungen herausgegriffen und die Gesamtschau der erwähnenswerten Aussagen findet sich im Anhang.

Beachtenswert bei den abschließenden Aussagen ist die auch schon bei den Jugendlichen vorhandene Erkenntnis, dass niemand aufgrund seiner Sprache verurteilt werden sollte und dass auch dialektal geprägte Vorträge im öffentlichen

Kontext positiv bewertet werden sollen. Hingegen dringen auch Stimmen durch, die Dialekt nach wie vor als „hinterwäldlerisch“ bezeichnen und dass dieses viele „Sprachengewirr“ Schülern nur noch zusätzlich das Schulleben erschwert. Für Zugezogene wird betont, dass die dialektale Vielfalt in Deutschland diesem Personenkreis sicher das Schulleben noch erschweren würde.

Nicht Deutsch als Muttersprache

Basisdaten Nicht Deutsch als Muttersprache

Insgesamt fühlten sich 235 SuS angesprochen, die als Muttersprache nicht die deutsche Sprache angegeben haben. Hiervon führten 160 SuS die Umfrage aus. Auch bei diesem Teilbereich der Umfrage ist es so, dass die SuS mitunter Fragen übersprungen haben, was die manchmal geringfügig unterschiedliche Teilnehmerzahl erklärt. Die Altersstruktur der Teilnehmenden war durchschnittlich etwas älter als bei den Muttersprachlern, das Geschlechterverhältnis war 60 zu 40: 91 männliche und 66 weibliche Teilnehmer, der angestrebte Schulabschluss fokussierte sich auf das Abitur.

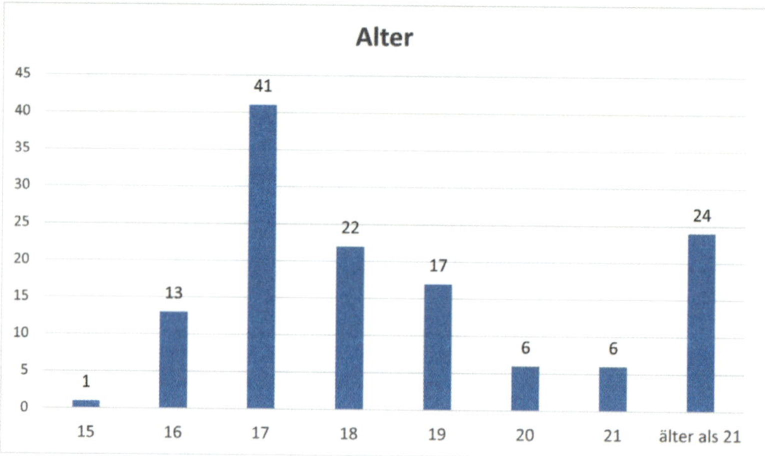

Abbildung 16: Nicht Deutsch; Alter.

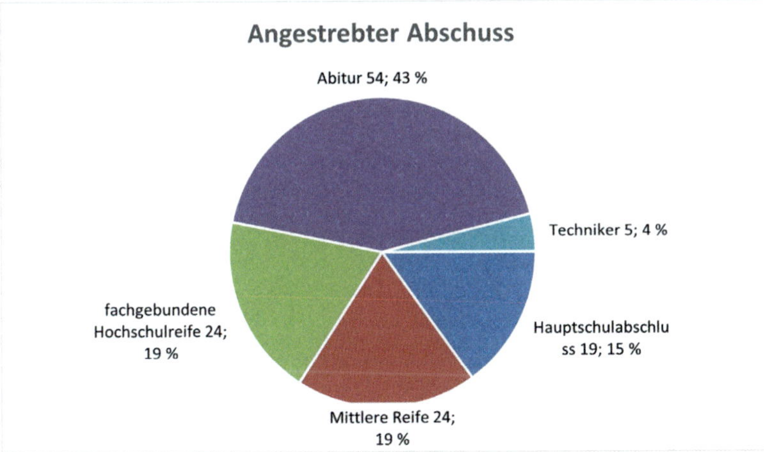

Abbildung 17: Nicht Deutsch; Angestrebter Schulabschluss.

Das Verhältnis der in Deutschland Geborenen gegenüber den nicht in Deutschland Geborenen ist 6 zu 4: 94 sind in Deutschland geboren und 65 nicht. Von den 65 SuS, die nicht in Deutschland geboren sind, kamen 15 Personen (24 %) vor der Einschulung ins Land und 48 (76 %) danach. Vom Wohnort her leben die Nicht-Muttersprachler tendenziell eher in der Stadt als auf dem Land, siehe folgende Grafik:

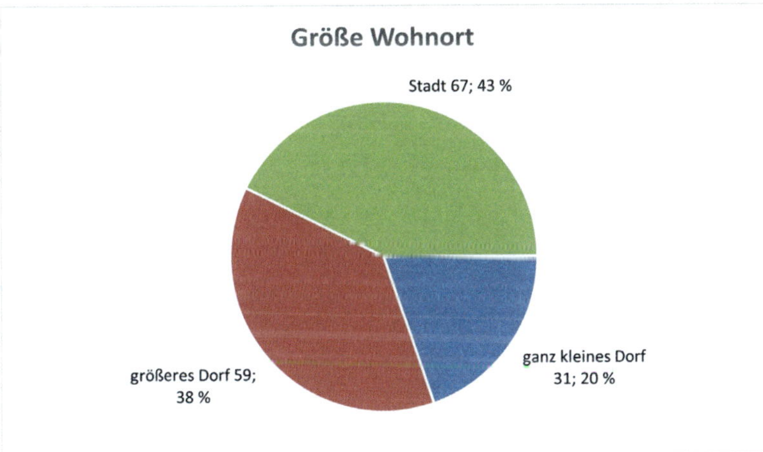

Abbildung 18: Nicht Deutsch; Größe des Wohnorts.

Bei 127 (80 %) der Befragten ist kein Elternteil in Deutschland geboren, bei 23 (15 %) ist es ein Elternteil und bei 7 Antworten (4 %) sind beide Eltern in Deutschland geboren, die Kinder fühlen sich dennoch als nicht deutschsprachig.[67] Es wäre interessant, diese sieben Antworten in Einzelinterviews zu dieser Antwort näher zu befragen.[68]

Ergebnisse für „Nicht Deutsch als Muttersprache"

Zur Integration essentiell ist die Frage nach der Ortsloyalität und welche Gründe Menschen, die nicht schon seit Generationen in diesem Land leben, zur Teilhabe an der Gesellschaft und zur Verbundenheit mit ihrem Wohnort bewegen. So antworteten diese Jugendlichen, deren Muttersprache nicht deutsch ist, auf die Frage, ob sie später einmal an ihrem jetzigen Wohnort sesshaft werden möchten:

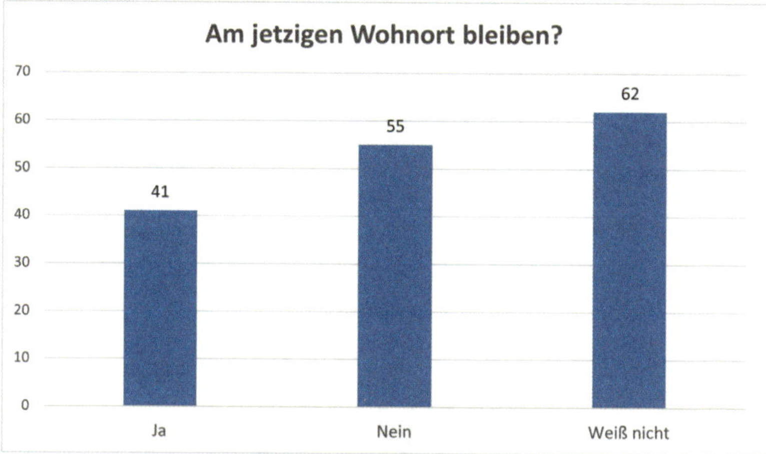

Abbildung 19: Nicht Deutsch; Ortsloyalität.

26 % (41 SuS) der Jugendlichen möchten gerne an ihrem jetzigen Wohnort wohnen bleiben, etwas mehr, 35 % (55 SuS), verneinen dies. Der größte Teil, 40 % (62 SuS), ist sich noch unschlüssig. Wirft man in die Waagschale, dass die befragten SuS

67 Zwei Befragte wussten die Herkunft ihrer Eltern nicht.

68 Interessant zu erfahren wäre, aus welchen Beweggründen man sich selbst nicht als Muttersprachler eines Landes erachtet, in dem schon die Eltern geboren sind. Aus Schülergesprächen hört man immer mal wieder heraus, dass als Heimatland jenes Land gesehen wird, aus dem die Vorfahren kommen, obwohl man selbst allenfalls im Urlaub mal in diesem Land war und auch die Sprache nicht über ein basales Niveau hinaus beherrscht.

geringfügig älter sind als die Muttersprachler, dafür viel unschlüssiger sind in ihrer Zukunftsplanung, dann könnte man sich hier die Frage stellen, woran das liegt.

Erstaunlich ist, dass 63 (41 %) der SuS von sich selbst behaupten, dass man ihre nicht-muttersprachliche Herkunft an ihrem Sprechen nicht bemerken würde. 65 (42 %) meinten, dass man manchmal merken würde, dass sie nicht muttersprachlich deutsch wären und 27 (17 %) sind der Ansicht, dass ihr sprachliches Gegenüber immer merken würde, dass sie eine andere Muttersprache hätten. 36 (39 %) derjenigen, bei denen man immer bzw. manchmal merkt, dass sie nicht-Muttersprachler sind, fühlten sich im Alltagsgeschehen schon einmal benachteiligt durch diesen Umstand, und zwar in folgenden Bereichen:

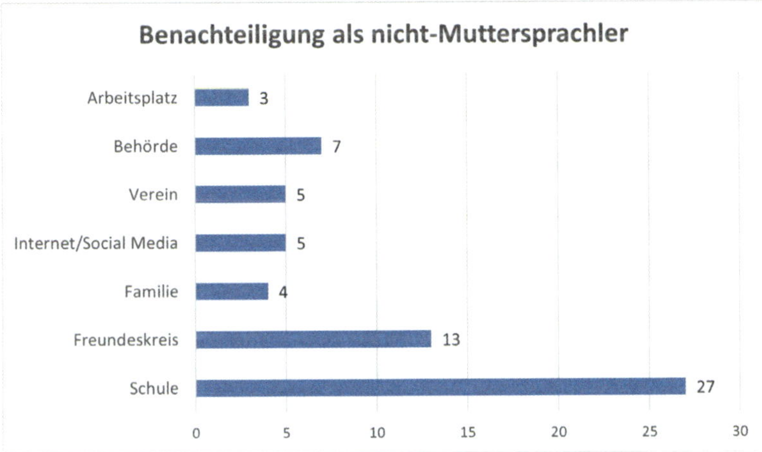

Abbildung 20: Nicht Deutsch; Benachteiligung als nicht-Muttersprachler.

Im Fragebogen ist Frage 14 folgendermaßen formuliert: „Wenn Du den Eindruck hast, wegen Deiner Sprache/Aussprache schon einmal benachteiligt zu werden, in welchen Bereichen?“[69] Hierauf nannten die SuS als größten Bereich die Schule: 27 (77 %), mit relativ großem Abstand dann den Freundeskreis 13 (37 %), die Behörde 7 (20 %), Internet/Social Media und Verein mit jeweils 5 (14 %) und als letztes die Familie 4 (11 %). Bei Sonstiges wurde mit 3 Antworten (9 %) der Arbeitsplatz genannt. Die Ergebnisse zeigen, dass sich die Benachteiligung vor allem auf das Umfeld Schule erstreckt.

69 Mehrfachnennungen waren auch bei Frage 14 möglich. Die Antworten werden hier auf die 35 Teilnehmenden dieser Frage bezogen.

Die Muttersprache war bei den Teilnehmenden dieser Umfrage recht vielfältig:[70] Afghanisch (2), Albanisch (10), Arabisch (8), Aramäisch (1), Bosnisch (3), Persisch (4), Filipino (1), Französisch (2), Italienisch (1), Kroatisch (4), Kurdisch (2), Marokkanisch (2), Mazedonisch (1), Polnisch (11), Portugiesisch (4), Rumänisch (5), Russisch (43), Serbisch (2), Serbokroatisch (3), Spanisch (2), Tagalog (1), Tamilisch (1), Thailändisch (1), Türkisch (29), Ukrainisch (1), Ungarisch (3) und Vietnamesisch (2).

Das Umfeld, in welchem die SuS ihre Muttersprache sprechen, ist natürlich vor allem die Familie:[71]

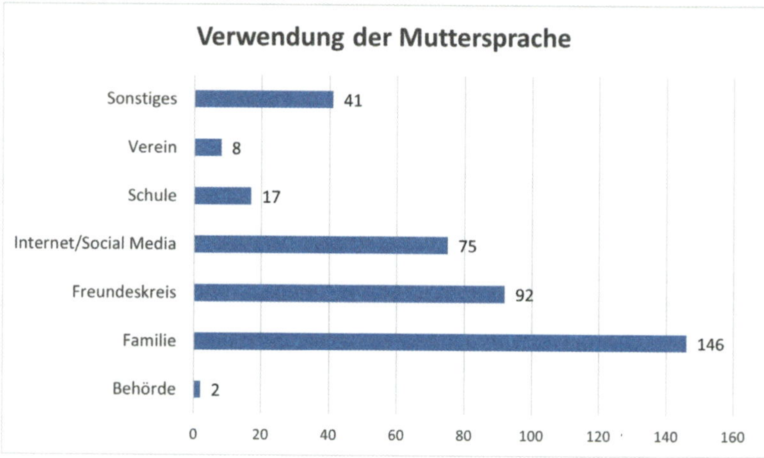

Abbildung 21: Nicht Deutsch; Verwendung Muttersprache.

So geben die SuS auf die Frage 12: „In welchem Umfeld sprichst oder schreibst du deine Muttersprache?“, folgende Antworten: Familie 146 (96 %), Freundeskreis 92 (61 %), Internet/Social Media/Online-Spiele 75 (49 %), Schule: 17 (11 %), Verein 8 (5 %), Behörde 2 (1 %) und bei sonstiger Gelegenheit 41 (27 %). Die 75 (49 %) der SuS, die auch im Internet/Social Media/Online-Spielen ihre Muttersprache verwenden, tun dies zu folgenden Häufigkeiten:

70 In der Klammer ist die Antwortanzahl angegeben; die Reihenfolge erfolgt nach dem Alphabet.
71 Mehrfachnennungen waren hier möglich, 152 SuS haben diese Frage beantwortet haben.

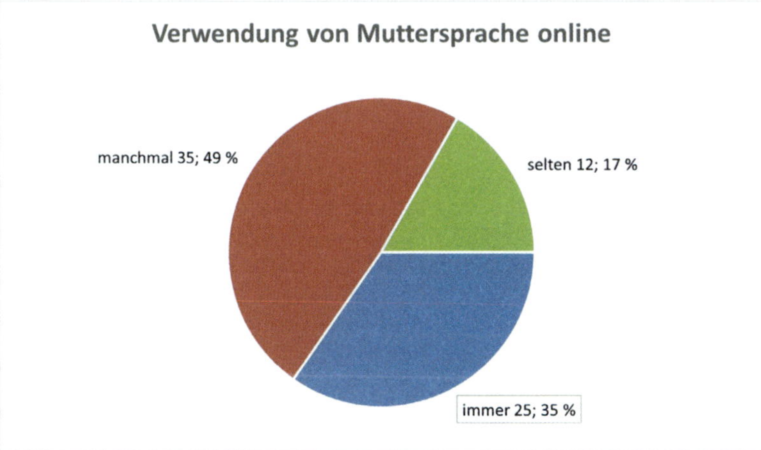

Abbildung 22: Nicht Deutsch; Verwendung Muttersprache Online.

So antworten auf die Frage 15: „Wenn Du auch im Internet/Social Media/Online-Spielen deine Muttersprache verwendest, wie oft?" die SuS folgendermaßen: „Immer" geben 25 (34 %) an, „manchmal" 35 (48 %) und „selten" 12 (16 %). Der hohe Anteil von „immer" wirft Fragen nach den Plattformen und der Integration der Nicht-Muttersprachler auf, denn dies würde ja bedeuten, dass diese 25 Personen online ausschließlich mit nicht Deutsch Sprechenden kommunizieren. Für einen gelingenden Integrationsprozess wäre es natürlich von Vorteil, wenn die Zugezogenen bei der Verwendung von Internet/Social Media/Online-Spielen sich nicht abkapseln würden und komplett im Kreise ihrer Muttersprache kommunizieren.[72]

Frage 16, die nach der persönlichen Wichtigkeit der Muttersprache fragt, gibt ein aussagekräftiges und bestätigendes Bild: mehr als die Hälfte der Nicht-Muttersprachler 81 (52 %) geben an, dass ihnen sehr wichtig ist, ihre Muttersprache zu sprechen. 42 (27 %) schätzen die Verwendung ihrer Muttersprache als „wichtig" ein und 17 (11 %) meinen, dass dies ihnen „weniger wichtig" sei. Nur knapp 10 % (14 Teilnehmer) meinen, dass es ihnen egal sei.

Ob ihre Muttersprache ein wesentlicher Teil von ihnen sei, Frage 17, bejahen 105 (69 %), 40 (26 %) meinen „trifft teilweise zu" und 8 (5 %) ist es „egal".

Die Frage, ob in der Schule mehr gewürdigt werden sollte, dass manche Schüler eine andere Muttersprache haben (Frage 18), beantworten die Schüler wie folgt:

72 Anm.: Bei dem Klasseninterview mit dem 2. Lehrjahr einer Nahrungsklasse war kein Nicht-Muttersprachlicher Schüler dabei, den man hier weiter hätte befragen können.

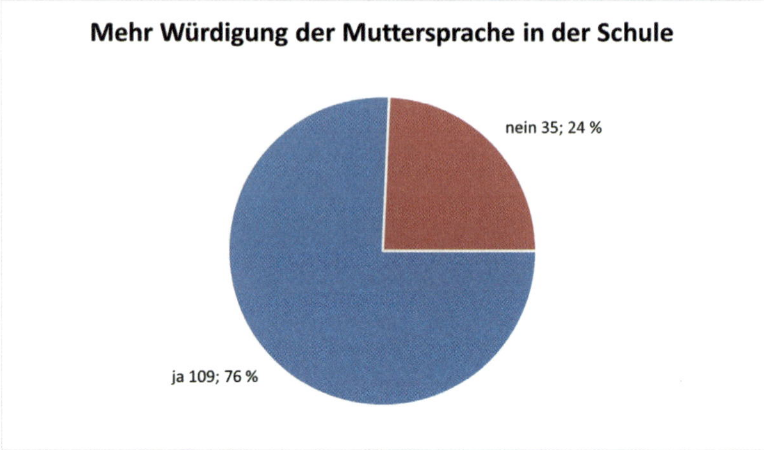

Abbildung 23: Nicht Deutsch; Würdigung andere Muttersprache.

Es ist also rund Dreiviertel der Befragten für eine stärkere Würdigung der Muttersprache im Umfeld Schule bzw. im Schulunterricht. Um auch hier wieder die Wertigkeit der alleinigen Zahlen zu erhöhen und von den SuS eine Erklärung für ihre Wahl zu erhalten, sollte diese Antwort ebenfalls begründet werden.[73] Es wird bei den positiven Antworten deutlich, dass eine Sprachenvielfalt im Unterricht eine Bereicherung sei, weil Deutschland schließlich ein multikulturelles Land sei. Ebenso die Aussage, dass Sprache und Herkunftskultur untrennbar verbunden sind und Mehrsprachigkeit in der heutigen Zeit „etwas Normales“ sei. Viele Kulturen an einer Schule zu haben wird als etwas Schönes betrachtet und nicht als Problem. Es sei doch schließlich immer gut, „mehr zu wissen und zu verstehen“ als weniger und eine höhere Wertschätzung der Muttersprache im Unterricht bedeutet auch, dass man den dahinterstehenden Menschen mehr wertschätzt. Man sieht, dass auch jüngere Menschen schon ein deutliches Gefühl dafür haben, dass man sich nur integrieren und insbesondere schulisch engagieren kann, wenn man auch gewertschätzt wird mit allem, was man so mitbringt. Und da gehört die Sprache natürlich als großer Baustein dazu. Die viel geringer ausfallenden negativen Antworten lassen sich subsumieren unter dem Aspekt, dass man sich auf eine Sprache einigen sollte, die eben in Deutschland das Deutsche sei. Darauf solle man sich konzentrieren und keine Sprachverwirrung heraufbeschwören, die womöglich die Alltagsbewältigung auf beiden Seiten, also Einheimische und Zugezogene, noch erschweren würde.

Anschließend wurde ein Bogen von der äußeren zur inneren Mehrsprachigkeit innerhalb der deutschen Sprachlandschaft geschlagen und die Nicht-Mutter-

73 Die Übersicht der gesamten Antworten findet sich im Anhang.

sprachler mit Fragen zu ihrer Einstellung zum Thema Dialekt gefragt. Bei Frage 19 wurde gefragt: „In Deutschland gibt es viele Dialekte, wie du bestimmt weißt. Fändest Du es gut, wenn Du im Deutschunterricht mehr zum Thema Dialekt lernen würdest?“ Die Antworten hielten sich fast die Wage: 61 (44 %) stimmten hier mit „ja“, die etwas größere andere Hälfte 79 (56 %) stimmte mit „nein“. Die jeweiligen Begründungen sind durchwegs spannend, hier daher eine größer gefasste Auswahl daraus:

Die SuS, die für eine stärkere Integration des Themas Dialekt in den Unterricht waren, wurden noch nach Vorschlägen gefragt, wie dies geschehen könne.

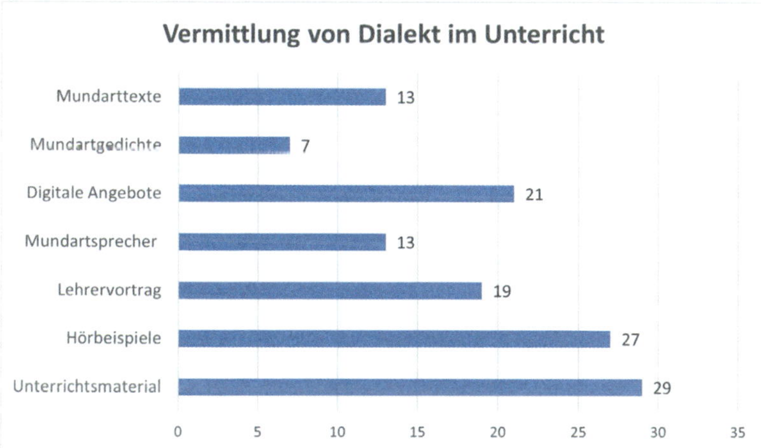

Abbildung 24: Nicht Deutsch; Vermittlung von Dialekt im Unterricht.

Auch bei diesem Fragebogen hatten die SuS zum Schluss wieder die Möglichkeit weitere Aspekte zum Thema zu äußern. Auch hier gab es wenig überraschende Äußerungen. Daher eine vollständige Wiedergabe im Fließtext:

Vergleiche und Querverbindungen[74]

Dialekt und Ortsgröße

Allgemein wird vermutet, Dialektsprecher kämen aus kleinen Ortschaften. Die Umfrage kann diese Vermutung bestätigen, denn SuS, die aus einem ganz kleinen Dorf kommen, geben zu 27 % auch an, starke Dialektsprecher zu sein. Kommen sie hingegen aus einer Stadt, dann sind dies nur noch 10 %.

	Dialekt und Ortsgröße (696 Antworten)				
	ganz kleines Dorf	größeres Dorf	Stadt	Groß-stadt	Gesamt
starker Dialekt	**70x** 27 %	**38x** 13 %	**14x** 10 %	**0x** 0 %	**122x** 17 %
nicht so starker Dialekt	**59x** 22 %	**66x** 23 %	**28x** 20 %	**1x** 50 %	**154x** 22 %
etwas Dialekt	**92x** 35 %	**129x** 45 %	**55x** 38 %	**1x** 50 %	**277x** 39 %
gar nicht	**43x** 16 %	**54x** 19 %	**46x** 32 %	**0x** 0 %	**143x** 20 %
Gesamt	**264x** 100 %	**287x** 100 %	**143x** 100 %	**2x** 100 %	**696x** 99 %

Die beiden Kreise Main-Tauber und Neckar-Odenwald, die gänzlich zum ländlichen Raum zu zählen sind, haben eine im landesweiten Vergleich sehr niedrige Wachstumsdynamik bei den Ortschaften, d.h. dem Bevölkerungswachstum auf-

74 Bei den Vergleichsanstellungen steht logischerweise der prozentuale Anteil im Vordergrund, da die Referenzgruppe unterschiedliche Anzahlen an Antworten aufweisen.

zuweisen.[75] Und das geringfügig positive Bevölkerungswachstum im Ländlichen Raum ist auch auf den Zuzug ausländischer Mitbürger zurückzuführen.[76] Die Ortsgröße blieb hier insofern einigermaßen stabil. Beim Rhein-Neckar-Kreis profitierten in den letzten Jahren die Ortschaften von einer hohen Zuwachsrate an Einwohnern, die in der Nähe der Universitätsstadt Heidelberg liegen.

Dialektsprecher – Ortsloyalität

Es wird aus den Umfrageergebnissen klar ersichtlich, dass Dialektsprecher überproportional ortsverbunden sind. Von den 122 starken Dialektsprechern der Umfrage möchten 66 % (81 Antworten) an ihrem jetzigen Wohnort wohnen bleiben und nur 10 % (12 Antworten) sagen hierzu klar nein. Die Gruppe der Unentschlossenen liegt hier bei 24 % (29 Antworten). Bei denjenigen 143 SuS, die sich selbst als Nicht-Dialektsprecher einordnen, möchten nur 22 % (31 Antworten) an ihrem aktuellen Wohnort wohnen bleiben, 43 % (61 Antworten) sagen hierzu nein und 35 % (50 Antworten) sind hier unentschlossen.

75 S. den Abschlussbericht zur Entwicklung der Ländlichen Räume in Baden-Württemberg, Stuttgart/Dortmund 2019, online verfügbar unter: https://www.baden-wuerttemberg.de/fileadmin/redaktion/m-mlr/intern/dateien/PDFs/L%C3%A4ndlicher_Raum/2019_11_11_IREUS2.0_Abschlussbericht.pdf, u. a. S. 25 und 65ff., abgerufen am 12.04.2022. So schreibt der Abschlussbericht auf S. 66: „Während 1996 50,5 % der Landesbevölkerung im Verdichtungsraum und 34,5 % im Ländlichen Raum wohnten, lebten im Jahr 2016 51,2 % der Bevölkerung im Verdichtungsraum und 33,6 % im Ländlichen Raum. [...] Innerhalb des Ländlichen Raumes ist es im Betrachtungszeitraum [Anm.: 1996 bis 2016] zu keiner nennenswerten Umverteilung zwischen den Gemeindegrößenklassen gekommen. Es ist aber in der Periode von 2011 bis 2016 ein leichter Trend der Abnahme der Bevölkerungsanteile in den kleineren Gemeinden mit unter 10.000 Einwohnern und einer leichten Erhöhung des Anteils in den größeren Kommunen festzustellen."

76 S. https://www.baden-wuerttemberg.de/fileadmin/redaktion/m-mlr/intern/dateien/PDFs/L%C3%A4ndlicher_Raum/2019_11_11_IREUS2.0_Abschlussbericht.pdf, S. 68, (12.04.2022).

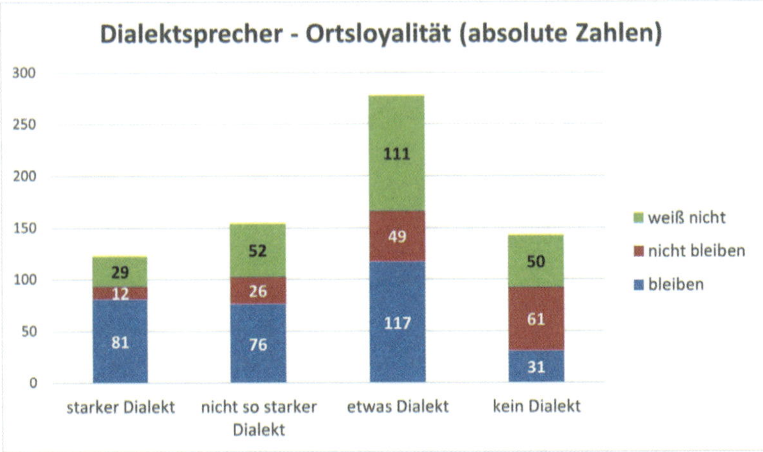

Abbildung 25: Dialektsprecher und Ortsloyalität, absolute Zahlen.

Betrachtet man hier nicht nur die beiden Endpole „starker Dialekt“ versus „kein Dialekt“, erkennt man in der Korrelation zur Ortsloyalität eine klar abnehmende Kurve: je geringer die SuS ihre Dialektkompetenz einschätzen, desto weniger möchten sie auch an ihrem gegenwärtigen Wohnort bleiben oder zurückkehren.

Der Wunsch, nicht an seinem Wohnort zu bleiben, kann durchaus als Indikator dafür gesehen werden, wie verbunden man seinem jetzigen Wohnort ist. Und wer seinem jetzigen Wohnort nicht verbunden ist, der bringt sich aller Wahrscheinlichkeit nach auch nicht so sehr in die Gemeinschaft und ins Ehrenamt ein, wie jemand, der gerne dauerhaft sein Leben am Heimatort verbringen möchte. Insofern kann man allein an diesem Ergebnis festmachen, dass Dialektsprecher ein stärkeres Heimatengagement an den Tag legen als Nicht-Dialektsprecher und damit mehr in die Gemeinschaft ihrer Heimat investieren, was allen dort lebenden Personengruppen zu Gute kommt.[77] Für die soziale Selbstverortung und ein Heimatgefühl spielt die lokale Sprache (neben etlichen anderen Aspekten) eine wichtige Rolle.[78]

77 Zur Ortsloyalität siehe auch die Dissertation von Leonhardt; dauerhaft verfügbar unter: http://hdl.handle.net/10900/58665

78 Zur kulturwissenschaftlichen Perspektive auf das Themengebiet „Zugehörigkeit und Verbundenheit“ und wie sich Heimat konstruiert und sich Zugezogene eine neue Heimat aufbauen, hierzu aufschlussreich: Flurina Graf: Migration in den Alpen. Bielefeld 2020, S. 91-134. Hier wird auch schön der Heimatbegriff nach den vielfältigen Ausführungen Bausingers diskutiert, zum Beispiel Heimat als innere Einstellung, wie auch Heimat als gegenwärtige Auseinandersetzung mit der Umgebung.

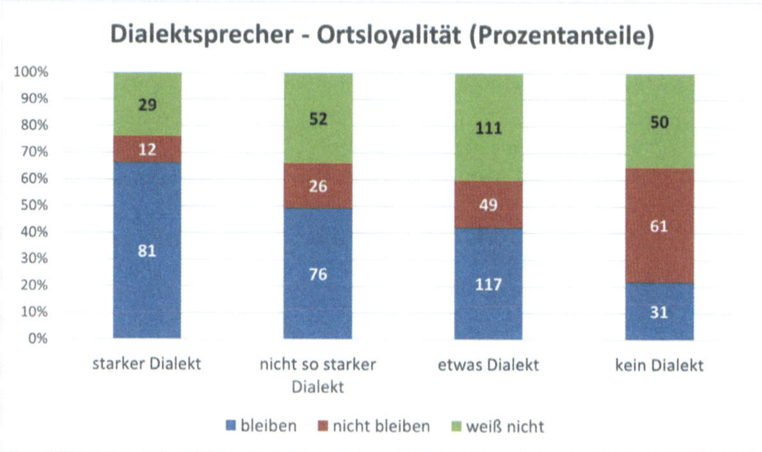

Abbildung 26: Dialektsprecher - Ortsloyalität, Prozentzahlen.

Zusätzlich ist bei Dialektsprechern eine stärkere verwandtschaftliche Verflechtung mit ihrem Wohnort zu vermuten und dies mag auch dazu beitragen, sich stärker seinem aktuellen Wohnort verbunden zu fühlen. Allerdings ist auf jeden Fall davon auszugehen, dass die sprachliche Verbundenheit die Ortsloyalität weiter verstärkt, denn für Dialektsprecher wäre ein Wegzug mit einem zweifachen Verlust verbunden, der von ihrer „näheren Umgebung" (Verwandtschaft, Freundeskreis, Verein) und der von ihrer eigenen Heimatsprache.

Eine nähere Auswertung der Daten zeigt, dass es für eine starke Ortsloyalität förderlich ist, wenn beide Elternteile ebenfalls am jetzigen Wohnort der SuS aufgewachsen sind. So wollen 56 % derjenigen, bei denen beide Elternteile am jetzigen Wohnort aufgewachsen sind, auch zukünftig selbst im Ort bleiben. Bei denjenigen, bei denen kein Elternteil aus dem jetzigen Wohnort kommt, sind es hingegen nur 28 %.

	Am Wohnort bleiben ? (700 Antworten)			
	Beide sind in der Nähe des jetzigen Wohnortes aufgewachsen	**Ein** Elternteil ist in der Nähe des jetzigen Wohnortes aufgewachsen	**Kein** Elternteil ist in der Nähe des jetzigen Wohnortes aufgewachsen	Weiß nicht
ja	**194x** 56 %	**71x** 37 %	**40x** 28 %	**3x** 23 %

	Am Wohnort bleiben ? (700 Antworten)			
	Beide sind in der Nähe des jetzigen Wohnortes aufgewachsen	**Ein** Elternteil ist in der Nähe des jetzigen Wohnortes aufgewachsen	**Kein** Elternteil ist in der Nähe des jetzigen Wohnortes aufgewachsen	Weiß nicht
nein	**39x** 11 %	**50x** 26 %	**54x** 37 %	**4x** 31 %
weiß nicht	**113x** 33 %	**71x** 37 %	**51x** 35 %	**6x** 46 %
Gesamt	**346x** 100 %	**192x** 100 %	**145x** 100 %	**13x** 100 %

Die folgende Tabelle widmet sich etwas genauer den SuS, die in einem „ganz kleinen Dorf" wohnen. Hierbei wurden die Antworten, wie stark die SuS Dialekt sprechen und ob sie in Ihrem Ort wohnen bleiben wollen, in Verbindung gesetzt. Das Ergebnis zeigt, dass diejenigen, die in einem kleinen Dorf wohnen und auch einen starken Dialekt sprechen, nicht von dort fortwollen. 70 % der starken Dialektsprecher wollen bleiben, bei denen die keinen Dialekt sprechen, sind es lediglich 28 %.

Ganz kleines Dorf: Dialekt und Ortsloyalität

	starker Dialekt	nicht so starker Dialekt	etwas Dialekt	gar nicht
ja	**49x** 70 %	**29x** 49 %	**42x** 46 %	**12x** 28 %
nein	**10x** 14 %	**9x** 15 %	**17x** 18 %	**20x** 47 %
weiß nicht	**11x** 16 %	**21x** 36 %	**33x** 36 %	**11x** 26 %
keine Antwort	**0x** 0 %	**0x** 0 %	**0x** 0 %	**0x** 0 %

	starker Dialekt	nicht so starker Dialekt	etwas Dialekt	gar nicht
Gesamt	**70x** 100 %	**59x** 100 %	**92x** 100 %	**43x** 100 %

Dialekt und Identität

Es war zu erwarten, dass für Dialektsprecher die eigene Sprache auch ein wesentlicher Teil ihrer Identität ist, denn es ist allgemein akzeptiert, dass die eigene Sprache – in diesem Fall der eigene Dialekt – ein wesentlicher Bestandteil der individuellen Identitätskonstruktion ist. Diese Erwartung wurde bestätigt.

So geben von den starken Dialektsprechern 54 % (64 Antworten) an, dass die Aussage „Mein Dialekt ist ein wesentlicher Teil von mir" zutrifft. Nimmt man noch diejenigen hinzu, die sich für die Kategorie „trifft teilweise zu" (45 Antworten) entschieden haben, dann sind mehr als 90 % der stark Dialekt sprechenden SuS der Ansicht, dass ihr Dialekt zu ihrer Identität beiträgt. Bei den SuS, die sich als nicht stark Dialekt sprechend einschätzen, sind es immerhin noch rund Zweidrittel (102 von 149 Antworten); bei denen, die „etwas Dialekt" sprechen, sind es immerhin noch knapp 50 %.

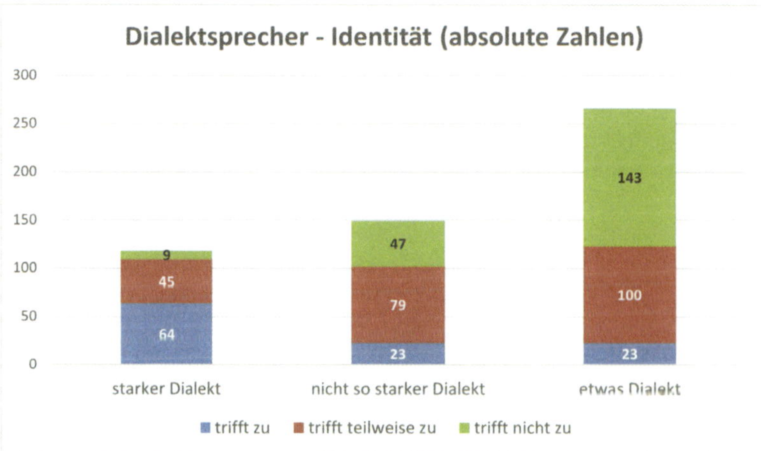

Abbildung 27: Dialektsprecher - Identität, absolute Zahlen.

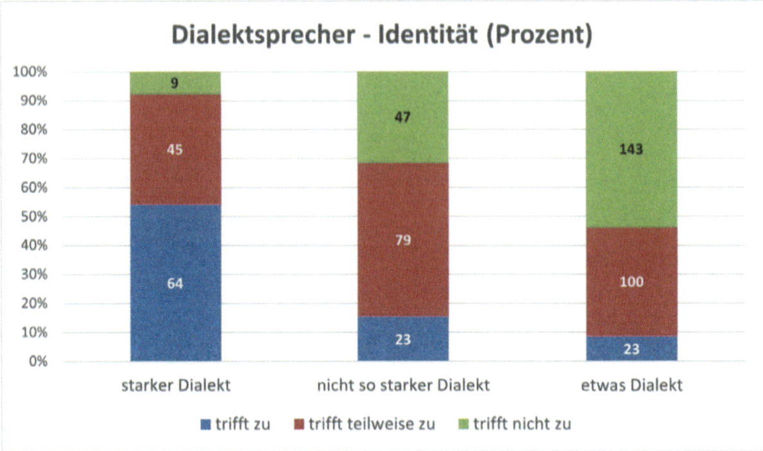

Abbildung 28: Dialektsprecher - Identität (Prozent).

Dialekt und Schule

Neben ihrer Peer und der Familie spielt die Schule für das Sprachverhalten der Jugendlichen eine wichtige Rolle. Mittels Sprache wird Wissen vermittelt, über Inhalte kommuniziert, in der Schule treffen die Jugendlichen auf verschiedene Sprachbiografien und erleben auch verschiedenen Sprachgebrauch. Allerdings geschieht das in der Regel vornehmlich in der Standardsprache und davon abweichende Varietäten werden - zumal im Unterricht - von den Lehrern häufig nicht gerne gesehen, obwohl diese Varietäten der Hauptfunktion von Sprache, der Verständigung, in der Regel keinen Abbruch tun. Die Befragung zeigt bei vielen Schülern geradezu eine Sehnsucht danach, mehr über ihre Sprachvarietät zu erfahren.

72 % der starken Dialektsprecher (81 Antworten von 122) würden im Deutschunterricht gerne mehr zum Thema Dialekte lernen. Erwartungsgemäß nimmt der Wunsch, „Dialekte" im Unterricht als Inhalt zu behandeln ab, je weniger die Jugendlichen selbst Dialekt sprechen: 66 % bei denen, die „nicht so stark Dialekt" sprechen, 54 % bei denen, die „etwas Dialekt" sprechen und immerhin noch 34 % bei denen, die „keinen Dialekt" sprechen.

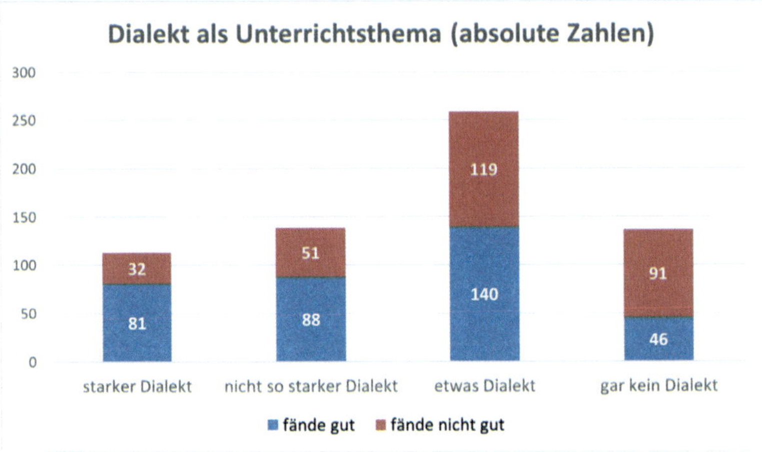

Abbildung 29: Dialekt als Unterrichtsthema (Zahlen).

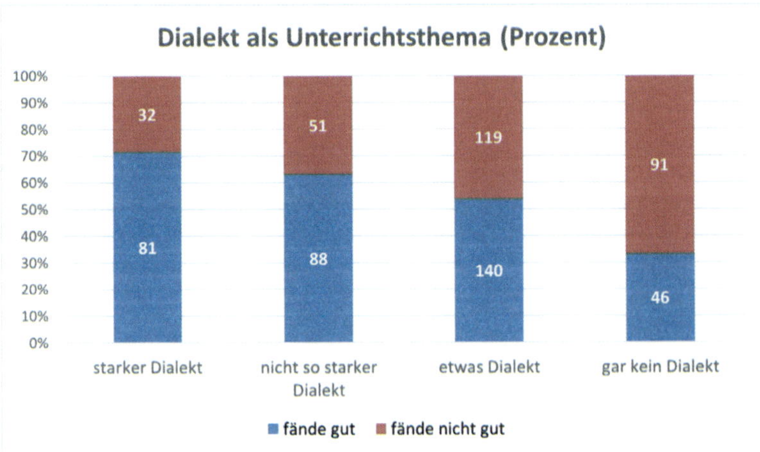

Abbildung 30: Dialekt als Unterrichtsthema (Prozent).

Dialekt und Benachteiligung?

Ein gutes Zeichen der Umfrage ist, dass sich die meisten Dialektsprecher durch ihren Dialekt nicht benachteiligt fühlen, denn 95 % haben die Frage verneint, ob sie sich jemals wegen ihres Dialekts benachteiligt fühlten. Doch der verbleibende kleine Bereich an SuS, die sich hier benachteiligt fühlen, gibt dann doch zu einem großen Anteil den Bereich „Schule“ an.

Benachteiligung wegen Dialekt erfahren (27 von 540) Mehrfachnennungen möglich	
Verein	1 (4 %)
Schule	22 (81 %)
Internet/Social Media/Online-Spiele	4 (15 %)
Freundeskreis	4 (15 %)
Familie	1 (4 %)
Behörde	1 (4 %)
Sonstiges	5 (19 %)

Dialekt & dumm?

Zwischen dem angestrebten Bildungsabschluss und der Dialektkompetenz gibt es keine signifikante Wechselbeziehung. Der manchmal unterstellte Zusammenhang, dass Dialektsprecher eher eine geringere Schulbildung aufweisen, ist mit den Zahlen dieser Umfrage definitiv nicht belegbar. Insgesamt streben 320 der 698 SuS das Abitur als Bildungsabschluss an, das sind 45 %, bei den starken Dialektsprechern sind es 56 von 121 SuS, also 46 %. Bei den „nicht so stark Dialekt" Sprechenden ist es sogar über die Hälfte (51 %). Man sieht also, dass die Dialektsprecher hier in etwa den Durchschnitt widerspiegeln.

Dass es im niederen Bildungsbereich, sprich dem Hauptschulabschluss, so eine geringe Antwortzahl gibt, liegt daran, dass im beruflichen Schulwesen tendenziell höhere Bildungsabschlüsse vergeben werden. Wirft man die beiden Gruppierungen „Meister" und „Techniker" (EQR 6) noch in die Waagschale, dann liegen im EQR-Rahmen diese beiden Abschlüsse über dem Allgemeinen Hochschulabschluss, dem Abitur (EQR 4). Doch in dieser Gruppe liegt in der Studie leider zu wenig Zahlenmaterial vor.

Bildungsabschluss und Dialekt

	Hauptschulabschluss	Mittlere Reife	Fachgebundene Hochschulreife	Abitur	Techniker	Meister	Berufsschulabschluss	Gesamt
	18	**59**	**103**	**320**	**18**	**6**	**174**	**698**
starker Dialekt	**4x** 22 %	**10x** 18 %	**17x** 17 %	**56x** 18 %	**2x** 12 %	**2x** 33 %	**30x** 18 %	**121x** 17 %
nicht so starker Dialckt	**1x** 6 %	**6x** 11 %	**23x** 23 %	**76x** 24 %	**4x** 24 %	**1x** 17 %	**38x** 22 %	**149x** 21 %
etwas Dialekt	**7x** 39 %	**27x** 47 %	**32x** 32 %	**130x** 41 %	**7x** 41 %	**2x** 33 %	**70x** 41 %	**275x** 39 %
gar nicht	**6x** 33 %	**14x** 25 %	**28x** 28 %	**54x** 17 %	**4x** 24 %	**1x** 17 %	**33x** 19 %	**140x** 20 %

Im folgenden Schaubild werden einzelne Schularten gemäß des Europäischen Qualifikationsrahmens (EQR) zusammengefasst. Das EQR 2 entspricht dem Hauptschulabschluss, das EQR 3 dem Mittleren Bildungsabschluss, EQR 4 umfasst die dreijährige Berufsausbildung, die Fachhochschulreife und das Abitur. Die sechste Stufe steht für den Techniker-Abschluss und den Meisterbrief. Das Ergebnis zeigt, dass bei den beiden höheren Stufen der Anteil der Dialektsprecher höher ist als bei den beiden unteren Leveln und eine Korrelation zwischen Dialektsprechern und niederem Bildungsabschluss nicht vorhanden ist.

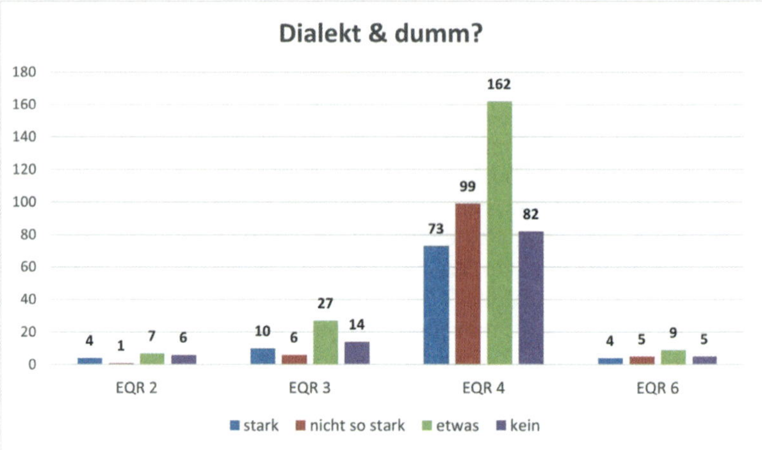

Abbildung 31: Dialekt & dumm? (Zahlen).

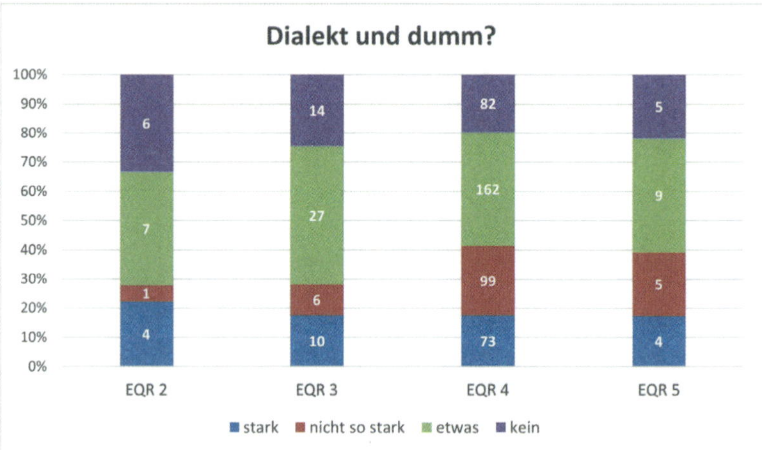

Abbildung 32: Dialekt & dumm? (Prozent).

Wohnort nur Schlafplatz?

„Wir sind von Mannheim hierhergezogen, weil der Bauplatz billig war.“[79] Ein gängiges Argument für den Zuzug in die ländlichen Regionen des Landes, zu denen eigentlich keine verwandtschaftlichen oder emotionalen Verbindungen im Vorhinein bestanden. Eine rein rationale Überlegung. Die Bauplatzpreise wie auch die Immobilienpreise generell, Mietpreise natürlich ebenso eingeschlossen, sind in den in dieser Studie abgebildeten Regionen verhältnismäßig günstig, zumindest für den „Normalverdiener“ noch erschwinglich. Diese Gruppe an Zugezogenen (145 SuS), von denen kein Elternteil in der Region oder auch nur in der Nähe des jetzigen Wohnortes aufgewachsen ist, möchte später nach eigener Aussage zu einem guten Drittel nicht an ihrem aktuellen Wohnort wohnen bleiben (54 SuS/37 %), was ein drei Mal so hoher Anteil ist wie bei den Jugendlichen mit verwandtschaftlichen Beziehungen zur Region, von denen 11 % gerne später einmal wegziehen möchten.

Am Wohnort bleiben?

	Beide sind in der Nähe des jetzigen Wohnortes aufgewachsen	**Ein** Elternteil ist in der Nähe des jetzigen Wohnortes aufgewachsen	**Kein** Elternteil ist in der Nähe des Wohnortes aufgewachsen	Weiß nicht	**gesamt**
Ja	194 56 %	71 37 %	40 28 %	3 23 %	**308** **44 %**
Nein	39 11 %	50 26 %	54 37 %	4 31 %	**147** **21 %**
Weiß nicht	113 33 %	71 37 %	51 35 %	6 46 %	**241** **34 %**
gesamt	346	192	145	13	**696**

79 Klasseninterview, 11. Mai 2022, statistisch belegt durch die Forschungsergebnisse zur Entwicklung des ländlichen Raumes im Betrachtungszeitraum von 1996 bis 2016, s. online: https://www.baden-wuerttemberg.de/fileadmin/redaktion/m-mlr/intern/dateien/PDFs/L%C3%A4ndlicher_Raum/2019_11_11_IREUS2.0_Abschlussbericht.pdf, S. 96: „Im Ländlichen Raum haben die Gemeinden im Mittel 72 Einwohner je 1.000 Einwohner dazugewonnen. Bei nur 5 % der Gemeinden des Ländlichen Raumes liegt der Wanderungssaldo im negativen Bereich. Für den Untersuchungszeitraum kann somit eine nahezu flächendeckende Zuwanderung der Familien in den Ländlichen Raum festgestellt werden.“ (10.09.2022)

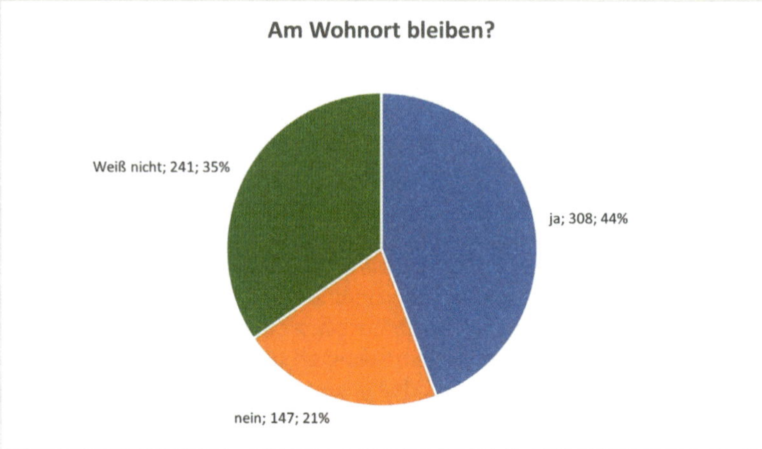

Abbildung 33: Am Wohnort bleiben?

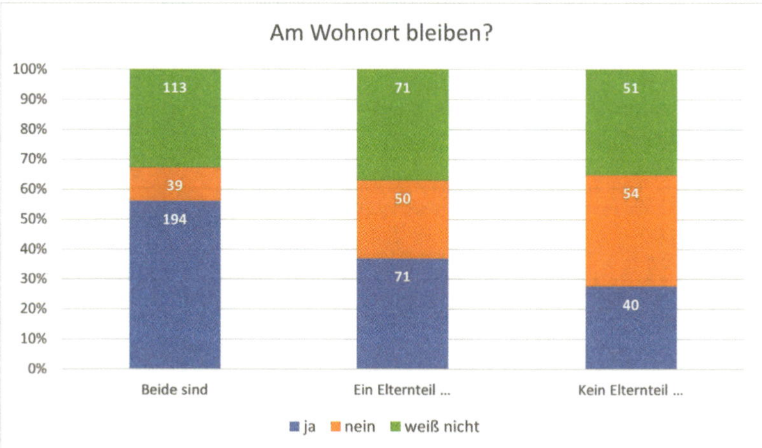

Abbildung 34: Am Wohnort bleiben? (Prozent).

Scheinbar gibt es für diese Gruppe der Jugendlichen ohne familiären Bezug zur Region weniger Möglichkeiten, sich mit der ländlichen Region zu identifizieren, um dauerhaft hier leben zu wollen, wenn keine verwandtschaftlichen Bande bestehen. Hier wäre es spannend, weitere Erhebungen anzuschließen. Wie kann man es unterstützen, dass sich zugezogene Jugendliche, ganz gleich welcher Muttersprache, mit einer Region identifizieren und sich dort dauerhaft wohlfühlen? Welche Rolle spielt hier unter anderem auch der Dialekt?

Forschungsergebnisse und Ausblick

Betrachtet man die Ergebnisse der Befragung der älteren Jugendlichen und jungen Erwachsenen in den drei nördlichen Landkreisen Baden-Württembergs, dann lassen sich vor allem drei Ergebnisse festhalten:

1. Dialektsprecher wollen eher an ihrem Ort wohnen bleiben.
2. Der Dialekt ist für viele ein wesentlicher Bestandteil ihrer Identität.
3. Es besteht ein Bedürfnis mehr über ihren/den Dialekt zu erfahren.

Dialektsprecher wollen eher an ihrem Ort wohnen bleiben.

Wie bereits ausgeführt, wollen Zweidrittel der Dialektsprecher an ihrem aktuellen Wohnort bleiben oder zurückkehren. Das drückt aus, dass sie sich ihrem Heimatort verbunden fühlen und ihren Wohnort nicht nur als bloßen Schlafplatz sehen. Diese Verbundenheit muss als Voraussetzung gesehen werden, sich auch in seiner Gemeinde auf vielfältige Weise zu engagieren. Der Wert, sowohl der finanzielle[80] als auch der soziale[81], des ehrenamtlichen Engagements ist unstrittig enorm wichtig und dieses Engagement wird vornehmlich von Menschen ausgeführt, die sich ihrem Wohnort und den dort lebenden Menschen verbunden und verantwortlich fühlen. Es kann also angenommen werden, dass Dialektsprecher sich hier überproportional engagieren. Es ist im Umkehrschluss zu befürchten, dass, wenn die Dialekte zunehmend an Bedeutung verlieren, auch die Bindung zur „eigenen Scholle" abnimmt und dies dann auch Auswirkungen hat auf die Bereitschaft sich ehrenamtlich zu engagieren.

Der Dialekt ist für viele ein wesentlicher Bestandteil ihrer Identität

Das Bedürfnis nach Identität stellt von jeher ein Grundbedürfnis dar. Nur war die Beantwortung dieser Frage in früheren Zeiten einfacher als heutzutage. Auch stellt man sich diese Frage heute intensiver und facettenreicher, vielleicht oftmals auch zu intensiv. Erstaunlich ist der Umstand, dass bei der Befragung deutlich zu Tage getreten ist, dass der eigenen Dialekt für viele Jugendliche ein wesentlicher Bestandteil ihrer Identität ist, bei den starken Dialektsprechern sogar mehr als 90 %, bei den nicht so starken Dialektsprechern sind es Zweidrittel

80 Eine Studie des Engagementatlas 2009 der AMB Generali Gruppe beziffert die Zahl der ehrenamtlich geleisteten Stunden auf 4,6 Mrd und geht, bei einem fiktiven Lohn von 7,50 € von einem finanziellen Wert des Ehrenamtes von 35 Milliarden Euro aus. Setzt man diesen Wert auf 12€/h, dann kommt man bereits auf einen Wert von 56 Mrd Euro. Betrachtet man noch ein weiteres Ergebnis der Studie, nämlich, dass in den südlichen Bundesländern sich weit mehr Menschen ehrenamtlich engagieren, dann kann der Wert für Baden-Württemberg anteilig sogar noch höher gesetzt werden. Vgl. https://www.lbe.bayern.de/imperia/md/content/stmas/lbe/pdf/engagementatlas_2009.pdf (12.11.2022)

81 Vgl. die bspw. die Äußerungen von Ministerpräsident Winfried Kretschmann, der ehrenamtlich Tätigen zuschreibt, das „Fundament unserer Demokratie" zu stärken. https://stm.baden-wuerttemberg.de/de/service/presse/pressemitteilung/pid/kretschmann-wuerdigt-besonderes-ehrenamtliches-engagement-6/ (14.11.2022)

und bei denjenigen, die etwas Dialekt sprechen, geben immerhin noch knapp 50 % an, dass der Dialekt ein wesentlicher Teil ihrer Identität ist.

Es besteht ein Bedürfnis mehr über ihren/den Dialekt zu erfahren

Bei über gut Zweidrittel der starken Dialektsprecher ist der Wunsch vorhanden, mehr über das Thema Dialekt im Unterricht zu erfahren. Bei den Nicht-Dialektsprechern äußern diesen Wunsch dennoch immerhin ein Drittel und bei den Nicht-Muttersprachlern knapp die Hälfte. Schaut man die individuellen Begründungen der Schülerinnen und Schüler noch genauer an, dann bekräftigen diese nochmals, dass das Thema Dialekt im Deutschunterricht mehr Beachtung geschenkt werden könnte.

Wenn so ein Ergebnis bei der Frage nach sprachlicher Benachteiligung herausgekommen wäre, dann würde dies als eklatanter Hilfeschrei gedeutet werden und hohe Wellen im Bildungsbereich schlagen. Hier, bei dieser eher leisen Äußerung bzw. dem Wunsch, dass der vorherrschende Sprachalltag auch in der Schule beachtet werden sollte, darf man diese Erkenntnis nicht vorüberziehen lassen und sollte sich um Veränderung bemühen.

Ausblick

Sprache im Unterricht muss gerecht sein und der Lebenswirklichkeit entsprechen. Das gilt aktuell für gendergerechte Sprache, sollte aber auch für den real vorherrschenden Sprachalltag in Baden-Württemberg gelten, der bei Muttersprachlern nun mal aus einem Dialekt-Standard-Kontinuum besteht. Damit muss man sich in der Schule auseinandersetzen und darf dem Umstand nicht nur in einem vagen Ermessensspielraum des einzelnen Lehrers Raum geben. Man sollte also kein normiertes sprachliches Leitbild im Schulunterricht vor sich hertragen, denn das wäre realitätsfern. Und auch die vielen anderen Muttersprachen spielen mittlerweile in Baden-Württemberg eine große Rolle im Unterrichtsgeschehen. Es herrscht Sprachenvielfalt in unseren Schulen vor, sei dies eine andere Muttersprache oder eine mehr oder minder stark ausgeprägte dialektale Färbung, die aber von den Sprechern durchaus als „ihr Heimatdialekt" erachtet und geschätzt wird – auch wenn dies ältere Generationen anders sehen würden. Denn dieser Heimatdialekt ist natürlich nicht mehr der Dialekt wie zu Großmutters Zeiten, weil Sprache immer im Wandel begriffen ist, doch nach wie vor birgt dieser derzeitige Stand des Dialekts ein hohes Identifikationspotenzial für die Sprecherinnen und Sprecher. Und hier wäre es eben schön, wenn dem Wunsch eines großen Anteils der Schülerinnen und Schüler nachgegangen würde, deren andere Muttersprache, deren Dialekt bzw. deren Alltagssprache mit ihren mehr oder minder stark ausgeprägten regionaltypischen Varietäten bei der Konzeption von Unterricht stärker zu berücksichtigen.[82]

Das sollte nicht nur das Fach Deutsch im Schulunterricht betreffen, sondern auch das Unterrichtsfach Deutsch als Fremdsprache, zum Beispiel mittels einer Aufnahme von nationalen Standardvarietäten in den DaF-Unterricht,[83] oder passgenauer mit regionalem Unterrichtsmaterial. Auch Werner König kommt aufgrund der Ergebnisse aus seiner Studie zur Leseaussprache zu der Erkenntnis, dass regionale Unterschiede im DaF-Unterricht thematisiert werden sollten, wie auch damit einhergehend regionale Aussprachevarianten.[84] Auch Baßler/Spiekermann in 2001 und 2002 zeigen schon, dass Lerner absolut bereit sind, sich mehr als es bisher im DaF-Unterricht der Fall ist bzw. da implementiert ist, sich mit Dialekten und Regionalsprachen auseinanderzusetzen. Sinnvoll wäre hier eine situative Berücksichtigung im Unterrichtsgeschehen, also situative kommunikative Bereiche im Spracherwerbsprozess, was die Deutschlernenden auch bei ihrem Integrationsprozess unterstützen würde. Eine neue Sprache an der Sprachwirklichkeit einer Gesellschaft zu erlernen, macht auch mehr Sinn als an einem normierten Konstrukt zu lernen. „Dialekt ist in der Schule also nicht „Feind", sondern Partner beim Standard- und Fremdsprachenerwerb, sowie Schützling als Eigenwert im Rahmen der Heimaterziehung und Normalität im sprachlichen Gebrauch innerhalb einer Gruppe, in der man sich zugehörig und wohl fühlt. Feind ist der Dialekt dagegen zuhause, in den Augen vieler Eltern."[85], um es mit den Worten Arzbergers zu sagen. Darüber hinaus hat Schule bzw. Schulunterricht eine starke Auswirkung auf das Prestige einer Sprachvarietät und deren Verwendung. Hat eine Sprache ein höheres gesellschaftliches Prestige, dann reduziert sich die Wahrscheinlichkeit des Nicht-Sprechens und die Sprache bzw. der Dialekt bleibt in Folge eher erhalten. Dieser Umstand stützt

82 Dieses Postulat stellte schon Spiekermann an das Ende seiner Ausführungen, s. Helmut Spiekermann: Sprache in Baden-Württemberg. Merkmale des regionalen Standards, Tübingen 2008, S. 312, indem er sagte: „Auch andere regionale Varietäten neben Dialekten ließen sich sicher als Gegenstand in den Schulunterricht integrieren [...]. Gerade hier fehlte es aber an gesicherten linguistischen Erkenntnissen über die Formen und die Funktionen der Varietäten. [...] Als Forschungsaufgabe bleibt letztlich aber, ein ganzes Netz weiterer Arbeiten zur regionalen Standardvarietäten in anderen Regionen auszubreiten, um in einem geschlossenen Bild Aussagen über den heutigen Stand, die Geschichte und die zukünftige Entwicklung gesprochensprachlicher Regionalstandards machen zu können."

83 Vgl. hierzu Sonja Hensel: Welches Deutsch sollen wir lehren? In: Zielsprache Deutsch 31 (1) 2000, S. 31–39.

84 S. Werner König: Phonetisch-phonologische Regionalismen in der deutschen Standardsprache. Konsequenzen für den Unterricht „Deutsch als Fremdsprache". In: Gerhardt Stickel (Hrsg.): Varietäten des Deutschen. Regional- und Umgangssprachen. Berlin/New York 1997, S. 246-270.

85 Steffen Arzberger: Dialekt in der Schule – Freund oder Feind? In: Horst Haider Munske (Hg.): Sterben Dialekte aus? Vorträge am Interdisziplinären Zentrum für Dialektforschung an der Friedrich-Alexander-Universität Erlangen-Nürnberg, 22.10. bis 10.12.2007, online verfügbar unter: http://www.dialekteforschung.phil.uni-erlangen.de/sterbendialekte (12.10.2022)

also die Forderungen nach bestimmten (hochwertigen) Inhalten in Lehrbüchern oder auch nach angebotenen Fortbildungen für Lehrer, ebenso die Marschrichtung, dass auf Dialekt nicht mehr „hingewiesen“[86] werden sollte, sondern dass er selbstverständlicher Teil der Sprachwirklichkeit im Südwesten Deutschlands ist, was aber bei vielen Menschen im Bildungsbereich scheinbar noch nicht angekommen ist und wo alte Stereotype immer noch vorherrschen. Sprache in der Schule sollte „gerecht“ sein und sollte die Sprachwirklichkeit abbilden. Und Deutschunterricht ist eben nicht nur als Literatur- und Leseunterricht zu verstehen, sondern auch ein Unterricht, in dem Sprache Gegenstand des Sprechens und Hörens ist, und zwar in ihrer ganzen Vielfalt – denn Varietätenverlust zieht einen Verlust an Ausdrucksmöglichkeiten nach sich und damit auch an Ideen. Und gerade hiervon kann eine moderne, tolerante und vielfältige Gesellschaft wie sie in Baden-Württemberg eine sein möchte, doch gar nicht genug haben. So darf man die Ergebnisse dieser Pilotstudie durchaus als Anregung annehmen, im Bereich der Bildungspläne und Unterrichtsrealität eine Veränderung anzustreben.

Literatur

https://www.lbe.bayern.de/imperia/md/content/stmas/lbe/pdf/engagementatlas_2009.pdf (02.12.2022)

https://stm.baden-wuerttemberg.de/de/service/presse/pressemitteilung/pid/kretschmann-wuerdigt-besonderes-ehrenamtliches-engagement-6/ (abgerufen am 23.11.2022)

https://sozialministerium.baden-wuerttemberg.de/fileadmin/redaktion/m-sm/intern/downloads/Downloads_PIK/SIM_Landesintegrationsbericht_2020_P14_1.pdf (21. April 2022)

https://www.baden-wuerttemberg.de/fileadmin/redaktion/m-mlr/intern/dateien/PDFs/L%C3%A4ndlicher_Raum/2019_11_11_IREUS2.0_Abschlussbericht.pdf

Ahrenholz, Bernd u. a.: „Mehrsprachigkeit an Thüringer Schulen“ (MaTS) – Ergebnisse einer Fragebogenerhebung zu Mehrsprachigkeit an Erfurter Schulen. In: Ingelore Oomen-Welke/Inci Dirim (Hg.): Mehrsprachigkeit in der Klasse wahrnehmen – aufgreifen – fördern. Stuttgart 2013, S. 43–58.

Ammon, Ulrich/Mattheier, Klaus/Nelde, Peter (Hg.): Dialekt und Schule in den europäischen Ländern. Tübingen 1989.

86 Zentrum für Schulqualität und Lehrerbildung (ZSL) Baden-Württemberg: Sprachsensibel unterrichten in allen Fächern: Ein Leitfaden für Berufliche Schulen. Leinfeld-Echterdingen 2020, S. 12.

Ammon, Ulrich: Dialektschwund, Dialekt-Standard-Kontinuum, Diglossie: Drei Typen des Verhältnisses Dialekt-Standardvarietät im deutschen Sprachgebiet. In: Jannis Androutsopoulos/Evelyn Ziegler: Standardfragen. Soziolinguistische Perspektiven auf Sprachgeschichte, Sprachkontakt und Sprachvariation. Frankfurt 2002, S. 163–171.

Arzberger, Steffen: Dialekt in der Schule – Freund oder Feind? In: Horst Haider Munske (Hg.): Sterben die Dialekte aus? Vorträge am Interdisziplinären Zentrum für Dialektforschung an der Friedrich-Alexander-Universität Erlangen-Nürnberg, 22.10. bis 10.12. 2007. Online verfügbar: http://www.dialektforschung.phil.uni-erlangen.de/sterbendialekte.

Auer, Peter: Europe's sociolinguistic unity. A typology of European dialect/standard constellations. In: Johan van der Auwera/Nicol Delbecque/Dirk Geeraerts (Hg.): Perspectives on variation. Sociolinguistic, historical, comparative. Berlin/New York 2005, S. 7–42.

Augst, Gerhard: Soll die Schule Sprachnormen als fest, wandelbar oder veränderbar lehren? In: Schulen für einen guten Sprachgebrauch, bearb. v. Brigitta Mogge. Stuttgart 1982, S. 126–143.

Bach, Adolf: Deutsche Mundartforschung. Ihre Wege, Ergebnisse und Aufgaben. Heidelberg 1950.

Barden, Birgit/Grosskopf, Beate: Sprachliche Akkomodation und soziale Integration. Sächsische Übersiedler und Übersiedlerinnen im rhein-/moselfränkischen und alemannischen Sprachraum. Tübingen 1998.

Baßler, Harald/Spiekermann, Helmut: Regionale Varietäten des Deutschen im Unterricht „Deutsch als Fremdsprache" (I). In: Deutsch als Fremdsprache 38 (4) 2001, S. 205–213.

Baßler, Harald/Spiekermann, Helmut: Regionale Varietäten des Deutschen im Unterricht „Deutsch als Fremdsprache" (II). In: Deutsch als Fremdsprache 39 (1) 2002, S. 31–35.

Bauermann, Jürgen/Cherubim, Dieter/Rehbock, Helmut: Neben-Kommunikationen. Beobachtungen und Analysen zum nichtoffiziellen Schülerverhalten innerhalb und außerhalb des Unterrichts. Braunschweig 1981.

Baur,Gerhard (Hg.): Mundart und Schule in Baden-Württemberg. Bühl 1990.

Bausinger, Hermann: Dialekt als Unterrichtsgegenstand. In: Der Deutschunterricht 35 (1983), H. 2, S. 75–85.

Bausinger, Hermann: Deutsch für Deutsche. Dialekte, Sprachbarrieren, Sondersprachen. München 1984.

Belke, Gerlind: Mehrsprachigkeit im Deutschunterricht. Sprachspiele, Spracherwerb und Sprachvermittlung. Baltmannsweiler 1999.

Bender, Helmut: Badisches Kaleidoskop. Mit zeitgenössischen Illustrationen. Freiburg 1984.

Berkemeier, Anne: Mehrsprachigkeit: Ein hinreichend berücksichtigter Bereich im Deutschunterricht? In: Der Deutschunterricht 49 (1997), 1, S. 102–105.

Berthele, Raphael: Sprache in der Klasse. Eine dialektologisch-soziolinguistische Untersuchung von Primarschulkindern in multilingualem Umfeld. Tübingen 2000.

Blind, Sofia/Heidelbach, Nikolaus: Wörter, die es nicht auf Hochdeutsch gibt. Von Anscheuseln bis Zurückdummen. Köln 2021.

Bräutigam, Kurt/Lehr, Rudolf: Daheim. Ortstypische Mundarten zwischen Rhein und Tauber, Main und Murg. Karlsruhe 1986.

Bühler, Rudolf/Klausmann, Hubert/Nast, Mirjam: Schule – Medien – Öffentlichkeit. Sprachalltag und dialektale Praktiken aus linguistischer und kulturwissenschaftlicher Perspektive. Tübingen 2020.

Burger, Harald/Häcki Buhofer, Annelies: Spracherwerb im Spannungsfeld von Dialekt und Hochsprache. Bern/Berlin 1994.

Busch, Brigitta: Mehrsprachigkeit. Wien 2021.

Chambers, John Kenneth: Sociolinguistic theory. Linguistic variation and its social significance. Oxford/Cambridge 1995.

De Cillia, Rudolf: Sprache(n) im Klassenzimmer. Varietätengebrauch und Spracheinstellungen in der Schule aus der Sicht der Lehrer/innen und der Schüler/innen. In: Monika Dannerer/Peter Mauser (Hg.): Formen der Mehrsprachigkeit. Sprachen und Varietäten in sekundären und tertiären Bildungskontexten. Tübingen 2018, S. 67–86.

De Cillia, Rudolf: Mehrsprachigkeit statt Zweisprachigkeit – Argumente und Konzepte für eine Neuorientierung der Sprachenpolitik an den Schulen. In: Rudolf de Cillia/Rudolf Gruber/Michal Krzyzanowski/Florian Menz (Hg.): Diskurs. Politik. Identität. Tübingen 2010, S. 245–257.

Van Coetsem, Frans: The interaction between dialect and standard language, viewed from the standpoint of germanic languages. In: J.A. van Leuvensteijn/J.B. Berns, (Hg.): Dialect and Standard Language. Dialekt und Standardsprache in the English, Dutch, German and Norwegian Language Areas. Amsterdam/Oxford/New York/Tokyo 1992, S. 15–70.

De Bruin, Angela/Dick, Anthony Steven/Carreiras, Manuel: Clear theories are needed to interpret differences: Perspectives on the bilingual advantage debate. In: Neurobiology of Language, 2 (4), S. 433–451. [Permalink: https://doi.org/10.1162/nol_a_00038]

Diebner, Bernd Jörg/Lehr, Rudolf (Hg.): Deutsche Mundarten an der Wende? Will dich festhalten ... „Nord-Süd-Anthologie“. Heidelberg 1995.

Egger, Kurt (Hg.): Dialekt und Hochsprache in der Schule. Beiträge zum Deutschunterricht in Südtirol. Bozen 1982.

Eichhoff, Jürgen: Wortatlas der deutschen Umgangssprachen. 4 Bde. Bern/München 1977/1978/1993/2000.

Eichhoff, Jürgen: Sterben die Dialekte aus? In: Karin Eichhoff-Cyrus/ Rudolf Hoberg (Hg.): Die deutsche Sprache zur Jahrtausendwende. Sprachkultur oder Sprachverfall? Mannheim 2000, S. 80–88.

Eichinger, Ludwig: Ist Regionalität eine sinnvolle Kategorie in der Sprachwissenschaftsgeschichte? In: Rüdiger Harnisch/Ludwig Eichinger/Anthony Rowley (Hg.): „... im Gefüge der Sprachen". Studien zu System und Soziologie der Dialekte. Festschrift für Robert Hinderling zum 60. Geburtstag. Stuttgart 1995, S. 31–50.

Elspaß, Stephan: Sprachvariation und Sprachwandel. In: Eva Neuland/Peter Schlobinski (Hg.): Handbuch: Sprache in sozialen Gruppen. Berlin/Boston 2018, S. 87–107.

Ender, Andrea/Kaiser, Irmtraud: Zum Stellenwert von Dialekt und Standardsprache im österreichischen und Schweizer Alltag. In: ZGL 37/2 (2009), S. 266–295.

Fölbes, Csaba: Deutsch als Sprache mit mehrfacher Regionalität: Die diatopische Variationsbreite. In: Muttersprache 3 (2002), S. 225–239.

Fuchs, Eva/Elspaß, Stephan: Innere und äußere Mehrsprachigkeit an österreichischen Schulen: ein Projektbericht zu Wahrnehmungen und Einstellungen. Teil 1, Universität Salzburg, FWF-Spezialforschungsbereich (SFB) „Deutsch in Österreich (DiÖ). Variarion – Kontakt – Perzeption": erste Ergebnisse aus Teilprojekt 10, Salzburg 2019. Online dauerhaft verfügbar unter: https://eplus.uni-salzburg.at/obvusboa/content/titleinfo/4375948/full.pdf

Graf, Flurina: Migration in den Alpen. Bielefeld 2020.

Gumperz, John: Sprache, lokale Kultur und soziale Identität. Düsseldorf 1975.

Harjus, Jannis: Versuchte Normierung einer komplexen Varietät? Der Umgang mit innerer Mehrsprachigkeit im sekundären Bildungssektor Andalusiens. In: Monika Dannerer/Peter Mauser (Hg.): Formen der Mehrsprachigkeit. Sprachen und Varietäten in sekundären und tertiären Bildungskontexten. Tübingen 2018, S. 105–122.

Heilig, Otto: Grammatik der ostfränkischen Mundart des Taubergrundes und der Nachbarmundarten. Leipzig 1898.

Hensel, Sonja: Welches Deutsch sollen wir lehren? In: Zielsprache Deutsch 31 (1) 2000, S.31–39.

Herzog-Punzenberger, Barbara/Schnell, Philipp: Die Situation mehrsprachiger Schüler/innen im österreichischen Schulsystem – Problemlagen, Rahmenbedingungen und internationaler Vergleich. In: Barbara Herzog-Punzenberger/Philipp Schnell (Hg.): Nationaler Bildungsbericht Österreich 2012, Bd. 2: Fokussierte Analysen bildungspolitischer Schwerpunktthemen (2012), S. 229–267. Dauerhaft verfügbar unter: https://www.bifiie.at/wp-content/uploads/2017/05/NBB2012_Band2_gesamt_20121217.pdf

Hochholzer, Rupert: Konfliktfeld Dialekt. Das Verhältnis von Deutschlehrerinnen und Deutschlehrern zu Sprache und ihren regionalen Varietäten. Regensburg 2004.

Hochholzer, Rupert: Innere und äußere Mehrsprachigkeit in einer Regensburger Schule. In: Rudolf Bühler/Hubert Klausmann/Mirjam Nast (Hg.): Schule – Medien – Öffentlichkeit. Sprachalltag und dialektale Praktiken aus linguistischer und kulturwissenschaftlicher Perspektive. Tübingen 2020, S. 37–54.

Hundt, Markus: Struktur und Komplexität des linguistischen Laienwissens. In: Markus Hundt/ Nicola Palliwoda/Saskia Schröder (Hg.): Der deutsche Sprachraum aus der Sicht linguistischer Laien. Berlin/Boston 2017, S. 121–160.

Jakob, Karlheinz: Dialekt und Regionalsprache im Raum Heilbronn. Zur Klassifizierung von Dialektmerkmalen in einer dialektgeographischen Übergangslandschaft. Marburg 1985.

Janle, Frank/Klausmann, Hubert: Dialekt und Standardsprache in der Deutschdidaktik. Eine Einführung. Tübingen 2020.

Janle, Frank/Klausmann, Hubert: Der „Dialekt" im Spannungsverhältnis zwischen Sprachdidaktik, Sprachklischee und sprachlicher Wirklichkeit. In: Rudolf Bühler/Hubert Klausmann/Mirjam Nast (Hg.): Schule – Medien – Öffentlichkeit. Sprachalltag und dialektale Praktiken aus linguistischer und kulturwissenschaftlicher Perspektive. Tübingen 2020, 55–96.

Kehrein, Roland: Regionalsprachliche Spektren im Raum. Zur linguistischen Struktur der Vertikale Stuttgart 2012. (Beihefte zur Zeitschrift für Dialektologie und Linguistik. 152)

Keller,Rudi: Zur Theorie des sprachlichen Wandels. In: Zeitschrift für germanistische Linguistik 10, 1 (1982), S. 1–27.

Keller, Rudi: Sprachwandel. Von der unsichtbaren Hand in der Sprache. Tübingen/Basel 1994.

Kieser, Werner/Fuchs, Peter: Neckar-Odenwald-Bauland. Stuttgart 1980.

Klausmann, Hubert: Kleiner Sprachatlas von Baden-Württemberg. Heidelberg/Ubstadt-Weiher/Stuttgart/Speyer/Basel 2020.

Knöbl, Ralf: Dialekt – Standard – Variation. Formen und Funktionen von Sprachvariation in einer mittelschwäbischen Schulklasse. Heidelberg 2012.

König, Werner: dtv-Atlas Deutsche Sprache. München 2004.

König, Werner: Wir können alles. Außer Hochdeutsch. Genialer Werbespruch oder Eigentor des deutschen Südens? Zum Diskriminierungspotential dieses Slogans. In: Sprachreport 4/2013, S. 5–14.

König, Werner/Pfeifer, Christian/Maitz, Peter: Dialekt im Kindergarten. In ZDL 86 (2019), S. 247–283.

Labov, William: Die Logik des Nonstandard-Englisch (Auszug). In: Wolfgang Klein/Dieter Wunderlich: Aspekte der Soziolinguistik. Frankfurt a.M. 1971, S. 80–97.

Lameli, Alfred: Standard und Substandard. Regionalismen im diachronen Längsschnitt. Stuttgart 2004.

Landesarchivdirektion Baden-Württemberg in Verbindung mit dem Neckar-Odenwald-Kreis (Hg.): Kreisbeschreibung des Landes Baden-Württemberg: Der Neckar-Odenwald-Kreis, Bd. 1 (von 2), bearbeitet von der Abteilung Landesbeschreibung des Generallandesarchivs Karlsruhe. Sigmaringen 1992.

Lehr, Rudolf/Waibel, Paul: Muddersprooch. Ein pfälzisch-fränkisches Mundartbuch. Karlsruhe 1978.

Lehr, Rudolf/Waibel, Paul: Wie mer redde und schwätze. Mundarten zwischen Rhein und Tauber, Main und Murg. Muddersprooch Bd. 2. Karlsruhe 1980.

Leonhardt, Nina Kim: Dialektgrenzen als soziokulturelle Konstrukte. Subjektive Sprachräume in Nord-Baden-Württemberg. Dissertation Universität Tübingen 2014. (dauerhaft verfügbar unter: http://hdl.handle.net/10900/58665)

Mackert, Michael (Hg.): Baulandort Hettingen. Seine Mundart, Überlieferungen und Traditionen. Die Sammlungen des Hettinger Volkskundlers Professor Emil Schmitt. In Zusammenarbeit mit dem Heimatverein Hettingen. Buchen 2004.

Maitz, Péter/Foldenauer, Monika: Sprachliche Ideologien im Schulbuch. In: Jana Kiesendahl/Christine Ott (Hg.): Linguistik und Schulbuchforschung. Gegenstände - Methoden - Perspektiven. Göttingen 2015, S. 217-234.

Mattheier, Klaus: Alter, Generation. In: Ulrich Ammon/Norbert Dittmar/Klaus Mattheier (Hg.): Soziolinguistik. Ein internationales Handbuch. Berlin/New York 1987, Bd. 1 (von insg. 2), S. 78-82.

Moosmüller, Sylvia: Hochsprache und Dialekt in Österreich. Soziophonologische Untersuchungen zu ihrer Abgrenzung in Wien, Graz, Salzburg und Innsbruck. Wien 1991.

Muhr, Rudolf: Die plurizentrischen Sprachen Europas - Ein Überblick. In: Eva Gugenberger/Mechthild Blumberg (Hg.): Vielsprachiges Europa - Zur Situation der regionalen Sprachen von der iberischen Halbinsel bis zum Kaukasus. Frankfurt 2003, S. 191-232.

Munzinger, Paul: Zweisprachig unterrichtete Kinder können besser rechnen, online-Ressource Süddeutsche Zeitung, www.sz.de/1.4418711 SZ vom 24.04.2019

https://www.sueddeutsche.de/bildung/bilingualer-unterricht-grundschule-studie-1.4418711?print=true

Panagiotopoulou, Argyro/Rosen, Lisa: Sichtweisen auf Mehrsprachigkeit von (migrationsbedingt) mehrsprachigen Lehrkräften - Ergebnisse einer international vergleichenden Studie. In: Manfred Oberlechner/Christina Trültzsch-Wijnen/Patrick Duval (Hg.): Migration bildet. Baden-Baden 2017, S. 159-177.

Paul, Hermann: Prinzipien der Sprachgeschichte. Halle 1898.

Polenz, Peter von: Geschichte der deutschen Sprache. Berlin/New York 1978.

Raith, Joachim/Schulze, Rainer/Wandt, Karl-Heinz: Grundlagen der Mehrsprachigkeitsforschung, Wiesbaden/Stuttgart 1986.

Reichmann, Oskar/Wegera, Klaus-Peter (Hgg.): Frühneuhochdeutsche Grammatik. Tübingen 1993.

Røynela, Unn: Nynorsk is a Separate Language. In: Mari Lilleslåtten (Hg.): Norway is Strengthening the position of Minority Languages, 2021. URL: https://www.hf.uio.no/multiling/english/news-and-events/news/2021/lme (20.02.2022).

Schmidlin, Regula: Die Vielfalt des Deutschen: Standard und Variation. Gebrauch, Einschätzung und Kodifizierung einer plurizentrischen Sprache. Berlin/Boston 2011.

Spiekermann, Helmut: Sprache in Baden-Württemberg. Merkmale des regionalen Standards. Tübingen 2008.

Steger, Hugo: Beiwort zur Karte XII, 7: Raumgliederungen der Mundarten um 1950, Erläuterungen zum Historischen Atlas von Baden-Württemberg, hg. v. d. Kommission für geschichtliche Landeskunde in Baden-Württemberg. Stuttgart 1982.

Steiner, Astrid: Unterrichtskommunikation. Reine linguistische Untersuchung der Gesprächsorganisation und des Dialektgebrauchs in Gymnasien der Deutschschweiz. Tübingen 2008.

Studer, Thomas: Dialekte im DaF-Unterricht? Ja, aber ... Konturen eines Konzepts für den Aufbau einer rezeptiven Varietätenkompetenz. In: Linguistik online 10, (1/2002), S. 113–131.

Thoma, Nadja: Sprachbiographien in der Migrationsgesellschaft. Eine rekonstruktive Studie zu Bildungsverläufen von Germanistikstudent*innen. Bielefeld 2018.

Ulich, Klaus: Schüler und Lehrer im Schulalltag. Eine Sozialpsychologie der Schule. Weinheim/Basel 1983.

Vergeiner, Philipp C.: Bewertungen – Erwartungen – Gebrauch. Sprachgebrauchsnormen zur inneren Mehrsprachigkeit an Universitäten. Stuttgart 2021. (Beiheft zur Zeitschrift für Dialektologie und Linguistik, Bd. 184.)

Wandruszka, Mario: Sprachen, vergleichbar und unvergleichlich. München 1969.

Wandruszka, Mario: Die Mehrsprachigkeit des Menschen. München 1979.

Wode, Henning: Psycholinguistik. Eine Einführung in die Lehr- und Lernbarkeit von Sprachen. Ismaning 1993.

Zentrum für Schulqualität und Lehrerbildung (ZSL) Baden-Württemberg: Sprachsensibel unterrichten in allen Fächern. Ein Leitfaden für Berufliche Schulen. Leinfeld-Echterdingen 2020.

Anhang

Fragebogen

	Deutsch als Muttersprache:	Deutsch nicht als Muttersprache:
1.	**Wie alt bist Du?** (Drop Down Liste)	**Wie alt bist Du?** (Drop Down Liste)
2.	**Bitte kreuze an:** ◊ männlich ◊ weiblich ◊ divers	**Bitte kreuze an:** ◊ männlich ◊ weiblich ◊ divers
3.	**Welchen Schulabschluss strebst Du an?** (Drop down Liste)	**Welchen Schulabschluss strebst Du an?** (Drop down Liste)
4.	**Welche Schule besuchst Du?** (freie Eingabe)	**Welche Schule besuchst Du?** (freie Eingabe)
5.	**Ich wohne an dem Ort, wo ich aufgewachsen bin.** ◊ Ja ◊ Nein	**Ich bin in Deutschland geboren.** ◊ Ja ◊ Nein
6.	(Bei nein:) **Wie viele Kilometer bist Du von dem Ort entfernt, wo Du aufgewachsen bis?** ◊ 0-20 km ◊ 20-50 km ◊ Über 50 km	(Bei nein:) **Seit welchem Alter bist Du in Deutschland?** ◊ Vor der Einschulung ◊ Nach der Einschulung
7	**Wie groß ist Dein Wohnort ungefähr?** ◊ ganz kleines Dorf ◊ größeres Dorf ◊ Stadt ◊ Großstadt	**Wie groß ist Dein Wohnort ungefähr?** ◊ ganz kleines Dorf ◊ größeres Dorf ◊ Stadt ◊ Großstadt

8.	**Wie sieht es bei Deinen Eltern aus?** ◊ Beide sind in der Nähe des jetzigen Wohnortes aufgewachsen ◊ Einer ist ... ◊ Keiner ist ... ◊ Weiß nicht	**Wie sieht es bei Deinen Eltern aus?** ◊ Beide sind nicht in Deutschland geboren ◊ Ein Elternteil ist nicht in Dtld. geboren ◊ Kein Elternteil ist in Dtld. geboren ◊ Weiß nicht
9.	**Möchtest Du an deinem jetzigen Wohnort wohnen bleiben bzw. nach Ausbildung /Studium wieder hinziehen?** ◊ Ja ◊ Nein ◊ Weiß nicht	**Möchtest Du an deinem jetzigen Wohnort wohnen bleiben bzw. nach Ausbildung /Studium wieder hinziehen?** ◊ Ja ◊ Nein ◊ Weiß nicht
10.	**Wie stark sprichst Du den örtlichen Dialekt?** ◊ Starker Dialekt ◊ Nicht so starker Dialekt ◊ Etwas Dialekt ◊ Gar nicht (-> Weiter bei Frage 14)	**Beurteile selbst: Merkt man, dass Deutsch nicht Deine Muttersprache ist?** ◊ Ja, immer ◊ Manchmal ◊ nein
11.	**Wenn Du die Bezeichnung für Deinen Dialekt kennst, dann schreib diesen hier hin:** (freie Eingabe) ____________	**Was für eine Muttersprache hast Du?** (freie Eingabe) __________

12.	(Von Frage 9 hierher geleitet: Wenn dort stark, nicht so stark und etwas Dialekt angekreuzt wurde) **In welchem Umfeld sprichst oder schreibst Du Dialekt** ◊ Schule ◊ Freundeskreis ◊ Familie ◊ Internet/Social Media/Online Spiele ◊ Verein ◊ Behörde ◊ Sonstiges ________	**In welchem Umfeld sprichst oder schreibst Du Deine Muttersprache?** ◊ Schule ◊ Freundeskreis ◊ Familie ◊ Internet/Social Media/Online Spiele ◊ Verein ◊ Behörde ◊ Sonstiges ________
13.	**Hast Du Dich wegen Deiner dialektnahen Aussprache schon einmal benachteiligt gefühlt?** ◊ Ja ◊ Nein (weiter mit Frage 15)	**Wenn man an Deiner Aussprache erkennt, dass Deutsch nicht Deine Muttersprache ist: hast Du Dich wegen Deiner Aussprache des Deutschen schon einmal benachteiligt gefühlt?** ◊ Ja ◊ Nein
14.	**Wenn Du den Eindruck hast, wegen Deinem Dialekt benachteiligt zu werden, in welchem Umfeld?** ◊ Schule ◊ Freundeskreis, ◊ Familie ◊ Internet/Social Media/Online Spiele ◊ Verein ◊ Behörde ◊ Sonstiges: __________	**Wenn Du den Eindruck hast, wegen Deiner Sprache/Aussprache benachteiligt zu werden, in welchem Umfeld?** ◊ Schule ◊ Freundeskreis ◊ Familie ◊ Internet/Social Media/Online Spiele ◊ Verein ◊ Behörde ◊ Sonstiges: __________

15.	**Wenn Du auch im Internet/Social Media/Online Spielen Dialekt sprichst, wie oft?** ◊ Immer ◊ manchmal ◊ selten	**Wenn Du auch im Internet/Social Media/Online Spielen deine Muttersprache sprichst, wie oft?** ◊ Immer ◊ manchmal ◊ selten
16.	**Wie wichtig ist es für Dich, dass Du Dialekt sprichst?** ◊ Sehr wichtig ◊ wichtig ◊ Weniger wichtig ◊ egal	**Wie wichtig ist es für Dich, dass Du auch Deine Muttersprache sprichst?** ◊ Sehr wichtig ◊ wichtig ◊ Weniger wichtig ◊ egal
17.	**Wie würdest Du folgenden Satz beurteilen: „Mein Dialekt ist ein wesentlicher Teil von mir."** ◊ Trifft zu ◊ Trifft teilweise zu ◊ Trifft nicht zu	**Wie würdest Du folgenden Satz beurteilen: „Meine Muttersprache ist ein wesentlicher Teil von mir."** ◊ Trifft zu ◊ Trifft teilweise zu ◊ Trifft nicht zu
18.	**Sollte in der Schule mehr gewürdigt werden, dass manche Schüler auch Dialekt sprechen?** ◊ Ja ◊ Nein	**Sollte in der Schule mehr gewürdigt werden, dass manche Schüler eine andere Muttersprache haben.** ◊ Ja ◊ Nein
19.	**Fändest Du es gut, wenn Du im Deutschunterricht mehr zum Thema Dialekt lernen würdest? Kreuze an und erkläre.** ◊ Ja, das fände ich gut, weil ... (Erklärung einfügen) ◊ Nein, das fände ich nicht gut, weil ... (Erklärung einfügen)	**In Deutschland gibt es viele verschiedenen Dialekte, wie Du bestimmt weißt. Fändest Du es gut, wenn du im Deutschunterricht mehr zum Thema Dialekt lernen würdest? Kreuze an und erkläre:** ◊ Ja, fände ich gut, weil .... (Erklärung einfügen) ◊ Nein, das fände ich nicht gut, weil ... (Erklärung einfügen)

20.	**Was würdest Du zur Umsetzung im Deutschunterricht vorschlagen? Kreuze an:** (Mehrfachnennungen möglich) ◊ Unterrichtsmaterial ◊ Hörbeispiele ◊ Lehrervortrag ◊ Mundartsprecher einladen ◊ Digitale Angebote ◊ Mundartgedichte ◊ Mundarttexte aus deiner Region ◊ sonstiges: ___ freie Eingabe	**Was würdest Du zur Umsetzung im Deutschunterricht vorschlagen? Kreuze an:** (Mehrfachnennungen möglich) ◊ Unterrichtsmaterial ◊ Hörbeispiele ◊ Lehrervortrag ◊ Mundartsprecher einladen ◊ Digitale Angebote ◊ Mundartgedichte ◊ Mundarttexte aus deiner Region ◊ sonstiges: ___ freie Eingabe
21.	**Was Du vielleicht sonst noch zu dem Thema sagen möchtest:** (Freie Eingabe)	**Was Du vielleicht sonst noch zu dem Thema sagen möchtest:** (Freie Eingabe)

Aussagen der SchülerInnen: Deutsch als Muttersprache

Frage 19:

„Sollte in der Schule mehr gewürdigt werden, dass manche Schüler Dialekt sprechen.

Ja, das sollte mehr gewürdigt werden, weil ...

- ... es ein Teil der eigenen Sprache ist.
- ... Dialekt zum Teil den Ort/die Heimat ausmacht. Er ist wie eine Tradition/Identität, die es wert ist, weiterzugeben/erhalten zu bleiben.
- ... ich denke, dass es etwas sehr Individuelles ist. Gerade im 21. Jahrhundert ist es sehr wichtig auf Individualität zu achten.
- ... der Dialekt für viele ein Teil ihrer Herkunft ist.
- ... die Dialekte ein wichtiger Teil der Sprachkultur sind.
- ... ja, weil jeder so sprechen sollen darf, wie er will

- … weil manche einfach von wo anders herkommen und ja nichts dafür können, dass sie einen anderen Dialekt haben.
- … ein Dialekt etwas völlig Normales ist.
- … also gewürdigt nicht ganz, aber es sollte mehr integriert werden.
- … weil´s immer sehr unterhaltsam ist.
- … Dialekte ja interessant sind und eine Region widerspiegeln.
- … es ja zur Region gehört und ein wesentlicher Teil von einem ist.
- … weil es fairer ist.
- … weil es ein Teil der Individualität des Einzelnen ist und ein Kulturgut, welches gewahrt werden soll.
- … die Schüler mit einem Dialekt aufgewachsen sind und es ihnen schwerfallen kann, ohne diesen zu sprechen.
- … in der Klasse alle Dialekt sprechen.
- … man spricht ja später im Leben auch Dialekt, wieso nicht in der Schule?
- … da die Sprechkultur nicht einfach so verloren gehen sollte.
- … es für viele schwierig ist ihn abzulegen.
- … das etwas Besonderes ist, das nicht jeder hat/kann und man sollte es auf jeden Fall nicht verbieten.
- … ich den ja jeden Tag spreche.
- … mir gerne Dialekt schwätze.
- … es die sprachliche Vielfalt fördert.
- … man die persönliche Freiheit nicht einschränken sollte, aber im Fach Deutsch sollten Aufsätze im Hochdeutsch geschrieben sein, ansonsten könnte man meiner Meinung nach toleranter damit umgehen.
- … es zeigt, wo jeder herkommt.
- … ich es schön finde.
- … Dialekt ein grundlegender Bestanteil der deutschen Sprache ist.
- … es die Natur so will.
- … sie können nichts dafür, wo sie herkommen, aber solange man sie versteht, ist alles gut.
- … weil es zur Muttersprache gehört.
- … Dialekt ist nicht vermeidbar.
- … manche sind nur Dialekt gewohnt.
- … sie kennen es ja nicht anders und auch, wenn sie versuchen Hochdeutsch zu reden, funktioniert das nicht immer. Deshalb sollte man ihnen dort keine Einschränkungen zuteilwerden lassen.
- … es nicht darum geht, dass alle gleich sprechen.
- … jeder von Zuhause seine Sprache mitbringt.
- … ma es net ablege kann. [sic.]
- … heutzutage keiner wegen irgendwas benachteiligt werden sollte.
- … man auch so im Alltag spricht.

Nein, das soll nicht mehr gewürdigt werden, weil ...“

- ... ich finde, dass es ohne Dialekt besser ist und es somit auch nicht zu Ausgrenzungen kommt oder dass sich jemand lustig macht über den Dialekt.
- ... Dialekt in der Schule nichts verloren hat.
- ... es doch überhaupt keine Probleme gibt.
- ... es von Ort zu Ort unterschiedlich ist.
- ... da dies von jedem Schüler unterschiedlich wahrgenommen wird.
- ... es egal ist, wie man redet, hauptsache man versteht sich gegenseitig.
- ... Die Schüler es sprechen können aber nicht müssen, denn wenn jemand keinen Dialekt kann, dann ist er im Nachteil.
- ... es förderlich ist allen Hochdeutsch zu vermitteln, um Komplikationen aus dem Weg zu gehen.
- ... es eine deutsche Spracheinheit gibt, die sich Hochdeutsch nennt!
- ... es egal ist, wie jemand spricht.
- ... In meinen Augen ist es ein unwichtiger Teil eines Menschen. Da jeder einen Dialekt hat.
- ... Es spielt keine Rolle, welchen Dialekt jemand spricht (zumindest hier).
- ... es teilweise etwas eigenartig klingt und es für mich, als jemand, der keinen Dialekt spricht, unverständlich sein kann.
- ... es niemanden interessiert, welchen Dialekt du sprichst.
- ... ich sonst als Hochdeutscher Verständnisprobleme haben könnte.
- ... es funktioniert.
- ... weil Schule allgemein deutsch ist, und jeder die gleichen Chancen haben sollte. Nicht jeder kann Dialekt und könnte dadurch auch nicht die extra Würdigung erhalten.
- ... Privatsache. Nicht wichtig für die Allgemeinbildung.
- ... weil jeder die normale Sprache versteht.
- ... Grundsätzlich fände ich eine bessere Wertschätzung der deutschen Sprache allgemein wichtig. Vor allem in Berufsschulen ist korrektes Deutsch (unabhängig von Dialekten) nicht alltäglich.
- ... es bisher keine Probleme gibt.
- ... meiner Meinung nach eine klare Kommunikation, bundesweit, von großer Bedeutung ist. Daher ist es wichtig, dass „hochdeutsch“ auch entsprechend mehr in der Schule gefördert wird als Dialekte.
- ... es in Deutsch Klausuren beispielsweise hochdeutsch geschrieben werden muss.
- ... es im Endeffekt egal ist, solange jeder so sprechen kann, wie er möchte.
- ... es unnötig ist. Jeder versteht hochdeutsch und das ist halt nun mal die Sprache in Deutschland, mit der jeder sich verständigen kann. Im Sport-

unterricht muss ich auch das können, was zum Unterricht gehört: wer gut Tischtennis spielen kann, wird ja deswegen in anderen Sportarten auch nicht mehr gewürdigt.
- ... durch die Diversität der Dialekte regionale Sprachbarrieren auftreten und die Kommunikation erschwert werden kann.
- ... das nichts mit Schule zu tun hat.
- ... es bereits eine große Akzeptanz diesbezüglich gibt.
- ... weil es in der Schule mega unangenehm ist.
- ... ich nicht weiß, wie und warum man das würdigen sollte.
- ... es die Leistung nicht beeinflusst und somit auch nicht beachtet werden muss.
- ... ich Dialekte nicht schön zum Hören finde.
- ... da es egal sein sollte, solange man sich versteht. Dass man in Dialekt spricht, ist genauso irrelevant wie Akzente.
- ... es einfach eine normale Redensart ist. Es soll halt nicht verboten werden, denn das ist diskriminierend.
- ... Schüler es aus anderen Ländern es noch schwerer haben, Deutsch zu lernen.
- ... jeder so sprechen soll, wie es ihm beigebracht wurde.
- ... eine universal übergeordnete wichtig ist und diese Umgangsform auch Leuten aus kleinere Gemeinde nähergebracht werden sollte.
- ... es ist relativ egal, ob man einen Dialekt spricht oder nicht.
- ... eine dialektfreie Sprache verhindert Fehlkommunikation.
- ... hochdeutsch ist eine allgemein verständliche Sprache.

Frage 20:

„Fändest Du es gut, wenn Du im Deutschunterricht mehr zum Thema Dialekt lernen würdest? Ja, ich fände es gut, weil ...[87]

- ... Dialekte stärken das Zusammensein, sind Teil der Kultur und ein Stückchen Heimat.
- ... es unsere Sprache und unsere Verständigung betrifft und somit ein wichtiger Teil unserer Verständigung ist.
- ... man allgemein wenig Wissen über Mundart hat, es sei denn, man liest sich in das Thema ein.
- ... der Dialekt ja auch irgendwie zur deutschen Sprache dazugehört.
- ... es ein wichtiger Bestandteil unserer Gesellschaft ist.

87 Nicht hier aufgenommen wurden ca. 50 Äußerungen, die zum Kerninhalt haben: „weil es interessant/spannend/wichtig sein könnte“;

- … es kann interessant und lustig sein.
- … es einen Ortsbezug im Deutschunterricht herstellen würde.
- … es wäre interessant, im Kontrast zu der ganzen Literatur.
- … damit vor allem auf die unterschiedlichen Regionen eingegangen werden kann und auch die Herkunft genauer betrachtet werden kann.
- … man dadurch auch etwas über andere Dialekte lernt und auch verstehen lernt.
- … ich finde es wichtig, diese Tradition zu wahren, da durch Anglizismen usw. dies immer mehr nachlässt.
- … Dialektforschung ein komplexes Thema der deutschen Kultur ist.
- … habe ich auf meiner Schule davor, wo ich Abitur gemacht habe, im Unterricht nur 8 Stunden gehabt und sonst nie.
- … es ein wichtiges und präsentes Thema ist.
- … Respekt zu anderen Kulturen Deutschlands erworben wird.
- … man bekommt alle Aspekte der deutschen Sprache mit und bekommt dadurch einen besseren Einblick/Bildung.
- … Dialekt in unserer Region wichtig ist.
- … man mehr über Sprachgeschichte lernen könnte.
- … ich keine Interprätationen [sic.] schreiben kann.
- … man dann mehr über die Vergangenheit seines örtlichen Dialekts lernen kann.
- … der Dialekt sehr häufig als bäuerlich beschimpft wird.
- … sich das Befassen mit Sprache nur positiv auf den Sprachgebrauch auswirken kann.
- … das etwas wäre, was einen mal wirklich im Leben weiterbringt.
- … Kultur meine Lieben, Kultur.
- … es interessanter wäre als manch andere Themen.
- … einfach um toleranter damit umgehen zu können.
- … manche Dialekte sind schwer zu verstehen. Es wäre auch interessant, wo ein Dialekt seinen Ursprung hat und heimisch ist.
- … man mehr regionalen Bezug bekommt und Sprache auch reflektierter betrachten kann.

… es relevant in meinem Leben ist.

- … Dialekt ein Teil der deutschen Sprachkultur ist und diese gefördert werden sollte.
- … Dialekt ist manchmal zwar ziemlich nervig, aber er gehört zu den verschiedenen Teilen Deutschlands dazu.
- der sprachliche Raum so unterstützt wird und eine Region ein einheimisches Gefühl vermittelt.
- … die lokale ländliche Sprachkultur erhalten bleibt.
- … Dialekte eine Geschichte haben.

- ... es manche Wörter ausschließlich in einem bestimmten Dialekt gibt und es trotzdem wichtig ist, die Bedeutung zu erfahren.
- ... dass man sich dann nicht so verstellen muss.
- ... man über die meisten Dialekte wenig bis gar nichts weiß.
- ... ich gerne wissen möchte, wieso man teilweise so unterschiedlich Deutsch spricht.
- ... weil es einen regionalen Bezug hätte.
- ... weil man dadurch etwas über seine Umgebung erfahren könnte.
- ... Dialekt meines Erachtens zur Gesellschaft dazugehört.
- ... es interessant ist, die Ähnlichkeiten zwischen Dialekt und Hochdeutsch zu sehen.

„Fändest Du es gut, wenn Du im Deutschunterricht mehr zum Thema Dialekt lernen würdest? Nein, ich fände das nicht gut, weil ...[88]

- ... es wichtigere Themen gibt.
- ... man sollte mehr Wert auf die Abiturvorbereitung legen.
- ... dies von Region zu Region unterschiedlich ist und man ja seinen Dialekt nicht ändert.
- ... jeder weiß, was Dialekt ist.
- ... man die verschiedenen Dialekte auch so kennen lernt.
- ... denn Kinder, die zu viel Dialekt sprechen, können Probleme bekommen.
- ... weil ich hochdeutsch spreche.
- ... es extrem viele gibt und es unnötig ist nur auf ein paar einzugehen.
- ... jeder spricht seinen eigenen und der Unterricht würde auf subjektiven Ansichten beruhen.
- ... weil das mehr Unterrichtsstoff bedeuten würde.
- ... weil es nicht im Abi vorkommt.
- ... weil das Hochdeutsch einen für das spätere Leben vorbereitet und der Dialekt nicht.
- ... es extra Unterrichtsstunden wären.
- ... es viele Schüler mit Migrationshintergrund noch weiter verwirren könnte.
- ... ein Dialekt auf bundesweiter Ebene ungebildet wirkt.
- ... die regionalen Dialekte in Baden-Württemberg von Ort zu Ort variieren und Schülerinnen und Schüler ggf. mehrere Dialekte lernen würden und das würde die Sprachbarrieren unterstützen.

88 Auch hier wurden ca. 70 Antworten ausgeklammert, die recht unreflektiert in die Richtung: „weil es mich nicht interessiert", „weil es mir egal ist", „weil ich es nicht brauche", „weil es unnötig ist" gehen.

- ... es gibt zu viele.
- ... das unnötiger Schulstoff ist, der mich in 20 Jahren nicht weiterbringt.
- ... ich richtiges Deutsch lernen möchte.
- ... man nicht jedem Dialekt gerecht werden kann.
- ... mir mein eigener Dialekt reicht.
- ... ich persönlich Dialekt nicht gut verstehen kann.
- ... es ist nur eine Umgangssprache.
- ... es schwierig ist, etwas Sinnvolles darüber beizubringen. Nicht alle Schüler kommen immer aus der gleichen Gegend und sind anders geprägt.
- ... weil alles Wichtige in Hochdeutsch verfasst ist.
- ... es sich alles im Hochdeutschen ausdrücken lässt.

Frage 21:

Was du vielleicht sonst noch zum Thema sagen möchtest?

- Dialekt gehört teilweise zu einem Menschen dazu, weil man damit aufgewachsen ist. Deshalb sollte man Menschen dafür nicht verurteilen, wie sie reden.
- Ich habe keine Lust mich mit dem Wortgulasch einiger Hinterwäldler zu beschäftigen.
- Vorträge sollen auch im Dialekt positiv bewertet werden.
- Personen, die einen Dialekt sprechen, sollten keinen Nachteil haben.
- Ich selbst rede Hochdeutsch und bin auf eine schwäbische Realschule gegangen und befinde mich auf einer badischen Schule. Die Sprachbarrieren machen mir das Leben schwer.
- Nur Hochdeutsch ist langweilig. Der Dialekt im Süden Deutschlands ist unter anderem auch eine „Verbindung“ zu den umliegenden Ländern, wie die Schweiz oder Österreich. Persönliche Erfahrungen haben das zumindest gezeigt.
- Finde Dialekt besonders cool, weil er deutschlandweit variiert und man sich damit identifizieren kann wie zum Beispiel mit Schwaben oder Pfälzern.
- Dialekte sterben aus. In der Schule wird man darauf hingewiesen Hochdeutsch zu reden und ich persönlich habe bemerkt, wie mein Dialekt schwächer geworden ist. Früher fand ich das traurig, aber heute bin ich froh, da Hochdeutsch einfach in der professionellen Arbeitswelt benötigt wird.
- Das Thema Dialekt ist so vielseitig und man weiß im Endeffekt eigentlich nicht viel über die Tiefe dieses Themas.
- Ich glaube, dass Dialekt das deutsche Schulsystem überlasten würde, da es bereits überfüllt ist und es für Menschen deren Muttersprache nicht Deutsch ist, den Unterricht nochmals unnötig kompliziert. Zu wissen, wie man im Dialekt spricht hat keinen intellektuellen Wert.

- Dialekte sind schön für eine Gemeinschaft aber in der Schule sollte man eine Umgangssprache lehren und nicht noch mehr Unterschiede in unterschiedlichen Ländern und Bezirken aus dem Boden stampfen. Es reicht, dass „das Leben kein Bremer Abitur ist".
- Dialekte schwinden zwar immer mehr, aber gewisse Grunddialekte werden nicht verschwinden.

Aussagen der SchülerInnen: Nicht Deutsch als Muttersprache

Frage 19:

„In Deutschland gibt es viele verschiedenen Dialekte, wie Du bestimmt weißt. Fändest Du es gut, wenn du im Deutschunterricht mehr zum Thema Dialekt lernen würdest?

Ja, weil ...

- ... Dialekt zur deutschen Sprache gehört."
- ... man dann andere Leute besser verstehen kann."
- ... um Unterschiede zu sehen."
- ... man dann auch mit verschiedenen Leuten aus verschiedenen Richtungen in Deutschland reden könnte."
- ... es mir helfen wird."
- ... es ein Teil der deutschen Kultur ist und man darüber mehr erfahren sollte."
- ... viele verschiedene Dialekte aufeinandertreffen und ich persönlich manchmal nicht verstehe, was jemand sagt."
- ... es ein abwechslungsreiches Thema wäre."
- ... Dialekt ist ein großer Teil der Kultur dieses Landes."
- ... es wichtig ist, sich mit solchen Themen auseinander zu setzen."
- ... Vielfalt."
- ... man dann auch andere Kulturen kennenlernt."
- ... ja, weil viele meiner Freunde Dialekt benutzen und ich sie so vielleicht besser verstehen könnte. Außerdem gehört es wie eine andere Muttersprache zur Kultur dazu und sollte auch wertgeschätzt werden und nicht unterdrückt werden."
- ... ja, ich finde es gut, wenn ich mehr Deutsch mit Dialekt sprechen kann und ist auch wichtig, dass ich auch das verstehen kann, weil habe viele Bewoh-

ner, die so sprechen und manchmal lächele ich nur und versuche zu verstehen was die meinen."

- … man benutzt es teilweise und weiß teilweise nicht ganz genau was das ein oder andere bedeutet, wenn man mit jemanden spricht."

„Nein, weil …

- … die deutsche Sprache ist selbst schwer genug."
- … ich nix verstehen würde."
- … unnötig."
- … warum? Jeder hat seinen eigenen Dialekt und solange man den versteht, ist ja alles gut."
- … es uninteressant ist und nichts mit Bildung im Fach Deutsch zu tun hat."
- … dann kann ich gleich Latein lernen."
- … man sollte Hochdeutsch lernen, da dies die Basis für jeden Dialekt ist."
- … ich sehe keinen Sinn dahinter."
- … Dialekt ist schwierig und jeder hat einen anderen Dialekt und man versteht ja die eigenen Leute."
- … für mich Dialekt sehr schwer ist."
- … es einen nur durcheinander bringt und jeder spricht ja einen anderen Dialekt."
- … man die meisten selber erkundet, wenn man sich in Kreisen bewegt, wo das der Fall ist. In der Schule sollte man darauf keinen so großen Wert legen, da man „wichtigeres" dort lernen soll."
- … Dialekte kompliziert sind."

Frage 20:

„Sollte in der Schule mehr gewürdigt werden, dass manche Schüler eine andere Muttersprache haben?

Ja, das sollte mehr gewürdigt werden, weil …

- … es schön ist, viele Kulturen in einer Schule zu haben."
- … Deutschland ein multikulturelles Land ist."
- … Menschen sind anders, so sind die Sprachen."
- … weil Mehrsprachigkeit etwas Normales ist."
- … wir eine andere Muttersprache haben und trotzdem alles geben, um unsere deutsche Sprache zu verbessern."

- … man nichts dafür kann, dass man kein Deutsch gelernt hat."
- … Deutsch schwer zu lernen ist."
- … jeder Mensch, egal aus welchem Land, stolz und gebunden an seine Kultur ist: in diesem Fall die Sprache."
- … man auch viel von anderen lernen kann durch deren Sprache."
- … es Einblicke in unterschiedliche Kulturen gibt. Bei uns gibt es in der Schulordnung eine seltsame Regel: „auf dem Pausenhof wird nur Deutsch gesprochen". Sowas sollte es nicht geben, wenn jemand eine andere Sprache spricht, ist es etwas Tolles und nichts was verdrängt werden."
- … Es mehr Diversität der Schule und dem Alltag bringt."
- … es etwas Wichtiges und Besonderes ist, wenn man mehrere Sprachen kann oder zumindest zum Teil versteht."
- … wieso nicht. Es ist immer gut, mehr zu wissen."
- … weil man es heutzutage braucht."
- … wir miteinander klarkommen sollen, auch wenn wir von einem anderen Land kommen."
- … die Muttersprache wichtig ist, dass wir sie auch unseren Kindern weitergeben und sie nicht in Vergessenheit gerät."
- … es interessant sein kann und man sich dabei besser fühlt."
- … jeder Respekt verdient."
- … diese Leute vielleicht auch gewertschätzt werden wollen."
- … es Teil von einer Person ist."

„Nein, das sollte nicht mehr gewürdigt werden, weil …

- … die deutsche Sprache komisch klingt."
- … weil in Deutschland Leute deutsch sprechen."
- … das Teil der Integration sein sollte und meine private Angelegenheiten in der Schule keinen Platz finden sollte."
- … wir alle dieselbe Sprache sprechen sollen."
- … wir müssen immer die Sprache des Landes schätzen, in dem wir uns befinden."
- … es keine Rolle spielt, ob man eine Muttersprache hat oder nicht."

Frage 21:

„Was du vielleicht sonst noch zum Thema sagen möchtest."

- Ich hoffe, dass man mehr Dialekt in der Schule lernt, auch wie man früher gesprochen hat, weil es die meisten Schüler sehr interessant finden würden.
- Man sollte keine Probleme machen, wo keine sind.

- Muttersprache sollte nicht kritisiert werden oder auch Religion, denn jeder hat das Recht zu leben, wie er möchte.
- Dass die Menschen mit Nicht-Deutsch-Muttersprache besser behandelt werden sollen.
- Es sollte akzeptiert werden, dass andere Sprachen gut sind.
- Ist gutes Thema.
- Mensch ist Mensch.
- Ich mag Dialekte manchmal nicht, weil man sie falsch verstehen kann oder sogar manchmal gar nicht.
- Dialekte sollen außerhalb professioneller Gebiete rausgehalten werden.

Dialektkompetenz und Dialekt im Unterricht

Bundeslandübergreifender Vergleich (Bayern und Baden-Württemberg) zweier 8. Klassenstufen

Isabell Arnstein

Abstract

In dieser Pilotstudie werden zwei 8. Klassenstufen einer Realschule in Bayern mit einer aus Baden-Württemberg mit Blick auf Dialektkompetenz und Dialektgebrauch verglichen. Gefragt wird auch, ob die Schülerinnen und Schüler am Thema Dialekt Interesse haben und wie es ihrer Meinung nach im Unterricht umgesetzt werden sollte. Die Lehrerperspektive wird ebenfalls miteinbezogen. Grundsätzliche Fragestellung des Vergleichs ist, ob und wo es Tendenzen im Unterschied zwischen den Bundesländern gibt.

Einleitung

> „Sprache ist ein Schlüssel zur Welt. [...] Die Ausbildung von Identität wie auch die Integration in komplexe soziale Zusammenhänge sind untrennbar verknüpft mit kontinuierlicher Reflexion über Sprache und der Erweiterung der individuellen sprachlichen Kompetenz. [...] Das Nachdenken über die eigene kulturelle Herkunft wird zur zentralen Voraussetzung von kritischer und konstruktiver Teilhabe am gesellschaftlichen Leben. Nicht zuletzt besteht seine [des Deutschunterrichts; IA] wesentliche Zielsetzung darin, Freude an der deutschen Sprache und am Nachdenken darüber, am Lesen und an der ästhetischen Wahrnehmung zu wecken.“[1]

1 Aus dem aktuell gültigen gemeinsamen Bildungsplan für die Sekundarstufe I: Bildungsplan - 1. Leitgedanken zum Kompetenzerwerb (bildungsplaene bw.de): https://www.bildungsplaene-bw.de/,Lde/LS/BP2016BW/ALLG/SEK1/D/LG (02.12.2022).

Diese Textpassage stammt aus den Leitgedanken des gemeinsamen Bildungsplanes Deutsch für die Sekundarstufe I in Baden-Württemberg. Der Zusammenhang von Sprache als Zugang zur Welt und als wesentlicher Bestandteil der eigenen Identität kommt darin klar zum Ausdruck. Somit zählt der eigene Dialekt unter dieser Auffassung als Baustein zur Identitätsausbildung. Und regionale Sprachvarietäten, die das eigene sprachliche Ausdrucksvermögen erweitern, wären ein Teil der hier postulierten Erweiterung der sprachlichen Kompetenz.

Im Nachbarbundesland Bayern beginnen die Leitgedanken, hier mit „Selbstverständnis" bezeichnet, des Lehrplans im Fach Deutsch an Realschulen mit diesen Eingangsworten:[2]

> „Der Deutschunterricht macht Sprache erfahrbar als ein grundlegendes Mittel zur Erschließung der Welt. Über Sprache entwickeln wir Identität und gestalten unsere sozialen Beziehungen. Das Beherrschen von Sprache in Wort und Schrift ermöglicht Selbstbestimmung, Toleranz und Teilhabe am kulturellen, gesellschaftlichen und politischen Geschehen der Zeit. Die Befähigung zur bewussten und wirkungsvollen sprachlichen Kommunikation ist eines der Hauptziele schulischer Bildung."

Auch hier wird Sprache mit der Identitätsausbildung der jungen Menschen in Relation gesetzt. Und was ist identitätsstiftender als die eigene Muttersprache, der eigene Dialekt, der im familiären Rahmen bei vielen Kindern zumindest bis zur Einschulung eine große Rolle eingenommen hat, während der Grundschulzeit vielfach abflachte,[3] aber durchaus auch noch in höheren Jahrgangsstufen für die Jugendlichen eine bedeutende Rolle spielt.[4] Also müsste nach der Logik beider Eingangsworte in die Bildungspläne gerade das Thema Dialekt im Schulunterricht eine große Rolle spielen. So ist es aber in Baden-Württemberg zumindest nicht. Dialekt spielt keine große Rolle im Schulunterricht – noch nicht einmal eine kleine –, obwohl insbesondere in Süddeutschland, sei es Bayern oder Baden-Württemberg, der Dialekt nach wie vor Teil des Sprachalltags ist. Dabei wurde 2003 schon in den Bildungsstandards von der bundesdeutschen Kultusministerkonferenz für den mittleren Schulabschluss festgeschrieben, dass Schüler und Schülerinnen „Sprachen in der Sprache kennen und in ihrer Funk-

2 Eingangsgedanke: „Selbstverständnis des Faches Deutsch und sein Beitrag zur Bildung" aus dem aktuell gültigen Lehrplan in Bayern, dem sog. LehrplanPLUS für die Realschule im Fachprofil Deutsch: https://www.lehrplanplus.bayern.de/fachprofil/realschule/deutsch (06.12.2022).

3 Siehe hierzu den ebenso in diesem Sammelband veröffentlichten Aufsatz von Hubert Klausmann zur Dialektkompetenz in Klassen 1 und 2 an Grundschulen in Baden-Württemberg.

4 Siehe hierzu den Aufsatz von Isabell Arnstein zur inneren und äußeren Mehrsprachigkeit im beruflichen Schulwesen, der auch in diesem Sammelband veröffentlicht ist.

tion unterscheiden [können sollen; IA]“,[5] so dass eine stärkere Auseinandersetzung mit dem Thema seither zumindest in den Schulbüchern erwartbar gewesen wäre.[6] Doch erst seit der Dialektinitiative des Ministerpräsidenten Winfried Kretschmann erlebt dieses Thema landesweit gesamtgesellschaftliche Beachtung. Auch im Schulbereich, durchaus befördert im Rahmen einer gewissen allumfassenden Mehrsprachigkeitsdiskussion vor dem Hintergrund der verschiedenen vergangenen Migrationsbewegungen,[7] scheint man sich des Wertes von Dialekten zunehmend bewusster zu werden und stellt sich unter anderem auch die Frage einer Gleichbehandlung im Umgang von Dialekt und von nicht-deutschen Muttersprachen. Das Identifikationspotential der eigenen Sprachsozialisierung auch im Hinblick auf ortsloyales Engagement birgt für die modernen vielfältigen Gesellschaftskonstrukte nämlich vielversprechendes Potenzial.

Sprachdidaktische Diskussionen zur stärkeren Berücksichtigung der Dialekt-Standard-Variation im Deutschunterricht erfuhren in jüngster Zeit auch deutliche Belebung durch die umfassende, landesweite Studie von Hubert Klausmann zur Dialektkompetenz in Klasse 1 und 2 an den Grundschulen in Baden-Württemberg, aber auch schon davor durch sein gemeinschaftliches Werk mir Frank Janle zu Dialekt und Standardsprache im Deutschunterricht, in welchem ein beachtliches Wissensdefizit bei angehenden Deutschlehrerinnen und Deutschlehrern zu Tage trat.[8] Der Analogieschluss liegt hier nahe, dass, verursacht durch dieses Wissensdefizit zum einen im aktiven Unterrichtsgeschehen das Thema Dialekt von den Lehrern vernachlässigt wird – und dass deswegen auch von den Schulbuchautoren (i.d.R. sind diese von der Profession her ebenso Lehrer) dieses Thema auch bei der Schulbuchkonzeption kaum Beachtung findet – ganz gleich, ob Gefallen und Interesse an der Umsetzung des Themas im Unterricht besteht oder nicht. Nach wie vor fehlen im Schulbuchbereich ausreichend Materialien, die sich wertschätzend und realitätstreu mit Sprachvarietäten auseinandersetzen. Auch zeigen bisherige Forschungen, dass die Spracheinstellung wie auch die Sprachwahrnehmung der Lehrpersonen beim Umgang mit Dialekt im Unter-

5 S. KMK Bildungsstandards im Fach Deutsch: https://www.kmk.org/themen/allgemeinbildende-schulen/unterrichtsfaecher/deutsch.html (04.12.2022).

6 Mit der Umsetzung der Bildungsstandards in Lehrwerken des Fachs Deutsch beschäftigt sich derzeit ein Forschungsprojekt des Forschungszentrums Deutscher Sprachatlas der Universität Marburg, siehe hierzu: https://www.uni-marburg.de/de/fb09/dsa/einrichtung/personen/wissenschaftler/fischer/sprachvariation-schule (07.11.2022).

7 Eine mögliche Betrachtungsweise des Themas Dialekte ist durchaus im Bereich der generellen Mehrsprachigkeit ansiedelbar und damit im direkten Sprachenvergleich mit anderen nicht-deutschen Muttersprachen zur Entwicklung des Sprachbewusstseins. Die innere und äußere Mehrsprachigkeit gleich zu behandeln ist vielfach von Vorteil, um niemanden auszugrenzen und jedem seine Muttersprache, sei diese eine nicht-deutsche Sprache oder ein Dialekt, gleichermaßen wertzuschätzen.

8 Frank Janle/Hubert Klausmann: Dialekt und Standardsprache in der Deutschdidaktik. Eine Einführung, Tübingen 2020, hier vor allem S. 87–124.

richtsgeschehen eine gewichtige Rolle spielen,[9] also ob diesem Thema eher wohlwollend oder abweisend gegenüber getreten wird. Die Einstellung der Lehrperson hat hier großen Einfluss auf die Einstellung der Schülerinnen und Schüler, insbesondere im aktiven Gebrauch ihres Dialekts im Unterrichtsgeschehen. An diesem Punkt merkt man, dass Schulen als Vermittler von Sprachnormen eigentlich als ganze Instanz sehr sensibel mit dem Thema Sprachvarietäten umgehen sollten und dies nicht in den Ermessensspielraum des einzelnen Lehrers, der einzelnen Lehrerin geben. Fragt man auch nur eine kleine Gruppe von Dialektsprechern zu ihren Erfahrungen während der eigenen Schulzeit, so treten einem sicher einige Antworten entgegen, die eher nicht wohlwollend gegenüber dialektalen Sprachvarietäten sind, die aber genau an diesem Ermessensspielraum einzelner Personen liegt, die schlichtweg zu wenig Kenntnisse besitzen und damit zusammenhängend auch zu wenig aufgeklärt und unsicher sind im schulischen Umgang mit dialektalen Varietäten. Da liegt die Tendenz von Lehrpersonen zu einer gewisse „Normbeflissenheit und Dudenhörigkeit“ nahe, einfach aus einem Sicherheitsaspekt heraus sich nicht „falsch“ zu verhalten und auch um objektiv und transparente Maßstäbe für die Notengebung zu haben.

9 Für den südwestdeutschen Raum siehe hier: Frank Janle/Hubert Klausmann: Dialekt und Standardsprache in der Deutschdidaktik. Eine Einführung, Tübingen 2020; für die alemannischen und bairischen Regionen Österreichs, siehe: Vortrag bei der 20. AlemannInnentagung von: Yvonne Ruscht/Stephan Elspaß/Elisabeth Buchner: Sprachwahrnehmungen und Spracheinstellungen von Lehrpersonen in alemannischen und bairischen Regionen Österreichs. Vgl. auch: Philipp C. Vergeiner/Elisabeth Buchner/Eva Fuchs/Stephan Elspaß: Weil Standard verständlich ist und Dialekt authentisch macht. Varietätenkonzeptionen im sekundären und tertiären Bildungsbereich in Österreich. In: Toke Hoffmeister/Markus Hundt/Saskia Schröder (Hg.): LaienWissenSprache, Berlin 2021, S. 417–442. [DOI: https://doi.org/10.1515/9783110731958-017] und: Elisabeth Buchner/Stephan Elspaß: Varietäten und Normen im Unterricht. Wahrnehmungen und Einstellungen von Lehrpersonen an österreichischen Schulen. In: ide-information zur deutschdidaktik 42 (4) 2018, S. 70–81. Wie auch: Elisabeth Buchner/Stephan Elspaß/Eva Fuchs: Innere Mehrsprachigkeit im Unterricht – Sprachnormerwartungen und Varietätentoleranz, in: Elena Stadnik (Hg.): Sprachenvielfalt und Mehrsprachigkeit im Unterricht. Linguistische Beiträge zur sprachlichen Bildung, Wien 2021.

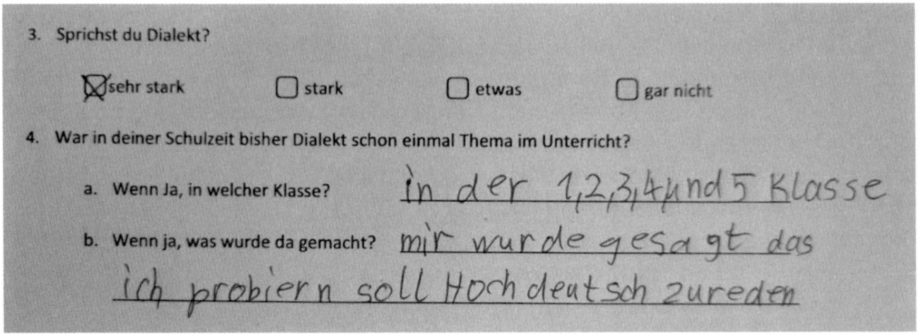

3. Sprichst du Dialekt?

☒ sehr stark ☐ stark ☐ etwas ☐ gar nicht

4. War in deiner Schulzeit bisher Dialekt schon einmal Thema im Unterricht?

a. Wenn Ja, in welcher Klasse? in der 1,2,3,4 und 5 Klasse

b. Wenn ja, was wurde da gemacht? mir wurde gesagt das ich probiern soll Hochdeutsch zureden

Abb. 1: Statement eines Schülers aus Klasse 6 der Theresia-Gerhardinger-Realschule in Amorbach.

Forderungen nach einer Beantwortung der Frage, inwiefern Lehrerinnen und Lehrer sprachliche Normierung festlegen dürfen und welchen Normbegriff sie sich damit eigenmächtig setzen, sind durchaus berechtigt und müssen vor dem Hintergrund einer mehrsprachigen Schülerklientel gerechterweise ganz neu diskutiert werden.[10] Den Schulunterricht dominiert nicht erst seit dem Krieg in der Ukraine das Thema Migration in besonders hohem Maße. Die zunehmende Diversifizierung der Schülerinnen und Schüler macht es auch immer notwendiger, dass die Lehrpersonen ihre Lehr- und Lernkonzepte auf eine heterogene kulturelle, soziale, religiöse und eben auch sprachliche Schülerklientel anpassen. Sprachlich aber eben nicht nur auf die äußere, sondern gerechterweise auch auf die innere Mehrsprachigkeit bezogen.

Dabei ist das Thema Dialekt im Schulunterricht nicht nur aus sprachlichen Gesichtspunkten wichtig, wie der in Abbildung 1 gezeigte Bildausschnitt aus einem Fragebogen zeigt. Sein Dialekt scheint bei diesem Schüler als selbstverständlicher Teil seiner Persönlichkeit, den er nicht in Frage stellt. Wie die Pilotstudie von Arnstein aus dem Jahr 2022 zeigt,[11] sind um das allgemeine Wohlwollen bemüht und ehrenamtlich engagiert in einer Gemeinschaft überwiegend die Menschen, die sich an ihrem Wohnort auch angekommen und mit der sozialen Umgebung verbunden fühlen. Ortsloyalität und Dialekt hängen stärker zusammen als all-

10 S. Elisabeth Buchner/Stephan Elspaß/Eva Fuchs: Innere Mehrsprachigkeit im Unterricht – Sprachnormerwartungen und Varietätentoleranz. In: Stadnik, Elena (Hg.): Sprachenvielfalt und Mehrsprachigkeit im Unterricht. Linguistische Beiträge zur sprachlichen Bildung, Wien 2021, S. 23–38, hier sagt das Autorenteam – für den österreichischen Sprachraum, der aber durchaus hier gesamtdeutschsprachig gesehen werden kann – auf S. 24: „Die Sprachnorm ist „das richtige Deutsch", und Hochdeutsch ist das, was im Schulunterricht zu verwenden ist. Eine solche Festlegung erfasst allerdings nur einen bestimmten Normbegriff und geht, was tatsächlichen Sprachgebrauch im Unterricht betrifft, wohl an der Realität vorbei."

11 Siehe hierzu den Aufsatzbeitrag zur inneren und äußeren Mehrsprachigkeit im beruflichen Schulwesen von Isabell Arnstein in diesem Sammelband.

gemein wahrgenommen wird. Und wer einen Zugang zur regionalen bzw. der dialektalen Prägung einer Region findet, dem gelingt es auch leichter einen Zugang zur Historie, zur Mentalität und zur Kultur einer Region zu finden, diese zu pflegen und in kommende Generationen weiterzutragen. So funktioniert Identitätsstiftung und so funktioniert auch Heimatpflege, zwei essenzielle Säulen für eine funktionierende Gesellschaft: denn man möchte nur bewahren, ehren und achten, was man auch schätzt. Und um sprachliche Varianz schätzen zu lernen, benötigt man erst einmal Kenntnisse davon und braucht Ahnung vom richtigen Umgang, was aber eben im Bereich Sprachvarietäten vielfach an der Institution Schule im deutschen Sprachraum fehlt.[12]

Fragestellung der Studie

Vor diesem Hintergrund, der beigemessenen Wichtigkeit der Korrelation von Identität und Sprache in den Anfangsgedanken beider Bildungspläne und dem schulischen Alltag in Realität und Forschung, möchte diese kleine Studie punktuell anhand einer 8. Klassenstufe in Bayern und in Baden-Württemberg erfragen, wie hier konkret am Einzelbeispiel die schulische Realität ausschaut und auch auf welche Normvorstellungen man seitens der Lehrerschaft trifft. Es werden Einblicke erhofft in die Dialektkompetenz der Schülerinnen und Schüler (=SuS), in den behandelten Stoff im Themengebiet Dialekt, in das Interesse der SuS an diesem Thema und in die Perspektive aus der Lehrersicht zum Themengebiet Dialekt im schulischen Umfeld.

Anlage und Zielsetzung der Studie

Bei der Studie werden zwei 8. Klassenstufen, eine aus Bayern und eine aus Baden-Württemberg miteinander verglichen, sowohl aus der Schüler- als auch aus der Lehrerperspektive, denn bei jeder Klasse werden auch die in der Jahrgangsstufe unterrichtenden Lehrerinnen und Lehrer (=LuL) befragt. Im Zentrum der Befragung stehen die persönliche Dialektkompetenz der Schülerinnen und Schüler und wie im System Schule generell auf dialektsprechende Kinder reagiert wird. Darüber hinaus wird gefragt, welche Kenntnisse bisher im Schulunterricht

12 Im österreichischen Sprachraum setzt man sich viel stärker mit dieser Thematik auseinander, vgl. hierzu zum Beispiel: Rudolf de Cillia; Jutta Ransmayr: Österreichisches Deutsch macht Schule. Bildung und Deutschunterricht im Spannungsfeld von sprachlicher Variation und Norm, Wien 2019; ebenso auch: Gudrun Kasberger; Irmtraud Kaiser: Sprachvorbild sein, und/aber authentisch bleiben? Lehramtsstudierende und ihre innere Mehrsprachigkeit: Gebrauch, Einstellungen und didaktische Implikationen. In: Perner, Kevin; Prikoszovits, Matthias (Hgg.): Deutsch und Kommunikation in der beruflichen Aus- und Weiterbildung in Österreich, Stuttgart 2021, S. 141–165.

im Fachgebiet Dialekt vermittelt wurden und dabei die zukunftsgerichtete Grundsatzfrage gestellt, ob das Thema Dialekt überhaupt in der Schule behandelt werden sollte und wenn ja, welche Bereiche die SuS aus ihrer Perspektive interessant fänden.
Zum einen handelt es sich um die 8. Klassenstufe der Abt-Bessel-Realschule (ABR) in Buchen und zum anderen um die 8. Klassenstufe der Theresia-Gerhardinger-Realschule (TGR) in Amorbach.[13] Beide Orten liegen ca. 25 Kilometer voneinander entfernt, Amorbach gehört zum Landkreis Miltenberg in Unterfranken und Buchen gehört zum Landkreis Neckar-Odenwald in Nordbaden. Es handelt sich jeweils um Kleinstädte, wobei Amorbach mit seinen fast 4000 Einwohnern deutlich kleiner ist als das Mittelzentrum Buchen mit seinen knapp 18.000 Einwohnern. So weist die ABR auch vier Teilklassen in der 8. Klassenstufe auf, hingegen die TGR nur zwei. In der Abt-Bessel-Realschule Buchen haben insgesamt 87 Kinder an der Befragung teilgenommen, verteilt in: 22 SuS (8a), 19 SuS (8b), 22 SuS (8c) und 24 SuS (8d). In der Theresia-Gerhardinger-Realschule Amorbach waren es insgesamt 43 Schülerinnen und Schüler, davon 24 SuS (8a) und 19 SuS (8b). Zusätzlich wurden die unterrichtenden Lehrerinnen und Lehrer (LuL) der 8. Jahrgangsstufe befragt, doch ohne Anspruch auf Vollständigkeit. Bei der ABR waren dies 13 LuL. Bei der TGR waren es 14 LuL.

Das Einzugsgebiet der beiden Realschulen ist miteinander vergleichbar und durchwegs ländlich geprägt. Bis zu 20 Kilometer pendeln manche Schüler zu ihrem Schulort. Auf nachfolgender Karte ist der Schulort Amorbach in blau eingetragen und die Wohnorte der SuS ebenfalls. Buchen ist in rot eingetragen und die Wohnorte der dortigen SuS ebenfalls in rot. Diese Farbgebung: rot für die ABR und blau für die TGR wird sich bei den Diagrammen fortführen. Die Anzahl der SuS pro Wohnort findet sich jeweils in Klammern.

13 Abt-Bessel-Realschule: www.realschule-buchen.de (26.11.2022); Theresia-Gerhardinger-Realschule Amorbach: www.tgrsamorbach.de (26.11.2022);

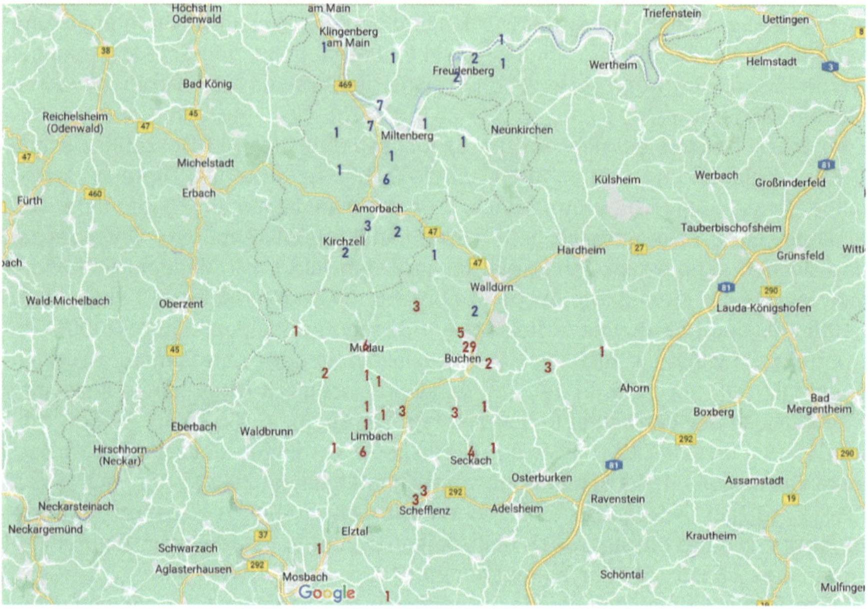

Auflistung der Ortschaften nach absteigender Entfernung zum Schulstandort:

ABR (rot; 87 SuS): Schüler aus Buchen/Kernstadt (29), Hainstadt (5), Schefflenz (3), Eberstadt (1), Mudau (7), Langenelz (1), Limbach (6), Seckach (4), Robern (1), Waldhausen (3), Schlossau (1), Scheringen (1), Oberschefflenz (3), Scheidental (2), Schlierstadt (1), Bödigheim (3), Oberneudorf (1), Hettingen (4), Altheim (3), Einbach (1), Gerichtstetten (1), Stürzenhardt (3), Neckarburken (1), Laudenberg (1), Allfeld (1);
TGR (blau; 43 SuS): Amorbach (3), Bürgstadt (1), Weilbach (6), Großheubach (7), Kleinheubach (7), Schneeberg (2), Freudenberg (2), Röllfeld(1), Dorfprozelten (1), Collenberg (2), Eichenbühl (1), Mainbullau (1), Miltenberg (1), Walldürn[14] (2), Weckbach (1), Mönchberg (1), Faulbach (2), Kirchzell (2);

14 Zwei Schüler aus Baden-Württemberg pendeln nach Amorbach auf die Schule. Dies ist aufgrund einer passgenauen Zugverbindung bei diesen beiden Orten durchaus möglich.

EBERHARD KARLS
UNIVERSITÄT
TÜBINGEN

Wirtschafts- und Sozialwissenschaftliche Fakultät

Ludwig-Uhland-Institut für Empirische Kulturwissenschaft
Arno-Ruoff-Archiv

Forschungsprojekt „Sprachalltag"
www.sprachalltag.de

---

1. Welche Klasse besuchst du an der Theresia-Gerhardinger-Realschule? ____________

2. In welcher Ortschaft wohnst du? ______________________________

3. Sprichst du Dialekt?

   ☐ sehr stark ☐ stark ☐ etwas ☐ gar nicht

4. War in deiner Schulzeit bisher Dialekt schon einmal Thema im Unterricht?

   a. Wenn Ja, in welcher Klasse? ______________________________

   b. Wenn ja, was wurde da gemacht? ______________________________

   ____

5. Sollte das Thema Dialekt regelmäßig im Unterricht behandelt werden?

   ☐ ja ☐ nein

6. Worüber möchtest du zum Thema Dialekt mehr erfahren?

   a. Wie Dialekte entstanden sind? ☐ ja ☐ nein

   b. Wo man welchen Dialekt spricht? ☐ ja ☐ nein

   c. Texte im Dialekt (Lieder, Gedichte, Erzählungen, etc.) ☐ ja ☐ nein

   d. Social Media & Dialekt (Gaming, Instagram, etc.) ☐ ja ☐ nein

7. Hörst du im Unterricht, dass manche Dialekt sprechen?

   ☐ ja ☐ manchmal ☐ nein

8. Wie reagieren die Lehrer, wenn jemand Dialekt spricht?

   ☐ Sie akzeptieren und unterstützen es ☐ Sie weisen den Dialektsprecher zurecht

9. Was möchtest du zu dem Thema sonst noch sagen? (Antwort auf die Rückseite)

Danke!

isabell.arnstein@uni-tuebingen.de
isabell.arnstein@web.de

EBERHARD KARLS
UNIVERSITÄT
TÜBINGEN

Wirtschafts- und Sozialwissenschaftliche Fakultät

Ludwig-Uhland-Institut für Empirische Kulturwissenschaft
Arno-Ruoff-Archiv

Forschungsprojekt „Sprachalltag"
www.sprachalltag.de

1. Welche 8. Klasse unterrichten Sie an der Theresia-Gerhardinger-Realschule? (a, b, c) ______

2. Welches Fach/Fächer unterrichten Sie in der 8. Klasse? ______________________________

3. Welche Fächer unterrichten Sie außerdem? ______________________________

4. Wie viele Schüler sind in der Klasse? ______________

5. Beurteilen Sie: Wie viel Schüler sprechen Dialekt (Anzahl)

   ___ sehr stark ____ stark ____ etwas ____ gar nicht

6. Welche Inhalte zum Thema Dialekt haben Sie bisher im Unterricht angesprochen?

   ☐ Keine

   ☐ Folgende Inhalte: ____

   ____

   ____

7. Wie beurteilen Sie, dass Schüler Dialekt sprechen?

   ____

   ____

   ____

   ____

Danke für Ihre Mühe!

isabell.arnstein@uni-tuebingen.de
isabell.arnstein@web.de

Konzeption des Fragebogens:

Die Schülerperspektive

Bei der Frage 3 nach der eigenen Dialektkompetenz fällt auf, dass sich in Baden-Württemberg im Verhältnis mehr SuS als dialektal stark und sehr stark einstufen als es in Bayern der Fall ist. Von den 43 befragten SuS der TGR meint von sich gar keiner, dass er oder sie sehr starken Dialekt spräche und nur 2 SuS behaupten starken Dialekt zu sprechen. Das sind lediglich 5 %, wobei die Anzahl hier zu gering ist, um mit Prozentangaben wirklich sinnvoll zu arbeiten. Bei „etwas“ gruppieren sich immerhin 30 SuS der TGR ein, was 70 % entspricht. Bei „gar nicht dialektal“ sind es 25 % (11 SuS). Entgegen hierzu sehen sich in BaWü an der ABR immerhin noch 5 % (4 SuS) als sehr starke Dialektsprecher, 15 % (13 SuS) als starke Dialektsprecher. 42 % (37 SuS) stufen sich an der ABR als etwas dialektal ein, und 38 % (33 SuS) als gar nicht dialektal.

So ist festzuhalten, dass das Bekennen der Schülerinnen und Schüler zum sehr starken und starken Dialekt in BaWü stärker ausgeprägt ist als es in Bayern der Fall ist. Woran das liegen kann, muss spekuliert werden. Das Bekenntnis zu einer Sache jedweder Art liegt in der Kombination von Wissen, Herkunft und Sozialisation, Prestige des Objekts, Identifikation hiermit und Bekenntnismut. Vor dem Hintergrund eines generell stärker vermuteten Dialektbewusstseins im Bundesland Bayern hätte man ein umgekehrtes Verhältnis erwarten können.[15]

	Theresia-Gerhardinger-Realschule Amorbach	**Abt-Bessel-Realschule Buchen**
sehr starke Dialektsprecher	0	4
starke Dialektsprecher	2	13
etwas Dialekt	30	37
gar kein Dialekt	11	33
	43	87

15 Siehe zu dieser Thematik: König sagt, dass in ländlichen Gegenden der Begriff „Dialekt“ enger gesehen wird. Werner König/ Christian Pfeiffer/Peter Maitz (Hg.): Dialekt im Kindergarten. Ergebnisse einer Fragebogenerhebung in Bayerisch-Schwaben. In: Zeitschrift für Dialektologie und Linguistik 86 (3), S. 253–255.

Die Beantwortung der Frage 4, ob in der bisherigen Schulzeit Dialekt schon einmal Thema im Unterricht war, fiel sehr spärlich aus. Lediglich sechs SuS von 87 der ABR haben hierauf eine Antwort dargelegt. Der Rest hat diese Felder leer gelassen bzw. einen Strich hingezeichnet. Die sechs Antworten lauten:

> ein Schüler meinte, dass er in der 7. Klasse das Thema Dialekt hatte und hierzu hätte die Klasse einen Text übersetzt;
>
> zwei weitere Schüler gaben auch die 7. Klasse an und schrieben, dass sie mit dem Lehrer kurz über verschiedene Dialekte geredet hätten;
>
> ein Schüler gab die 5. Klasse an und meinte, dass sie einen Film geschaut hätten und ein Quiz dazu gemacht;
>
> zwei Schüler (aus der gleichen Ortschaft) gaben an, dass sie in der Grundschule über Dialekte geredet hätten;

Die spärlichen Ergebnisse sind nicht verwunderlich, bezieht man das verwendete Lehrbuch der vergangenen Jahre mit ein und geht man davon aus, dass sich der Deutschunterricht maßgeblich am Lehrbuch aufhängt, was aber in der Praxis nicht der Fall ist. In den Klassen 5 bis 7 wird in der ABR das Deutschbuch „Klartext“ von Westermann (Differenzierte Ausgabe) verwendet und es gibt hier keine Ausführungen bzw. Übungen zum Thema Dialekt, wobei das Thema Sprachvarietäten auch in diesen Klassen nicht explizit im Bildungsplan verankert ist, aber durchaus herangezogen werden könnte, zum Beispiel beim Erklären grammatikalischer Phänomene, bei der Verbbildung, beim Thema Mündlichkeit vs. Schriftlichkeit oder bei den Gestaltungshinweisen von Referaten. Hier müsste die Lehrperson aber selbst aktiv werden und sich außerhalb des Lehrbuchs (samt passendem Arbeitsheft und digitalem Begleitmaterial) Materialien zusammensuchen oder selbst erstellen, was aber im Grunde nicht verlangt werden kann.[16] Der Aufwand stünde auch in keinster Weise in Relation zum Ergebnis, zumal es der Lehrplan eben nicht verlangt. Anders sieht es dann aus in Klasse 8: Erst in Klasse 8 wird das Lehrbuch „Deutschbuch“ aus dem Cornelsen-Verlag (Differenzierte Ausgabe) verwendet. Und gerade in diesem Lehrbuch wird viel intensiver als in vergleichenden anderen Sprachbetrachtungsbüchern der 8. Jahrgangsstufe das Thema „Ich und meine Sprache – Dialekte kennen lernen“ dargestellt. Auf Seite 156 bis 160 gibt dieses Lehrwerk einen vorbildlich ansprechenden und

16 Mittlerweile scheint es eine Fülle von online verfügbaren Materialien zu geben, doch im Bereich der Sprachvarietäten sind es oftmals nur Versatzstücke, die innerhalb mancher Aufgabenstellungen aufzufinden sind. Eine Plattform für gebündeltes Material, gerade auch bezogen auf die individuellen Bedürfnisse des südwestdeutschen Sprachraums, gibt es bislang noch nicht.

fachlich korrekten Einblick in das Thema.[17] Da die Umfrage in der ABR wenige Wochen nach Beginn des Schuljahres 2022/23 durchgeführt worden ist, war die Wahrscheinlichkeit natürlich gegeben, dass das Thema anhand des Schulbuches noch nicht behandelt wurde.

An der TGR gibt es lediglich zwei Antworten auf die Frage 4, welche folgendermaßen lauteten:

> ein Schüler gibt an, dass er in der 6. Klasse einmal mit dem Lehrer über Dialekte geredet habe;
>
> der zweite Schüler gibt an, dass die Klasse in der 7. Jahrgangsstufe mit dem Lehrer darüber geredet habe, warum man den Dialekt mancher Lehrer nicht versteht;

Das ist sehr wenig an Zahl, wenn man bedenkt, dass in Bayern in der Klasse 6 im Bildungsplan Deutsch durchaus das Thema „Mundart als eine Form der sprachlichen Begegnung mit der regionalen Umgebung" explizit vorkommt, in Klasse 7 dann die historische Entwicklung des deutschen Wortschatzes und Modeerscheinungen in der deutschen Sprache, wie zum Beispiel Jugendsprache, was den Bereich der Sprachvarietäten aufmacht, der dann in Klasse 8 nochmal vertieft werden soll. Hier könnten durchaus Anknüpfungspunkte gefunden werden, mit denen man das Thema Dialekt sinnvoll in den Unterricht einbringen kann. Aber das Thema „Dialekt" als definitive Forderung steht nicht im Bildungsplan für die Klasse 8 der Realschulen – im Gymnasium in Bayern hingegen durchaus. Hier wird im Bildungsplan genannt, dass die SuS „die Merkmale und Leistungen von Dialekt [...] im Vergleich zur Standardsprache unterscheiden [können sollen; IA]" Ziel soll hier eine Vertiefung des Sprachwissens und des Sprachbewusstseins sein und dadurch eine Reflexion im Sprachgebrauch. Insofern geht gerade an diesem Punkt der Bildungsplan von Gymnasium und Realschule nicht nachvollziehbar auseinander. In der Klasse 8 der TGR ist das Lehrwerk „Deutsch-

17 Aber auch im Werk „Klartext" (differenzierte Ausgabe) wäre das Thema Dialekte in der 8. Jahrgangsstufe vorgekommen. Hier auf der Seite 165 und 166 unter dem Aspekt „Sprachvarianten unterscheiden". Doch bei genauerem Hinsehen entdeckt man hier auch immer noch das Vorkommen von sprachlichen Ideologien. Es wird auf S. 166 zum Beispiel geschrieben, dass man das Hochdeutsche an der „korrekten Bildung von Verben" erkennt, wie auch am „richtigen Kasusgebrauch" und an „vollständigen Sätzen". Letzteres Statement ist als Erklärung des Hochdeutschen doch stark anzweifelbar und auch Dialekte haben eine eigene „korrekte", in sich stimmige Grammatik. Auch heißt es im Infokasten, dass es in Baden-Württemberg zwei Dialektgruppen gibt: das Schwäbische und das Alemannische. Der vielfältige fränkische Dialektbereich fällt komplett unter den Tisch, davon abgesehen, dass das Schwäbische auch ein alemannischer Dialekt ist. Eine Aufarbeitung des Themas würde diesem Deutschbuch sicher gut stehen. Eine Darstellung des Thema in einer Neuauflage, die nicht nur im basalen Kompetenzbereich I angesiedelt ist, sondern auch Transferleistungen in die Aufgabenstellungen aufnimmt, wäre wünschenswert.

buch“ von Cornelsen im Einsatz. Hier kommt das Thema Dialekte nicht vor. Es sind aber vereinzelte Übungen zu Sprachvarietäten vorhanden, wie Jugendsprache und Werbesprache.

Bei Frage 5 wird nachgefragt, ob das Thema Dialekt regelmäßig im Unterricht behandelt werden sollte. Dafür sprechen sich 32 SuS an der ABR aus, dagegen sind 54 SuS, eine Person schrieb das Wort „unentschlossen“ hin, weshalb sie also nicht in der Statistik vorkommt. An der TGR möchten 25 SuS, dass das Thema Dialekt regelmäßig im Unterricht behandelt wird und 19 sind dagegen.

In Anbetracht dessen, dass bei dieser Frage immer eine Bewertungsdimension bzw. Möglichkeit der Notenvergabe auf vermittelte Kenntnisse mitschwingt, sind diese Zahlen erstaunlich hoch – auch vor dem Hintergrund der Selbsteinschätzung der Dialektkompetenz, die sich doch überwiegend nur im Bereich „etwas dialektal“ bis „gar nicht dialektal“ sammelt. Hier liegt sogar gerade in der Klassenstufe aus Amorbach, die sich als weniger dialektal als die Vergleichsklasse einschätzt, ein verhältnismäßig hoher Wunsch nach diesem Thema im Unterricht vor. Es ist also nicht so, dass man die Korrelation ziehen kann, dass starke Dialektsprecher und -sprecherinnen immer auch den starken Wunsch nach Berücksichtigung ihrer Sprachvarietät im Unterricht haben. Vielleicht macht das vorhandene Unwissen auf das Thema neugierig? Vielleicht ist aber auch das Prestige des Dialekts in Bayern einfach höher, so dass man aus diesem Grunde heraus mehr über die dialektalen Varietäten erfahren möchte?

Sollte das Thema Dialekt regelmäßig im Unterricht behandelt werden?		
	Theresia-Gerhardinger-Realschule Amorbach	**Abt-Bessel-Realschule Buchen**
ja	24	32
nein	19	54
	43	86

Einige Schülerinnen und Schüler der TGR und der ABR haben Kommentare zu diesem Thema auf die Rückseite ihres Fragebogens niedergeschrieben, die hier im Folgenden aufgeführt werden:

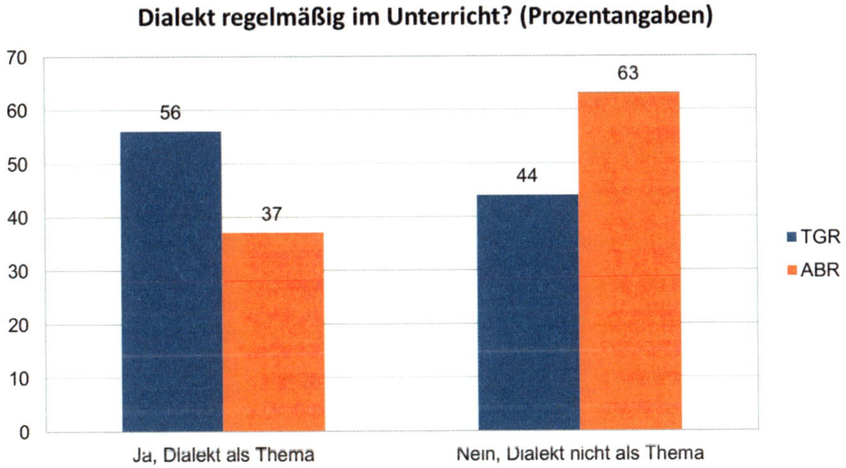

Kommentare zum Thema Dialekte & Unterricht im Allgemeinen:	
Kommentare aus der Abt-Bessel-Realschule	**Kommentare aus der Theresia-Gerhardinger-Realschule**
„Dialekt interessiert mich nicht, weil es einfach ganz normal ist.“	„Ich finde Dialekte cool und eine alte Tradition und würde gerne mehr wissen.“
„Ich möchte gerne wissen, seit wann gibt es Dialekte?“	„Es ist ein wichtiges Thema, weshalb ich es sehr unterstützen würde, wenn dieses im Unterricht behandelt werden würde.“
„Ich möchte schon gerne lernen zu verstehen, oder zumindest wissen, wo wie gesprochen wird.“	„Ich finde, es ist ein Thema, das mehr gefördert werden sollte.“

„Ich würde gerne wissen oder lernen wollen, wieso man überhaupt so viele Dialekte in Deutschland hat. Auch würde ich gerne wissen, wie man es versteht, also ich möchte es verstehen, aber nicht als Thema oder Fach, das benotet wird."	„Ich würde es gerne mehr lernen."
„Ich will wissen, wie man Dialekt spricht."	„Ich würde gerne lernen, wie man Dialekt spricht."

Die Kommentare haben jetzt eher einen geringen Aufschlusswert zum Thema, dennoch ist festzuhalten, dass es keinen einzigen negativen Kommentar gibt. Das Forum wäre für negative Kommentierung in anonymer Runde absolut gegeben gewesen, auf dass irgendjemand der knapp 130 Schülerinnen und Schüler seinen Unmut über das Thema Dialekte (oder die Umfrage an sich) generell hier hätte äußern können. Insofern liegt ein sehr wertschätzendes und positives Ergebnis vor, was eine stärkere Behandlung des Themas Dialekte absolut befürworten würde.

Bei Frage 6 wird differenzierter gefragt, worüber genau die Schülerinnen und Schüler mehr im Themengebiet Dialekt erfahren möchten. Es fiel auf, dass das Wissen über das gesamte Themengebiet Dialekt durchaus gefragt ist, allerdings nicht in der Implementierung von dialektalen Texten in den Unterricht. Man kann also festhalten, dass die Schüler und Schülerinnen schon den Wunsch haben, mehr über Dialekte zu erfahren, aber mehr im sprachgeschichtlichen Sinne wie auch in der räumlichen Verteilung der Sprachvarietäten und dass Mundarttexte – wie auch Gedichte oder Lieder in ihrer Verschriftlichung – eher nicht die Aufmerksamkeit der Jugendlichen erreichen können. Auch kombiniert mit dem Bereich Social Media wie Instagram, TicToc oder auch mit dem Bereich Gaming weckt Dialekt in dieser kleinen Umfrage eher nicht das Interesse von Schülerinnen und Schülern. Hier wäre es hingegen spannend, nochmals direkt im Gespräch nachzufragen und das Ergebnis zu hinterfragen, warum diese Kombination für die Unterrichtsgestaltung nicht verlockend wäre, wo doch in anderen Unterrichtsbereichen eine interaktive Gestaltung des Unterrichts, gerade auch mit Social Media und Gaming, solche Schulstunden sind, die bei den Jugendlichen auf größere Begeisterung stoßen als zum Beispiel ein eher durch Lehrervortrag dominierter Unterricht.

Tabellarische Übersicht zu Frage 6: Worüber möchtest Du zum Thema Dialekte mehr erfahren?

	Theresia-Gerhardinger-Realschule Amorbach		Abt-Bessel-Realschule Buchen	
	ja	nein	ja	nein
Wie Dialekte entstanden sind	25	18	51	36
Wo man welchen Dialekt spricht	34	9	66	21
Texte im Dialekt (Lieder, Gedichte, Erzählungen, etc.)	11	33	30	57
Social Media & Dialekt (Gaming, Instagram, etc.)	19	24	35	52

Als Einzelergebnis herauszugreifen ist der deutlich vorhandene Wunsch der Schülerinnen und Schüler zu erfahren, wo man welchen Dialekt spricht. Dieses Ergebnis fällt überdurchschnittlich aus dem Rahmen und lässt darauf schließen, dass bei diesem Thema zum einen Unsicherheit herrscht und dass vielleicht auch die eigene dialektale Zugehörigkeit den Schülerinnen und Schülern gar nicht bewusst ist. Zum anderen könnte man dieses Ergebnis auch in einen größeren Kontext einbetten und hier vielleicht sogar die Analogie ziehen, dass die Jugendlichen mehr über die gesamtdeutsche Dialektsituation wissen möchten. Diese Vermutung bekräftigt der Ausstellungsbesuch der 8c [auf Einladung und unter pädagogischer Begleitung von IA] aus dieser Umfrage bei der Wanderausstellung „Baden-Württemberg erzählt“[18], die im Frühjahr 2023 im Rathausfoyer in Buchen im Odenwald zu sehen war. Die Jugendlichen zeigten sich durchwegs interessiert am Kartenmaterial, gerade an der geographischen Verortung der einzelnen Dialekträume, äußerten aber mehrfach den Wunsch auch eine bundesdeutsche Gesamtschau sehen zu können und wollten darüber hinaus auch vieles zu anderen Dialekten in Deutschland wissen.

18 Die Wanderausstellung „Baden-Württemberg erzählt“ der Tübinger Arbeitsstelle für Sprache in Südwestdeutschland“ zeigt die sprachliche und kulturelle Vielfalt des Bundeslandes Baden-Württemberg anhand zahlreichem Kartenmaterial und facettenreichen Tonbeispiele und macht im Jahr 2022 und 2023 an etlichen Orten des Landes Station. Siehe: https://uni-tuebingen.de/fakultaeten/wirtschafts-und-sozialwissenschaftliche-fakultaet/faecher/fachbereich-sozialwissenschaften/empirische-kulturwissenschaft/forschung/ta-sprache/wanderausstellung/ (02.03.2023)

Ob die Schülerinnen und Schüler so sensibel gegenüber Sprache eingestellt sind und sie hören, dass manche im Unterricht Dialekt sprechen, darauf zielt Frage 7 ab. Dies bejahten bei der TGR insgesamt 3 SuS. Mit der Option „manchmal“ antworteten hingegen 25 SuS. Verneint haben dies an der TGR 15 SuS. An der ABR beantworteten diese Frage 16 SuS mit einem „ja“, ein „manchmal“ kreuzten 61 an und diese Frage mit „nein“ beantworteten 9. Wenn wir hier bei der TGR aber nun an Frage 3 zurückdenken, wo nach der Dialektkompetenz gefragt wurde und bei der angeblich zwar kein sehr starker Dialektsprecher, aber in der 8a als auch in der 8b zumindest je ein starker Dialektsprecher vorhanden ist, dann ist es verwunderlich, wenn 15 SuS angeben, dass sie keinen Dialekt im Unterricht hören. Genauso verhält es sich an der ABR: hier gibt es in jeder der vier 8. Klassen zwei bis fünf starke Dialektsprecher, in der Klasse 8a einen sehr starken Dialektsprecher und in der Klasse 8b drei sehr starke Dialektsprecher. Vor diesem Hintergrund sind auch in der ABR die 9 negativen Aussagen zu dialektalen Varianten im Unterricht verwunderlich. Zählt man noch die doch recht zahlreichen Antworten hinzu, die bei der eigenen Dialektkompetenz ein „etwas“ angekreuzt haben, dann stellt sich die Frage, was die SuS unter Dialekt verstehen und wie „man“ ihn erkennt, also an was man Dialekt bzw. dialektale Varianten festmacht oder aber, dass im Schulunterricht von Seiten der Schülerinnen und Schüler aufs Dialektsprechen aktiv verzichtet wird. Zu diskutieren wäre aber auch, ob die Schülerinnen und Schüler Dialekt als normalen Teil ihres Sprachalltags ansehen und ihn gar nicht als etwas „Normabweichendes“ und als etwas besonders Herauszustellendes realisieren. An diesem Punkt wird es spannend die Lehrerperspektive zum Vergleich heranzuziehen.

Hörst du im Unterricht, dass manche Mitschüler im Unterricht Dialekt sprechen?		
	Theresia-Gerhardinger-Realschule Amorbach	**Abt-Bessel-Realschule Buchen**
ja	3	16
manchmal	25	61
nein	15	9
	43	86

Bei Frage 8 wird in die Schülerschaft gefragt, wie denn die LuL darauf reagieren, wenn jemand aus der Klasse Dialekt spricht. Hier meinen an der TGR 36 SuS, dass die Lehrerinnen und Lehrer diese Tatsache akzeptieren und unterstützen, was aber mit Blick auf Frage 7 verdeutlicht, dass dann doch im Rahmen des Unterrichtsgeschehens der Dialekt und dialektale Varianten kursieren und dass man sich dessen bewusst ist. 4 SuS meinten, dass manche LuL den Dialektsprecher zurechtweisen würden, einer macht ein Kreuz in die Mitte. An der ABR sagen 75, dass die Lehrerinnen und Lehrer es akzeptieren und unterstützen, wenn jemand Dialekt spricht. Und 10 SuS meinen hier, dass manche Lehrerinnen und Lehrer die Dialektsprecher zurechtweisen würden. Einer meint, dass es auf den einzelnen Lehrer an sich ankäme. Wie man es dreht und wendet – die Aussagen von Frage 8 und Frage 7, gerade in Bezug zueinander, lassen viel Spielraum für Interpretation. Es schließt sich eine Tabellenübersicht an, die auf die Reaktion der Lehrpersonen eingeht, wenn Schülerinnen und Schüler im Unterricht Dialekt sprechen.

Wie reagieren die Lehrer, wenn Schüler im Unterricht Dialekt sprechen?		
	Theresia-Gerhardinger-Realschule Amorbach	**Abt-Bessel-Realschule Buchen**
Akzeptieren und unterstützen	36	75
Weisen Dialektsprecher zurecht	4	10
	40	85

In einer abschließenden, frei gehaltenen Frage haben die Schülerinnen und Schüler Gelegenheit sich zu äußern, falls sie gerne noch Weiteres zu dem Thema sagen möchten. Hier gibt es wenige Antworten, so dass alle im Wortlaut hier aufgeführt werden können:

Was ich noch zum Thema sagen will	
Kommentare aus der Abt-Bessel-Realschule	**Kommentare aus der Theresia-Gerhardinger-Realschule**
„Manchmal hört es sich lustig an." (wurde zwei Mal geschrieben.) „Ich finde, man sollte in der Schule keinen Dialekt reden, weil sonst ist es für andere schwer einen zu verstehen. Aber zuhause kann man das gerne." „Zuhause spreche ich mehr Dialekt." „Dialekt sprechen ist toll." (3 Mal geschrieben) „ ..., dass es hart ist es zu lernen." „Es ist ungewohnt hochdeutsch zu sprechen und zu verstehen." „Dialekt interessiert mich nicht, weil es einfach ganz normal ist." „Seit wann gibt es Dialekte?" „Mehr Dialekt!" „Ich würde es schon gerne lernen zu verstehen oder zumindest wissen, wo wie gesprochen wird." „Ich würde gerne wissen oder lernen wollen, wieso man überhaupt so viele Dialekte in Deutschland hat. Auch würde ich gerne wissen, wie man es versteht, also ich möchte es verstehen, aber nicht als Thema oder Fach, das benotet wird." „Ich will wissen, wie man Dialekt spricht." „Manche Menschen sprechen Dialekt, manche nicht. Es ist vollkommen normal. Ich mobbe keinen, weil er Dialekt redet." „Ich bin stolz auf meinen Dialekt. Glorreiches Mudau!" „Ich bin stolz auf meinen Dialekt."	„Mir ist egal, ob jemand Dialekt spricht." (2 Mal) „Ich finde Dialekte cool und eine alte Tradition." „Es ist ein wichtiges Thema, weshalb ich es sehr unterstützen würde, wenn dieses im Unterricht behandelt werden würde." „Ich finde, es ist ein Thema, das mehr gefördert werden sollte." „Ich würde es gerne mehr lernen." „Ich finde manche Dialekte lustig und möchte mehr erfahren." „Ich möchte gerne lernen, wie man richtig Dialekt spricht."

Die Aussagen scheinen auf den ersten Blick banal und oberflächlich, dennoch sollte man – wie auch bei den Kommentaren an früherer Stelle – herausstellen, dass es keine negative Antwort gibt und auch, dass herauszulesen ist, dass für einige der Dialekt zum normalen Sprachalltag gehört. Alle Antworten zeugen mindestens von einer neutralen bis positiven Grundeinstellung zum Thema, darüber hinaus lassen etliche Antworten zum einen Identifikation mit ihrem Ortsdialekt erkennen und auch ein echtes Interesse daran, mehr über Dialekte zu erfahren. Dies kann man als Bestärkung für eine stärkere Verankerung des Themas Dialekt im Unterricht werten. Warum sollten Schülerinnen und Schüler bei einem anonymen Fragebogen einer ihnen nicht bekannten Person ein nicht ernst gemeintes Interesse vorspielen?

Lehrerperspektive

Da manche Lehreräußerungen besonders in Gegenüberstellung mit den Schülerergebnissen aussagekräftig sind und an früherer Stelle in diese Ausführung mit eingeflossen sind, erfolgt hier nur die Behandlung der Frage 6, in der gefragt wird, welche Inhalte zum Thema Dialekt bisher im Unterricht angesprochen wurden. Die Aussagen aus den beiden Kollegien sind hierzu:

Welche Inhalte zum Thema Dialekt wurden bisher im Unterricht angesprochen?	
Äußerungen aus dem Kollegium der Abt-Bessel-Realschule	**Äußerungen aus dem Kollegium der Theresia-Gerhardinger-Realschule**
„Ich habe die Klasse erst in diesem Schuljahr in Deutsch übernommen, möchte aber die Thematik anhand lyrischer Texte in Mundart in diesem Schuljahr aufgreifen.“ (Fächerkombination in der Klasse: Deutsch, Geschichte, Geographie, Werken) keine (Biologie) keine (Mathe, Informatik) keine (Englisch, Geschichte, Werken, Geographie, Gemeinschaftskunde) keine (Englisch) keine (Deutsch) keine (Geschichte, Biologie) keine (Technik) keine (Deutsch) „Possessivpronomen im Englischunterricht, dabei Reflexion der odenwälder, deutschen und englischen Strukturen von „des g´hört demm“.“(Englisch) keine (Englisch, Musik) keine (Deutsch) keine (Informatik)	keine (Biologie) keine (Mathe, Physik) keine (Mathe, Chemie) keine (Informatik) keine (Deutsch) keine (Wirtschaft, Geographie) keine (Deutsch) keine (evangelische Religion) keine (Geschichte) keine (katholische Religion) „Kontrastierung Vokabular Englisch – Französisch gelegentlich mit Wörtern im Dialekt.“ (Französisch, Englisch) keine (Englisch) keine (Sport männlich) keine (Sport weiblich)

Lehrerperspektive versus Schülerperspektive

Manche Einzelergebnisse gewinnen in der Gegenüberstellung verstärkt an Bedeutung. So ist die Schüler-Selbsteinschätzung der Dialektkompetenz verglichen mit der Einschätzung durch die Lehrkraft (abgekürzt mit: L1, L2, ... je nach Beteiligung bei der Umfrage) ein Bereich, den es sich in der Gesamtschau anzuschauen lohnt:

ABR 8a

	Sehr starker Dialekt	Starker Dialekt	Etwas Dialekt	Gar kein Dialekt
SuS (22/24)	1	3	14	4
L1			24	
L2		4	20	

ABR 8b

	Sehr starker Dialekt	Starker Dialekt	Etwas Dialekt	Gar kein Dialekt
SuS (19/22)	3	5	6	5
L1			22	

ABR 8c

	Sehr starker Dialekt	Starker Dialekt	Etwas Dialekt	Gar kein Dialekt
SuS(22/22)		3	9	10
L1		4	8	10
L2		2	10	
L3		4	4	14
L4	2	5	13	2
L5		3	4	6

ABR 8d

	Sehr starker Dialekt	Starker Dialekt	Etwas Dialekt	Gar kein Dialekt
SuS (24/24)		2	8	14
L1			24	

L2			24	
L3			5	19
L4		1	8	15
L5			24	

TGR 8a

	Sehr starker Dialekt	Starker Dialekt	Etwas Dialekt	Gar kein Dialekt
SuS (24/24)		1	18	5
L1	2	1	3	23
L2	2	3	17	3
L3		6	9	9
L4			24	
L5			12	12
L6				24
L7 (Sportl.)	3	3	11	

TGR 8b

	Sehr starker Dialekt	Starker Dialekt	Etwas Dialekt	Gar kein Dialekt
SuS (19/22)		1	12	6
L1	1	2	16	3
L2 (Deutschl.)				22
L3			5	17
L4			17	5
L5			11	11
L6 (Sportl.)		8	12	

Betrachten wir zum Beispiel exemplarisch sowohl bei der 8a als auch bei der 8b der ABR die befragten Schülerinnen und Schüler und die dazugehörige Lehrerperspektive (jeweils L1), so sehen wir ganz deutlich, dass hier die beiden Lehrkräfte eine Art „vermittelnde Lösung“ suchen, weil sie die Intensität des Dialekts nicht einschätzen können. Die SuS in ihrer Selbsteinschätzung differierten hingegen innerhalb des gesamten Spektrums voneinander. Dass Sprache auch von Fach zu Fach unterschiedlich betrachtet werden kann, sieht man schön an der

Einschätzung der Sportlehrer in der TGR, vor allem an L7 in der 8a der TGR. Selbst- und Fremdeinschätzung sind nirgends deckungsgleich bzw. noch nicht einmal marginal unterschiedlich, sondern weichen deutlich voneinander ab.

Diese Gesamtübersicht zeugt also nicht von einer gemeinsamen Einschätzungsweise, was unter „Dialekt“ zu verstehen ist, und macht damit vor allem deutlich, welche große Bandbreite es bei der Einschätzung der Dialektkompetenz gibt. Was für den einen Lehrer durchaus schon zum Beispiel als starker Dialekt gilt, erachtet der andere lediglich als etwas dialektal oder vielleicht sogar als gar nicht dialektal. An dieser Stelle wäre es schön gewesen zu wissen, ob die befragten Lehrerinnen und Lehrer selbst Dialektsprecher sind oder nicht. Dies wurde leider in der Umfrage versäumt. Nichts desto trotz liefert das hier dargestellte heterogene Bild eine Erkenntnis, die manchen irrigen Meinungen zum Thema Dialekt auch die rationale Grundlage entzieht. Wie kann in manchen Prüfungen ein Notenabzug argumentiert werden, dass zum Beispiel der Schüler/die Schülerin Dialekt gesprochen habe, wenn der Maßstab, was darunter zu verstehen ist, von Lehrkraft zu Lehrkraft so stark differiert? Davon abgesehen, dass bei solchen Fällen im Grunde ein Fall von sprachlicher Diskriminierung vorliegt.

In Frage 7: „Wie beurteilen Sie, dass Schüler Dialekt sprechen?“ hatten die Lehrerinnen und Lehrer die Gelegenheit ihre Meinung zu verschriftlichen. Während die eine mitmachende Lehrkraft in der 8a der ABT hier auf ein Statement verzichtete, meinte die andere: „Ich finde es etwas seltsam, da die allermeisten Kinder während des Unterrichts auf ihren Dialekt verzichten.“ In der Parallelklasse 8b schloss die mitmachende Lehrkraft (die in der Klasse 5 Fächer unterrichtet) ihren Fragebogen mit der persönlichen Meinung zum Thema: „Klasse – Heimatbildung – Mundart. Dennoch ist Hochdeutsch für den beruflichen Bereich wichtig.“

In dieser Klasse 8c der ABR meinten die fünf teilnehmenden Lehrer und Lehrerinnen:

„Grundsätzlich stehe ich dem Dialekt positiv gegenüber. Die Mundart ist ein wichtiger Teil der regionalen Identität und gehört deshalb auch in der Schule dazu. Gleichwohl ist es natürlich wichtig, dass die SuS sich in der Schriftsprache und gesprochenen Sprache korrekt in „Hochdeutsch“ ausdrucken können.“

„Etwas Dialekt stört mich nicht im Unterricht. Schüler, die starken Dialekt sprechen und umziehen, werden häufig gemobbt. Ich finde Dialekt in Maßen okay, als Zeichen regionaler Zugehörigkeit, aber jeder sollte auch in der Lage sein, Hochdeutsch zu sprechen/zu schreiben.“

„Positiv beurteile ich am Dialekt: Spontane und emotionale Beiträge sind im Dialekt besser möglich. Nuancenreichere Lehrer-Schüler-Beziehung. Negativ ist:

Minderwertigkeitsgefühle der SuS in Gruppen von Nicht-Dialektkennern und bei überregionalen Gruppen."

„Ich finde es wichtig, dass die Schüler/innen im Unterricht Dialekt sprechen, da dadurch – gerade im ländlich geprägten Raum – ein gewisses Zugehörigkeitsgefühl entsteht."

„Ich freue mich darüber! Die regionale Verbundenheit kommt deutlich zum Ausdruck."

Auch in der Klasse 8d nehmen fünf Lehrerinnen und Lehrer an dem Fragebogen teil und geben alle auf die Frage 7 eine persönliche Meinung ab:

„Etwas Dialekt ist für mich in Ordnung."

„Ich schätze Dialekt und das Sprechen im Dialekt. Für mich sind Dialekt und Intellekt keine Gegensätze, die sich ausschließen (diese Erfahrung habe ich selbst in meiner eigenen Schulzeit gemacht). Ich mag Dialekte und halte sie auch für wichtig!!

„Solange die Schüler sich schriftlich im Hochdeutschen gut ausdrücken können, habe ich damit überhaupt kein Problem."

„Wenn es sehr stark ausgeprägt ist, empfinde ich es teilweise als respektlos (reine Gefühlsebene). Schüler haben teilweise Minderwertigkeitsgefühle beim Ausdruck."

Festzuhalten ist bei diesen Lehrerergebnissen aus Baden-Württemberg, dass hier eine grundsätzlich wertschätzende Einstellung zum Dialekt und auch zum Dialektsprechen bei Jugendlichen abgegeben wird. Die Schlagwörter „Zugehörigkeitsgefühl", „ländlicher Raum" und „nuancenreichere Beziehungen" sind zu lesen. Die Bedeutsamkeit des Themas tritt bei den Äußerungen auf jeden Fall klar zu Tage, aber auch gepaart mit der Bedingung, dass sich die Schülerinnen und Schüler im Standarddeutsch sicher bewegen können müssen. Befürchtungen, dass die Kinder es schwerer im späteren Berufsleben haben könnten, kann man auch unterschwellig feststellen, aber vom Grundsatz ist bei der Lehrereinstellung – genau wie bei der Schülereinstellung – eine positive Resonanz zu vernehmen.

Blickt man nun nach Bayern, wo trotz geringerer Teilnehmerzahl der Schülerinnen und Schüler sogar eine Lehrkraft mehr als in Baden-Württemberg teilgenommen hat, so fällt bei der Betrachtung der Tabellen auf, dass die jeweiligen Sportlehrer der beiden 8. Klassen keinen einzigen ihrer Jugendlichen als gar nicht dialektal einstufen. Dieses Ergebnis verwundert etwas und man wünschte eine

größere Probandengruppe. Erklärbar ist diese Angabe durch das Fach: Sport als Fach einer gewissen Nähe und einem Setting wie in der Freizeit, bei Freunden oder im Verein. Man wählt eine andere Sprache, eine Sprache der Nähe, die im süddeutschen Raum eben dialektal geprägt ist. Die Lehrerzitate zu Frage 7 werden nun nach Klassen getrennt aufgeführt:
Lehrerzitate TGR, 8a:

„Divers beurteile ich das Thema. Teil ist Fachsprache (Hochdeutsch) nötig. Durch Dialekt sind manchmal geschriebene Sätze unsinnig / falsch."

„Ich finde dies in Ordnung, solange ich die Schüler noch verstehen kann. Auch sollten keine „Fehler" in die Schriftsprache übernommen werden. Ich stelle bei meinen Schülern nur eine leichte Dialektfärbung fest (im Unterricht), aber viele können im Privaten in starkem Dialekt sprechen."

„Ist okay."

„Für mich ist das ein Zeichen von Identifikation mit der Heimat."

„Ich erwarte, dass sich Schüler in der Schule dialektfrei unterhalten können. Auch wenn Dialekt zu Hause gesprochen wird."

„Schüler sprechen bei mir nicht im Dialekt, was aber schlichtweg daran liegen könnte, dass ich sie nicht per Dialekt anspreche."

„Die Beurteilung im Bereich Dialektsprechen sollte situationsangemessen stattfinden."

Lehrerzitate TGR, 8b:

„Wenn Schüler „zweisprachig" aufwachsen, finde ich es gut (Dialekt + Hochdeutsch). Ein Schüler, der nur Dialekt spricht, hat oft Schwierigkeiten bei einer Textproduktion."

„Kam innerhalb des Unterrichts in dieser Klasse noch nicht vor. SuS können größtenteils unterscheiden, wann Dialekt gesprochen werden kann."

„Dialekt ist Kultur und sollte gefördert werden, wenn auch die Schüler in bestimmten Situationen den Dialekt ändern sollten, v.a. in schriftlichen Arbeiten, Präsentationen, Bewerbungen um allen zu ermöglichen, dass die Inhalte verstanden werden."

„Im Unterricht sollten Schüler keinen Dialekt sprechen.“

Die Lehrerschaft in Bayern betrachtet das Dialektsprechen nicht in gleichem Maße wohlwollend wie die Vergleichsgruppe in Baden-Württemberg, das fällt marginal auf. Hier steht der Registerwechsel eher im Vordergrund. Man erwartet die Standardsprache in der Schule und möchte das Dialektale in das private Umfeld verlagert haben. Einerseits scheinen die Lehrer und Lehrerinnen die Bedeutung des Themas wertzuschätzen, doch wünscht man sich eine klare Trennung: Sprache im eher öffentlichen Rahmen, die sich am Standard orientieren soll, Dialekt in nicht öffentlichen, nicht schulischen oder beruflichen, sondern in privaten Situationen. Schön wäre hier die Möglichkeit der Nachfrage, welche Befürchtungen hinter diesem Trennungswunsch bestehen. Herrschen hier immer noch Stereotype vor, wie dass Dialekt als ein Karrierehemmer angesehen wird? Oder hat man diffuse und unbegründete Angst, dass sich die Verständigung im Klassenzimmer erschwert? Eine Diskussionsrunde mit den teilnehmenden Lehrerinnen und Lehrern zu ihren Befürchtungen wäre hier natürlich spannend.

Schlussfolgerungen und Ausblick

Eingangs ist aus beiden Leitgedanken der Bildungspläne für Deutsch in der Sekundarstufe I in Bayern wie auch in Baden-Württemberg begreiflich geworden, dass der Themenbereich Dialekt, Muttersprache und dialektale Sprachvarietäten als ein Baustein für die Identitätsausbildung junger Menschen gesehen wird und dass die Bestrebung nach Erweiterung des sprachlichen Ausdrucksvermögens dauerhaftes Anliegen des Deutschunterrichts ist. So die Theorie. In den Detailausführungen der Bildungspläne selbst kommt das Thema Dialekt aber spärlich vor und auch innerhalb der bei den Schulen in dieser Umfrage eingesetzten Schulbücher findet das Thema nur wenig Raum und darüber hinaus auch eine nicht unbedingt ansprechende Vermittlung. Aus den Fragebogenergebnissen ist für beide Bundesländer die Vermutung bestätigt, dass auch in der schulischen Praxis das Thema Dialekt keine große Rolle spielt, obwohl aus Schülersicht ausgeprägtes Interesse am Themenfeld Dialekt vorherrscht und auch von Seiten der Lehrerschaft generell eine eher positive Resonanz auf die Bedeutsamkeit von Dialekt zu vernehmen ist. In Baden-Württemberg fiel das Wohlwollen und die Wertschätzung gegenüber dem Thema Dialekt und Schule geringfügig höher aus, als es in Bayern der Fall war. Die Schülerergebnisse lassen hingegen in beiden Bundesländern bestehendes Interesse an sprachlicher Varianz erkennen und auch den deutlichen Wunsch, dieses Thema im Unterricht zu behandeln. Und auch auf Lehrerebene herrscht, trotz marginaler Unterschiede, generelle Aufgeschlossenheit gegenüber dem Dialekt an sich und eine Wertschätzung des Themas als Brücke zur Heimatverbundenheit. Auf bayrischer Seite drangen Stimmen zutage, die auf eine Differenzierung hinzielten, also dass Dialekt durchaus im Privaten gesprochen werden könne und dass es dort auch wichtig und gut sei, aber dass man im Unterricht und im Beruf Standardsprache verwenden solle. An solchen Äußerungen fällt auf, dass der Aspekt der Verständigung nicht bedacht wird, das heißt, dass Verwenden mancher dialektaler Varianten einer gelingenden Verständigung keinen Abbruch tun würde. Aber dieser Gedankengang der gelingenden Kommunikation scheint nicht präsent von Seiten der Lehrerinnen und Lehrer. Und es wäre wichtig, hier in einer weiteren Studie nachzuhaken, welche Befürchtungen womöglich bei den Lehrerinnen und Lehrern herrschen. Aus welchem Grund heraus erachten sie bei den Schülerinnen und Schülern eine dialektale Färbung unterschiedlicher Couleur und Intensität als Hemmschuh im sprachlichen Miteinander und Hindernis im Schul- und späteren Berufsleben? Ein Pochen auf die Standardsprache zeugt unterschwellig eben immer noch von einer defizitären Sichtweise auf den Dialekt und stellt ihn nicht als Bereicherung für den Wortschatz und den vielfältigen Umgang mit Sprache heraus. Es scheint fast, als ob die Lehrerinnen und Lehrer hier in der Tat unsicher sind, wie sie mit sprachlicher Varianz umgehen sollen. Und daneben scheint es auch bei der Frage, was überhaupt als dialektale Färbung anzusehen ist, eine sehr gemischte Sichtweise zu geben. Diese Unsicherheitsfaktoren, die noch dazu auf einen Mangel an (gutem) Unterrichtsmaterial treffen, könnten vielleicht auch eine probate Erklärung abgeben, weshalb die Lehrerinnen und Lehrer dem Thema so wenig Platz im Unterrichtsgeschehen widmen. Es wird also nach Aufklärung verlangt – auf beiden Seiten, bei der Lehrerschaft als auch bei der Schülerschaft. Wenn diese Umfrageergebnisse der doch recht kleinen Anzahl an Personen auf einen größeren Kreis übertragbar sind, dann wird eine fachlich fundierte, material- und fortbildungsgestützte Aufklärungsarbeit im Bereich Sprachvarietäten, Sprachgeschichte und dem (süddeutschen) Sprachalltag im schulischen Unterrichtsgeschehen auf interessierte Aufgeschlossenheit treffen.

Literatur

Ammon, Ulrich: Dialekt, soziale Ungleichheit und Schule. Weinheim/Berlin/Basel 1972.

Balles, Heinz: Mildeberscherisch - Hochdeutsch. Miltenberg 1990.

Boeckmann, Klaus-Borge/Schrammel, Barbara: Sprachliche und kulturelle Diversität in der Ausbildung von Lehrerinnen und Lehrern. In: Elena Stadtnik: Sprachvielfalt und Mehrsprachigkeit im Unterricht. Linguistische, sprachdidaktische und bildungswissenschaftliche Beiträge zur sprachlichen Bildung. Wien 2022. S. 11–22.

Buchner, Elisabeth/Elspaß, Stephan: Varietäten und Normen im Unterricht. Wahrnehmungen und Einstellungen von Lehrpersonen an österreichischen Schulen. In: ide-information zur deutschdidaktik 42, 4, 2018, S. 70–81.

Buchner, Elisabeth/Elspaß, Stephan/Fuchs, Eva: Innere Mehrsprachigkeit im Unterricht – Sprachnormerwartungen und Varietätentoleranz. In: Elena Stadnik (Hg.): Sprachenvielfalt und Mehrsprachigkeit im Unterricht. Linguistische Beiträge zur sprachlichen Bildung. Wien 2021.

Dannerer, Monika/Mauser, Peter (Hg.): Formen der Mehrsprachigkeit. Sprachen und Varietäten in sekundätren und tertiären Bildungskontzexten. Tübingen 2018.

Davies, Winifried: Gymnasiallehrkräfte als SprachnormvermittlerInnen und Sprachnormautoritäten. In: Winifried Davies/Annelies Häcki Buhofer/Regula Schmidlin/Melanie Wagner/Eva Lia Wyss (Hg.): Standardsprache zwischen Norm und Praxis. Theoretische Betrachtungen, empirische Studien und sprachdidaktische Ausblicke. Tübingen 2017, S. 123–146.

De Cillia, Rudolf/Ransmayr, Jutta: Österreichisches Deutsch macht Schule. Bildung und Deutschunterricht im Spannungsfeld von sprachlicher Variation und Norm. Wien 2019.

De Cilla, Rudolf: Sprache(n) im Klassenzimmer. Varietätengebrauch und Spracheinstellungen in der Schule aus Sicht der Lehrer/innen und der Schüler/innen. In: Monika Dannerer/Peter Mauser (Hg.). Unter Mitarbeit von Peter C. Vergeiner: Formen der Mehrsprachigkeit. Sprachen und Varietäten in sekundären und tertiären Bildungskontexten. Tübingen 2018, S. 67–86.

Dünninger, Josef: Schriftsprache und Mundart. In: Heimatpflege in Unterfranken 6, 1964, S. 39–42.

Durrell, Martin: Die „Mainlinie“ als sprachliche Grenze. In: Dialektgeographie und Dialektologie. Hg. von Wolfgang Putschke et al. Marburg 1989, S. 89–110. (= DDG 90. Festschrift Günther Bellmann).

Elspaß, Stephan/Fuchs, Eva: Innere und äußere Mehrsprachigkeit an österreichischen Schulen: Ein Projektbericht zu Wahrnehmungen und Einstellungen. Teil 1. 2019. Dauerhaft verfügbar: https://eplus.uni-salzburg.at/obvusboa/download/pdfg/4375948?originalFilename=true (02.02.2023)

Ender, Andrea/Straßl, Katharina: The acquisition and use of German in a dialect-speaking environment – facets of inclusion and exclusion of immigrant children in Switzerland. In: International Journal of Applied Linguistics 19 (2), S. 173–187.

Fritz-Scheuplein, Monika: Sprachräume in Unterfranken. In: Studia Germanistica Bd. 2. Hg. Von Lenka Vanková und Norbert Richard Wolf. Ostrava 2007, S. 69–72, 4 Karten im Anhang. (=Acta Facultatis Philosophicae Universitatis Ostraviensis 233/2007). (zus. mit Almut König / Sabine Krämer-Neubert).

Häcki Buhofer, Annelies/Schneider, Hansjakob/Becker, Christine: Mehrsprachige Jugendliche im Umgang mit Dialekt und Hochsprache in der Deutschen Schweiz. In: Linguistik Online 32 (3): URL: https://doi.org/10.13092/lo.32.537 (10.02.2023)

Janle, Frank/Klausmann, Hubert: Dialekt und Standardsprache in der Deutschdidaktik. Eine Einführung, Tübingen 2020.

Kaiser, Irmtraud/Ender, Andrea: Innere Mehrsprachigkeit als Potenzial für den Deutschunterricht. In: Miriam Langlotz (Hg.): Grammatikdidaktik – theoretische und empirische Zugänge zu sprachlicher Heterogenität. Hohengehren 2020, S. 237–271.

Kasberger, Gudrun/Kaiser, Irmtraud: Sprachvorbild sein, und/aber authentisch bleiben? Lehramtsstudierende und ihre innere Mehrsprachigkeit: Gebrauch, Einstellung und didaktische Implikationen. In: Kevin Perner/Matthias Prikoszovits (Hg.): Deutsch und Kommunikation in der beruflichen Aus- und Weiterbildung in Österreich. Stuttgart 2021, S. 141–165.

König, Werner/Pfeiffer, Christian/Maitz, Péter (Hg.): Dialekt im Kindergarten. Ergebnisse einer Fragebogenerhebung in Bayerisch-Schwaben. In: Zeitschrift für Dialektologie und Linguistik 86 (3), S. 247–283.

Maitz, Péter/Foldenhauer, Monika (Hg.): Sprachliche Ideologien im Schulbuch. In: Jana Kiesendahl/Christine Ott (Hg.): Linguistik und Schulbuchforschung. Gegenstände – Methoden – Perspektiven. Göttingen 2015, S. 217–234.

Obermeier, Sepp: „Geji Bou, dasd fei schee schmadzd!“ – Die Schwindsucht des Bairischen – Reflexionen über Ursachen, Folgen und wirksame Medikation“. In: Christian Ferstl (Hg.): „Dem Dorfschullehrer sein neues Latein...“. Beiträge zu Stellenwert und Bedeutung des Dialekts in Erziehung, Unterricht und Wissenschaft. Regensburg 2009, S. 23–32.

Reich, Hans/Krumm, Hans-Jürgen (Hg.): Sprachbildung und Mehrsprachigkeit: ein Curriculum zur Wahrnehmung und Bewältigung sprachlicher Vielfalt im Unterricht. Münster 2013.

Reitmajer, Valentin: Der Einfluss des Dialekts auf die standardsprachlichen Leistungen von bayrischen Schülern in Vorschule, Grundschule und Gymnasium. Eine empirische Untersuchung. Marburg 1979.

Schmidlin, Regula: Innere Mehrsprachigkeit an Deutschschweizer Schulen – Hochdeutsch und Dialekt im Unterricht. In: Monika Dannerer/Peter Mauser (Hg.): Formen der Mehrsprachigkeit in sekundären und tertiären Bildungskontexten: Verwendung, Rolle und Wahrnehmung von Sprachen und Varietäten. Tübingen 2018, S. 27–46.

Siegel, Jeff: Language ideologies and the education of speakers of marginalized language varieties. Adoping a critical awareness approach. In: Linguistics and Education 17 (2), S. 157–174.

Stadnik, Elena (Hg.): Sprachenvielfalt und Mehrsprachigkeit im Unterricht. Linguistische, sprachdidaktische und bildungswissenschaftliche Beiträge zur sprachlichen Bildung, Wien 2022.

Vergeiner, Philipp/Buchner, Elisabeth/Fuchs, Eva/Elspaß, Stephan (Hg.): Sprachvorstellungen in sekundären und tertiären Bildungseinrichtungen In

Österreich. Conceps of Language Norms in the Realm of Higher Education in Austria. In: Zeitschrift für Dialektologie und Linguistik 86 (3), S. 284–330.
Vergeiner, Philipp/Buchner, Elisabeth/Fuchs, Eva/Elspaß, Stephan: Weil Standard verständlich ist und Dialekt authentisch macht. Varietätenkonzeptionen im sekundären und tertiären Bildungsbereich in Österreich. In: Tole Hoffmeister/Markus Hundt/Saskia Schröder (Hg.): LaienWissenSprache, Berlin 2021, S. 417–442. [DOI:https://doi.org/10.1515/9783110731958-017] (02.01.2023)
Wandruszka, Mario: Die Mehrsprachigkeit des Menschen. München/Zürich 1979.

Was bleibt von der Mundart im Südwesten?

Vom Wandel sprachlicher Ebenen in den Jahren 1955 – 2022 bei jungen Erwachsenen in Baden-Württemberg

Rudolf Bühler

Abstract

Früher war mehr Dialekt. Zahlreiche Studien der letzten Jahre zeigen, wie diese landläufige Meinung zumindest für den Sprachalltag in Baden-Württemberg immer mehr zur Tatsache wird. Doch wie lässt sich der Rückgang grundmundartlicher Formen und Lautungen in der Alltagssprache messen? Zwei Vergleichsgruppen junger Erwachsener, die in den 1950er und 1960er Jahren sowie in den Jahren 2020 und 2022 interviewt wurden, lassen Rückschlüsse auf die Veränderungen beim Gebrauch sprachlicher Register im halböffentlichen Kontext von alltagssprachlichen Interviews zu. Dadurch können Aussagen getroffen werden zum Ausbau der Register zwischen Grundmundart und Standardsprache und zur Entwicklung des Repertoires an Varietäten, das Sprecher:innen zur Verfügung haben. Die Erweiterung des individuellen Varietätenspektrums hängt dabei mit der zunehmenden Differenzierung bei der Wahl adressatenabhängiger Register zusammen. Im Umkehrschluss lässt sich der Rückgang des Gebrauchs grundmundartlicher Stufen im sprachlichen Alltag letztlich als Folge der Registerwahl aufgrund habitueller Annäherung an den sozialen Gesprächskontext belegen.

1 Einleitung

Die vorliegende Studie ist Teil des übergeordneten und vom Ministerium für Wissenschaft, Forschung und Kunst Baden-Württemberg finanzierten Projekts „Der Dialekt im sprachlichen und gesellschaftlichen Wandel" mit einer Projektdauer vom 1.4.2021–31.3.2023. Aus den Vorgängerprojekten an der Tübinger Arbeitsstelle Sprache in Südwestdeutschland „Sprachalltag I" und „Sprachalltag II" und der Erfahrung mit den damit verbundenen Dialekterhebungen im Land erwuchs der Wunsch, die Bedeutung des Dialekts im Alltag bei der jüngeren Generation genauer zu untersuchen. Zwischen der Erzählung vom „Aussterben des Dialekts" und der immer noch beeindruckenden Vielfalt der Mundartlandschaften im Südwesten Deutschlands mussten sich Zwischenebenen finden lassen, die Aufschluss geben sollten über den Bedeutungsverlust des Dialekts, aber auch ein differenzierteres Bild zeichnen konnten gegenüber dem bloßen „Verschwinden" mundartlicher Formen. Wenn wir doch „alles außer Hochdeutsch" können und die Jugend „gar keinen Dialekt mehr" spricht, wie oft zu hören ist, was sprechen die jungen Leute denn dann? Die Untersuchung hat auf der Suche nach der Antwort diejenigen gefragt, die es am besten wissen sollten: Junge Erwachsene aus Baden-Württemberg. Aktuelle Interviews werden auf sprachliche Merkmal hin untersucht und ausgewertet und mit historischen Aufnahmen aus dem Arno-Ruoff-Archiv (ARA) verglichen. So entstehen Vergleichsebenen, die sowohl einen diachronen Vergleich als auch eine Betrachtung regionaler Unterschiede innerhalb des schwäbischen Sprachraums ermöglichen.

2 Forschungsstand

2.1 Dialekt als Forschungsthema an der Tübinger Arbeitsstelle Sprache in Südwestdeutschland

Die Arbeiten an der Tübinger Arbeitsstelle Sprache in Südwestdeutschland verfolgten stets einen fächerübergreifenden Ansatz, der sowohl sprach- als auch kulturwissenschaftliche Fragestellungen berücksichtigt. Dabei lassen sich die Jahre von der Gründung der Arbeitsstelle 1955 bis zur Pensionierung Arno Ruoffs 1995 in einer ersten Periode zusammenfassen. Mit den „Sprachalltag"-Projekten folgte dann nach einer längeren Schaffensruhe ab 2009 unter der Leitung von Bernhard Tschofen, Hubert Klausmann und Reinhard Johler eine Phase der Erneuerung, die vor allem die digitale Erschließung der Bestände zum Ziel hatte. In dieser Zeit wurden auch etwa 200 Dialekt-Aufnahmen vor allem im Norden des Landes durchgeführt, die für den „Sprachatlas von Nord Baden-Württemberg" (SNBW) und den „Sprechenden Sprachatlas von Baden-Württemberg" dialektgeographisch ausgewertet werden konnten.[1]

Im Rahmen eines bundesweiten Projekts hatten Arno Ruoff und Hermann Bausinger am damaligen Institut für Volkskunde der Universität Tübingen seit dem Jahr 1955 mundartliche Interviews im südwestdeutschen Sprachraum ge-

1 SNBW I-V, LUI 2022
Zu Planung und Durchführung der Aufnahmen zum SNBW vgl. Rudolf Bühler: Sprachgrenzen und -übergänge in Baden-Württemberg. Zur Neuvermessung der schwäbisch-fränkischen Sprachgrenze auf der Grundlage des Sprachatlas von Nord Baden-Württemberg (SNBW). In: Germanistische Linguistik 237–238 (2017), S. 59–81, hier: S. 64–67.

führt und auf Tonband aufgenommen.[2] Die Erzählungen umfassen Bereiche des ländlichen Alltags wie Handwerk, Landwirtschaft, Feste und Bräuche, aber auch Kriegserlebnisse, Reiseberichte und Begebenheiten aus der Kindheit der oft noch im 19. Jahrhundert geborenen Sprecher:innen. So stellt das vorhandene Material einen kulturellen Schatz dar, der ein detailliertes Bild der Alltagsverhältnisse in Südwestdeutschland während der ersten Hälfte des 20. Jahrhunderts zeichnet.[3] In der Reihe „Idiomatica" waren bereits in den 1970er und 1980er Jahren sprachwissenschaftliche Untersuchungen zu den Tonbandaufnahmen veröffentlicht worden.[4]

Durch die „Sprachalltag"-Projekte ist es einerseits gelungen, die durch die Vernachlässigung des Themas in der Forschung seit den 1980er Jahren entstandene Forschungslücke im Norden Baden-Württembergs zu schließen und die Basisdialekte bei uns mit ihrem heutigen Stand ausführlich zu dokumentieren. Andererseits konnten die durch Arno Ruoff und Hermann Bausinger seit dem Jahr 1955 angefertigten mundartlichen Tonbandaufnahmen digitalisiert und verschriftlicht werden, sodass die Interviews nun auch inhaltlich erschlossen sind.[5] Dem fächerübergreifenden Ansatz zwischen Sprach- und Kulturwissenschaft verpflichtet betrachten wir sprachliche Räume nicht lediglich als Summe der bei Dialekterhebungen elizitierten Daten. Sprechen im Alltag wird vielmehr als kulturelle Praktik verstanden, mit der sich die Akteur:innen im Raum verorten und regionale sprachliche Identitäten ausbilden können. In ihrer Dissertation verweist Nina Kim Leonhardt bei ihren Ausführungen zu „Sozialgeografie und Raumbe-

2 Vgl. Eberhard Zwirner: Anleitung zu sprachwissenschaftlichen Tonbandaufnahmen. Göttingen 1964 (= Lautbibliothek der deutschen Mundarten 31), Arno Ruoff: „Wenkersätze auf Tonband?". In: Sprachen – Zuordnung – Strukturen. Festgabe seiner Schüler für Eberhard Zwirner. Den Haag 1965, S. 94–113., hier: S. 94, Arno Ruoff: Grundlagen und Methoden der Untersuchung gesprochener Sprache. Einführung in die Reihe „Idiomatica" mit einem Katalog der ausgewerteten Tonbandaufnahmen. Tübingen 1973 (= Idiomatica 1), S. 283–385.
Zu Art und Umfang der Aufnahmen vgl. weiter Ruoff 1973, S. 123–145.
Zur Rolle Tübingens als Ausgangspunkt der Dialektgeographie im deutschsprachigen Raum vgl. Bühler 2017: S. 62–64.

3 Zur inhaltlichen Auswertung der Aufnahmen vgl. Mirjam Nast/Hubert Klausmann: Jet zisch halt alles anderscht, net? Kultureller Wandel im ländlichen Raum. Ubstadt-Weiher 2020 (= Historische Interviewaufnahmen aus Baden-Württemberg 1). Ein weiteres Hörbuch zu den Themen „Handel und Märkte" und „frühe Industrien" ist in Vorbereitung.

4 Vgl. zur Reihe „Idiomatica" die Bibliographie in Arno Ruoff: Die Geschichte der Tübinger Arbeitsstelle „Sprache in Südwestdeutschland" 1955–1995. Mit einer Bibliographie. In: Arno Ruoff (Hg.): Syntax und Stilistik der Alltagssprache. Beiträge der 12. Arbeitstagung zur Alemannischen Dialektologie 25.–29. September in Ellwangen/Jagst. Tübingen 1997 (= Idiomatica 18), S. 283–296.

5 Zur Digitalisierung des Arno-Ruoff-Archivs vgl. Rudolf Bühler: Sprachalltag II: Sprachatlas – Digitalisierung – Nachhaltigkeit und das Arno-Ruoff-Archiv am Ludwig-Uhland-Institut für Empirische Kulturwissenschaft der Universität Tübingen. Ein Projektbericht. In: Linguistik Online 98/5 (2019): Alemannische Dialektologie – Forschungsstand und Perspektiven. Sonderheft, S. 411–423. URL: https://doi.org/10.13092/lo.98.5946 (01.03.2023), hier: S. 418–420.

griff"[6] auf die theoretischen Überlegungen von Georg Simmel zu den Raumkategorien „Nähe und Distanz"[7] und die Idee Henri Lefebvres vom sozialen Raum als Ort gemeinsamer Anliegen.[8] Dabei spielt jedoch nicht nur metasprachliches Wissen eine Rolle bei der Ausbildung regionaler sprachlicher Identitäten. Wie Leonhardt zeigt, trägt das Prestige des eigenen Dialekts erheblich zur subjektiven Wahrnehmung des sozialen Raumgefüges bei.[9] In Teilen können mundartliche Elemente bei der alltäglichen Kommunikation auch performativ eingesetzt werden und somit soziolektale Funktionen übernehmen. Die Ritualisierung der Alltagssprache bei der codierten Verwendung dialektaler Äußerungen schafft sozialen Zusammenhalt und trägt im Zusammenwirken mit kulturellen und wirtschaftlichen Faktoren zum „Abguss eines gemeinsamen Alltagswissens"[10] bei. Der Einsatz solcher sprachlicher Mittel manifestiert sich dadurch als Ausdruck der Identifikation mit dem eigenen „Bezugsgewebe menschlicher Angelegenheiten"[11], wie Hannah Arendt es nennt, der erfahrbaren Umgebung aus der sich auch das Alltagswissen speist. Mit Victor Turner lässt sich sprachliches Handeln als „gestaltendes soziales Ritual des alltäglichen Lebens erklären, mit dem [die Sprechenden] für [sie] subjektiv wichtige grundsätzliche Klassifizierungen, Kategorien und Gegensätze kultureller Prozesse offenbar[en]."[12]

2.2 Sprachatlanten als Forschungsinstrumente - Vergleich mit extralinguistischen Faktoren

Mithilfe des „Südwestdeutschen Sprachatlas" (SSA) und des „Sprachatlas von Nord Baden-Württemberg" (SNBW)[13] konnte eine neue Vergleichsebene für die Dialektgeographie geschaffen werden. Mit der Hilfe der älteren genannten

6 Nina Kim Leonhardt: Dialektgrenzen als soziokulturelle Konstrukte. Subjektive Sprachräume in Nord Baden-Württemberg. Tübingen 2014, S. 14–16. URL: http://hdl.handle.net/10900/58665 (01.03.2023).
7 Georg Simmel: „Soziologie. Untersuchungen über die Formen der Vergesellschaftung. Leipzig 1958 (1908), S. 480 f.
8 Henri Lefebvre: La production de l'espace. Paris 1986 (1974), S. 121.
9 Leonhardt 2014, S. 129f.
10 Carl Rudolf Bühler: Sprachwandeltendenzen in Baden-Württemberg. Eine diachrone Untersuchung am Beispiel der schwäbisch-fränkischen Dialektgrenze. Teil I: Textband, Teil II: Kartenband. Tübingen 2016, S. 241. URL: http://nbn-resolving.de/urn:nbn:de:bsz:21-dspace-692666 (01.03.2023).
11 Hannah Arendt: Vita Activa oder Vom tätigen Leben. Stuttgart 1960, S. 173.
12 Bühler 2016, S. 241 und Victor Turner: The Anthropology of Performance. New York 1986, S. 11, Fig. 2: "social ritual of everyday life" und S. 157: „a transformative performance revealing major classifications, categories, and contradictions of cultural processes."
13 Vgl. Bühler 2016, S. 17, Kt. I nach Werner König/Renate Schrambke: Die Sprachatlanten des schwäbisch-alemannischen Raumes. Baden-Württemberg, Bayerisch-Schwaben, Elsaß, Liechtenstein, Schweiz, Vorarlberg. Bühl/Baden 1999, S. 38, Hubert Klausmann/Bernhard Tschofen unter Mitarbeit von Rudolf Bühler/Rebekka Bürkle/Nina Kim Leonhardt: „Sprachalltag". Ein sprach- und

Untersuchungen zu den mundartlichen Verhältnissen im Land können nun Aussagen zum Dialektwandel von Generation zu Generation in ganz Baden-Württemberg gemacht werden. Die Interviews von Arno Ruoff und Hermann Bausinger ermöglichen es nun zusätzlich, Funktion und Reichweite des Dialektgebrauchs im Alltag zu untersuchen. Ihre Orientierung im Raum wird durch den Dialekt der Sprecher:innen ebenso beeinflusst wie die Identifikation mit der Region, in der sie leben. Für die Erklärung von Sprachwandeltheorien wurden für linguistische Theorieansätze seit jeher die Einflüsse von geographischen und Siedlungsgrenzen[14], historischen administrativen Grenzen[15] oder von Verkehrswegen[16] bemüht. Weniger im Fokus standen bisher jedoch die Sprecher:innen mit ihrer jeweiligen subjektiven Wahrnehmung des Raums selbst. Ihre geographische Orientierung und ihre subjektive Definition von Räumen tragen zur Bildung von Identitäten bei[17].

Die von phonetisch geschultem Personal in direkter Methode vor Ort erhobenen Daten der baden-württembergischen Regionalatlanten SSA und SNBW erlauben auf Grundlage einer diachronen Betrachtung nun Aussagen zu Intergenerationellem Sprachwandel. Arbeiten von Tobias Streck[18] und Christian Schwarz[19] zeigen Sprachwandel im Vergleich von spontansprachlichen und mit Fragebögen erhobenen Daten. Diese spontansprachlichen Daten waren im Rahmen der Besuche für den SSA vor Ort in den Gemeinden erhebungsbegleitend aufgenommen worden. Als diachrone Vergleichsebene dienten zusätzlich die Angaben aus dem DSA. Auch für weitere Untersuchungen dienen die von Wenker im 19. Jahrhundert erhobenen Daten zur Gegenüberstellung mit aktuellen Daten[20]. Für die vorliegende Studie dienen Sprachatlasdaten ebenso als Vergleichsmate-

kulturwissenschaftliches Projekt zur Alltagssprache in Nord-Baden-Württemberg. In: Hubert Wicker (Hg.): Schwäbisch. Dialekt mit Tradition und Zukunft. Festschrift zum 10-jährigen Bestehen des Fördervereins Schwäbischer Dialekt e.V. Gomaringen 2011, S. 91–102, hier: S. 92.

14 Z. B. Gerhard W. Baur: Die Mundarten im nördlichen Schwarzwald. Bd. 1.2. Marburg 1967 (= Deutsche Dialektgeographie Bd. 55).

15 Z. B. Friedhelm Debus: Deutsche Dialektgebiete in älterer Zeit: Probleme und Ergebnisse ihrer Rekonstruktion. In: Werner Besch u. a. (Hg.): Dialektologie. Ein Handbuch zur deutschen und allgemeinen Dialektforschung. 2. Halbband. Berlin/New York 1983, S. 930–960, hier: S. 937–939.

16 Z. B. Friedrich Maurer (Hg.): Oberrheiner, Schwaben, Südalemannen. Räume und Kräfte im geschichtlichen Aufbau des deutschen Südwestens. Straßburg 1942 (= Arbeiten vom Oberrhein. Veröffentlichungen des Instituts für geschichtliche Landeskunde an der Universität Freiburg i. Br. 2).

17 Vgl. z. B. Leonhardt 2014.

18 Tobias Streck: Phonologischer Wandel im Konsonantismus der alemannischen Dialekte Baden-Württembergs. Sprachatlasvergleich, Spontansprache und dialektometrische Studien. Stuttgart 2012 (= ZDL Beihefte 148).

19 Christian Schwarz: Phonologischer Dialektwandel in den alemannischen Basisdialekten Südwestdeutschlands im 20. Jahrhundert. Eine empirische Untersuchung zum Vokalismus. Stuttgart 2015 (= ZDL Beihefte 159).

20 Z. B. Alfred Lameli: Strukturen im Sprachraum. Analysen zur arealtypologischen Komplexität der Dialekte in Deutschland. Berlin/Boston 2013 (= Linguistik – Impulse & Tendenzen 54), S. 313–322.

rial und liefern Informationen zu den im Basisdialekt dokumentierten Lautungen und grammatischen Formen im jeweiligen Dialektgebiet.

Die Sprachatlanten zeigen ihren wissenschaftlichen Nutzen über das reine Erkenntnisinteresse zu den dialektalen Verhältnissen im jeweiligen Untersuchungsgebiet hinaus, wenn sie wie bei den genannten Studien Grundlage für vergleichende Interpretationsansätze sind. Die Daten aus den Sprachatlanten zeichnen zwar oft ein sehr konservatives Bild, was in der Vergangenheit auch zu Kritik an Erhebungs- und Darstellungsmethode geführt hat. Der idealisierte, durch Explorator:innen und Sprecher:innen während der Aufnahmesituation festgelegte Lautstand bilde nicht „die tatsächliche Spontansprache der Sprecher“[21] ab. In der Tat hat Karlheinz Jakob zu den Befragungen für seine Untersuchung der Ortsmundarten im Raum Heilbronn eingeräumt, dass eine „künstliche Archaisierung des Sprachverhaltens in der Aufnahmesituation“[22] durch Eingreifen des Explorators oder der Exploratorin herbeigeführt werden konnte. Dennoch sind diese basisdialektalen Erhebungen wichtig als Grundlage für die „dialektgeographische Einordnung“[23] und für die „Untersuchung spontansprachlicher Daten vor dem Hintergrund von Sprachwandelprozessen unter Berücksichtigung eines sozial gesteuerten Sprachgebrauchs.“[24] Auf ihrem Fundament basieren neuere variationslinguistische Betrachtungen zur Abhängigkeit von Dialektalität und Sozialdaten[25] und zum Zusammenhang vom Dialekträumen und Migrationsverhalten.[26] Aber auch an der Tübinger Arbeitsstelle Sprache waren extralinguistische Faktoren stets eine Dimension bei der Auswertung sprachlicher Daten.[27]

21 Peter Auer: Der Grunddialekt als Konstrukt. Wie Gewährspersonen und Erheber in der direkten Befragung die Daten der Atlasdialektologie konstituieren. In: Dominique Huck/Thiresia Choremi (Hg.): Parole(s) et langue(s), espaces et temps – Mélanges offerts à Arlette Bothorel-Witz. Strasbourg 2010, S. 23–36, hier: S. 26. Zuvor konnte bereits Bernhard Tschofen am Beispiel des Bodenseeraums den Raumbegriff „Region“ als konstituierten und sich konstituierenden Handlungsraum beschreiben: Bernhard Tschofen: Grenzraum Bodenseeregion. Ethnographische Inspektion in divergierenden Feldern. In: Bernhard Tschofen (Hg.): GrenzRaumSee: Eine ethnographische Reise durch die Bodenseeregion. Tübingen 2008, S. 9–28.

22 Karlheinz Jakob: Dialekt und Regionalsprache im Raum Heilbronn. Zur Klassifizierung von Dialektmerkmalen in einer dialektgeographischen Übergangslandschaft. T. 1: Textband. T. 2: Kartenband. Marburg 1985 (= Studien zur Dialektologie in Südwestdeutschland 3/1.2), S. 202.

23 Kehrein, Roland: Regionalsprachliche Spektren im Raum. Zur linguistischen Struktur der Vertikale. Stuttgart 2012 (= ZDL Beihefte 152), S. 107–111.

24 Helmut Spiekermann: Sprache in Baden-Württemberg. Merkmale des regionalen Standards. Tübingen 2008 (= Linguistische Arbeiten 526), S. 55.

25 Z. B. Alfred Lameli: Standard und Substandard. Regionalismen im diachronen Längsschnitt. Stuttgart 2005 (= ZDL Beihefte 128).

26 Lameli 2013, S. 273–279.

27 Vgl. Ruoff 1973, S. 185–199, §120–133 zu landschaftlichen und sozialen Faktoren.

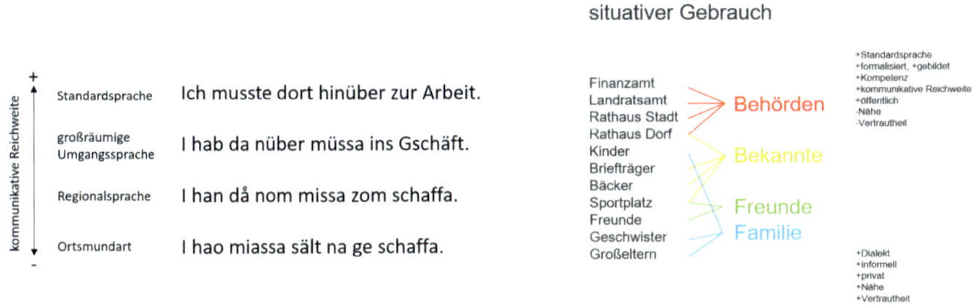

Abb. 1: Kommunikative Reichweite und das sprachliche Stufenmodell[28]; situativer Sprachgebrauch: adressatenabhängige Nutzung von Varietäten[29].

Heute liegt das Augenmerk der Forschung auf den zahlreichen Zwischenstufen, über welche Sprecher:innen in Südwestdeutschland verfügen. Sie lassen sich einem sprachlichen Spektrum zuordnen, welches sich vertikal vom Standarddeutschen, wie es nur von geschulten Sprecher:innen realisiert wird, über die regionalen Umgangssprachen bis hin zu den einzelnen Ortsmundarten aufspannen lässt.[30] Zwischen den beiden Enden der Skala von Standarddeutsch bis Grundmundart wählen Sprecher:innen bewusst und unbewusst aus einem Repertoire von Varietäten. In welcher Sprechlage aus ihrem eigenen Spektrum sie sich gerade äußern, war den Gewährsleuten der für diese Untersuchung ausgewerteten Aufnahmen zum Zeitpunkt der Interviews oft selbst kaum bewusst. In früheren Untersuchungen an der Tübinger Arbeitsstelle Sprache in Südwestdeutschland/Arno-Ruoff-Archiv wurde in Interviews der situative Gebrauch der unterschiedlichen Sprachstufen schon mehrfach thematisiert (vgl. Abb. 1). Da eine gemeinsame Sprache „eng gekoppelt mit gemeinsamer regionaler Identität und sozialem Stand“[31] ist, hat adressatenabhängig jeweils die ortsmundartlichere oder die standardnähere Varietät ein höheres Prestige. Mit den Überlegungen von Pierre Bourdieu lässt sich die Auswahl eines Registers innerhalb des individuell verfügbaren sprachlichen Spektrums als „Habitus vor den Hintergrund einer sozialen Zugehörigkeit“[32] stellen. In unserem Kontext kann jedoch nicht unbedingt davon ausgegangen werden, dass die Standardvarietät automatisch

28 Nach Arno Ruoff: Mundarten in Baden-Württemberg. Stuttgart 1983, S. 6.

29 Vgl. Rudolf Bühler/Mirjam Nast: Warum der Dialekt (Jetzt) doch nicht verschwindet. Zum Verhältnis von Zuschreibungen und Gebrauch des Dialekts im Sprachalltag von Bürgermeistern. In: Rudolf Bühler/Hubert Klausmann/Mirjam Nast (Hg.): Schule – Medien – Öffentlichkeit. Sprachalltag und dialektale Praktiken aus linguistischer und kulturwissenschaftlicher Perspektive. Reinhard Johler zum 60. Geburtstag gewidmet. Tübingen 2020 (= Untersuchungen des Ludwig-Uhland-Instituts für Empirische Kulturwissenschaft 124), S. 151–178 und den Beitrag von Hubert Klausmann in diesem Band.

30 Vgl. zur Terminologie der einzelnen Sprachstufen z. B. Kehrein 2012, S. 33, Spiekermann 2008, S. 36–42.

31 Bühler 2016, S. 230.

32 Ebd.

als „allseits anerkannte sprachliche Norm“[33] zu einem „Distinktionsgewinn“[34] führt, wie es bei Bourdieu heißt. Um die Problematik dieser Zuordnung und die Möglichkeit der Gesprächspartner:innen, aus verschiedenen Registern zu wählen, soll es daher auch im nächsten Kapitel gehen.

3 Sample und Methode

Ziel dieser Studie ist der diachrone Vergleich heutiger alltagssprachlicher Interviews mit historischen Aufnahmen aus dem Bestand des Arno-Ruoff-Archivs (ARA) aus den Jahren 1955–1964. Ausgangspunkt der Analyse sollen Gespräche mit jungen Erwachsenen sein, die zum Zeitpunkt der Aufnahme zwischen 16 und 29 Jahren waren und in der Region aufgewachsen sind. Anhand von Sprachatlasdaten kann der Stand der sprachlichen Entwicklung am Ort seit den letzten 60 Jahren eingeschätzt werden. Subjektive Angaben aus den Interviews mit „kommunikativ-funktionale[m] Aspekt“[35] ergänzen die objektiven Daten aus dem Material von SSA und SNBW dem jeweiligen Gebiet

Ursprünglich hatten Arno Ruoff und Hermann Bausinger für ihre Aufnahmen nach Möglichkeit in jedem Ort Angehörige jeweils der jüngeren, der mittleren und der älteren Generation befragt. Somit liegen im ARA heute flächendeckend 83 Gespräche mit jungen Erwachsenen vor, die vornehmlich in Württemberg entstanden sind, dem hauptsächlichen Untersuchungsgebiet der Tübinger Arbeitsstelle. Es handelt sich dabei um narrative Interviews zu unterschiedlichen Themen aus dem Alltag der Sprecher:innen.

Der Projektantrag zu dieser Studie sah vor, mithilfe von neuen Interviews aktuelle Daten für 4–6 Orte zu sammeln, die im Land auf drei verschiedene Dialektgebiete verteilt sind. Um eine möglichst große geographische Schnittmenge aus den neuen Aufnahmen und dem Bestand des ARA aus den Jahren 1955–1964 zu erhalten, wurden für die neuen Aufnahmen Orte aus dem westschwäbischen, dem ostschwäbischen sowie dem südschwäbischen Raum ausgewählt. Die narrativen, leitfadengestützten Interviews konnten für den westschwäbischen Raum im Rahmen eines Projekts in Zusammenarbeit mit dem Landkreis Rottweil im Sommer 2020 geführt werden, die anderen Gespräche entstanden im Sommer 2022. Alle befragten Personen waren in der Region aufgewachsen und hatten ihren Wohnort zum Zeitpunkt der Aufnahme am Ort oder in der direkten Umgebung. Der Kontakt zu den Gewährspersonen wurde über die Gemeindeverwaltungen hergestellt[36]. Um die Einhaltung der jeweils geltenden Hygienevorschriften

33 Pierre Bourdieu: Was heißt sprechen? Die Ökonomie des sprachlichen Tausches. Wien 1990, S. 41.
34 Ebd.
35 Spiekermann 2008, S. 57.
36 Für die Vermittlung der Sprecherinnen aus Westhausen und die Gastfreundschaft in den Räumen der AIDA GmbH möchte ich Eberhard Forner an dieser Stelle ganz herzlich danken.

während der Corona-Pandemie gewährleisten zu können, wurden die Interviews in geeigneten Räumen auf den Rathäusern der Gemeinden, in Westhausen am Arbeitsplatz, durchgeführt.

Bei den Interviews auf den Rathäusern ergab sich in Bezug auf die Sprecher:innen eine gewisse Problematik bezüglich der sprachlichen Varietät, in der sie die Interviews führen sollten. Die situative Verwendung unterschiedlicher Varietäten, über welche die Sprecher:innen in Süddeutschland verfügen, wird unter anderem durch den Ort und das Gegenüber des Gesprächs bestimmt. „Die Mundarten Süddeutschland haben unterschiedliche Gebrauchsbereiche“[37], stellte Arno Ruoff fest. Und weiter: „Schule, Kirche, Öffentlichkeit, Medien, Wissenschaft, Bühne gelten als Domäne der Standardsprache“[38]. Dokumentiert werden sollte nun eben nicht eine möglichst konservative Varietät, die nicht dem Sprachalltag der Befragten entspricht. Die Gespräche in den Räumen des jeweiligen Rathauses hatten jedoch noch mehr einen öffentlichen Charakter, als es Interviews durch eine fremde akademische Person auch schon zu Hause gehabt hätten. Die Gefahr bestand also darin, dass die gewählte Sprachlage durch den öffentlichen Rahmen zu sehr in Richtung Standard tendieren und die Einschätzungen zum diachronen Wandel verfälschen würde. Die Problematik wurde im Vorgespräch thematisiert, die Interviewparter:innen wurden gebeten, in Ihrer ‚bequemen‘ Sprachlage zu erzählen. Einen „direkten Zugriff auf den tatsächlichen Sprachalltag der Befragten, wie dies etwa durch direkte Beobachtung möglich wäre“[39], bieten diese Interviews freilich nicht. Sie skizzieren jedoch ein Repertoire lautlicher Phänomene und morphologischer Formen, welche die Sprecher:innen in ihrer jeweils verwendeten Sprachlage während des Interviews realisieren. Zudem bieten sie subjektive Einschätzungen zum Varietätenspektrum und zur kommunikativen Reichweite der eigenen Mundart. Die Bewertung der eigenen Varietät kann Aufschluss darüber geben, wie es etwa durch fehlendes Prestige zum Abbau basisdialektaler Merkmale kommen kann.

Die Sprecher:innen der Aufnahmen aus dem Bestand des Arno-Ruoff-Archivs (ARA) aus den Jahren 1955–1964 waren dazu angehalten worden, während des Interviews diejenige Varietät aus ihrem Repertoire zu verwenden, die dem Ortsdialekt am nächsten steht. Eine Klassifizierung der bei den Aufnahmen vertretenen Register und eine Kommentierung der jeweiligen Sprechlage wurde von Arno Ruoff[40] bereits vorgenommen (s.u. unter 3.1 zu den Aufnahmen). Dass die Ge-

37 Ruoff, Arno: Sprachvarietäten in Süddeutschland. In: Reinhard Johler/Bernhard Tschofen (Hg.): Empirische Kulturwissenschaft. Eine Tübinger Enzyklopädie. Tübingen 2015 (1997) (= Untersuchungen des Ludwig-Uhland-Instituts fur Empirische Kulturwissenschaft 100), S. 655–665, hier: S. 657.

38 Ebd.

39 Bühler/Nast 2020, S. 155.

40 Ruoff 1973, S. 281.

währspersonen der historischen Aufnahmen durchaus in der Lage sind, thematisch bedingte Registerwechsel zu vollziehen, konnte Klausmann 2020 zeigen.[41]

Für den direkten Vergleich zwischen heutigen und historischen Aufnahmen werden zehn sprachliche Merkmale aus beiden Gruppen untersucht und miteinander verglichen. Dabei wurde eine vereinfachte Kategorisierung vorgenommen, die zwischen einer ‚Standard'-Realisierung und einer erwartbaren ‚Variante' im Regiolekt bzw. in der Basismundart unterscheidet. Im Sprachalltag von Baden-Württemberg gibt es keine Diglossie, sondern ein mehr oder weniger abgestuftes Kontinuum zwischen Basismundart und Standard. Die angenommenen Raster dafür sind unterschiedlich im Maßstab; die vertikale Struktur gesprochener Sprache lässt sich in Südwestdeutschland in verschiedene Grade zwischen Standard, Regionalsprache und Basisdialekt differenzieren.[42] Für die vorliegende Untersuchung war es jedoch ausreichend, bei der Betrachtung einzelner Lemmata die realisierten Lautungen oder Formen in die beiden Kategorien „Standard" und „Variante" zu trennen. Als Veränderungen in den Grundmundarten lassen sich vertikale, durch den Einfluss der Standardsprache begünstigte Sprachwandeltendenzen unterscheiden von solchen, die in horizontaler Richtung zwischen einzelnen Dialekträumen sichtbar werden. Bei Hinweisen auf sprachlichen Wandel in geographischer Nähe zur Grenze des jeweiligen Verbreitungsgebiets einer bestimmten Lautung oder grammatischen Form geben wieder die Sprachatlasdaten des gesamten Raumes eine Interpretationshilfe.

3.1 Aufnahmen

Aus dem Sprachraum „Schwäbisch" in Baden-Württemberg wurden als Referenzpunkte für die historische Ebene (1955–1964) Aufnahmen aus dem Bestand des ARA aus drei verschiedenen Regionen verwendet[43]: 1. Gebiet „Westschwäbisch", 2. Gebiet „(Nord,Mittel)Ostschwäbisch", 3. Gebiet östliches „Südschwäbisch" und „Westallgäuisch"[44]. Die Aufnahmen aus TUT-Neuhausen ob Eck

41 Hubert Klausmann: Das Arno-Ruoff-Archiv als Quelle für Untersuchungen zum Registerwechsel. In: Rudolf Bühler/Hubert Klausmann/Mirjam Nast (Hg.): Schule – Medien – Öffentlichkeit. Sprachalltag und dialektale Praktiken aus linguistischer und kulturwissenschaftlicher Perspektive. Reinhard Johler zum 60. Geburtstag gewidmet. Tübingen 2020 (= Untersuchungen des Ludwig-Uhland-Instituts für Empirische Kulturwissenschaft 124), S. 115–130.

42 Vgl. Abb. 1 und Kehrein 2012, S. 32f.

43 Vgl. zu den Sprachräumen LUI 2022, Übersichtskarte.

44 Die vorgenommene Einteilung der Dialekte in Baden-Württemberg folgt lautlichen Kriterien, insbesondere der Aussprache der mhd. langen Hochzungenvokale î, û und iu, der mhd. Vorderzungenvokale ê und ô sowie des mhd. Diphthongs ei; vgl. Hugo Steger: Raumgliederung der Mundarten um 1950. Beiwort zur Karte XII, 7. Mit einem Beitrag von Karlheinz Jakob. Stuttgart 1982 (= Historischer Atlas von Baden-Württemberg, Erläuterungen XII, 7), LUI 2022 Ktn. 1.21 – 1.26 bzw. SNBW I/12.1, I/13.1, I/17.2.2, I/14.1.2, I/16.1 und I/21.1 sowie SSA II/25.01, II/27.00, II/28.00, II/24.00, II/22.00 und II/30.50.

und VS-Schwenningen sind nach Bewertung Ruoffs etwas regionalsprachlicher bzw. stadtsprachlicher geprägt. Sie entstammen den Nachbar-Regionen westliches „Südschwäbisch" bzw. nördliches „Bodensee-Alemannisch". Sozialdaten und Ruoffs Einschätzungen zur Varietät der Sprecher:innen während der Aufnahmen sind im „Katalog der Tonbandaufnahmen des Auswertungskorpus"[45] dokumentiert. Mit den Beurteilungen der in den Aufnahmeorten vorgefundenen sprachlichen Varietäten gibt Ruoff einen größeren Überblick über das jeweils vorhandene Spektrum, als es die Aufnahmen selbst geben könnten, die ja immer nur einen kleinen Ausschnitt der möglichen Bandbreite im Repertoire eines Sprechers oder einer Sprecherin repräsentieren.

Die Art der Aufnahmen in den beiden Vergleichsebenen unterscheidet sich etwas. Die Aufnahmen aus dem Bestand des ARA sind narrative Interviews ohne festgelegten Gesprächsinhalt. Dennoch gab es ein gewisses Themenrepertoire, das von den Explorator:innen verwendet werden konnte.[46] Es wurden im Gesamtkorpus des ARA in der Regel Einzelpersonen interviewt. Die Aufnahmen der heutigen Vergleichsebene sind leitfadengestützt, meist wurden zwei oder mehr Personen in einem Gespräch befragt.

Zu den einzelnen Aufnahmeorten geben die folgenden Tabellen einen Überblick (mit den Ortsnamen vorgestelltem Landkreiskürzel zur besseren geographischen Einordnung). In den weiteren Spalten der Tabellen zum ARA: Aufnahme-Sigle im Arno-Ruoff-Archiv/Geschlecht/Alter zum Zeitpunkt der Aufnahme/Aufnahmejahr/Anzahl untersuchter Tokens/Kommentar zur Einschätzung der Sprachlage im „Katalog der Tonbandaufnahmen des Auswertungskorpus"[47]. In den Spalten der Tabellen zur heutigen Vergleichsebene: Ort mit vorangestelltem Landkreiskürzel/Sprecher:innen-Nr. bei mehreren Sprecher:innen am Ort/Geschlecht/Alter zum Zeitpunkt der Aufnahme/Aufnahmejahr/Anzahl untersuchter Tokens/Kommentar zur Aufnahme.

3.1.1 Westschwäbisch

Aufnahmen aus dem Bestand des ARA, 1955-1964 (Sample ARAJungeWest):

Ort	ARA-Nr.	m/w	Alter	Jahr	Tokens	Kommentar
BL-Isingen	I-186	w	17	1955	199	„bei der Aufnahme ... ganz natürlich in Grundmundart"

45 Ruoff 1973, S. 275–389.
46 Vgl. Ebd., § 53.
47 Ebd. S. 275–389.

FDS-Hinterlangenbach	X-12	w	24	1964	202	„… unbefangen in Ortsmundart“
FDS-Leimiß	X-30	w	24	1964	36	„Gehobene schwäbische Mundart“
FDS-Rodt	I-193	w	23	1955	178	„Spricht in auffallend archaischer Grundmundart“
FDS-Romishorn	X-38	w	27	1964	393	„allgemein wie bei der Aufnahme nahe der Grundmundart“
FDS-Romishorn	X-45	w	23	1964	156	„bei der Aufnahme wie auch sonst natürlich und unbefangen in Ortsmundart“
FDS-Trollenberg	X-64	w	27	1964	137	„sonst Ortsmundart, bei der Aufnahme meistens gehoben“
RW-Göllsdorf	I-5047	m	22	1959	132	„außerordentlich rasch und oft schwer verständlich in Ortsmundart“
RW-Lehengericht	I-5028	m	29	1959	111	„ganz unbefangen in Ortsmundart“
RW-Rottweil	I-5043	m	24	1959	210	„in Ortsmundart“
TUT-Neuhausen ob Eck	I-149	m	26	1955	92	„mehr in Regionalmundart“
VS-Schwenningen	I-5040	m	29	1959	136	„städtische Grundmundart, naiv und mit bemerkenswerten Archaismen“

Neuere Aufnahmen aus dem Jahr 2020, die erhebungsbegleitend im Rahmen der Aufnahmen zu einem Sprachatlasprojekt mit dem Landkreis Rottweil entstanden sind (s.o. 3. Sample und Methode), bilden die Vergleichsebene der heutigen Sprachstufe.

Ort	Spr. Nr.	m/w	Alter	Jahr	Tokens	Kommentar
RW-Aichhalden		m	24	2020	186	
RW-Böhringen	1	w	22	2020	68	
RW-Böhringen	2	w	21	2020	79	
RW-Bösingen	1	m	20	2020	77	
RW-Bösingen	2	w	25	2020	214	
RW-Bösingen	3	m	23	2020	46	
RW-Bösingen	4	w	27	2020	76	
RW-Deißlingen	1	w	21	2020	129	
RW-Deißlingen	2	m	18	2020	97	
RW-Dietingen	1	w	26	2020	142	
RW-Dietingen	2	w	18	2020	58	
RW-Eschbronn		m	20	2020	313	Nachbar-Region nördliches „Bodensee-Alemannisch"
RW-Irslingen	1	w	26	2020	146	
RW-Irslingen	2	w	25	2020	145	
RW-Marschalkenzimmern		w	16	2020	191	

3.1.2 (Nord-, Mittel-)Ostschwäbisch

Aufnahmen aus dem Bestand des ARA, 1955/1964 (Sample ARAJungeOst):

Ort	ARA-Nr.	m/w	Alter	Jahr	Tokens	Kommentar
AA-Goldburghausen	I-5446	m	24	1964	151	„natürlich in Ortsmundart mit mehrerlei Hebungen"
AA-Kösingen	I-5436	m	25	1964	368	„gelegentlich leicht gehobene Mundart des Ortshandwerkers"
AA-Neuler	I-689	m	19	1955	326	„ganz natürlich in Ortsmundart"
AA-Weiler i. den Bergen	I-707	m	22	1955	214	„Etwas schludrig und unartikuliert in Ortsmundart"
GP-Böhmenkirch	I-5428	w	23	1964	298	„stark gehoben"
HDH-Dettingen	I-675	m	26	1955	308	„flüssig in Ortsmundart"
HDH-Königsbronn	I-683	m	28	1955	197	„in schwäbischer Amtssprache ... unnatürliche, gestelzte Redeweise"
UL-Bräunisheim	I-713	w	23	1955	195	„unflüssig in Ortsmundart"
UL-Langenau	I-670	w	28	1955	301	„zur Umgangssprache gehobene Mundart mit großer Variationsbreite"

Neuere Aufnahmen aus dem Jahr 2022, für welche leitfadengestützte Interviews mit Personen aus dem Ostalbkreis und aus dem Kreis Heidenheim geführt wurden (s.o. 3. Sample und Methode), bilden die Vergleichsebene der heutigen Sprachstufe.

Ort	Spr.Nr.	m/w	Alter	Jahr	Tokens	Kommentar
AA-Westhausen_01	1	w	23	2022	317	
AA-Westhausen_01	2	w	19	2022	277	
AA-Westhausen_02	1	w	22	2022	434	
AA-Westhausen_02	2	w	24	2022	219	
HDH-Steinheim	1	m	18	2022	617	
HDH-Steinheim	2	m	18	2022	307	
HDH-Steinheim	3	m	18	2022	189	

3.1.3 östliches „Südschwäbisch" und „Westallgäuisch"

Aufnahmen aus dem Bestand des ARA, 1955/1959 (Sample ARAJungeSüd):

Ort	ARA-Nr.	m/w	Alter	Jahr	Tokens	Kommentar
BC-Biberach	I-286	w	21	1955	158	„natürliche Stadtmundart"
BC-Buchau	I-290	w	20	1955	189	„schwäbische Umgangssprache"
BC-Kirchberg a.d.Iller	I-346	m	26	1955	290	„flüssig in Grundmundart"

RV-Aulendorf	I-302	m	21	1955	209	„gelegentlich sehr mundartliche Umgangssprache, oft mit längeren hochsprachlichen Einschüben und schriftsprachlichen Wendungen“
RV-Beuren	I-330	m	28	1955	196	„Ortsmundart“
RV-Diepoldshofen	I-339	m	20	1955	352	„flüssig in Ortsmundart“
RV-Leupolz	I-325	w	17	1955	176	„flüssig in Oberländer Umgangssprache“
RV-Mooshausen	I-343	w	29	1955	256	„gelegentlich ausgesprochener Vortragsstil, stellenweise jedoch ... in Grundmundart mit gelegentlichen Hebungen“
RV-Pfrungen	I-5006	m	27	1959	161	„spricht ... Ortsmundart“
RV-Schlier	I-312	m	19	1955	181	„flüssig in örtlicher Mundart, die stark von der oberschwäbischen Umgangssprache beeinflusst ist“
RV-Sommersbach	I-4992	m	16	1959	111	„flüssig in Ortsmundart“

Neuere Aufnahmen aus dem Jahr 2022, für welche leitfadengestützte Interviews mit Personen aus den Landkreisen Biberach und Ravensburg geführt wurden (s.o. 3. Sample und Methode), bilden die Vergleichsebene der heutigen Sprachstufe.

Ort	Spr.Nr.	m/w	Alter	Jahr	Tokens	Kommentar
BC-Ochsenhausen_01		m	21	2022	438	
BC-Ochsenhausen_02		w	21	2022	505	
BC-Ochsenhausen_03		m	20	2022	210	
RV-Aulendorf_01	1	m	18	2022	506	
RV-Aulendorf_01	2	m	18	2022	239	
RV-Aulendorf_02	1	m	23	2022	377	
RV-Aulendorf_02	2	m	20	2022	330	
RV-Aulendorf_03		w	19	2022	400	

3.2 Untersuchte sprachliche Merkmale

Bei der Auswahl des Teilkorpus junger Erwachsener aus dem Gesamtmaterial des ARA war zunächst die Frage zu beantworten, inwieweit das von den Sprecher:innen verwendete lexikalische Inventar repräsentativ und damit vergleichbar mit dem Gesamtkorpus war. Die Häufigkeitsverteilung der ersten 1000 Lemmata im Teilkorpus ARA ist auf Abb. 2 in einer logarithmisch skalierten Tabelle dargestellt. Während die ersten Wörter der Häufigkeitsliste eine Beleglage im vierstelligen Bereich aufweisen, nimmt die Anzahl exponentiell ab und bewegt sich nach Rang 1000 im einstelligen Bereich. Das gleiche Bild ergibt sich für die Auszählung der neueren, in den Jahren 2020 und 2022 geführten Interviews, deren Schaubild einer logarithmisch skalierten Häufigkeitsverteilung ebenfalls exponentiell abnimmt.

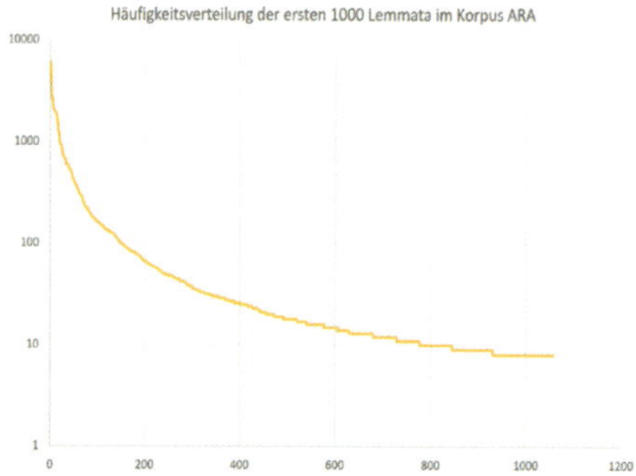

Abb. 2: Häufigkeitsverteilung der ersten 1000 Lemmata im Korpus ARA (1959-1964).

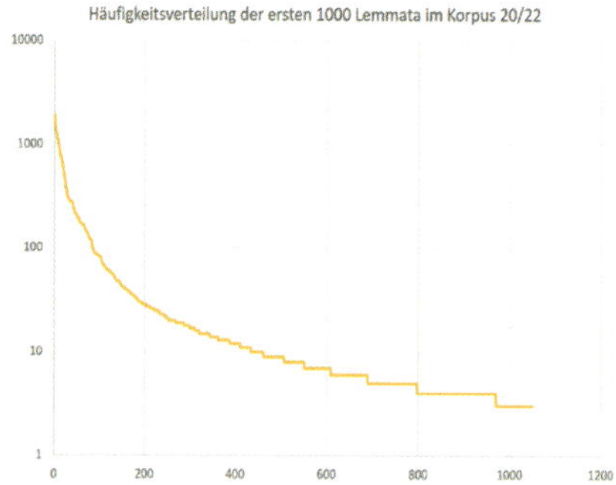

Abb. 3: Häufigkeitsverteilung der ersten 1000 Lemmata im Korpus 20/22.

Für die Auswertung wurden die häufigsten 1000 Lemmata aus dem Teilkorpus ARA ausgezählt. Die einhundert am häufigsten vorkommenden Belege sind hier aufgelistet (Lemma, dahinter in Klammern Anzahl Tokens im Korpus):

da (6072), und (5733), nach (3506), das (2807), die (2700), ist (2679), ja (2218), ich (2078), wir (2056), so (2001), man (1969), der (1958), nicht (1876), hat (1832), es (1810), haben (1510), in (1331), auch (1263), sind (1247), ein (1037), sie (944), den (941), also (938), noch (900), war (868), ha (777), jetzt (727), im (711), halt (701), wenn (698), habe (679), mit (669), aber (648), dem (593), auf (592), schon (591), wie (584), wieder (582), dann (580), eine (552), oder (531), dass (515), von (514), er (511), wo (475), am (452), gewesen (430), bin (426), mehr (412), einen (402), einmal (399), gehabt (375), was (372), immer (368), zu (365), an (351), gerade (342), bei (340), wird (323), sich (315), uns (303), kann (302), zum (298), bis (294), müssen (289), zwei (289), weil (274), machen (258), viel (258), geht (257), gemacht (234), natürlich (230), kommt (229), alles

(227), waren (222), um (221), für (220), drei (211), Jahr (209), gesagt (207), als (205), bloß (200), ganz (198), eben (195), bisschen (193), vom (187), gekommen (182), mir (179), sonst (179), weiß (179), etwas (176), nichts (173), meine (172), nachher (172), einem (169), doch (165), vier (165), werden (164), sagen (163), aus (159).

Abgesehen von den Formen der Hilfsverben *sein* und *haben* kommt diese Rangliste fast ohne Belege für weitere Verben aus. Wie das aus dem Material des ARA entstandene „Häufigkeitswörterbuch gesprochener Sprache“[48] zeigt, belegen auch im Gesamtkorpus des ARA Kleinwörter wie Partikeln, Präpositionen, Konjunktionen oder Adverbien die vorderen Ränge der Häufigkeitsliste. Das erste Substantiv erscheint im Teilkorpus der jungen Erwachsenen auf Platz 79 (Jahr), das erste Adjektiv auf Platz 83 (ganz). Ähnlich verhält es sich mit der Rangliste der 100 häufigsten Wörter im Korpus der 2020 und 2022 mit jungen Erwachsenen aufgenommenen Interviews (vgl. Abb. 3). Hier belegen Substantive und Adjektive ebenso kaum Plätze in den Top100. Auffällig in diesem Teilkorpus ist die häufige Verwendung von *genau* als Interjektion (218 Tokens) durch die Sprecher:innen sowie die durch den Interview-Leitfaden thematisch bedingte Anwesenheit der Belege für *schwäbisch* (312), *hochdeutsch* (282), *Dialekt* (124), *schwätzt* (122) und *schwätzen* (119). Auch hier eine Auflistung der einhundert am häufigsten vorkommenden Belege im Korpus 20/22 (Lemma, dahinter in Klammern Anzahl Tokens im Korpus):

ja (1908), ich (1601), so (1467), das (1380), und (1345), dann (1239), auch (1140), ist (1130), man (1114), also (958), es (927), da (908), die (835), halt (779), nicht (778), jetzt (745), aber (717), oder (670), wenn (614), schon (583), in (564), der (525), ein (510), wir (467), eigentlich (425), mit (389), immer (365), dass (362), einmal (315), schwäbisch (312), hat (307), haben (295), noch (289), wie (287), hochdeutsch (282), wo (281), war (279), im (278), sind (275), auf (272), weil (269), sich (246), bei (241), habe (238), genau (218), von (215), sie (215), dem (213), du (210), gerade (203), eher (199), mir (193), nach (193), einfach (193), bisschen (192), zum (178), etwas (175), nein (174), kommt (173), sagen (172), glaube (170), bin (168), zu (167), eine (166), den (166), irgendwie (164), aus (160), ganz (153), mehr (147), gibt (147), an (143), kann (143), einen (140), wieder (135), mich (134), was (132), Dialekt (124), uns (122), hier (122), schwätzt (122), schwätzen (119), finde (119), meine (116), gar (107), geht (102), weiß (95), waren (93), am (92), Beispiel (89), viel (89), gesagt (88), Schule (88), für (86), jeden (86), würde (86), sonst (85), doch (85), Fall (84), denke (84), vielleicht (83).

48 Arno Ruoff: Häufigkeitswörterbuch gesprochener Sprache. Gesondert nach Wortarten alphabetisch, rückläufig alphabetisch und nach Häufigkeit geordnet, Tübingen 1981 (= Idiomatica 8).

Damit bestätigt sich Ruoffs Vermutung zur Bedeutung von Korpusabhängigkeit. Thematisch bedingte Schwerpunkte im Wortschatz werden dadurch relativiert, dass Substantive und Adjektive erst relativ weit hinten in der Rangliste und mit viel geringerer Häufigkeit vorkommen. Die kleinere Wahrscheinlichkeit für das einzelne Lemma wird durch eine größere Vielfalt der Belege innerhalb der Wortart ausgeglichen. Dadurch wird der Erwartungswert *E(X)* für die Wortart Substantiv innerhalb des Korpus als stochastische Größe, also die Summe aus den einzelnen Produkten von Häufigkeit (jeweils belegter Anzahl an Tokens) eines Substantivs x_i und ihrem Anteil am Gesamtkorpus p_i, mit

$$\mathrm{E(X)} = \sum_{\mathrm{i=1}}^{\mathrm{n}} x_i * p_i$$

in der Verteilung innerhalb der ersten 1000 Lemmata auch für Substantive und Adjektive genügend hoch.[49] So gleicht die größere Zahl der Adjektive und Substantive im weiteren Verlauf der Rangliste die geringere Häufigkeit der einzelnen Belege etwas aus. Es finden sich gegebenenfalls auch Substantive und Adjektive unter den ausgezählten Belegen, die im Folgenden jeweils am Ende des jeweiligen Absatzes aufgeführt sind.

Die Relationen der Wortarten untereinander entsprechen in beiden Teilkorpora aus dem historischen Material des ARA mit den Aufnahmen aus den Jahren 1955–1964 und den neueren Interviews von 2020 und 2022 einem ähnlichen Wert. Wenn auch die Reihenfolge der einzelnen Lemmata sich etwas unterscheidet, zeigt doch die Häufigkeitsverteilung gleichermaßen eine exponentielle Abnahme der Beleganzahl. Kleinwörter bilden die Gruppe mit den meisten Tokens, sowohl für die Anzahl der Lemmata als auch für die Häufigkeit des einzelnen Belegs, Adjektive und Substantive folgen mit Abstand. Das ist insofern nicht ganz unwichtig für eine Bewertung der alltagssprachlichen Varietäten, welche sich in den Interviews beider Zeiträume finden lassen, da sie stets vor dem Hintergrund der durch die traditionelle Dialektgeographie definierten Sprachräume betrachtet werden. Die Einteilung der Sprachräume folgt aber gerade lautlichen Kriterien, die oft an Beispielwörtern illustriert werden, welche in der Alltagssprache meist keine hohe Frequenz erreichen, vornehmlich Adjektiven und Substantiven.

Für die Erforschung regionaler Standardvarietäten in Baden-Württemberg liegt mit Spiekermann 2008 bereits eine umfassende Untersuchung vor, die sich mit regionalen Unterschieden intendierter Standardsprache beschäftigt. Sprachproben von Sprecher:innen aus verschiedenen Regionen Baden-Württembergs liefern ein Datenkorpus, das anhand 25 sprachlicher, darunter zwölf dialektaler,

49 Vgl. Ebd., § 6, S. 15.

Merkmale ausgewertet wird.[50] Einige der dort als regional bzw. allegrosprachlich klassifizierten Merkmale konnten auch für die vorliegende Untersuchung herangezogen werden, da sie im hier relevanten Spektrum zwischen Grundmundart und großräumiger Umgangssprache innerhalb der Aufnahmen in genügend großer Anzahl vorkamen. Auch Kehrein 2012 verwendet entsprechende „linguistische Variablen, ... die systematisch mit standardsprachlichen Formen kontrastieren“[51], um unterschiedliche Varietäten im Raum Waldshut-Tiengen anhand von Tonaufnahmen zu bestimmen.[52]

Berücksichtigt wurden für die vorliegende Auswertung solche dialekt- und regionalsprachliche Merkmale, die jeweils in einer basisdialektalen oder in einer standardnahen Variante realisiert werden konnten. Sprachwandel wird hier also anhand einzelner sprachlicher Phänomene untersucht und auf dieser Ebene quantitativ bewertet. Es wird hier gegebenenfalls unterschieden zwischen horizontalem, durch Lautungen in den Nachbargebieten ausgelöstem Sprachwandel und Veränderungen in vertikaler Richtung, die durch Einflüsse aus der Standardsprache hervorgerufen werden. Die folgenden Abschnitte geben einen Überblick über die untersuchten sprachlichen Merkmale und die Verhältnisse der geographischen Verbreitung ihrer Varianten.

Zunächst werden einige lautliche Verhältnisse im Bereich des Vokalismus betrachtet. Entwicklungen aus mhd. î und mhd. û während der neuhochdeutschen Diphthongierung[53], mhd. ê als Merkmal für eine Sonderentwicklung innerhalb des Schwäbischen[54] und die Realisierung von auf mhd. ei zurückgehenden Lautungen als Einteilungsmerkmal innerhalb des schwäbisch-alemannischen Raumes bieten für den Vokalismus einen Überblick über die lautlichen Verhältnisse der Grundmundarten im Vergleich zu den innerhalb des Korpus vorgefundenen Belege. Die s-Palatalisierung steht für ein gemeinsames Merkmal des gesamten südwestdeutschen Sprachraums. Die Untersuchung der Aussprache von *nicht*, *auch*, *noch*, *gleich*, *schon*, *es* beleuchtet den Gebrauch von besonders in den Umgangssprachen verwendeten Formen. Der Gebrauch des reduzierten Präfixes beim Partizip Perfekt stellt ein ebenso basisdialektales wie regionalsprachliches Merkmal dar.

Die unter 3.2.1 - 3.2.5 besprochenen Karten lassen sich über den „Sprechenden Sprachatlas von Baden-Württemberg“[55] erschließen, der als Online-Ressource unter www.sprachalltag.de abrufbar ist. Seinen Karten liegen die Daten

50 Spiekermann 2008, S. 62–91.
51 Kehrein 2012, S. 115.
52 Ebd., S. 115-143, S. 204f.
53 Zur neuhochdeutschen Diphthongierung vgl. Werner König: dtv-Atlas Deutsche Sprache. München 2015, S. 146f.
54 Debus 1983, Kt. 49.4; König 2015, S. 142f.
55 LUI 2022: Sprechender Sprachatlas von Baden-Württemberg. URL: https://escience-center.uni-tuebingen.de/escience/sprachatlas/#8/48.674/8.989 (01.03.2023).

des „Südwestdeutschen Sprachatlas“ (SSA) und des „Sprachatlas von Nord Baden-Württemberg“ (SNBW) zugrunde.

3.2.1 Aussprache von mhd. î

Als geeignete Lautung, die für ein gesamtschwäbisches Merkmal steht, bot sich die Realisierung von mhd. î an. Im Zuge der neuhochdeutschen Diphthongierung entwickelten sich die ehemaligen langen Hochzungenvokale, zu denen auch das mhd. î gehört, im mittel- und oberdeutschen Sprachraum zu Doppellauten, sogenannten Diphthongen. Diese Laute nehmen im Schwäbischen in ihrer Entwicklung eine Sonderrolle ein. Anders als in den schwäbischen Mundarten werden mhd. î und mhd. ei heute in der Standardsprache beide als Doppellaut [ai] ausgesprochen. So besteht in der Standardsprache kein lautlicher Unterschied zwischen dem Diphthong in Wörtern wie *Eis* oder *reiten*, die auf mhd. î zurückgehen, und der Lautung in Wörtern wie *breit* oder *heiß*, deren Diphthong aus mhd. ei herrührt. Da im Schwäbischen die Entwicklung aus beiden mhd. Lauten unterschiedliche Wege genommen hat, werden hier sowohl die auf mhd. î als auch die auf mhd. ei zurückgehenden Lautungen betrachtet.

Die Karten SSA II/25.01 und SNBW I/13.1 zeigen eine Entwicklung von mhd. î in den Basisdialekten des gesamten schwäbischen Raumes als zentralisierten Diphthong [əi]. Zur Realisierung von mhd. î wurden daher innerhalb des Korpus zwei mögliche Varianten erwartet - basisdialektales [əi] und standardnahes [ai]. Alle drei untersuchten Gebiete grenzen an Dialekträume, in denen andere Aussprachevarianten gelten. Für das West- und Südschwäbische lässt sich ein horizontaler Wandel nur insofern feststellen, als dass die „typischen schwäbischen Diphthonge“ in den alemannischen Raum mit ursprünglich monophthongischer Lautung vordringen und hier „den primären Ersatzlaut ... bilden“[56]. Die im benachbarten (Bodensee)Alemannischen erhaltenen Monophthonge konnten umgekehrt jedoch in keiner der für diese Studie untersuchten schwäbischen Sprachproben festgestellt werden. Weniger eindeutig stellt sich die Situation im Ostschwäbischen in unmittelbarer Nähe zur fränkischen Sprachgrenze dar. Ob die dort dokumentierten nicht zentralisierten Diphthonge nun der nahen Isoglosse geschuldet sind oder auf vertikalen, durch die Standardsprache beeinflussten Sprachwandel zurückzuführen sind, lässt sich im Einzelfall nur schwer sagen. Zwar ist die schwäbisch-fränkische Sprachgrenze an dieser Stelle besonders stabil. Wie SNBW I/13.1 zeigt, verläuft die [ai]-[əi] Grenze allerdings gerade hier nicht entlang des Isoglossenbündels zwischen Ostalb und Hohenlohe, sondern durchquert den Ostalbkreis östlich von Ellwangen und Aalen von Nord nach Süd. Ein Vergleich mit weiteren älteren Aufnahmen zeigt, dass „der ursprüngliche

56 Schwarz 2015, S. 159.

zentralisierte Diphthong [in der Alltagssprache] nur noch fakultativ verwendet wird und es sich hierbei um einen (sporadischen) vertikalen Wandel handelt“[57].

Im Teilkorpus aus dem Bestand des ARA (Aufnahmezeitraum 1955–1964) wurden die folgenden am häufigsten vorkommenden Belege für mhd. î - im Fall von *Leute(n)* und *heute* auch mhd. iu - ausgezählt (Lemma, dahinter in Klammern Anzahl Tokens im Korpus): bei (340), weil (274), vielleicht (158), Leute (137), gleich (134), weiter (125), heute (119), dabei (108), Freitag (80), Zeit (78), beim (74), weit (50), seit (42), Beispiel (38), Leuten (31), seither (17).

3.2.2 Aussprache von mhd. û

Neben mhd. î und iu gehört mhd. û zur Reihe der langen Hochzungenvokale, welche im Zuge der neuhochdeutschen Diphthongierung umgelautet wurden. Sie entwickelten sich im gesamten schwäbischen Sprachraum zu einem zentralisierten Diphthong [ǫu̯], wie die Karten SSA II/27.00 und SNBW I/16.1 zeigen. Die Kartenbilder suggerieren zunächst ein relativ homogenes Gebiet, in welchem bei der Abfrage von Wörtern mittels Fragebogen kaum Abweichungen von der Grundmundart festzustellen sind. So verzeichnet die entsprechende SSA-Karte II/27.00 für das Lemma *Maus* innerhalb des dargestellten schwäbischen Raumes ausschließlich zentralisierte Belege. Auf SNBW I/16.1 stehen sich für die Lemmata *brauchen*, *Haus*, *Maus* und *saufen* eine fränkische Lautung [au̯] im Norden und eine schwäbische, zentralisierte Variante [ǫu] gegenüber. Das auf Karte SNBW I/16.1 erkennbare Vordringen der zugleich fränkischen wie standardnahen Lautung [au̯] von Norden her sowohl auf der Ostalb als auch, in noch stärkerem Maße, entlang des Mittleren Neckars veranschaulicht, wie auch bereits bei der älteren Generation der Gewährsleute aus den Sprachatlanten während der Einzelwort-Abfrage die basisdialektalen Diphthonge nicht mehr realisiert werden. Der horizontale Wandel, der entlang der schwäbisch-fränkischen Sprachgrenze stattfindet, wird in der älteren Literatur schon angedeutet, wenn etwa davon abgesehen wird, zwischen den Lautungen [ǫu] im Süden und [au̯] im Norden eine Isoglosse zu ziehen, „weil das sprachliche Landschaftsbild feine Übergänge zeigt“[58]. Die fränkische Lautung entspricht wie gesagt gleichzeitig einer standardnahen Realisierung, weshalb sich bei Vordringen dieser Variante ein Wirken in horizontaler oder vertikaler Richtung kaum unterscheiden lässt. Besonders entlang des Mittleren Neckars und im Kern der Metropolregion Stuttgart zeigen sich jedoch deutlich vertikale, von der Standardsprache ausgehende Wandeltendenzen, die hier auch abseits der unmittelbaren Nähe zur Sprachgrenze einen Lautersatz bewirken.

57 Bühler 2016, S. 103.
58 Friedrich Schlager: Die Mundarten im fränkisch-alemannischen Grenzgürtel Badens. Bühl 1931 (= Bausteine zur Volkskunde und Religionswissenschaft 3), S. 47.

Innerhalb des für diese Untersuchung ausgewerteten Korpus wurden bei den Interviewten wieder zwei mögliche Varianten erwartet. Neben der grundmundartlichen, überall im Schwäbischen vorkommenden Lautung [ǫu] wurde die standardnahe Aussprache [aṷ] besonders häufig bei der Gruppe der Sprecher:innen aus dem ostschwäbischen Raum dokumentiert.

Im Teilkorpus aus dem Bestand des ARA (Aufnahmezeitraum 1955–1964) wurden die folgenden am häufigsten vorkommenden Belege für mhd. û ausgezählt (Lemma, dahinter in Klammern Anzahl Tokens im Korpus): heraus (60), hinaus (56), Haus (50), braucht (+Formen) (40), Bauern (+Sg.) (39), draußen (31), Haufen (30).

3.2.3 Aussprache von mhd. ê/ô/oe

Im größten Teil des schwäbischen Sprachraums in Baden-Württemberg wurden neben den im Zuge der neuhochdeutschen Diphthongierung umgelauteten Hochzungenvokalen auch die mhd. Vorderzungenvokale verändert. So werden auf mhd. ê, mhd. ô und mhd. oe zurückgehende Lautungen in Wörtern wie *Schnee*, *groß* und *größer* in der Mehrheit der schwäbischen Basisdialekte als Diphthonge [ae̜] oder [ao̜] ausgesprochen, wie die Karten SSA II/24.00, II/22.00, II/23.00 sowie SNBW I/12.1, I/14.1.1, I/15.2 zeigen. Im Ostschwäbischen heißt es hingegen [ē̜ə] bzw. [ō̜ə], im Süden gelten Monophthonge.

Für einen intergenerationellen Vergleich schien diese Lautung besonders interessant, da auch schon die Sprachatlasdaten, welche grundsätzlich eine konservativere Sprachschicht repräsentieren, einen Abbau der grundmundartlichen Lautungen andeuten. Bei den Aufnahmen zum SNBW konnte der Rückgang der basisdialektalen Diphthonge in vielen Regionen festgestellt werden. Im Kommentar zu SNBW I/12.1 heißt es daher:

„Die für das West und Zentralschwäbische charakteristische Lautung ist *Schnai* [šnai̯, šnae̯]. Unsere Karte zeigt, dass das Westschwäbische im Norden einst bis LBHes ging, doch wurde diese Lautung von der dialektsprechenden Bevölkerung in den letzten Jahren durch die – auch standardsprachliche – Lautung *Schnee* [šnẹ̄] ersetzt. Den gleichen Vorgang können wir auch im Ostschwäbischen erkennen, wo in den Städten Ellwangen und Heidenheim die grundmundartliche Lautung *Schnäää* [šnē̜ə] ebenfalls durch *Schnee* [šnẹ̄] ersetzt wurde.“[59]

Die Sprecher:innen der Gruppe aus dem westschwäbischen Raum sind in ihrer Nähe zur Isoglosse stark beeinflusst von der standardnahen Monophthong-Lautung aus den Nachbargebieten. Im Bereich der Gruppe aus dem Südschwäbischen ist der Diphthong auch in der Grundmundart nicht bekannt. Wie durch das Zitat aus dem Kommentar zum SNBW angedeutet, vollzieht sich im Ostschwäbischen ein vertikaler Wandel zugunsten des standardkonformen Monophthongs.

59 SNBW IIa, hier: Karte I/12.1. Mhd. ê (Normalfall) in Schnee (Frage 21.32).

Die Aussagekraft der alltagssprachlichen Belege ist allerdings durch ihre geringe Zahl als schwierig zu bewerten. Die in der Dialektforschung wegen der Möglichkeit zur anschaulichen Beurteilung geographischer Verhältnisse oft zitierte „schwäbische Diphthongierung“ der mhd. Vorderzungenvokale scheint in der Alltagssprache quantitativ keine allzu große Rolle zu spielen.

Im Teilkorpus aus dem Bestand des ARA (Aufnahmezeitraum 1955–1964) wurden die folgenden am häufigsten vorkommenden Belege für mhd. ê ausgezählt (Lemma, dahinter in Klammern Anzahl Tokens im Korpus): großen (46), große (34), Schnee (29), groß (25), großer (12), größer (10), größere (10), größten (10), großes (9), Großvater (9).

3.2.4 Aussprache von mhd. ei

Die Entwicklung der Lautungen aus mhd. ei bildet im schwäbischen Sprachraum unterschiedliche Räume aus. Während im Zentral- und Mittelschwäbischen ein fallender Diphthong [ǫę] verbreitet ist, zeichnet sich das Westschwäbische durch die Verwendung eines fallen Diphthongs [ǫə] aus. Dieser steht bei den Sprachproben einer auch im Standard verwendeten Lautung [ai] gegenüber, welche, wie Karte SSA II/30.50 zeigt, auch östlich der schwäbisch-alemannischen Sprachgrenze entlang des Schwarzwaldkamms Verbreitung gefunden hat. Weiter südlich ist die westschwäbische Lautung allerdings auch bis weit ins bodensee-alemannische Verbreitungsgebiet hinein gültig. Auf den Sprachatlaskarten zeigt sich vor allem der Großraum Stuttgart als sehr progressiv. Gebiete mit ursprünglich westschwäbischem Diphthong [ǫə] geben offenbar dem horizontalen Einfluss südfränkischer und zentralschwäbischer Varianten nach, während aus der Stuttgarter Stadtsprache heraus durch vertikalen Wandel beeinflusstes [ai] verbreitet wird. Dieser Prozess wurde für das Gebiet westlich von Stuttgart bereits in älteren Untersuchungen beschrieben und dort auf den Einfluss der Schriftsprache zurückgeführt.[60] Schwarz 2015 bescheinigt zwar dem westschwäbischen [ǫə]-Gebiet eine „relativ hohe Stabilität“[61]. Die Ausbreitung standardnaher Lautungen sei jedoch innerhalb dieses Gebietes im Vergleich zu den anderen zwei benachbarten Räumen mit [ai] und [ǫę] am stärksten. Der gemeinsame Raum, in dem die Lautung [ǫę] dominiert, scheint gemessen an den Daten der Sprachatlanten (SSA II/30.50, SNBW I/21.1) homogen und lautlich stabil. In direkter Umgebung zu den Aufnahmeorten aus dem ost- und südschwäbischen Sprachgebiet finden sich auch keine Isoglossen, die eine standardnahe Konkurrenzlautung in ihre unmittelbare geographische Nähe rücken würden.

60 Vgl. Vogt, E[mil] Friedrich: Die Mundart von Deutringen und Umgebung nach Lauten und Flexion. Stuttgart 1931, § 27 und Hans-Adolf Oechsner: Die Mundart des Nagold-Enz-Gebiets. Laute und Flexion, Abstufungen und Wandlungen. Tübingen 1952 (Masch. Diss.), hier: S. 49 Anm.

61 Schwarz 2015, S. 184 und Abb. 4.14.

Insgesamt scheint die Stabilität der entsprechenden basisdialektalen Lautungen also etwas ambivalent. Von Vorteil ist daher für die vorliegende Untersuchung die gute Beleglage innerhalb des betrachteten Korpus. Der Anteil an belegten Stellen mit Lautungen aus mhd. ei in den Sprechproben ist verhältnismäßig hoch. Im Gegensatz zu den Lautungen aus mhd. ê und mhd. ô, die in der Alltagssprache des Korpus nicht sehr frequent sind, fanden sich in den ausgewerteten Aufnahmen zahlreiche Stellen, an denen sich der Gebrauch einer basisdialektalen Variante untersuchen ließ.

Im Teilkorpus aus dem Bestand des ARA (Aufnahmezeitraum 1955–1964) wurden die folgenden am häufigsten vorkommenden Belege für mhd. ei ausgezählt (Lemma, dahinter in Klammern Anzahl Tokens im Korpus): weiß (1.Sg.) (179), daheim (142), heim (81), heißt (76), Teil (45), geheißen (35).

3.2.5 Palatalisierung von *s* vor *t (st > sch*t*)* in inlautender und auslautender Position

Die Entwicklung der Aussprache der *s*-Laute vor unterschiedlichen Konsonanten hat in der deutschen Standardsprache verschiedene Wege genommen. Während sich vor *l*, *m*, *n*, *r*, *k*, und *w* die palatalisierte[62] Form *sch* sowohl bei der Aussprache als auch im Schriftbild durchgesetzt hat, differenziert man vor *t* und *p* je nach Position der Lautungen innerhalb des Wortes. So heißt es im Standarddeutschen [št] bzw. [šp] am Wortanfang, jedoch [st] bzw. [sp] im Wortinneren und im Auslaut. In der Schrift wird diese Trennung jedoch nicht wiedergegeben. Im Gegensatz zum Standarddeutschen, wo die Lautfolgen *st* und *sp* je nach Position im Wort unterschiedlich artikuliert werden, hat sich in den allermeisten Grundmundarten Baden-Württembergs bei der Entwicklung alter *st* und *sp* die Aussprache [št]/[šd] und [šp]/[šb] in allen Positionen etabliert. Diese palatalisierte *sch*-Lautung findet sich in allen schwäbisch-alemannischen und fränkischen Mundarten des Bundeslandes[63] und ist auch in den Regionalsprachen weit verbreitet und wird im Kommentarband II zum SNBW als „kennzeichnendes Merkmal der Mundarten im südwestdeutschen Sprachraum“[64] bezeichnet. Ganz im Nordosten macht sich der Übergang zum [st]-Gebiet (Inlaut und Auslaut) bemerkbar, zu erkennen auf LUI 2022, Kt. 1.36 am Beispiel der Lemmata *Fenster* und *(er/sie/es) ist*. Dabei zeigt sich, dass „der Übergang zu alveolarem *s*“[65] im Lemma *ist* sich auch bereits weiter westlich in den rheinfränkischen Teilen des Bundeslandes vollzieht.

62 Nach der Position der Zunge am Gaumen, lat. palatum; vgl. König 2015, S. 151.
63 Zur Verbreitung der *sch*-Lautung außerhalb von Baden-Württemberg vgl. Ebd., S. 150.
64 SNBW IIa, S. 56.
65 Klausmann 2021, S. 56.

Alle drei untersuchten Teilgebiete liegen also vollständig und ohne direkte Nähe zu konkurrierenden lautlichen Varianten im *sch*-Gebiet. Da die Beleglage innerhalb der untersuchten Aufnahmen sehr gut ist, wurde auf die Berücksichtigung von *sp*-Belegen verzichtet. Ausgewertet wurden also nur solche Lemmata mit *st*; die Lautfolge *sp* wurde bei der Auszählung nicht berücksichtigt.

Im Teilkorpus aus dem Bestand des ARA (Aufnahmezeitraum 1955–1964) wurden die folgenden am häufigsten vorkommenden Belege für *st* ausgezählt (Lemma, dahinter in Klammern Anzahl Tokens im Korpus): ist (2679), sonst (179), meistens (155), zuerst (125), Samstag (100), Dienstag (85), Donnerstag (84), erst (70), erste (44), ersten (44), fast (35).

3.2.6 Aussprache von *nicht*

Bei der Aussprache der Partikel *nicht* finden sich im Korpus mehrere Varianten. Standarddeutsche oder standardnahe nicht-regionale[66] Realisationen mit Frikativ [-χ-] (*ich*-Laut) wie [ni̜χt] und [ni̜χ] wurden als Standardform gewertet, die regionalsprachlichen bis grundmundartlichen Ausdruckstypen wie [nẹd], [ni̜d] sowie [ẹd], [i̜d]) wurden als dialektale Varianten gezählt. Wie Abb. 4 zeigt, sind alle Ausdruckstypen innerhalb ihres jeweiligen Verbreitungsgebietes homogen und scheinbar sehr stabil.

Kartiert sind hier die Belege für die Fragen SSA 470.2 und SNBW 27.12 sowie SNBW 32.15. Abgefragt wurde *nicht* außerdem in betonter Stellung am Satzende in Beispielsätzen wie „Das wollen wir *nicht*.“, „Das tun wir *nicht*.“, „Er kommt heute *nicht*.“, „Er hat gesagt, er komme *nicht*.“, „Nein, wir können das *nicht*.“, „Du folgst überhaupt *nicht*.“, „Ich treffe einfach *nicht*.“, „Wir sagen es auch *nicht*.“[67] respektive im Satz in Formulierungen wie „Man kann *nicht* immer still sein.“, „Man darf *nicht* lügen.“, „Man darf *nicht* stehlen.“, „Das kann ich *nicht* glauben.“, „Das habe ich *nicht* geglaubt.“, „Er wollte ihn *nicht* gehen lassen.“, „Man kann *nicht* alles wissen.“, „Der Lehrer weiß auch *nicht* alles.“, „Man muss fest reiben, sonst wird es *nicht* sauber.“, „Das kann ich *nicht* tragen.“, „Er hat gesagt, er stehe *nicht* auf.“, „Er will *nicht* folgen.“, „Dem darf man es *nicht* sagen.“, „Der würde ich es *nicht* sagen.“[68] Nicht immer lag das primäre Interesse bei diesen Fragen auf der Negationspartikel, sodass nicht für alle Abfragekontexte Belege in den Materialien der Sprachatlanten vorliegen.

Bei der Auswertung der alltagssprachlichen Daten für diese Untersuchung wurden auch andere Umgebungen im Satzbau zugelassen. Gelegentlich wurden

66 Vgl. Spiekermann 2008, S. 75.

67 SNBW 27.12, 32.15, 18.112, 24.13, 25.64, 32.34, 32.38, 33.43 und SSA 394.7, 470.2, 264.9, 254.0, 374.4, 490.3, 474.6, 492.1.

68 SNBW 18.58, 19.45, 19.48, 19.74, 19.75, 19.83, 21.46, 21.47, 25.57, 28.31, 28.71, 33.36, 33.47, 33.48 und SSA 250.1, 284.3, 284.7, 292.7, 292.8, 294.8, 322.5, 322.6, 372.4, 414.1, 422.9, 490.3, 494.1, 494.2.

dabei auch Stellen mit assimiliertem Plosiv gezählt, etwa in der Phrase „(Das hat man bei uns) *nicht* gemacht“ [ẹ́gmaxd]. In der Verbindung mit *mehr*: *nicht mehr* in der Phrase „(Das macht man bei uns) *nicht mehr*“ wurde der Beleg nicht gezählt, da hier meist zu [nẹmẹ], [nḭməʀ] o. ä. assimiliert wurde.

Im Teilkorpus aus dem Bestand des ARA (Aufnahmezeitraum 1955-1964) wurden 1876 Belege für das Lemma *nicht* ausgezählt.

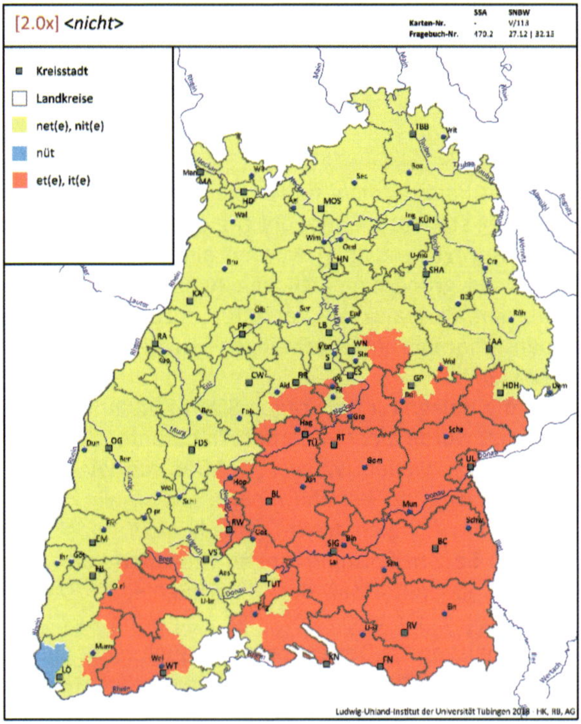

Abb. 4: Aussprache von nicht in den Mundarten von Baden-Württemberg (nach SSA-Datenbank Fragebuch-Nr. 470.2 und SNBW Kt. V/113).

3.2.7 Gebrauch des Frikativs bei *auch, noch, gleich*

Bei den folgenden Lemmata wurde der Erhalt bzw. der Schwund des auslautenden Frikativ ausgewertet. Bei der Realisation der Adverbien *auch*, *noch*, *gleich* stehen den Sprecher:innen der untersuchten Mundartgebiete in ihrem Repertoire jeweils zwei Aussprachevarianten zur Verfügung. Die standardnahe Form mit erhaltenem auslautendem Frikativ steht dabei der mundartlichen Variante mit Schwund des Auslauts (Typen *ao*, *no*, *glei*) gegenüber.[69] Die geographischen Verhältnisse bei der Verteilung der Varianten mit und ohne Frikativ in Baden-Württemberg lassen sich wie folgt zusammenfassen:

auch: Für *auch* tritt im gesamten Südwesten mundartlich nur die Variante ohne Frikativ auf.[70]

noch: Für *noch* zeigt DSA Kt. 385 eine Zweiteilung der oberdeutschen Sprachlandschaft, in der die Form ohne Frikativ innerhalb von Baden-Württemberg vor allem im schwäbischen Sprachgebiet verbreitet ist sowie im Odenwaldkreis nordöstlich von Mosbach und bis in den badischen Teil des Main-Tauber-Kreises. Die Daten des SNBW bestätigen diese Verteilung, es sind (Fragebuch-Nr. 15.13, s.u.) Belege für Formen mit Frikativ in den Kreisen HD, HN (nördlicher Teil), KA, KÜN, SHA sowie in MOS-Schw, TBB-Wac und TBB-Cre dokumentiert. Die Datenbank des SSA überliefert Aussprachevarianten mit Frikativ entlang des Rheintals fast durchgehend in BAD, EM, FR, KA, OG, RA sowie einige Belege in VS 1, 4, 9, 20 und bestätigt ebenfalls das von DSA Kt. 385 kartierte Verbreitungsgebiet für Formen mit auslautendem *ch*.

gleich: DSA Kt. 15 zeichnet für das Gebiet von Baden-Württemberg vier Hauptgebiete: Die schwäbischen und fränkischen Teile des Bundeslandes liefern Typ *glai*, *glei* ohne Frikativ. Im äußersten Nordosten gilt - wesentlich im Main-Tauber-Kreis und im Landkreis Schwäbisch Hall Typ *gleich*, der jedoch im Material des SNBW[71] dort nur vereinzelt belegt ist. Im Süden tritt, was SSA Kt. II/25.07 analog bestätigt, zwischen Karlsruhe und dem Landkreis Emmendingen eine besonders im Elsaß verbreitete Form mit kurzem Monophthong *glich* über den Rhein. Das südliche Oberrheinalemannische sowie das Bodenseealemannische realisieren einen Ausdruckstyp mit langem Monophthong ohne Frikativ *glii*.

Die Materialien von SSA und SNBW dokumentieren die Realisierungen der Adverbien *auch*, *noch* und *gleich* in den folgenden Abfragekontexten:

„Ich will *auch* (etwas).“ (Fragebuch-Nr. SSA 202.3, SNBW 15.22)
„Wir fahren *auch* (mit).“ (Fragebuch-Nr. SSA 320.5, SNBW 21.39)
„Der Lehrer weiß *auch* nicht alles.“ (Fragebuch-Nr. SSA 322.6, SNBW 21.47)
„Könnt ihr es *auch*?“ (Fragebuch Nr. SSA 374.3, SNBW 25.63)
„Muss ich morgen *auch* wieder Brot bringen?“ (Fragebuch-Nr. SSA 392.2, SNBW 27.2)
„Er sagt *auch* nichts.“ (Fragebuch-Nr. SSA 490.8, SNBW 33.41)
„Wir sagen es *auch* nicht.“ (Fragebuch-Nr. SSA 492.1, SNBW 33.43)

69 Zur Lautung der Stammvokale aus mhd. ou vgl. grundsätzlich SSA II/32.15 und SNBW I/23.1.3, aus mhd. î vgl. SSA II/25.01 und SNBW I/13.1.
70 Vgl. DSA Kt. 137 ‚auch‘ und Belege der Datenbanken von SSA und SNBW.
71 Fragebuch-Nr. 18.111 „Das habe ich mir gleich gedacht.“

„Willst du *noch* eine Birne?“ (Fragebuch-Nr. SSA 200.2, SNBW 15.13)
„Ich sehe *noch* gut ohne Brille.“ (Fragebuch-Nr. SSA 240.3, SNBW 18.23)
„Ich muss das *noch* lernen.“ (Fragebuch-Nr. SSA 280.3, SNBW 19.34)
„Sie haben *noch* die alten Bänke.“ (Fragebuch-Nr. SSA 492.1, SNBW 33.43)
„Den erwische ich *noch*.“ (Fragebuch-Nr. SSA 474.1, SNBW 32.29)
„Als ich *noch* ein kleiner Junge war.“ (Fragebuch-Nr. SSA 488.6, SNBW 33.32)
„Ich bekomme *noch* Geld zurück.“ (Fragebuch-Nr. SSA 524.2, SNBW 35.37)
„Das habe ich mir *gleich* gedacht.“ (Fragebuch-Nr. SSA 264.8, SNBW 18.111)
„Es fängt *gleich* an zu regnen.“ (Fragebuch-Nr. SSA 308.4, SNBW 21.4)

Die oben beschriebenen geographischen Verhältnisse bei der Verteilung von Formen für *auch*, *noch*, *gleich* zeigt, dass in den untersuchten Gebieten des Schwäbischen nur die Ausdruckstypen ohne Frikativ *ao*, *no*, *glei* grundmundartlich sind. Die Verwendung von Varianten mit Frikativ ist daher auf vertikalen, von der Standardsprache beeinflussten Wandel zurückzuführen.

Grundsätzlich kann davon ausgegangen werden, dass die belegten Stellen den Gebrauch von *auch*, *noch* und *gleich* als Adverbien markieren. In Einzelfällen kann es sich auch um Partikeln oder im Fall von noch um eine Konjunktion handeln. Die einzelnen Stellen wurden jedoch für die Auswertung nicht separat klassifiziert und ausgezählt. Das Lemma *auch* erscheint im Korpus in den meisten Fällen als Adverb. Seltener sind Stellen, an denen das Wort als Partikel verwendet wird, am ehesten in der Verwendung als Ausdruck gefühlsmäßiger Anteilnahme in Wendungen wie „Das *auch* noch“ oder „Die muss *auch* überall dabei sein“. Das Lemma *noch* tritt in den ausgewerteten Interviews in der Regel als Adverb auf. Selten ist der Gebrauch als Konjunktion, eventuell in der Wendung *weder ... noch*. Auch die Verwendung als Partikel in Sätzen wie „Die werden sich *noch* wundern“ kann vorkommen. Das Lemma *gleich* wurde in seiner Verwendung als Adverb ausgewertet. Selten kann es als Partikel in Formulierungen wie „(Da)nach kannst (du) es *gleich* bleiben lassen“ benutzt worden sein. Nicht zur Auswertung kam *gleich* als Adjektiv, auch wenn es in der indeklinierten Form auftrat; SSA II/210.08 kartiert im Südschwäbischen zwar einzelne Belege für *gleich* als Adjektiv mit Schwund des auslautenden *-ch*, ansonsten wird aber *gleich* als unflektiertes Adjektiv (Abfragekontext: „Das ist mir *gleich*.“) mit Frikativ gesprochen. Die Verwendung von *gleich* als Präposition ist im südwestdeutschen Sprachraum nicht mundartlich und im untersuchten Korpus ohne Beleg.

Im Teilkorpus aus dem Bestand des ARA (Aufnahmezeitraum 1955–1964) wurden die folgenden Belege ausgezählt (Lemma, dahinter in Klammern Anzahl Tokens im Korpus): auch (1263), noch (900), gleich (134).

3.2.8 Realisierung des Auslautes in *schon*

Das Adverb bzw. die Partikel *schon* tritt in den Basisdialekten Baden-Württembergs so wie in einem Großteil der oberdeutschen Mundarten in einer Aussprachevariante ohne auslautenden Konsonant auf. Der Vokal ist dabei entweder kurz (Typ *scho*) oder diphthongiert (Typen *schau*, *schoa*)[72]. Eine Ausnahme bildet ein Streifen entlang des Rheins der nördlich von Karlsruhe breiter, zwischen Rastatt und der Ortenau schmaler aus den westlich des Rheins gelegenen Mundartgebieten mit einem Ausdruckstyp *schun* ins Badische herüberreicht. In den regionalen Umgangssprachen des Südwestens sind mittlerweile auch lange Monophthonge dokumentiert.[73]

Als Abfragekontexte in den Sprachatlasprojekten von Baden-Württemberg für das Lemma *schon* sind für die Partikel „Es wird schon werden.“, „Das kann ich mir *schon* denken.“, „Das müsste man *schon* können.“, „Den sollte man *schon* kennen.“[74] und für das Adverb „Dürft ihr *schon* rauchen?“, „Ja, das kann ich *schon*.“[75] Die Belege folgen im Wesentlichen den Arealen auf den oben genannten Vergleichskarten.

Es standen also für den alltagssprachlichen Gebrauch im Schwäbischen zwei Aussprachevarianten zur Verfügung: Die mundartliche bis regionalsprachliche Form ohne nasalen Auslaut[76] sowie der vom Standard beeinflusste Typ *schon* mit auslautendem Nasal.

Im Teilkorpus aus dem Bestand des ARA (Aufnahmezeitraum 1955–1964) wurden 591 Belege für das Lemma *schon* ausgezählt.

3.2.9 Reduktion des Pronomens *es*

Das Pronomen *es* tritt in den hier untersuchten alltagssprachlichen Interviews fast immer in schwach betonter oder unbetonter Position auf. Solche unbetonten Silben werden aus sprachökonomischen Gründen häufig reduziert. Dadurch wird beim Pronomen *es* der Vokal immer schwächer artikuliert, bis er schließlich vollständig schwindet: *ẹ̄s > əs > əs > s. Das übrige, nun alleinstehende *s* wird in der Folge an einen benachbarten Laut angehängt: *wird es bald > wird’s bald,

72 Vgl. analog LUI 2022, Kt. 1.21 zur Diphthongierung von mhd. ê im Schwäbischen und DSA Kt. 351.
73 Z. B. AdA, URL: https://www.atlas-alltagssprache.de/schon/ (01.03.2023).
74 SNBW 18.68, 18.110, 25.66, 25.67 und SSA 252.1, 264.7, 374.6, 374.7.
75 SNBW 19.46, 25.62 und SSA 284.5, 374.2.
76 Ausdruckstypen scho, schau, schoa, schoo, vgl. auch oben zur Aussprache von mhd. ê/ô/oe.

*mach es gut > mach's gut. Dieser Prozess wird begünstigt, wenn das reduzierte *es* wie in diesen Beispielen an einen vorhergehenden Laut angehängt wird (Enklise). Spiekermann 2008 postuliert für sein Korpus Südwestdeutscher Standardsprache eine Abhängigkeit von vorausgehenden Lautungen und der Präferenz zur Enklise.[77] So würde das Pronomen *es* in der Stellung nach alveolaren oder postalveolaren Frikativen [s] oder [š] tendenziell weniger klitisiert als nach anderen Lauten. Für das hier untersuchte grundmundartliche bis regionalsprachliche Korpus konnte dieser Zusammenhang allerdings nicht festgestellt werden. Klitisierungen mit vorausgehenden Frikativen wie in [maxšs] „machst (du) *es*", [hǫšs] „hast (du) *es*" oder [họv məʀ das̥ wịdər bęsəʀ wịəʀd] „hoffen wir, dass *es* wieder besser wird" schienen nicht weniger häufig als in anderen Positionen. Steht das Pronomen am Beginn einer Phrase wie „*Es* wird schon werden", ist die Wahrscheinlichkeit höher, dass der Vokal zumindest noch in einer reduzierten Form artikuliert wird.

Für die Auswertung wurden alle zu *s* reduzierten Pronomen als mundartliche Varianten gezählt. Die Formen mit (auch reduziertem) Vokal wurden als standardnahe bzw. standardsprachliche Belege gewertet. Nach Spiekermann 2018 ist die Reduktion des Pronomens *es* „regional ungebunden und kommt im gesamten deutschen Sprachgebiet vor."[78]

Im Teilkorpus aus dem Bestand des ARA (Aufnahmezeitraum 1955–1964) wurden 1810 Belege für das Pronomen *es* ausgezählt.

3.2.10 Verwendung des *ge*-Präfix beim Partizip Perfekt vor Nicht-Plosiv

Ein gemeinsames morphologisches Merkmal der Mundarten fast aller Regionen in Baden-Württemberg ist die Bildung des Partizips Perfekt vor Nicht-Plosiven als Folgekonsonanz in der Reduktionsform mit verkürztem Präfix *g-*. Das Präfix der reduzierten Formen für das Partizip Perfekt der Verben mit Plosiv im Anlaut ist in den entsprechenden Gebieten geschwunden.[79] Wie Karte SNBW III/1.10.1 zeigt, kommen Formen mit bewahrtem Präfix *ge-* vor Nicht-Plosiven am äußersten Nordwestrand des Bundeslandes vor; SSA III/1.1311 belegt auch entlang des Rheins bis in die Ortenau Vollformen mit *ge*-Präfix.

Die Herkunftsgebiete der untersuchten Sprachproben liegen somit nicht in der Nähe einer betreffenden Isoglosse. Der Gebrauch von Vollformen mit erhaltenem *ge*-Präfix in den ausgewerteten Interviews wäre daher auf standardsprachlich beeinflussten vertikalen Wandel zurückzuführen.

77 Spiekermann 2008, S. 79.
78 Ebd.
79 Vgl. hierzu SNBW Kt. III/1.10.2 mit den typisierten Formen für geboten, getragen, gezogen bzw. II/1.9.1 für das Partizip Perfekt von bauen.

Im Teilkorpus aus dem Bestand des ARA (Aufnahmezeitraum 1955–1964) wurden die folgenden am häufigsten vorkommenden Belege für Partizip Perfekt ausgezählt (Lemma, dahinter in Klammern Anzahl Tokens im Korpus): gewesen (430), gehabt (375), gemacht (234), gesagt (207), gefahren (79), gefallen (55), gespielt (50), gesehen (46), gehört (45), gelernt (36), geschafft (33), gewusst (32).

4 Auswertung der Aufnahmen

Säulendiagramme und Tabellen erlauben eine detaillierte Auflistung der ausgewerteten Daten und geben einen guten Überblick über die summierten Werte der einzelnen Orte. Die prozentualen Angaben bei der Auswertung beziehen sich stets auf den Anteil der realisierten dialektalen Formen wie oben beschrieben an der Anzahl von Gesamtbelege für die entsprechende Form. Dabei bedeutet die Angabe 100 %, dass an allen belegten Stellen eine dialektale Variante verwendet wurde; 0 % ergäben sich, wenn alle belegten Stellen der Standard-Form zugeordnet würden. Ausgehend von Ruoffs sprachlichem Stufenmodell (vgl. Abb. 1) ließen sich für das ausgewertete Gesamtkorpus vorwegnehmend folgende ungefähren prozentualen Abstufungen vornehmen (mit einem Wertebereich von 100 % bis 41,54 %, dem niedrigsten Wert des Gesamtkorpus):

100 % – 90 % Ortsmundart
90 % – 60 % Regionalsprache
60 % – 40 % großräumige Umgangssprache

4.1 Ranking der Mittelwerte im Säulendiagramm

Die Darstellung der abgebildeten Säulendiagramme verwendet die Zuordnung dialektaler Anteile an der Anzahl der Gesamtbelege in Abhängigkeit der jeweiligen untersuchten Form. Die Reihenfolge entspricht jeweils der Rangliste von Mittelwerten der einzelnen Orte. Die Skalierung der y-Achse ist linear, Farbschattierungen der Säulen dienen der besseren Übersicht. In schwarz ist immer der Mittelwert mundartlicher Varianten der entsprechenden Kolumne dargestellt. Ein Ausrufezeichen innerhalb der Kolumne weist darauf hin, dass die Gewährsperson einen Ort repräsentiert, in dem sich dialektale Variante und Standardform der jeweiligen Lautung nicht unterscheiden; das *k* weist darauf hin, dass in der Aufnahme kein Beleg zu dieser Lautung vorkam. In beiden Fällen wurden die Orte nicht in die Mittelwertberechnung einbezogen.

Jedes Säulendiagramm liefert zwei Arten von Mittelwerten: die Mittelwerte mundartlicher Varianten sowie die Mittelwerte der einzelnen Orte. Diese Mittelwerte dienen der besseren Vergleichbarkeit der einzelnen Teilkorpora und erleichtern später die Interpretation der ausgezählten Werte. Sie berechnen sich auf unterschiedliche Weise:

1. Die „Mittelwerte mundartliche Varianten" in jeder Kolumne von Säulen (die schwarze Säule an ihrer Position im Ranking der ersten Kolumne) stellt den einfachen arithmetischen Mittelwert dar aus Quotient der Summe aller Prozentwerte der einzelnen Kolumne und der Anzahl der Werte in dieser Kolumne.

2. Die „Mittelwerte der einzelnen Orte" (Kolumne *Mittelwert Orte* im Säulendiagramm) für jeden Ort $\bar{m}_O$ wurden so ermittelt, dass die Schwankungen bei der Anzahl der einzelnen Tokens für jedes sprachliche Merkmal ausgeglichen wurden. So liegt der Berechnung ein Term zugrunde, welcher die Summe der zehn einzelnen Produkte aus Gesamtanzahl der Tokens für ein sprachliches Merkmal τ_M und Wert des Anteils mundartlicher Varianten p_{Var} durch die Summe aller gewerteten Tokens τ_M des entsprechenden Ortes teilt:

$$\bar{m}_O = \frac{\sum_{i=1}^{10}(\tau_{Mi} * p_{Var})}{\sum_{i=1}^{10} \tau_{Mi}}$$

Der einzelne Wert für jedes $\bar{m}_O$ gibt also an, wie „dialektal" nach der vorliegenden Auszählung die jeweilige Gewährsperson innerhalb des ausgewerteten Samples spricht. Der höchste theoretisch erreichbare Wert ist demnach 100 %, falls die interviewte Person während der Aufnahme alle erwartbaren grundmundartlichen Formen realisiert, der tiefste theoretisch erreichbare Wert wäre entsprechend 0 %, falls alle Tokens der Standard-Variante zugeordnet würden. Eine Häufung hoher Werte für die Mittelwerte mundartlicher Varianten $\bar{m}$ lässt den Schluss auf einen insgesamt stärkeren Gebrauch basisdialektaler Varianten bei den Gewährsleuten innerhalb der Region zu, niedrige Werte weisen auf einen eher weniger starken Dialektgebrauch hin.

Den Säulendiagrammen beigestellt sind Tabellen mit den zugrunde gelegten Werten aus den Aufnahmen der einzelnen Orte. Hier sind die Mittelwerte mundartlicher Varianten in der letzten Zeile aufgeführt. Die Spalten werden durch Spark-Linien abgeschlossen, welche die Tendenz für den Gebrauch dialektaler Varianten in Abhängigkeit zur Rangliste in der ersten Datenspalte zeigen.

4.1.1a Sample ARAJungeWest (Aufnahmezeitraum 1955–1964; Abb. 14, 15 im Anhang)

Die Aufnahmen für den westschwäbischen Sprachraum aus dem Arno-Ruoff-Archiv (ARA) stammen aus den in der Tabelle unter 3.1.1 aufgeführten Orten. Das Ranking, welches sich hier durch die Auszählung der Belege ergeben hat, entspricht weitgehend den Beurteilungen, die durch Arno Ruoff erhebungsbegleitend vergeben worden sind.[80] Die Mittelwerte der Orte decken ein Spektrum ab von maximal 99,51 % realisierter basisdialektaler Varianten in BL-Isingen und 89,66 % in FDS-Trollenberg. Bei den letzten vier Orten des Rankings, die sich unterhalb des Mittelwerts mundartlicher Varianten befinden, handelt es sich mit FDS-Leimiß („Gehobene schwäbische Mundart") und FDS-Trollenberg („sonst Ortsmundart, bei der Aufnahme meistens gehoben") um zwei Aufnahmen, die durch Arno Ruoff als „gehoben" charakterisiert worden sind, sowie um zwei Stadtaufnahmen (Rottweil, Schwenningen). Diese Personen verwendeten, was die Auszählung bestätigt, vergleichsweise weniger grundmundartliche Varianten. Etwas heraus aus dieser Betrachtung sticht die Aufnahme aus TUT-Neuhausen ob Eck, die mit Rang 5 das zweite Drittel des Rankings anführt, von Ruoff hingegen die Charakterisierung „mehr in Regionalmundart" erhalten hatte.

Am wenigsten gebraucht werden die mundartlichen Varianten von mhd. ė/ȯ/œ, die mit 42,71 % den niedrigsten Mittelwert aufweisen. Auffallend ist, dass die Werte zu mhd. û, mhd. ê/ô/œ und mhd. ei eine deutlich abfallende Spark-Linie zeichnen und sich kongruent zum Ranking verhalten. Auch wenn sich dieses Sample insgesamt in einem relativ engen Spektrum bewegt und die Angaben zu mhd. ê/ô/œ immer wieder durchbrochen werden, kann doch hier von einem statistischen Zusammenhang ausgegangen werden. Sehr stabil sind hier die dialektalen Realisierungen im Bereich des Konsonantismus und der Grammatik. Die Angaben dort unter 100 % stammen meist aus den Stadtaufnahmen Schwenningen (*nicht*, *auch/gleich/schon*) und Rottweil (*es*).

4.1.1b Sample ARAJungeOst (Aufnahmezeitraum 1955/1964; Abb. 16, 17 im Anhang)

Die Aufnahmen für den ostschwäbischen Sprachraum aus dem Arno-Ruoff-Archiv (ARA) stammen aus den in der Tabelle unter 3.1.2 aufgeführten Orten. Das Spektrum von Mittelwerten der Orte reicht hier von 99,48 % in AA-Kösingen bis 83,42 % in HDH-Königsbronn. Die Beurteilungen zum Mundartgebrauch der Sprecher:innen, die durch Arno Ruoff erhebungsbegleitend vergeben worden sind[81], finden sich für dieses Sample im Ranking nicht exakt wieder. AA-Kösingen (Rang 1) wird „gelegentlich leicht gehobene Mundart des Ortshandwerkers", GP-Böhmenkirch (Rang 3) eine Sprechlage, die „stark gehoben" ist, attestiert. Ihnen wird eine Abweichung von der Grundmundart bescheinigt, die durch die Ergebnisse der Auszählung nicht bestätigt werden. Aber auch Aufnahmen am Ende der Rangliste liegen Orte mit weniger grundmundartlichem Charakter wie AA-Goldburghausen („natürlich in Ortsmundart mit mehrerlei Hebungen") und

80 Vgl. oben unter 3.1.1, letzte Spalte der Tabelle.
81 Vgl. oben unter 3.1.2, letzte Spalte der Tabelle.

HDH-Königsbronn („in schwäbischer Amtssprache ... unnatürliche, gestelzte Redeweise“).

Abgesehen von der Aufnahme aus AA-Goldburghausen, wo mhd. î und mhd. û im Basisdialekt nicht als zentralisierte Diphthonge realisiert werden, scheinen die entsprechenden Kolumnen der mhd. langen Hochzungenvokale im ostschwäbischen Sprachraum mit Mittelwerten mundartlicher Varianten von 87,78 % beziehungsweise 92,54 % recht stabil. Ausreißer nach unten ist hier HDH-Königsbronn mit der durch Ruoff (s.o.) als „Amtssprache“ charakterisierten, durch „unnatürliche, gestelzte Redeweise“ auffallenden Sprechlage. Die Aufnahme liegt mit ihren Anteilen dialektaler Varianten nicht nur bei mhd. ei, sondern auch bei den Belegen für *auch/noch/gleich*, *es* und der Bildung des Partizips Perfekt deutlich unter dem jeweiligen Mittelwert.

4.1.1c Sample ARAJungeSüd (Aufnahmezeitraum 1955/1959; Abb. 18, 19 im Anhang)

Die Aufnahmen des Arno-Ruoff-Archivs (ARA) aus dem südschwäbischen Sprachraum wurden in den in der Tabelle unter 3.1.3 aufgeführten Orten durchgeführt. Durch die Auszählung der Belege ergibt sich hier ein Ranking, das zum größten Teil die durch Arno Ruoff erhebungsbegleitend vergebenen Vorhersagen[82] erfüllt. Die Mittelwerte der Orte decken ein breiteres Spektrum ab als die anderen beiden Teilkorpora des ARA. Es reicht von einem Wert mit maximal 98,28 % realisierten basisdialektalen Varianten in BC-Kirchberg an der Iller bis 75,00 % in RV-Leupolz. Es fällt auf, dass die Stadtmundart von Biberach (Rang 2) im oberen Teil des Rankings angesiedelt ist. Orte, die unter dem Mittelwert mundartlicher Varianten liegen und für die nicht ganz basisdialektale Werte vorausgesagt wurden, sind BC-Buchau („schwäbische Umgangssprache“), RV-Schlier („flüssig in örtlicher Mundart, die stark von der oberschwäbischen Umgangssprache beeinflusst ist“), RV-Aulendorf („gelegentlich sehr mundartliche Umgangssprache, oft mit längeren hochsprachlichen Einschüben und schriftsprachlichen Wendungen“) und RV-Leupolz („flüssig in Oberländer Umgangssprache“). Von dieser Beurteilung hebt sich der Wert aus RV-Pfrungen etwas ab, wo durch Ruoff zur Klassifizierung des sprachlichen Registers zwar „Ortsmundart“ notiert wurde. Nach der Auszählung der betrachteten sprachlichen Varianten findet sich der Ort mit seinem Wert von 77,02 % und Rang 10 jedoch auf dem vorletzten Platz des Rankings wieder.

Wie Kt. 1. 21 des Sprechenden Sprachatlas von Baden-Württemberg[83] zeigt, liegen die Aufnahmeorte des untersuchten südschwäbischen Sprachraums außerhalb des Gebiets der sogenannten schwäbischen Diphthongierung, in dem

82 Vgl. oben unter 3.1.3, letzte Spalte der Tabelle.
83 LUI 2022, Kt. 1.21.

neben den mhd. Hochzungenvokalen auch die Vorderzungenvokale mhd. ê, ô und œ umgelautet wurden. Durch die Art der Berechnung der Mittelwerte der einzelnen Orte[84] wirken sich die fehlenden Belege aber nicht verfälschend auf das Gesamtergebnis aus.

Die kongruent zum Ranking abfallenden Spark-Linien unter den Kolumnen der mhd. Hochzungenvokale sowie bei mhd. ei legen wieder die Vermutung nahe, dass hier ein statistischer Zusammenhang besteht. Besonders die fünf Orte mit den unter dem arithmetischen Mittel liegenden Werten der Kolumne zu mhd. ei setzen sich deutlich vom übrigen Feld ab. Bei den konsonantischen Varianten und bei der Bildung des Partizips Perfekt fällt vor allem die Stadtmundart von Aulendorf mit niedrigen Werten auf.

4.1.2a Sample Junge 20/22 Westschwäbisch (Aufnahmen von 2020; Abb. 20, 21 im Anhang)

Die Aufnahmen des Teilkorpus 20/22 aus dem westschwäbischen Sprachraum wurden in den Orten durchgeführt, die in der zweiten Tabelle unter 3.1.1 aufgeführt sind. Durch die Auszählung der Belege ergibt sich hier ein Ranking wie in der Kolumne „Mittelwert Orte“ auf Abb. 21 dargestellt. Die Mittelwerte der Orte decken ein breites Spektrum ab, das Werte von maximal 95,83 % realisierten basisdialektalen Varianten durch Sprecher 3 der Aufnahme in RW-Bösingen erreicht bis zum Minimum von 41,54 % durch Sprecherin 2 aus RW-Dietingen.

Kt. 1.21 des Sprechenden Sprachatlas von Baden-Württemberg[85] zeigt, dass die Aufnahmeorte des für das Sample Junge 20/22 Westschwäbisch untersuchten Sprachraums innerhalb des Gebiets der sogenannten schwäbischen Diphthongierung mit umgelauteten mhd. Vorderzungenvokalen ê, ô und œ liegen. Jedoch konnte bei keinem der alltagssprachlichen Interviews eine entsprechende Variante belegt werden. Da hier stets $\tau_M > 0$ ist[86], wirkt sich dieser Umstand auch auf die Berechnung der Mittelwerte der einzelnen Orte (Kolumne *Mittelwert Orte* im Säulendiagramm) aus. Auffallend schwach fällt auch die Realisierung basisdialektaler Lautungen von mhd. ei aus, deren Kolumne einen Mittelwert mundartlicher Varianten von 12,3 %, also noch einem Achtel aller ausgewerteten Stellen, aufweist.

Einen zum Ranking kongruenten Verlauf zeigen die Spark-Linien auf Abb. 21 unter den Spalten zu den mhd. Hochzungenvokalen î und û. Hier lässt sich für beide Lautungen eine volle Spannweite der Werte von 100 ablesen. Drei beziehungsweise fünf Sprecher:innen realisierten für mhd. î und mhd. û in 100 %

84 $\tau_M = 0$, vgl. oben unter 4.1 Ranking der Mittelwerte.
85 LUI 2022.
86 Vgl. oben zur Berechnung von $\bar{m}_O$ unter 4.1 Ranking der Mittelwerte.

der Fälle zentralisierte Diphthonge, in jeweils zwei Orten konnten 0 % der Belege einer basisdialektalen Variante zugeordnet werden.

Nicht idealtypisch, doch tendenziell abfallend, zeigen sich auch die Linien unter den Spalten *nicht*, *auch/noch/gleich* und *schon*. Die Reduktion von *es* scheint hier unabhängig von den jeweiligen Mittelwerten der einzelnen Orte zu sein, läuft bisweilen auch dagegen: Der niedrigste Wert mit 55,56 % stammt von dem im Ortsranking auf Rang 2 liegenden Sprecher 1 aus RW-Bösingen; die hier den letzten Rang belegende Sprecherin 2 aus RW-Dietingen mit den innerhalb des Samples insgesamt am wenigsten realisierten dialektalen Varianten lieferte hingegen für die Klitisierung von *es* einen Wert von 100 % (Anzahl der Tokens τ_{es} = 6 bei einem arithmetischen Mittel von $\overline{\tau}_{Mes}$ = 12,5 für die gesamte Kolumne des Samples und einer Standardabweichung von σ_{τ} = 6,6).

4.1.2b Sample Junge 20/22 Ostschwäbisch (Aufnahmen von 2022; Abb. 22, 23 im Anhang)

In der zweiten Tabelle unter 3.1.2 sind die Orte aufgeführt, aus denen die Aufnahmen für den ostschwäbischen Sprachraum für das Teilkorpus 20/22 stammen. Die Mittelwerte der Orte decken für diesen Sprachraum ein Spektrum ab, das von 77,78 % in HDH-Steinheim bis 44,79 % in AA-Westhausen reicht. Die Belege im Bereich Vokalismus zeigen einen oft nur noch sporadischen Gebrauch der Lautungen aus dem Dialekt. Mit einem Mittelwert mundartlicher Varianten von 0,98 % in der Kolumne für mhd. ei ist die basisdialektale Lautung überhaupt nur mit zwei Belegen im Sample vertreten. Im rechten Teil des Säulendiagramms weisen die Kolumnen für *nicht*, *auch/noch/gleich*, *schon* und die Bildung des Partizips Perfekt ebenfalls einen starken Rückgang grundmundartlicher Formen auf. Von ihnen lassen die letzten drei anhand ihrer Spark-Linien immerhin auf einen zum Ranking kongruenten Gebrauch mundartlicher Varianten schließen. Recht stabil scheinen die auch in der südwestdeutschen Umgangssprache weit verbreitete Palatalisierung von *s* vor *t* sowie die Reduktion von *es*.

4.1.2c Sample Junge 20/22 Südschwäbisch (Aufnahmen von 2022; Abb. 24, 25 im Anhang)

Die Aufnahmen des Teilkorpus 20/22 aus dem südschwäbischen Sprachraum wurden in BC-Ochsenhausen und RV-Aulendorf durchgeführt. Die Mittelwerte der Orte decken ein Spektrum ab von maximal 96,12 % realisierten basisdialektalen Varianten durch den Sprecher der Aufnahme 1 in BC-Ochsenhausen bis zu einem Minimum von 54,50 % der Sprecherin aus Aufnahme 3 in RV-Aulendorf (RV-Aulendorf_05).

Der untersuchte südschwäbische Sprachraum befindet sich nicht im Gebiet der sogenannten schwäbischen Diphthongierung (vgl. LUI 2022, Kt. 1.21), symbolisiert im Säulendiagramm durch das Rufzeichen in der Kolumne zu mhd. ê/ô/œ, sodass keine Belege hierfür ausgewertet wurden. Wie unter 4.1 und 4.1.1c dargestellt, verhindert die Art der Berechnung bei den Mittelwerten der einzelnen Orte jedoch ein eventuell durch diesen Umstand hervorgerufenes verfälschendes Ergebnis.

Der verhältnismäßig hohe Anteil dialektaler Varianten innerhalb des Teilkorpus Junge 20/22 Südschwäbisch schlägt sich, wie die Werte im Säulendiagramm (Abb. 24) sowie in der Tabelle (Abb. 25) deutlich zeigen, besonders im Bereich der untersuchten vokalischen Merkmale nieder. Für die Entsprechungen von mhd. î, û und ei erreichen die ersten drei Gewährspersonen des Rankings jeweils über 70 % basisdialektaler Realisierungen. Besonders regelhaft scheint bei diesen drei Merkmalen, wie die abfallenden Spark-Linien unterhalb der jeweiligen Spalte in der Tabelle verdeutlichen, die Kongruenz zwischen den Mittelwerten der Orte und den einzelnen sprachlichen Merkmalen. Ein Zusammenhang zwischen Mittelwert des Ortes und der Häufigkeit umgangssprachlicher Varianten bei der Klitisierung von *es* scheint ebenfalls gegeben.

Auffällig ist die Kolumne *nicht*, bei der nur die ersten drei Gewährspersonen sowie Sprecher 1 aus RV-Aulendorf sehr hohe Werte liefern. Mit etwas über 3 % realisierter basisdialektaler Varianten[87] reißt Sprecherin 2 aus BC-Ochsenhausen weit nach unten aus.

4.1.3 Hierarchien innerhalb der Teilkorpora

Das Ranking der Mittelwerte der Aufnahmeorte hat gezeigt, dass der Grad des Dialektgebrauchs und der Abbau einzelner sprachlicher Merkmale zusammenhängen können. Die hierarchische Darstellung der Mittelwerte mundartlicher Varianten kann nun Aufschluss darüber geben, welche basisdialektalen Merkmale beim Übergang in die regionalen Varianten abgelegt werden. Bei den Aufnahmen 1955–64 wurden noch 8 von 10 Merkmalen mit einem Mittelwert von mindestens 80 % in ihrer grundmundartlichen Form realisiert. Über die Hälfte der Merkmale weist Werte von über 95 % auf. Am wenigsten, jedoch immer noch zu über zwei Dritteln, wurden mit den Entsprechungen von mhd. ê/ô/œ und mhd. ei zwei Phänomene aus dem Bereich des Vokalismus dialektal wiedergegeben. Auch der dritte Wert in der aufsteigenden Hierarchie ist mit den Entsprechungen für mhd. û ein Merkmal aus dem Bereich des Vokalismus und liegt immerhin noch knapp über 90 %. Die Aufnahmen von 2020/2022 ergeben noch 2 von 10 Merkmalen mit einem Mittelwert über 80 %. Die Reduktion des Pronomens *es* sowie die palatalisierte Aussprache von *s* vor *t* scheinen als stabilste Phänomene auch in den regionalsprachlichen Sprachproben des Samples stabil zu sein. Bei

87 1 von 33 Tokens für nicht ohne Frikativ bei einem Mittelwert für das gesamte Teilkorpus von 22,75 Tokens je Ort.

den neueren Aufnahmen liegt noch genau die Hälfte der weiteren sprachlichen Merkmale über 50 %. Die Werte für mhd. ê/ô/œ und mhd. ei liegen hier noch bei einem Fünftel bzw. bei nur noch durch sporadische Belege dokumentierten 6,64 %. Die hierarchische Darstellung der Mittelwerte mundartlicher Varianten ergibt im Teilkorpus junger Erwachsener von 2020/22 auf den ersten vier Rängen der Merkmale, welche am stärksten abgebaut werden, Phänomene aus dem Bereich des Vokalismus.Dieser Trend war in den Aufnahmen von 1955–64 bereits angelegt und setzt sich beim diachronen Vergleich deutlich fort.

	ARAWest	ARAOst	ARASüd	Mittel
mhd. ê/ô/oe	95,56%	42,61%	Var.=Std.	69,08%
mhd. ei	83,61%	82,48%	68,31%	78,13%
mhd. û	96,18%	92,54%	82,66%	90,46%
es	96,03%	95,10%	93,56%	94,90%
auch, gleich, noch	99,02%	94,79%	90,98%	94,93%
nicht	99,31%	100,00%	88,57%	95,96%
mhd. î	99,44%	97,78%	92,37%	96,53%
Ptz.	100,00%	98,04%	97,72%	98,59%
schon	100,00%	100,00%	96,36%	98,79%
st > scht	99,79%	100,00%	99,43%	99,74%

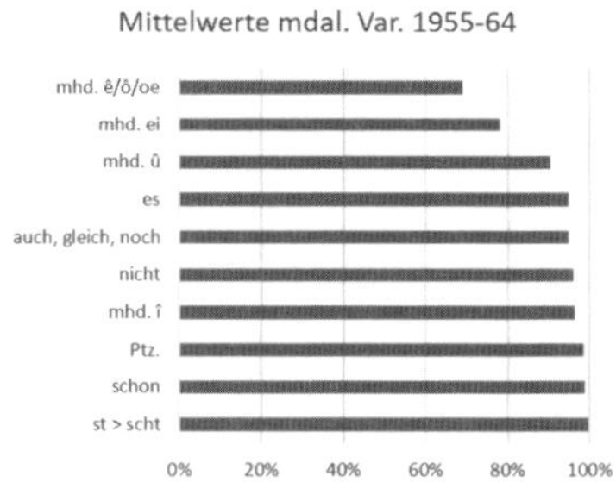

Abb. 5: Mittelwerte mundartlicher Varianten aus dem Teilkorpus junger Erwachsener (ARA, Aufnahmen 1955 64), hierarchische Darstellung.

	JungeWest	JungeOst	JungeSüd	Mittel
mhd. ei	12,30%	0,98%	47,36%	6,64%
mhd. ê/ô/oe	0,00%	42,66%	Var.=Std.	21,33%
mhd. î	63,63%	31,34%	66,59%	47,49%
mhd. û	56,07%	54,79%	68,65%	55,43%
schon	79,31%	46,40%	97,65%	62,85%
nicht	86,08%	45,18%	66,61%	65,63%
Ptz.	99,76%	52,96%	96,25%	76,36%
auch, gleich, noch	93,93%	64,82%	97,33%	79,37%
es	87,90%	87,86%	85,43%	87,88%
st > scht	100,00%	95,45%	100,00%	97,72%

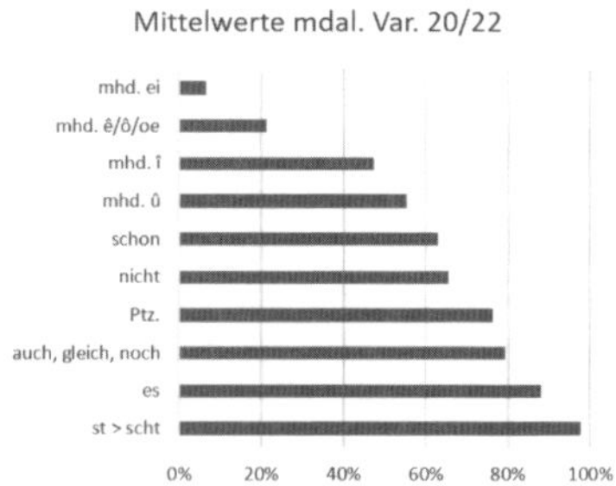

Abb. 6: Mittelwerte mundartlicher Varianten aus dem Teilkorpus junger Erwachsener (20/22, Aufnahmen 2020/2022), hierarchische Darstellung.

Durch die Darstellung in hierarchischen Diagrammen kann „ein sich schrittweise vollziehender Abbau auch in den freien Gesprächen“[88] beobachtet werden.

88 Kehrein 2012, S. 203.

4.2 Darstellung der Daten in Boxplot-Diagrammen

Um einen breiteren Überblick über die ausgewerteten Daten zu erhalten, ist eine weitere Zusammenfassung der Ergebnisse nötig. Sie ermöglicht den direkten quantitativen Vergleich zwischen den Teilkorpora und dient so unterstützend als Interpretationshilfe. Während im vorigen Kapitel 4.1 das Ranking der Angaben aus den einzelnen Orten im Mittelpunkt stand, sollen nun die kumulierten Daten der Teilkorpora in Relation gesetzt werden. Dadurch ergibt sich ein Überblick über die diachrone Entwicklung der vorwiegenden Sprechlagen in Abhängigkeit von der Region.

Die Verteilung der ausgewerteten sprachlichen Merkmale innerhalb der einzelnen (Teil)Korpora lässt sich sehr gut mit der Hilfe von Boxplot-Diagrammen grafisch darstellen. Dafür werden mithilfe der Werte aus der Rangliste der Daten die Kennwerte des Boxplots ermittelt. Den folgenden Boxplot-Diagrammen liegen immer die Mittelwerte der Orte aus dem jeweiligen Teilkorpus zugrunde[89]. Die Kennwerte verteilen die Daten im Schaubild so über den gesamten Wertebereich, dass innerhalb eines Rechtecks, der „Box", immer 50 % der Daten liegen. Die beiden oben und unten anliegenden „Antennen" decken mit ihrer Ausdehnung noch einmal einen Bereich ab, in dem jeweils 25 % der Daten liegen. Die Box wird oben und unten durch „Quartile" begrenzt und innen durch den „Median" (Zentralwert) geteilt. Dabei gibt der Median nicht das arithmetische Mittel an, sondern teilt lediglich die Rangliste noch einmal, sodass oberhalb und unterhalb dieses Lageparameters wiederum jeweils 50 % der Daten liegen. Die Wertemenge reicht stets vom höchsten Wert, dem „Maximum", bis zum niedrigsten Wert, dem „Minimum". Die Differenz aus Maximum und Minimum bildet die „Spannweite".

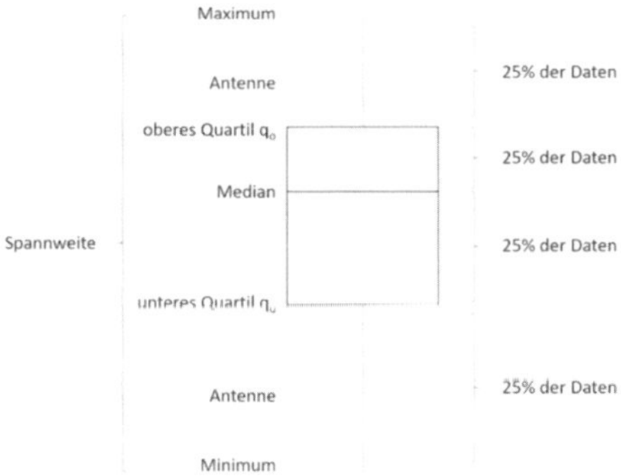

Abb. 7: Aufbau eines Boxplot-Diagramms.

89 Vgl. Spalten „Mittelwert Orte" in den Tabellen unter 4.1.

Bei dieser Betrachtung zeigen sich die Vorteile einer Darstellung mit Boxplot-Diagrammen im direkten Vergleich der einzelnen Datensätze. Nicht das einzelne Diagramm ist für sich aussagekräftig, erst in Relation zu weiteren Ranglisten geben die Unterschiede zwischen den einzelnen Datensätzen eine wertvolle Interpretationshilfe bei der Auswertung der Daten. Wie zum Beispiel Kehrein 2012[90] gezeigt hat, lassen sich vor allem aus der Streuung der Werte und aus der Verteilung der Varianten innerhalb der Quartile Rückschlüsse auf die Zugehörigkeit zu bestimmten Sprechlagen ziehen.

4.2.1 Die Teilkorpora aus dem Arno-Ruoff-Archiv (ARA) im Vergleich

Im Vergleich der Teilkorpora aus dem Arno-Ruoff-Archiv (ARA) zeigen sich zwischen den einzelnen Datensätzen deutliche Unterschiede. Die Angaben aus dem westschwäbischen Sprachraum ergeben in dieser Relation den höchsten Anteil realisierter grundmundartlicher Varianten und mit 9,85 % den gleichzeitig geringsten Wert für die Spannweite der Daten. Der Wertebereich in der oberen Hälfte der Rangliste bewegt sich gar in einem Bereich von nur 1,89 %. Das Minimum stellt einen Ausreißer dar, der 4,54 Prozentpunkte oder 0,46 der gesamten Spannweite unterhalb des nächsten Wertes liegt. Wie oben unter 4.1.1a Sample ARAJungeWest bereits erläutert, war diese Sprecherin, die „sonst Ortsmundart“ spricht, während des Interviews durch die besondere Aufnahmesituation beeinflusst. Die Angaben dieser Aufnahmen liegen also insgesamt eng beieinander und liefern das Bild einer sehr homogenen Sprechlage innerhalb der Personengruppe aus dem westschwäbischen Raum. Bis auf den Ausreißer-Wert realisierten alle Sprecher:innen dieser Gruppe über 90 % der aus den sprachgeographischen Untersuchungen erwarteten basisdialektalen Varianten.

Die Angaben aus dem ostschwäbischen Raum decken eine Spannweite von 16,04 % ab, wobei das Maximum mit 99,46 % praktisch gleichauf mit dem der vorigen Gruppe liegt. Ein Ausreißer nach unten liegt 5,22 Prozentpunkte oder 0,33 der Spannweite unter dem nächsten Wert. Der Sprecher hatte während des Gesprächs in „schwäbischer Amtssprache“[91] vorgetragen. Die meisten Sprecher:innen dieser Gruppe realisierten jedoch in den Interviews mehr als 85 % der erwartbaren dialektalen Varianten. Die größte Spannweite bei diesem Vergleich weist mit 23,28 % das Diagramm der Aufnahmen aus dem südschwäbischen Sprachraum auf. Zwar konzentriert sich die obere Hälfte der Daten in einem Bereich von 93,88 % bis 98,28 % realisierter dialektaler Variante und umfängt damit weniger als ein Fünftel der Spannweite. Auch der Median liegt mit 93,88 % leicht über dem des Teilkorpus ARAOst. Nach unten fallen die Daten aber praktisch linear bis zu einem Minimum von 75 % ab. In dieser Gruppe gibt es also einerseits

90 S. 202, Abb. 6–27.
91 Vgl. oben unter 4.1.1b Sample ARAJungeOst.

Sprecher:innen die in der Ortsmundart auch alltagssprachlich verhaftet sind, andererseits sind Sprechlagen unter 85 % realisierter dialektaler Varianten bei über einem Viertel der Aufnahmen vorhanden.

Nach der zu Beginn dieses Kapitels vorgeschlagenen Einteilung der sprachlichen Stufen würden die Angaben aus dem westschwäbischen Raum annähernd vollständig im Bereich über 90 % realisierter dialektaler Varianten liegen und somit der Ortsmundart zugeordnet werden können. Die Werte zu den Aufnahmen aus dem ostschwäbischen Raum repräsentieren zu drei Vierteln die Ortsmundart, ein Viertel der Sprecher:innen wäre der Regionalsprache zugeordnet. Aus dem Sample ARASüd würden mit sechs Mittelwerten der Orte über die Hälfte für die Ortsmundart stehen[92], die restlichen fünf für regionalsprachliche Varietäten.

Für das breite Variationsspektrum in den Aufnahmen aus dem Südschwäbischen spricht die Raumstruktur in diesem Sprachgebiet mit seiner hohen Dichte an ehemaligen Reichsstädten als funktionale Mittelzentren[93] und den im Zuge des Eisenbahnbaus errichteten Verkehrsknotenpunkten. Die dadurch früh gewährleistete Mobilität innerhalb der heutigen Landkreise kann mit einem erhöhten Sprachkontakt zu einer Nivellierung der einzelnen Grundmundarten geführt haben und einer Angleichung des lautlichen Repertoires zwischen den durch den ländlichen Raum der Umgebung geprägten Kleinstädten und ihrer benachbarten Regionen. Im sprachlichen Vergleich konnte etwa die von Ruoff so bezeichnete „natürliche Stadtmundart“[94] von Biberach objektiv nicht von den Basisdialekten in den Aufnahmeorten der Umgebung unterschieden werden. Auch weitere Kleinstädte der Region wurden von Ruoff entsprechend beurteilt und im Katalog der Aufnahmen mit einem Hinweis auf den grundmundartlichen Charakter ihrer Sprache versehen[95]. Überregionale territoriale Veränderungen hatten vor allem im Zuge der Errichtung des Königreichs Württemberg und des Großherzogtums Baden und die dadurch einhergehenden administrativen Anpassungen weitere Voraussetzungen geschaffen für die Ausprägung alltagssprachlicher Register mit regionalsprachlicherem Charakter. Darin zeigt sich im Allgemeinen die Verflechtung des Sprachraums mit seiner Kulturgeschichte. Es entsteht „der dialektgeographische Raum als Kulturraum“[96], der ständigen Veränderungen unterworfen

92 Vgl. Abb. 18.

93 Zusätzlich zu den im Landesentwicklungsplan ausgewiesenen Mittelbereichen und -zentren, vgl. LEP 2002, 2.5 zu den zentralen Orten und den Verflechtungsbereichen sowie A31 (Karte 2).

94 Vgl. oben unter 3.1.3, 4.1.1c.

95 Z. B. BC-Buchau: „Trotz gewissem Fremdenverkehr sehr stark erhaltene mittelschwäbische Ortsmundart.“, RV-Aulendorf: „oberschwäbische Stadtsprache, noch stark grundmundartlich bestimmt.“ (Ruoff 1973, S. 296f.)

96 Peter Wiesinger: Dialektgeographie als Kulturgeschichte. An Beispielen aus dem bairischen Dialektraum. In: Andreas Gardt/Ulrike Haß Zumkehr/Thorsten Roelcke (Hg.). Sprachgeschichte als Kulturgeschichte. Berlin/New York 1999, S. 295–349, hier: S. 327.

ist und im Besonderen einer „Angleichung der sprachlichen Tatsachen an die politischen“[97] folgt.

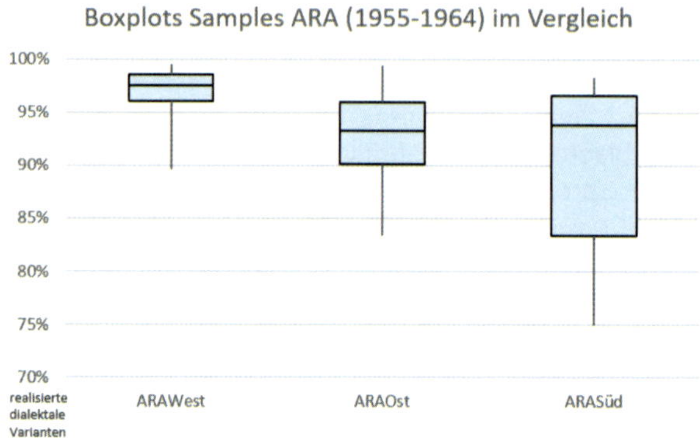

Abb. 8: Boxplot-Diagramme für die Samples der Teilkorpora aus dem Arno-Ruoff-Archiv (ARA) im Vergleich (Aufnahmezeitraum 1955-1964).

Kennwerte der einzelnen Boxplots (Minimum [min], unteres Quartil [q_u], Median [m], oberes Quartil [q_o], Maximum [max]):

ARAWest	min 89,66 %	q_u 96,05 % max 99,51 %	m 97,62 %	q_o 98,58 %
ARAOst	min 83,42 %	q_u 90,13 % max 99,46 %	m 93,36 %	q_o 96,00 %
ARASüd	min 75,00 %	q_u 83;45 % max 98,28 %	m 93,88 %	q_o 96,68 %

4.2.2 Die Teilkorpora aus dem Sample neuerer Aufnahmen im Vergleich

Die neueren Interviews aus den Jahren 2020 und 2022 zeigen ausnahmslos ein niedrigeres Niveau realisierter dialektaler Varianten als die Aufnahmen aus dem ARA von 1955–1964. Die Spannweite der einzelnen Boxplots ist höher und resultiert aus der insgesamt größeren Streuung der einzelnen Werte über das Varietätenspektrum.

97 Erich Seidelmann: „Schwäbisch“ und „Alemannisch“ am Bodensee. In: Alemannisches Jahrbuch 1993/94 (1995), S. 301–334, hier: S. 314, zum Vordringen schwäbischer Sprachformen in den Raum nördlich des Bodensees.

Die größte Spannweite mit 54,29 % besitzt die Gruppe aus dem westschwäbischen Sprachraum. Um das relativ homogene Mittelfeld der Werte von ca. 80 % bis ca. 60 %, die dem regionalsprachlichen Bereich zugeordnet würden, gruppieren sich oberhalb und unterhalb jeweils zwei Ausreißer, die in den Varietäten Ortsmundart und großräumige Umgangssprache angesiedelt wären[98]. Die Gewährspersonen gaben an, durch die gute Verkehrsanbindung auch weite Wege bis über die Landkreisgrenzen zurückzulegen, um ihren Freizeitaktivitäten nachzugehen. Auch der Besuch weiter entfernter Ausbildungsstätten, etwa in Stuttgart, ohne den ersten Wohnsitz im Heimatort aufzugeben, sei üblich. Mit dem Bau der Autobahn A81 als neuer Verkehrsachse zwischen Stuttgart und Bodensee stieg der Bewegungsradius im beruflichen wie im Freizeitbereich. Die verbesserte Infrastruktur zieht wiederum Gewerbebetriebe an und führt neben Pendlerströmen zu starkem Bevölkerungswachstum[99]. Die Entwicklung von einer agrarwirtschaftlich geprägten Zone hin zu einem „stärker industriell-agrarisch geprägten Gebiet“ verschafft auch sprachlichen Neuerungen Zugang in ein bisher vornehmlich „auf der Landwirtschaft basierendes wirtschaftsräumliches Gliederungssystem“[100]. So dringen einerseits regionalsprachliche Formen in die alltagssprachliche Verwendung ein. Andererseits kehren Angehörige der jüngeren Generation, die den Ortsdialekt noch aus der eigenen Kindheit zumindest passiv kennen, nach der Ausbildung heute wieder in den angestammten Mundartraum zurück und finden dort, in der Nachbarschaft eines „Verdichtungsbereichs im Ländlichen Raum“[101], strukturelle Gegebenheiten vor auch für Absolvent:innen weiterführender Ausbildungswege mit höheren „gesellschaftlichen und wirtschaftlichen Ansprüchen“[102].

In der Gruppe der Sprecher:innen aus dem ostschwäbischen Sprachraum liegen über die Hälfte der Mittelwerte realisierter dialektaler Varianten unterhalb von 60 % und damit im Bereich großräumige Umgangssprache. Der Median weist wie bei den älteren Aufnahmen des ARA von 1955–1964 den niedrigsten Wert innerhalb des synchronen Vergleichs auf. Die drei Sprecherinnen am unteren Ende der Skala realisierter dialektaler Varianten waren in kommunikativen Berufen beschäftigt. Eine hohe Mobilität auch außerhalb ihrer Dialektregion führt nach Angaben dieser Gewährspersonen in ihrem Alltag zu einem erhöhten Sprachkontakt und einer häufigeren Verwendung von Varietäten großräumiger Umgangssprache. Offenbar ist die Alltagssprache hier noch in stärkerem Maße

98 Vgl. Abb. 21.

99 Z. B. Rottweil 2003, Karte „Bevölkerungsentwicklung 1834–2000“ S. 169.

100 Ebd., S. 203f. und Karte „Wirtschaftsräumliche Gliederung“ S. 203.

101 „als Stadt-Umland-Bereich mit engen Verflechtungen und erheblicher Siedlungsverdichtung“, LEP 2002, 2.1.1, A29 Kt. 1.

102 Ebd., S. 9.

durch die im Landesentwicklungsplan ausgewiesenen „Verdichtungsbereiche im Ländlichen Raum“ [103] geprägt.

Deutlich erhöht erscheinen in diesem Vergleich die Werte aus dem südschwäbischen Sprachraum. Zwar erreicht ein Ausreißer nach unten einen minimalen Wert von 54,50 % – die Sprecherin absolviert eine Ausbildung in einem kommunikativen Beruf außerhalb ihres Dialektgebiets –, die Hälfte der Mittelwerte liegt jedoch über der Marke von 80 %, zwei weitere nur knapp darunter[104]. Die Daten aus dem südschwäbischen Raum heben sich damit als verhältnismäßig grundmundartlich ausgeprägtes Sample innerhalb der Gruppe der neueren Aufnahmen ab. Die Daten liefern allerdings auf den zweiten Blick ein eher ambivalentes Ergebnis. Während das Niveau der Sprachproben aus dem südschwäbischen Raum im Vergleich der Teilkorpora aus dem Arno-Ruoff-Archiv (ARA) miteinander den niedrigsten Mittelwert realisierter dialektaler Varianten aufwies und eher für einen regionalsprachlichen Charakter stand, präsentiert sich diese Region im synchronen Vergleich der neueren Aufnahmen mit sprachlichen Formen, die am stärksten einer ortsmundartlichen Varietät angehören. Die oben vorgenommene Einordnung der Stadtmundarten mit ihrem noch erkennbar basisdialektalen Charakter sowie ein starkes Identifikationsmoment der heutigen Sprecher:innen innerhalb der Mundartregion geben einen Hinweis auf eine erhöhte Orts- und Sprachloyalität und damit auf stabile Dialektwerte.

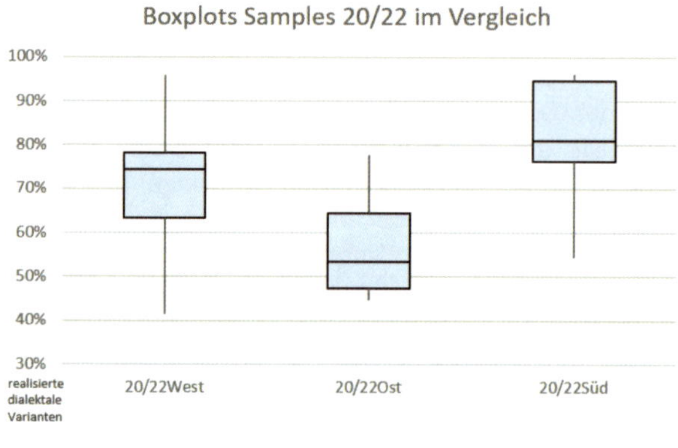

Abb.9: Boxplot-Diagramme für die Samples der Teilkorpora aus den neueren Aufnahmen 2020/2022 im Vergleich (Aufnahmezeitraum 2020/2022).

103 Ebd., A29, Karte 1.
104 Vgl. Abb. 25.

Kennwerte der einzelnen Boxplots (Minimum [min], unteres Quartil [q_u], Median [m], oberes Quartil [q_o], Maximum [max]):

20/22West	min 41,54 %	q_u 63,25 %	m 74,38 %	q_o 78,09 %	max 95,83 %
20/22Ost	min 44,79 %	q_u 47,25 %	m 53,32 %	q_o 64,31 %	max 77,78 %
20/22Süd	min 54,50 %	q_u 76,22 %	m 81,05 %	q_o 94,64 %	max 96,12 %

4.2.3 Die Korpora aus dem Arno-Ruoff-Archiv (ARA) und die neueren Aufnahmen im diachronen Vergleich

4.2.3a Diachroner Vergleich (West)

Beim diachronen Vergleich der Aufnahmen aus dem westschwäbischen Raum wird der enorme Unterschied bei der Streuung der Daten sowie bei der Einordnung der Sprechlagen deutlich. Während die Generation der Aufnahmen von 1955–1964 ein sehr homogenes Bild zeigt, verteilen sich die Werte der heutigen Sprecher:innen auf ein sehr breites Varietätenspektrum mit einer erhöhten Konzentration im Mittelfeld von ca. 80 % bis ca. 60 %[105], ohne sich wesentlich mit denen der historischen Interviews zu überschneiden. Mehrere Gewährspersonen aus der Gruppe 20/22West gaben an, adressatenabhängig auch „noch höher" oder „noch tiefer" sprechen zu können. Diese Verteilung bestätigt die Annahme, dass Dialektsprecher:innen heute über ein weit größeres Varietätenspektrum verfügen und dies auch je nach Gesprächsort und anlass (teils) bewusst einsetzen können. Besonders in der weiterführenden Schule, wenn die Mitschüler:innen aus anderen Teilen des Landkreises stammen, fallen Dialektunterschiede auf, die durch eine standardnähere Varietät ausgeglichen werden können, wie diese Sprecherin aus RW-Dietingen berichtet:

> EX: Was täten Sie sagen, so von der Gewichtung her, wie viel Dialekt und wie viel Hochdeutsch ist in Ihrem Alltag sonst so? #00:04:10 7#
>
> GP2: Mh, das ist schwer zu sagen, aber, also nicht mehr so viel Dialekt, würde ich jetzt sagen, eher mehr Hochdeutsch, weil man das ja in der Schule gerade auch, ja, damit unterrichtet und so. #00:04:20-7#
>
> EX: Also ist es in der Schule schon so, dass man Hochdeutsch sprechen soll oder geht es auch, dass man im Dialekt spricht, ja? #00:04:27-8#

105 Vgl. oben 4.2.2.

GP2: Es geht auch. Ja, es geht schon auch. #00:04:29-3#

EX: Sind Sie da in Rottweil, oder? #00:04:30-2#

GP2: Ja, genau. #00:04:31-4#

EX: Dann kommen ja wahrscheinlich auch von der Gegend herum die Klassenkameradinnen her, oder? #00:04:36-6#

GP2: Ja, von Sulz und, also überall her. #00:04:37-2#

EX: Ah, so weit? #00:04:37-9#

GP2: Ja. Also da merkt man auch Dialektunterschiede, ziemlich große. #00:04:43-7#

EX: Ist das dann auch ein Thema in der Klasse, dass die anders sprechen? #00:04:47-2#

GP2: Manchmal, aber eigentlich nicht so. Wenn jetzt einmal jemand vom Dorf kommt, es sind zwei, drei dabei, die sind schon echt extrem, aber sonst geht es. #00:04:57-0#

EX: Aha. Und was sagt man dann da, wenn die extrem Dialekt sprechen? #00:05:01-2#

GP2: Also jetzt, mir würde es jetzt nicht so krass auffallen, aber halt jetzt eine Freundin, die eher Hochdeutsch spricht, die sagt, die hat am Anfang nicht so viel verstanden und, ja. #00:05:13-5#
EX: Und wie verhält man sich dann, dann müssen die Hochdeutsch sprechen, wo so krassen Dialekt sprechen, oder? #00:05:18-7#

GP2: Da gibt sich halt dann jeder ein bisschen Mühe da sich an zum passen und dann findet man da eigentlich schon einen Weg. #00:05:25-8#

(RW-Dietingen_01, 04:05–05:25)

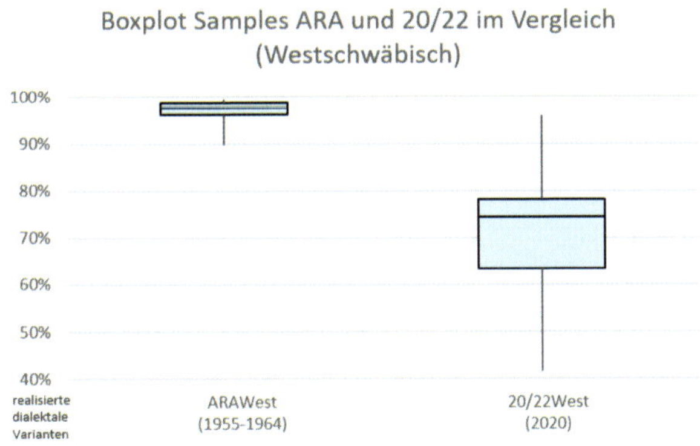

Abb. 10: Boxplot-Diagramme für die Samples der Teilkorpora ARAWest (1955-1964) und der neueren Aufnahmen (West) von 2020 im Vergleich.

Kennwerte der einzelnen Boxplots (Minimum [min], unteres Quartil [q_u], Median [m], oberes Quartil [q_o], Maximum [max]):

ARAWest	min 89,66 %	q_u 96,05 % max 99,51 %	m 97,62 %	q_o 98,58 %
20/22West	min 41,54 %	q_u 63,25 % max 95,83 %	m 74,38 %	q_o 78,09 %

4.2.3b Diachroner Vergleich (Ost)

Der diachrone Vergleich für den ostschwäbischen Sprachraum zeigt keinerlei Überschneidungen der Gruppen bei den Werten realisierter dialektaler Varianten. Drei Viertel der Daten aus dem Teilkorpus der älteren Aufnahmen von 1955 und 1964 liegen über 90 %, das Minimum befindet sich bei 83,42 %. Ebenso drei Viertel der Angaben aus den neueren Interviews befinden sich wiederum in einem Bereich unter 70 % mit einem Maximum der Gruppe von 77,78 %. Dass die Streuung der Werte bei der Gruppe der neueren Interviews insgesamt recht eng liegt, ist auch der Tatsache geschuldet, dass die Sprecher:innen sich ihrer Sprachstufe während des Gesprächs durchaus bewusst waren und für die Interviewsituation eine Varietät aus dem mittleren Bereich des ihnen zur Verfügung stehenden sprachlichen Spektrums gewählt haben. Der folgende Interviewausschnitt, in dem die Sprecherinnen unter anderem über den Kontakt mit Kunden am Telefon berichten, kann das illustrieren:

Gp2: Es gab auch einmal den Fall, dass wir besucht worden sind in der Arbeit. Und dann ist man ans Telefon gegangen. Und dann haben die danach gesagt: „Gott, wie redest du denn am Telefon?“ [Lachen] Ja, also das ist schon etwas anderes. #00:03:30-1#

EX: Ja, ist das so, dass man dann irgendwie so seine Sprache wechselt? #00:03:33-6#

Gp1: Ja. Ja, absolut. Also, ja, wenn man telefoniert, ist ganz klar und dann legt man den Hörer auf und dann redet man zum Beispiel untereinander. Und dann fällt man wieder voll ins Schwäbische herein. #00:03:43-8#

Gp2: Ich denke, wir beide machen das auch automatisch so, dass wir automatisch ein bisschen höher reden. #00:03:47-9#

Gp1: Ja. #00:03:48-3#

Gp2: Ich weiß auch nicht, warum, aber, ja. [Lachen] #00:03:50-2#

EX: Aha. Und so wie Sie jetzt schwätzen, ist das so Ihre normale Umgangssprache? #00:03:55-8#

Gp2: Ja. #00:03:55-8#

Gp1: Ja. #00:03:57-3#

EX: Oder könnten Sie auch noch mehr im Dialekt sprechen? #00:04:00-7#

Gp1: Also, wir könnten auch noch mehr im Dialekt sprechen. Also, wenn man dann einmal so ein Bier intus hat oder so, [Lachen] dann geht's doch schon ins breit Schwäbische irgendwie, weil es so einfacher ist irgendwie. Also - #00:04:11-7#

Gp2: Ja, oder gerade mit meiner Oma oder so, wenn ich bei meiner Oma bin, dann rede ich eigentlich auch komplett anders. Ja, ja. Und dann versteht sie mich auch besser. Ja. [Lachen] #00:04:20-0#

EX: Aber am Telefon täten Sie jetzt auch noch, noch Hochdeutscher sprechen. #00:04:23-4#

Gp1: Noch Hochdeutscher, ja. #00:04:23-4#

(AA-Westhausen_01, 03:20–04:23)

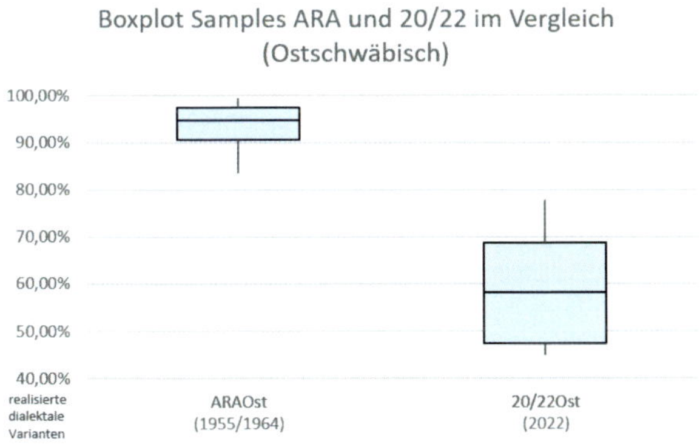

Abb. 11: Boxplot-Diagramme für die Samples der Teilkorpora ARAOst (1955/1964) und der neueren Aufnahmen (Ost) von 2022 im Vergleich.

Kennwerte der einzelnen Boxplots (Minimum [min], unteres Quartil [q_u], Median [m], oberes Quartil [q_o], Maximum [max]):

ARAOst	min 83,42 %	q_u 90,13 % max 99,46 %	m 93,36 %	q_o 96,00 %
20/22Ost	min 44,79 %	q_u 47,25 % max 77,78 %	m 53,32 %	q_o 64,31 %

4.2.3c Diachroner Vergleich (Süd)

Die Werte der beiden Gruppen aus dem südschwäbischen Raum liegen auf den ersten Blick eng beieinander. Bei der Betrachtung der einzelnen Quartile fällt auf, dass im Teilkorpus ARASüd die Hälfte der berücksichtigten Werte bei mindestens 93,88 % liegt, bei den neueren Aufnahmen immerhin ein Viertel über 95 % realisierter dialektaler Varianten. Nach unten differenzieren sich allerdings beide Gruppen. Die historischen Aufnahmen ordnen sich zu drei Vierteln über einem Wert von 83 % ein, während das Teilkorpus der Interviews von 2022 zur Hälfte unter 81 % liegt. Auch wenn beide Gruppen ein ähnliches Niveau an Mittelwerten aufweisen, ist doch der Unterschied bei der Streuung der Daten klar erkennbar. Beim synchronen Vergleich der Angaben aller Aufnahmen von 1955-1964 aus dem Korpus ARA hatte die Gruppe ARASüd die größte Spannweite[106], die sich hier bei der diachronen Betrachtung relativiert.

106 Vgl. Abb. 8.

Dennoch ist der hohe Stand basisdialektaler Varianten im Teilkorpus der neueren Aufnahmen unübersehbar. Ein Grund dafür kann die starke Identifikation mit der Region und ein hohes Prestige der eigenen Mundart sein. Einerseits kommen Angehörige der nachfolgenden Generation bereits bei der frühkindlichen Betreuung in Kontakt mit standardnäheren Varietäten; dieser Umstand kann andererseits durch intergenerationelle Kommunikation aufgefangen werden, wie dieser Sprecher aus BC-Ochsenhausen veranschaulicht:

> Gp3: Ja, ja, also mein Opa, meine Opas legen sehr großen Wert drauf, damit wir Schwäbisch schwätzen. Weil, ich habe auch noch Cousinen, oder auch andere Enkelkinder von meinem Opa sagen, die sprechen Hochdeutsch vom Kindergarten aus, weil die Erzieherinnen das sagen oder halt Hochdeutsch sprechen im Kindergarten. Und da ärgern die sich immer. Und da sind sie froh, wenn (da)nach so ein Großer wieder kommt von den Enkeln und dann Schwäbisch schwätzt mit denen. #00:02:36-6#
>
> EX: Und wie schwätzen Sie mit denen, den Enkeln, also die, die ganz jungen? #00:02:40-5#
>
> Gp3: Also, ja, die schwätzen halt so, wie die Erzieherinnen das denen - #00:02:45-6#
>
> EX: Und wie schwätzen Sie selber mit denen dann? #00:02:47-4#
>
> Gp3: Ich schwätze Schwäbisch. #00:02:48-0#
>
> EX: Passen Sie sich dann an, also an Hochdeutsch, oder schwätzen Sie gerade extra Schwäbisch? #00:02:51-9#
>
> Gp3: Nein, ich schwätze extra Schwäbisch. Und die schwätzen dann schon auch Schwäbisch. Aber, wenn sie halt hallo sagen und dann fragen sie erst einmal: „Wie geht es dir?“, und so und nicht: „Wie geht es dir?“, sondern -, da gibt es, ja, irgendwann kommen sie dann schon hinein. Aber das merkt man schon, seit die im Kindergarten sind, sprechen sie Hochdeutsch, mehr, als normal. #00:03:09-4#
>
> EX: Gibt es denn auch Situationen, wo Sie sich einmal unwohl gefühlt haben mit dem Dialekt? #00:03:13-9#
>
> Gp3: Eher nicht so. Ich stehe zu meinem Dialekt. Also, ja, das gehört einfach dazu. Das habe ich gelernt als kleiner Bub. Und gerade von meinen Großeltern. #00:03:25-6#
>
> (BC-Ochsenhausen, 02:13-03:25)

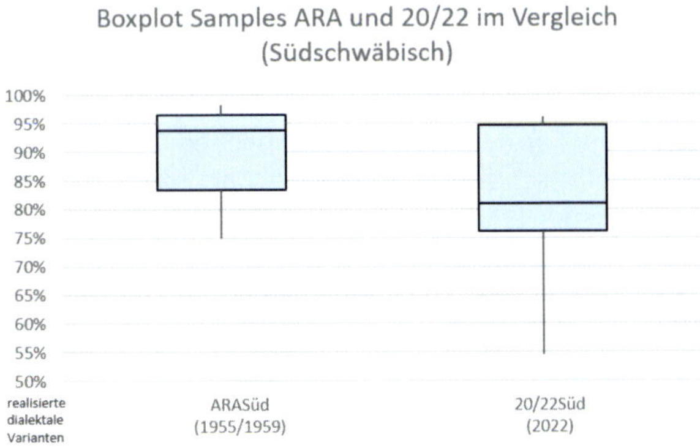

Abb. 12: Boxplot-Diagramme für die Samples der Teilkorpora ARASüd (1955/1959) und den neueren Aufnahmen (Süd) von 2022 im Vergleich

Kennwerte der einzelnen Boxplots (Minimum [min], unteres Quartil [q_u], Median [m], oberes Quartil [q_o], Maximum [max]):

ARASüd	min 75,00 %	q_u 83;45 % max 98,28 %	m 93,88 %	q_o 96,68 %
20/22Süd	min 54,50 %	q_u 76,22 % max 96,12 %	m 81,05 %	q_o 94,64 %

4.2.4 Diachroner Vergleich der Gesamtkorpora

Abb. 15 zeigt nun die Diagramme mit den kumulierten Daten der beiden zeitlichen Ebenen. Hier zeigt sich besonders deutlich, wie drei Viertel der ausgewerteten historischen Aufnahmen von 1955–1964 einer grundmundartlichen Varietät mit über 90 % realisierter dialektaler Varianten zugeordnet werden kann. In der Wahl ihrer Sprachstufen waren die Gewährspersonen der neueren Aufnahmen von 2020 und 2022 freier. Sie nutzten das ihnen zur Verfügung stehende Spektrum zwischen basisdialektalen Formen und großräumiger Umgangssprache, was sich an einer insgesamt breiteren Streuung der Daten auf der Skala realisierter dialektaler Varianten ablesen lässt. Die Sprecher:innen waren während der neueren Interviews in der Lage, über den situativen Gebrauch unterschiedlicher Sprachstufen zu reflektieren. Für den westschwäbischen Sprachraum, der heute das größte Varietätenspektrum aufgrund hoher Mobilität, Verkehrsanbindung und dem daraus resultierenden Arbeits- und Freizeitverhalten aufweist, gilt dies in besonderem Maße. Am wenigsten basisdialektal waren die Sprachproben aus dem ostschwäbischen Raum geprägt. Die Beschäftigung in kommunikativen

Berufen und die hohe Mobilität der Gewährsleute auch außerhalb ihrer Dialektregion führte zu alltagssprachlichen Werten, die zum großen Teil einer großräumigen Umgangssprache zugeordnet werden können. Im Süden ergab sich ein ambivalentes Ergebnis: Für den regionalsprachlichen Charakter der Aufnahmen sprach die bereits historisch früh einsetzende Mobilität innerhalb des Mundartraums. Der Charakter der ländlich geprägten Städte mit ihren vergleichsweise dialektal beschaffenen Stadtmundarten schafft innerhalb der Region Oberschwaben ein starkes Identifikationsmoment und sorgt heute für eine erhöhte Orts- und Sprachloyalität.

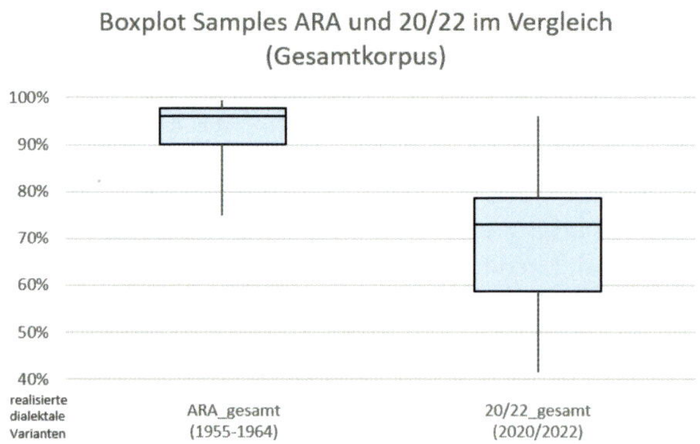

Abb. 13: Boxplot-Diagramme für die Samples der Gesamtkorpora ARA (1955-1964) und der neueren Aufnahmen von 2020/2022 im Vergleich.

Kennwerte der einzelnen Boxplots (Minimum [min], unteres Quartil [q_u], Median [m], oberes Quartil [q_o], Maximum [max]):

ARA_gesamt	min 75,00 %	q_u 90,01 %	m 96,20 %	q_o 97,83 %	max 99,51 %
20/22_gesamt	min 41,54 %	q_u 58,74 %	m 73,07 %	q_o 78,76 %	max 96,12 %

5 Schluss

Bei einer diachronen Untersuchung gesprochener Sprache in Südwestdeutschland drängt sich sogleich die vielbeschworene Frage nach dem „Schwund“ oder dem „Untergang“ des Dialekts auf. Die vorliegende Studie konnte zeigen, dass junge Erwachsene in den 1950er und 1960er Jahren bei alltagssprachlichen Interviews eher dazu tendierten, sich einer der Grundmundart näher liegenden Varietät zu bedienen, als es die Vergleichsgruppe von heute getan hat. Bei den neueren Aufnahmen haben die Proband:innen eher solche sprachliche Register gewählt, die insgesamt weniger basisdialektale Merkmale enthalten. Welche Schlüsse lassen sich daraus im Hinblick auf den Gebrauch des Dialekts ziehen?

1. 1950 waren die Register zwischen Grundmundart und intendierter Standardsprache noch nicht so ausgebaut wie heute. Sprecher:innen konnten die eigene Grundmundart auch in einem halböffentlichen Kontext bei einem alltagssprachlichen Interview mit einem Fremden verwenden. Sie hatten in vertikaler Richtung insgesamt nur einen geringen Umfang an Varietäten zur Verfügung.

2. 2022 besitzen die Befragten der Interviews ein viel größeres Varietätenspektrum. Sie können im freien Gespräch adressatenabhängig zwischen grundmundartlichen, regionalsprachlichen und standardnahen Registern wählen. Bei den Interviews für diese Untersuchung wurde vornehmlich eine regionalsprachliche Varietät gewählt. Die eigene Grundmundart spricht man oft nur noch im privaten Umfeld; die Interviewsituation schien vielen Sprecher:innen dafür nicht geeignet.

3. Rückschlüsse auf die Veränderung der eigentlichen Grundmundart in der jeweiligen Region lassen sich dadurch nicht ziehen. Es handelt sich also um einen Ebenenwandel, infolgedessen der Adressat der neueren Interviews als fremde Person in einem halböffentlichen Kontext nicht mehr in einem grundmundartlichen Register angesprochen wird. Thematisch bedingt wird jedoch auch auf die der Standardsprache am nächsten liegende Varietät innerhalb des persönlichen Repertoires verzichtet.

Ein einheitliches Niveau realisierter dialektaler Varianten bei den neueren Interviews konnte allerdings nicht festgestellt werden. Daraus kann nicht definitiv geschlossen werden, dass in der einen oder anderen Region (noch) „mehr“ oder „weniger“ Dialekt gesprochen wird. Trotz der dargestellten Bandbreite an Varietäten erfassen die Aufnahmen nie das gesamte Spektrum, das den Sprecher:innen zur Verfügung stehen würde. Die vorliegende Untersuchung konnte jedoch zeigen, dass sich Dialektsprecher:innen im südwestdeutschen Sprachraum heute ihres Varietätenspektrums bewusst sind und auch von den verschiedenen ihnen zur Verfügung stehenden Sprachstufen Gebrauch machen. Anhand der untersuchten grundmundartlichen Formen wurde deutlich, wie wichtig die sprachlichen Register auf der Skala zwischen Ortsdialekt und standardnäheren Varietäten wie der großräumigen Umgangssprache im Alltag der Sprecher:innen im Südwesten sind. Eine natürliche diachrone Entwicklung von überwiegend grundmundartlich geprägten Ortsdialekten hin zu einer Alltagssprache mit zahlreichen regionalsprachlichen Registern muss hingegen (noch) nicht das Aus für die Mundarten südwestdeutscher Prägung bedeuten. Vielmehr hat sich ein pragmatischer Wandel vollzogen, bei dem sich der Sprachgebrauch verändert hat. Die Verwendung der einzelnen Sprachstufen im Bereich des gesamten Varietätenspektrums, das jedem Sprecher und jeder Sprecherin zur Verfügung steht, ist funktional und wird heute bewusst und unbewusst, adressatenabhängig und anlassbezogen, situationsabhängig gewählt. Der häufigere Gebrauch „höherer" Varietäten aufgrund der heute viel größeren kommunikativen Reichweite mündet in der subjektiven Wahrnehmung jedoch meist in der Annahme, der „Verlust" der alten Ortsmundarten habe auch das „Ende" des Dialekts zur Folge. Medial ist der Dialekt meist nur als Nischensprache präsent, dient als Anlass für Witze, für Missverständnisse und zur Markierung sozialer Unterschiede. Die Befragten gaben an, dadurch habe der Dialekt, auch die eigene grundmundartliche Varietät, im Alltag oft ein geringeres Prestige als standardnähere Varietäten. Der persönliche Gebrauch grundmundartlicher Register beschränkt sich daher auf einen informellen, privaten, durch Vertrautheit bestimmten Bereich. In der Zukunft können besonders eine starke Identifikation mit dem eigenen Kulturraum, eine gute wirtschaftliche Perspektive in der angestammten Mundartregion und ein hohes Prestige des Dialekts den Gebrauch einer grundmundartlich oder zumindest regionalsprachlich geprägten Varietät sichern.

Die Mundarten unseres Bundeslandes seien schützenswert, stellte die baden-württembergische Landesregierung 2019 in einer Stellungnahme zu einem fraktionsübergreifenden Antrag vor dem Landtag fest[107]. So hat sich die öffentliche Hand zumindest in Baden-Württemberg die Aufgabe gegeben, „die Verwendung von Dialekten in Baden-Württemberg wieder zu stärken"[108]. Internationalität, Ideenreichtum und Geschäftssinn gehören zu den Motoren des wirtschaftlichen Erfolgs in Baden-Württemberg. Und trotzdem – oder vielleicht auch gerade deswegen – besinnt man sich heute wieder gern auf Werte wie handwerkliche Qualität, Traditionsbewusstsein und Originalität. Dazu gehört auch die gesprochene Sprache, deren vorwiegend gebrauchte Varietäten im täglichen Umgang miteinander ständig neu verhandelt werden. Eine Sprache, die am besten dadurch wertgeschätzt wird, indem sie im Alltag als selbstverständliche und erwartbare Form der Kommunikation verwendet werden kann, sei es zu Hause, im privaten Umfeld oder im Geschäftsleben und im öffentlichen Raum.

107 LTBW 2019.
108 Ebd., S. 3.

Literatur

Arendt, Hannah: Vita Activa oder Vom tätigen Leben. Stuttgart 1960.

Auer, Peter: Der Grunddialekt als Konstrukt. Wie Gewährspersonen und Erheber in der direkten Befragung die Daten der Atlasdialektologie konstituieren. In: Dominique Huck/Thiresia Choremi (Hg.): Parole(s) et langue(s), espaces et temps – Mélanges offerts à Arlette Bothorel-Witz. Strasbourg 2010, S. 23–36.

Baur, Gerhard W.: Die Mundarten im nördlichen Schwarzwald. Bd.1.2. Marburg 1967 (= Deutsche Dialektgeographie Bd. 55).

Bourdieu, Pierre: Was heißt sprechen? Die Ökonomie des sprachlichen Tausches. Wien 1990.

Bühler, Carl Rudolf: Sprachwandeltendenzen in Baden-Württemberg. Eine diachrone Untersuchung am Beispiel der schwäbisch-fränkischen Dialektgrenze. Teil I: Textband, Teil II: Kartenband. Tübingen 2016. URL: http://nbn-resolving.de/urn:nbn:de:bsz:21-dspace-692666 (01.03.2023).

Bühler, Rudolf: Sprachgrenzen und -übergänge in Baden-Württemberg. Zur Neuvermessung der schwäbisch-fränkischen Sprachgrenze auf der Grundlage des Sprachatlas von Nord Baden-Württemberg (SNBW). In: Germanistische Linguistik 237–238 (2017), S. 59–81.

Bühler, Rudolf: Sprachalltag II: Sprachatlas – Digitalisierung – Nachhaltigkeit und das Arno-Ruoff-Archiv am Ludwig-Uhland-Institut für Empirische Kulturwissenschaft der Universität Tübingen. Ein Projektbericht. In: Linguistik Online 98/5 (2019): Alemannische Dialektologie – Forschungsstand und Perspektiven. Sonderheft, S. 411–423. URL: https://doi.org/10.13092/lo.98.5946 (01.03.2023).

Bühler, Rudolf/Nast, Mirjam: Warum der Dialekt (jetzt) doch nicht verschwindet. Zum Verhältnis von Zuschreibungen und Gebrauch des Dialekts im Sprachalltag von Bürgermeistern. In: Rudolf Bühler/Hubert Klausmann/Mirjam Nast (Hg.): Schule – Medien – Öffentlichkeit. Sprachalltag und dialektale Praktiken aus linguistischer und kulturwissenschaftlicher Perspektive. Reinhard Johler zum 60. Geburtstag gewidmet. Tübingen 2020 (= Untersuchungen des Ludwig-Uhland-Instituts für Empirische Kulturwissenschaft 124), S. 151–178.

Debus, Friedhelm: Deutsche Dialektgebiete in älterer Zeit: Probleme und Ergebnisse ihrer Rekonstruktion. In: Werner Besch u. a. (Hg.): Dialektologie. Ein Handbuch zur deutschen und allgemeinen Dialektforschung. 2. Halbband. Berlin/New York 1983, S. 930–960.

Jakob, Karlheinz: Dialekt und Regionalsprache im Raum Heilbronn. Zur Klassifizierung von Dialektmerkmalen in einer dialektgeographischen Übergangslandschaft. T. 1: Textband. T. 2: Kartenband. Marburg 1985 (= Studien zur Dialektologie in Südwestdeutschland 3/1.2).

Kehrein, Roland: Regionalsprachliche Spektren im Raum. Zur linguistischen Struktur der Vertikale. Stuttgart 2012 (= ZDL Beihefte 152).

Klausmann, Hubert/Tschofen, Bernhard unter Mitarbeit von Rudolf Bühler/Rebekka Bürkle/Nina Kim Leonhardt: „Sprachalltag". Ein sprach- und kulturwissenschaftliches Projekt zur Alltagssprache in Nord-Baden-Württemberg. In: Hubert Wicker (Hg.): Schwäbisch. Dialekt mit Tradition und Zukunft. Festschrift zum 10-jährigen Bestehen des Fördervereins Schwäbischer Dialekt e.V. Gomaringen 2011, S. 91–102.

Klausmann, Hubert: Das Arno-Ruoff-Archiv als Quelle für Untersuchungen zum Registerwechsel. In: Rudolf Bühler/Hubert Klausmann/Mirjam Nast (Hg.): Schule – Medien – Öffentlichkeit. Sprachalltag und dialektale Praktiken aus linguistischer und kulturwissenschaftlicher Perspektive. Reinhard Johler zum 60. Geburtstag gewidmet. Tübingen 2020 (= Untersuchungen des Ludwig-Uhland-Instituts für Empirische Kulturwissenschaft 124), S. 115–130.

König, Werner/Schrambke, Renate: Die Sprachatlanten des schwäbisch-alemannischen Raumes. Baden-Württemberg, Bayerisch-Schwaben, Elsaß, Liechtenstein, Schweiz, Vorarlberg. Bühl/Baden 1999.

Lameli, Alfred: Standard und Substandard. Regionalismen im diachronen Längsschnitt. Stuttgart 2005 (= ZDL Beihefte 128).

Lameli, Alfred: Strukturen im Sprachraum. Analysen zur arealtypologischen Komplexität der Dialekte in Deutschland. Berlin/Boston 2013 (= Linguistik – Impulse & Tendenzen 54).

Leonhardt, Nina Kim: Dialektgrenzen als soziokulturelle Konstrukte. Subjektive Sprachräume in Nord Baden-Württemberg. Tübingen 2014. URL: http://hdl.handle.net/10900/58665 (01.03.2023).

LEP 2002: Wirtschaftsministerium Baden-Württemberg (Hg.): Landesentwicklungsplan 2002 Baden-Württemberg. Stuttgart 2002.

Lefebvre, Henri: La production de l'espace. Paris 1986 (1974).

LTBW 2019: Dialekt in Baden-Württemberg. Antrag von Markus Rösler (MdL) u. a. Landtag von Baden-Württemberg. 16 Wahlperiode, Drucksache 16/6102 vom 12.04.2019. URL: https://parlis.landtag-bw.de/parlis/ (26.09.2022).

Maurer, Friedrich (Hg.): Oberrheiner, Schwaben, Südalemannen. Räume und Kräfte im geschichtlichen Aufbau des deutschen Südwestens. Straßburg 1942 (= Arbeiten vom Oberrhein. Veröffentlichungen des Instituts für geschichtliche Landeskunde an der Universität Freiburg i. Br. 2).

Nast, Mirjam/Klausmann, Hubert: Jetz isch halt alles anderscht, net? Kultureller Wandel im ländlichen Raum. Ubstadt-Weiher 2020 (= Historische Interviewaufnahmen aus Baden-Württemberg 1).

Oechsner, Hans-Adolf: Die Mundart des Nagold-Enz-Gebiets. Laute und Flexion, Abstufungen und Wandlungen. Tübingen 1952 (Masch. Diss.).

Rottweil 2003: Landesarchivdirektion Baden-Württemberg in Verbindung mit dem Landkreis Rottweil (Hg.): Der Landkreis Rottweil. Bd. 1. A Der Landkreis Rottweil, Strukturen und Entwicklungen. B Die Gemeinden, historische Grundlagen und Gegenwart. Bd. 2. B Die Gemeinden, historische Grundlagen und Gegenwart (Fortsetzung). Ostfildern 2003.

Ruoff, Arno: „Wenkersätze auf Tonband?“. In: Sprachen – Zuordnung – Strukturen. Festgabe seiner Schüler für Eberhard Zwirner. Den Haag 1965, S. 94–113.

Ruoff, Arno: Grundlagen und Methoden der Untersuchung gesprochener Sprache. Einführung in die Reihe „Idiomatica“ mit einem Katalog der ausgewerteten Tonbandaufnahmen. Tübingen 1973 (= Idiomatica 1).

Ruoff, Arno: Häufigkeitswörterbuch gesprochener Sprache. Gesondert nach Wortarten alphabetisch, rückläufig alphabetisch und nach Häufigkeit geordnet, Tübingen 1981 (= Idiomatica 8).

Ruoff, Arno: Mundarten in Baden-Württemberg. Stuttgart 1983.

Ruoff, Arno: Die Geschichte der Tübinger Arbeitsstelle „Sprache in Südwestdeutschland“ 1955–1995. Mit einer Bibliographie. In: Arno Ruoff (Hg.): Syntax und Stilistik der Alltagssprache. Beiträge der 12. Arbeitstagung zur Alemannischen Dialektologie 25.–29. September in Ellwangen/Jagst. Tübingen 1997 (= Idiomatica 18), S. 283–296.

Ruoff, Arno: Sprachvarietäten in Süddeutschland. In: Reinhard Johler/Bernhard Tschofen (Hg.): Empirische Kulturwissenschaft. Eine Tübinger Enzyklopädie. Tübingen 2015 (1997) (= Untersuchungen des Ludwig-Uhland-Instituts für Empirische Kulturwissenschaft 100), S. 655–665.

Schlager, Friedrich: Die Mundarten im fränkisch-alemannischen Grenzgürtel Badens. Bühl 1931 (= Bausteine zur Volkskunde und Religionswissenschaft 3).

Schwarz, Christian: Phonologischer Dialektwandel in den alemannischen Basisdialekten Südwestdeutschlands im 20. Jahrhundert. Eine empirische Untersuchung zum Vokalismus. Stuttgart 2015 (= ZDL Beihefte 159).

Seidelmann, Erich: „Schwäbisch“ und „Alemannisch“ am Bodensee. In: Alemannisches Jahrbuch 1993/94 (1995), S. 301–334.

Simmel, Georg: Soziologie. Untersuchungen über die Formen der Vergesellschaftung. Leipzig 1958 (1908).

Spiekermann, Helmut: Sprache in Baden-Württemberg. Merkmale des regionalen Standards. Tübingen 2008 (= Linguistische Arbeiten 526).

Steger, Hugo: Raumgliederung der Mundarten um 1950. Beiwort zur Karte XII, 7. Mit einem Beitrag von Karlheinz Jakob. Stuttgart 1982 (= Historischer Atlas von Baden-Württemberg, Erläuterungen XII, 7).

Streck, Tobias: Phonologischer Wandel im Konsonantismus der alemannischen Dialekte Baden-Württembergs. Sprachatlasvergleich, Spontansprache und dialektometrische Studien. Stuttgart 2012 (= ZDL Beihefte 148).

Tschofen, Bernhard: Grenzraum Bodenseeregion. Ethnographische Inspektion in divergierenden Feldern. In: Bernhard Tschofen (Hg.): GrenzRaumSee: Eine ethnographische Reise durch die Bodenseeregion. Tübingen 2008.

Turner, Victor: The Anthropology of Performance. New York 1986.

Vogt, E[mil] Friedrich: Die Mundart von Deufringen und Umgebung nach Lauten und Flexion. Stuttgart 1931.
Wiesinger, Peter: Dialektgeographie als Kulturgeschichte. An Beispielen aus dem bairischen Dialektraum. In: Andreas Gardt/Ulrike Haß-Zumkehr/Thorsten Roelcke (Hg.): Sprachgeschichte als Kulturgeschichte. Berlin/New York 1999, S. 295–349.
Zwirner, Eberhard: Anleitung zu sprachwissenschaftlichen Tonbandaufnahmen. Göttingen 1964 (= Lautbibliothek der deutschen Mundarten 31).

Sprachatlanten

AdA = Elspaß, Stephan/Möller, Robert: Atlas zur deutschen Alltagssprache (AdA). 2003ff. URL: https://www.atlas-alltagssprache.de (01.03.2023).
ALA = Atlas linguistique et ethnographique de l'Alsace, Band I Hg. von Ernest Beyer und Raymond Matzen. Band II Hg. von Arlette Bothorel-Witz, Marthe Philipp, Sylviane Spindler. Paris 1969, 1984.
DSA = Deutscher Sprachatlas, auf Grund des von Georg Wenker begründeten Sprachatlas des Deutschen Reichs, in vereinfachter Form begonnen von Ferdinand Wrede, fortgesetzt von Walther Mitzka und Bernhard Martin. Marburg 1926–1956.
König, Werner: dtv-Atlas Deutsche Sprache. München 2015.
LUI 2022 = Sprechender Sprachatlas von Baden-Württemberg. URL: https://escience-center.uni-tuebingen.de/escience/sprachatlas/#8/48.674/8.989 (01.03.2023).
MRhSA = Mittelrheinischer Sprachatlas, Hg. von Günter Bellmann, Joachim Herrgen und Jürgen Erich Schmidt. Tübingen 1994–2002.
SDS = Sprachatlas der deutschen Schweiz, begründet von Heinrich Baumgartner und Rudolf Hotzenköcherle in Zusammenarbeit mit Konrad Lobeck, Robert Schläpfer, Rudolf Trüb und unter Mitwirkung von Paul Zinsli, Hg. von Rudolf Hotzenköcherle, fortgeführt und abgeschlossen von Robert Schläpfer, Rudolf Trüb, Paul Zinsli. Bern/Basel 1962–1997.
SMF = Sprachatlas von Mittelfranken, Hg. von Horst Haider Munske. Heidelberg 2003–2014.
SNBW I-V = Klausmann, Hubert (Hg.): Sprachatlas von Nord Baden-Württemberg (SNBW). Bände I-V. URL: (I) http://dx.doi.org/10.15496/publikation-27775; (II) http://dx.doi.org/10.15496/publikation-27779; (IIa) http://dx.doi.org/10.15496/publikation-61233; (III) http://dx.doi.org/10.15496/publikation-27780; (IV) http://dx.doi.org/10.15496/publikation-27786; (V) http://dx.doi.org/10.15496/publikation-27792 (01.03.2023).
SSA = Südwestdeutscher Sprachatlas, Hg. von Eugen Gabriel, Ulrich Knoop, Volker Schupp und Hugo Steger. Marburg 1989–2011.
SUF = Sprachatlas von Unterfranken, Hg. von Norbert Richard Wolf. Heidelberg 2005–2009.
VALTS = Vorarlberger Sprachatlas mit Einschluss des Fürstentums Liechtenstein, Westtirols und des Allgäus, Hg. von Eugen Gabriel. Bregenz 1985–2006.

Anhang

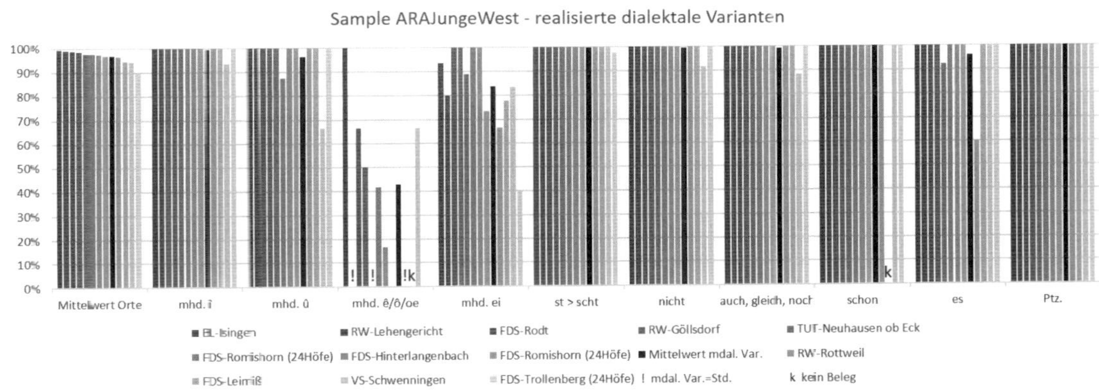

Abb. 14: realisierte dialektale Varianten aus dem Teilkorpus junger Erwachsener (ARA, Aufnahmen 1955-1964) des westschwäbischen Sprachgebiets, Säulendiagramm.

Aufnahmeort	Mittelwert Orte	mhd. î	mhd. û	mhd. ê/ô/oe	mhd. ei	st > scht	nicht	auch gleich noch	schon	es	Ptz.
BL-Isingen	99,51%	100,00%	100,00%	100,00%	93,33%	100,00%	100,00%	100,00%	100,00%	100,00%	100,00%
RW-Lehengericht	99,10%	100,00%	100,00%	Var.=Std.	80,00%	100,00%	100,00%	100,00%	100,00%	100,00%	100,00%
FDS-Rodt	98,88%	100,00%	100,00%	66,67%	100,00%	100,00%	100,00%	100,00%	100,00%	100,00%	100,00%
RW-Göllsdorf	98,48%	100,00%	100,00%	50,00%	100,00%	100,00%	100,00%	100,00%	100,00%	100,00%	100,00%
TUT-Neuhausen ob Eck	97,83%	100,00%	100,00%	Var.=Std.	88,89%	100,00%	100,00%	100,00%	100,00%	92,31%	100,00%
FDS-Romishorn (24Höfe)	97,71%	100,00%	87,50%	41,67%	100,00%	100,00%	100,00%	100,00%	100,00%	100,00%	100,00%
FDS-Hinterlangenbach	97,52%	100,00%	100,00%	16,67%	100,00%	100,00%	100,00%	100,00%	100,00%	100,00%	100,00%
FDS-Romishorn (24Höfe)	96,79%	100,00%	100,00%	0,00%	73,33%	100,00%	100,00%	100,00%	100,00%	100,00%	100,00%
RW-Rottweil	96,59%	100,00%	100,00%	Var.=Std.	66,67%	100,00%	100,00%	100,00%	100,00%	60,00%	100,00%
FDS-Leimiß	94,44%	100,00%	100,00%	k.B.!	77,78%	100,00%	100,00%	100,00%	k.B.!	100,00%	100,00%
VS-Schwenningen	94,20%	93,33%	66,67%	66,67%	83,33%	100,00%	91,67%	88,24%	100,00%	100,00%	100,00%
FDS-Trollenberg (24Höfe)	89,66%	100,00%	100,00%	0,00%	40,00%	97,44%	100,00%	100,00%	100,00%	100,00%	100,00%
Mittelwert mdal. Var.	96,73%	99,44%	96,18%	42,71%	83,61%	99,79%	99,31%	99,02%	100,00%	96,03%	100,00%

Abb. 15: realisierte dialektale Varianten aus dem Teilkorpus junger Erwachsener (ARA, Aufnahmen 1955-1964) des westschwäbischen Sprachgebiets, tabellarische Form.

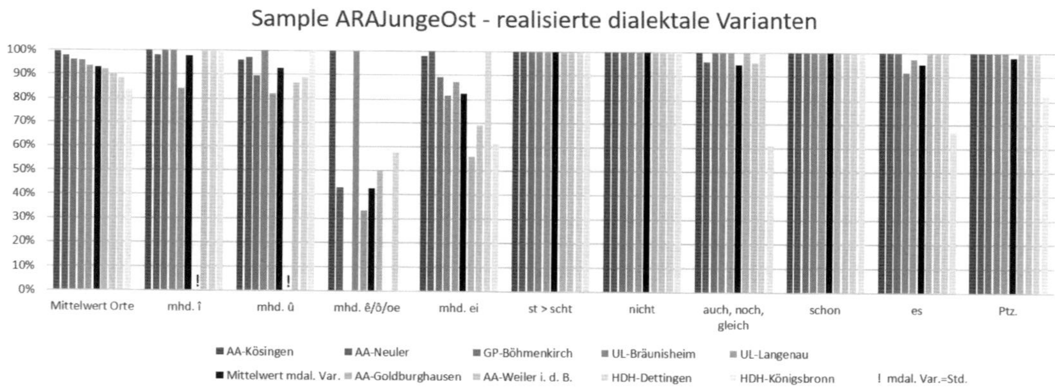

Abb. 16: realisierte dialektale Varianten aus dem Teilkorpus junger Erwachsener (ARA, Aufnahmen 1955 und 1964) des ostschwäbischen Sprachgebiets, Säulendiagramm.

Aufnahmeort	Mittelwert Orte	mhd. î	mhd. û	mhd. ê/ô/oe	mhd. ei	st > scht	nicht	auch noch gleich	schon	es	Ptz.
AA-Kösingen	99,46%	100,00%	96,00%	100,00%	97,92%	100,00%	100,00%	100,00%	100,00%	100,00%	100,00%
AA-Neuler	97,85%	98,04%	97,14%	42,86%	100,00%	100,00%	100,00%	96,15%	100,00%	100,00%	100,00%
GP-Böhmenkirch	96,00%	100,00%	89,47%	0,00%	89,19%	100,00%	100,00%	100,00%	100,00%	100,00%	100,00%
UL-Bräunisheim	95,90%	100,00%	100,00%	100,00%	81,58%	100,00%	100,00%	100,00%	100,00%	91,67%	100,00%
UL-Langenau	93,36%	84,21%	82,14%	33,33%	87,14%	100,00%	100,00%	100,00%	100,00%	97,56%	100,00%
AA-Goldburghausen	92,05%	Var.=Std.	Var.=Std.	50,00%	56,00%	100,00%	100,00%	100,00%	100,00%	100,00%	100,00%
AA-Weiler i. d. B.	90,13%	100,00%	86,67%	0,00%	68,97%	100,00%	100,00%	95,83%	100,00%	100,00%	100,00%
HDH-Dettingen	88,64%	100,00%	88,89%	57,33%	100,00%	100,00%	100,00%	100,00%	100,00%	100,00%	100,00%
HDH-Königsbronn	83,42%	100,00%	100,00%	0,00%	61,54%	100,00%	100,00%	61,11%	100,00%	66,67%	82,35%
Mittelwert mdal. Var.	92,98%	97,78%	92,54%	42,61%	82,48%	100,00%	100,00%	94,79%	100,00%	95,10%	98,04%

Abb. 17: realisierte dialektale Varianten aus dem Teilkorpus junger Erwachsener (ARA, Aufnahmen 1955 und 1964) des ostschwäbischen Sprachgebiets, tabellarische Form.

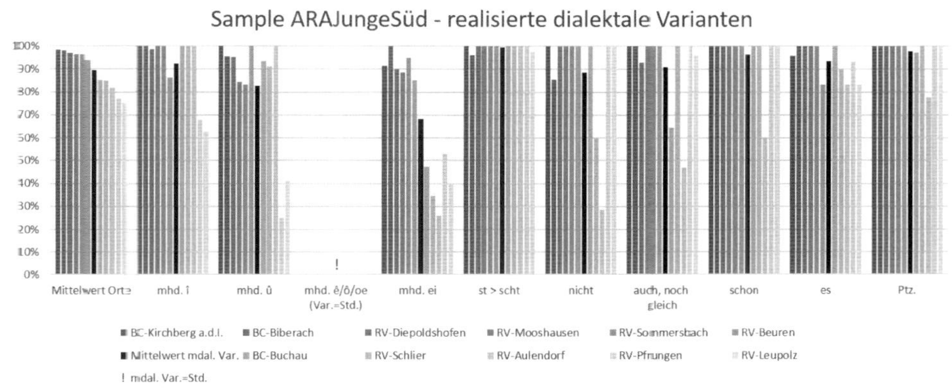

Abb. 18: realisierte dialektale Varianten aus dem Teilkorpus junger Erwachsener (ARA, Aufnahmen 1955 und 1959) des südschwäbischen Sprachgebiets, Säulendiagramm

Aufnahmeort	Mittelwert Orte	mhd. î	mhd. û	mhd. ê/ô/oe	mhd. ei	st > scht	nicht	auch, noch, gleich	schon	es	Ptz.
BC-Kirchberg a.d.I.	98,28%	100,00%	100,00%	Var.=Std.	91,67%	100,00%	100,00%	100,00%	100,00%	95,83%	100,00%
BC-Biberach	98,10%	100,00%	95,45%	Var.=Std.	100,00%	96,00%	85,71%	100,00%	100,00%	100,00%	100,00%
RV-Diepoldshofen	96,88%	98,73%	95,24%	Var.=Std.	90,16%	100,00%	100,00%	93,02%	100,00%	100,00%	100,00%
RV-Mooshausen	96,48%	100,00%	84,38%	Var.=Std.	88,57%	100,00%	100,00%	100,00%	100,00%	100,00%	100,00%
RV-Sommersbach	96,40%	100,00%	83,33%	Var.=Std.	95,00%	100,00%	100,00%	100,00%	100,00%	100,00%	100,00%
RV-Beuren	93,88%	86,36%	100,00%	Var.=Std.	85,29%	100,00%	100,00%	100,00%	100,00%	83,33%	100,00%
BC-Buchau	85,19%	100,00%	93,55%	Var.=Std.	47,22%	100,00%	100,00%	64,71%	100,00%	100,00%	97,14%
RV-Schlier	85,08%	100,00%	91,18%	Var.=Std.	34,48%	100,00%	60,00%	100,00%	100,00%	90,00%	100,00%
RV-Aulendorf	81,82%	100,00%	100,00%	Var.=Std.	26,09%	100,00%	28,57%	47,06%	60,00%	83,33%	77,78%
RV-Pfrungen	77,02%	68,00%	25,00%	Var.=Std.	52,94%	100,00%	100,00%	100,00%	100,00%	93,33%	100,00%
RV-Leupolz	75,00%	62,96%	41,18%	Var.=Std.	40,00%	97,73%	100,00%	96,00%	100,00%	83,33%	100,00%
Mittelwert mdal. Var.	89,47%	92,37%	82,66%	Var.=Std.	68,31%	99,43%	88,57%	90,98%	96,36%	93,56%	97,72%

Abb. 19: realisierte dialektale Varianten aus dem Teilkorpus junger Erwachsener (ARA, Aufnahmen 1955 und 1959) des südschwäbischen Sprachgebiets, tabellarische Form.

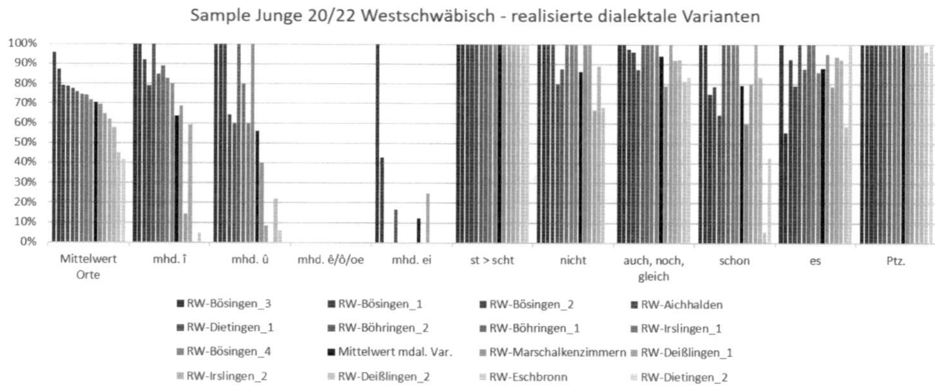

Abb. 20: realisierte dialektale Varianten aus dem Teilkorpus junger Erwachsener (20/22, Aufnahmen 2020) des westschwäbischen Sprachgebiets, Säulendiagramm.

Aufnahmeort	Mittelwert Orte	mhd. î	mhd. û	mhd. ê/ô/oe	mhd. ei	st > scht	nicht	auch, noch, gleich	schon	es	Ptz.
RW-Bösingen_3	95,83%	100,00%	100,00%	0,00%	100,00%	100,00%	100,00%	100,00%	100,00%	100,00%	100,00%
RW-Bösingen_1	87,34%	100,00%	100,00%	0,00%	42,86%	100,00%	100,00%	100,00%	100,00%	55,56%	100,00%
RW-Bösingen_2	79,06%	92,11%	100,00%	0,00%	0,00%	100,00%	100,00%	97,50%	75,00%	92,31%	100,00%
RW-Aichhalden	78,61%	79,17%	64,29%	0,00%	0,00%	100,00%	100,00%	96,30%	78,57%	79,17%	100,00%
RW-Dietingen_1	77,56%	100,00%	60,00%	0,00%	16,67%	100,00%	80,00%	87,10%	64,29%	100,00%	100,00%
RW-Böhringen_2	75,86%	85,00%	100,00%	0,00%	0,00%	100,00%	87,50%	100,00%	100,00%	87,50%	100,00%
RW-Böhringen_1	74,68%	88,89%	80,00%	0,00%	0,00%	100,00%	100,00%	100,00%	100,00%	100,00%	100,00%
RW-Irslingen_1	74,38%	82,61%	60,00%	0,00%	0,00%	100,00%	100,00%	100,00%	100,00%	100,00%	100,00%
RW-Bösingen_4	71,76%	80,00%	100,00%	0,00%	0,00%	100,00%	100,00%	100,00%	100,00%	85,71%	100,00%
RW-Marschalkenzimmern	69,39%	68,75%	40,00%	0,00%	0,00%	100,00%	100,00%	78,95%	60,00%	95,24%	100,00%
RW-Deißlingen_1	64,75%	14,29%	8,33%	0,00%	25,00%	100,00%	100,00%	100,00%	80,00%	78,57%	100,00%
RW-Irslingen_2	61,74%	59,09%	0,00%	0,00%	0,00%	100,00%	66,67%	92,00%	100,00%	93,75%	100,00%
RW-Deißlingen_2	57,73%	0,00%	22,22%	0,00%	0,00%	100,00%	88,89%	92,31%	83,33%	92,31%	100,00%
RW-Eschbronn	44,99%	4,62%	6,25%	0,00%	0,00%	100,00%	68,18%	81,40%	5,56%	58,33%	96,43%
RW-Dietingen_2	41,54%	0,00%	0,00%	0,00%	0,00%	100,00%	0,00%	83,33%	42,86%	100,00%	100,00%
Mittelwert mdal. Var.	70,35%	63,63%	56,07%	0,00%	12,30%	100,00%	86,08%	93,93%	79,31%	87,90%	99,76%

Abb. 21: realisierte dialektale Varianten aus dem Teilkorpus junger Erwachsener (20/22, Aufnahmen 2020) des westschwäbischen Sprachgebiets, tabellarische Form

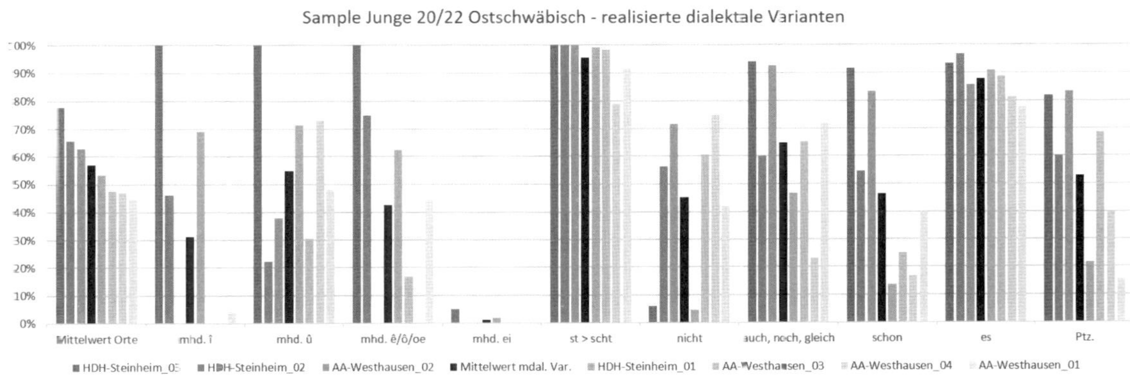

Abb. 22: realisierte dialektale Varianten aus dem Teilkorpus junger Erwachsener (20/22, Aufnahmen 2022) des ostschwäbischen Sprachgebiets, Säulendiagramm.

Aufnahmeort	Mittelwert Orte	mhd. î	mhd. û	mhd. ê/ô/oe	mhd. ei	st > scht	nicht	auch, noch, gleich	schon	es	Ptz.
HDH-Steinheim_03	77,78%	100,00%	100,00%	100,00%	5,00%	100,00%	5,88%	94,12%	91,67%	93,33%	81,82%
HDH-Steinheim_02	65,80%	46,15%	22,22%	75,00%	0,00%	100,00%	56,25%	60,00%	54,55%	96,77%	60,00%
AA-Westhausen_02	62,82%	0,00%	38,10%	0,00%	0,00%	100,00%	71,88%	92,59%	83,33%	85,71%	83,33%
HDH-Steinheim_01	53,32%	69,12%	71,43%	62,50%	1,85%	99,02%	4,55%	46,61%	13,56%	91,03%	21,43%
AA-Westhausen_03	47,47%	0,00%	30,61%	16,67%	0,00%	98,48%	60,61%	65,22%	25,00%	88,89%	68,75%
AA-Westhausen_04	47,03%	0,00%	73,17%	0,00%	0,00%	78,95%	75,00%	23,08%	16,67%	81,48%	40,00%
AA-Westhausen_01	44,79%	4,08%	48,00%	44,44%	0,00%	91,67%	42,11%	72,09%	40,00%	77,78%	15,38%
Mittelwert mdal. Var.	57,00%	31,34%	54,79%	42,66%	0,98%	95,45%	45,18%	64,82%	46,40%	87,86%	52,96%

Abb. 23: realisierte dialektale Varianten aus dem Teilkorpus junger Erwachsener (20/22 Aufnahmen 2022) des ostschwäbischen Sprachgebiets, tabellarische Form.

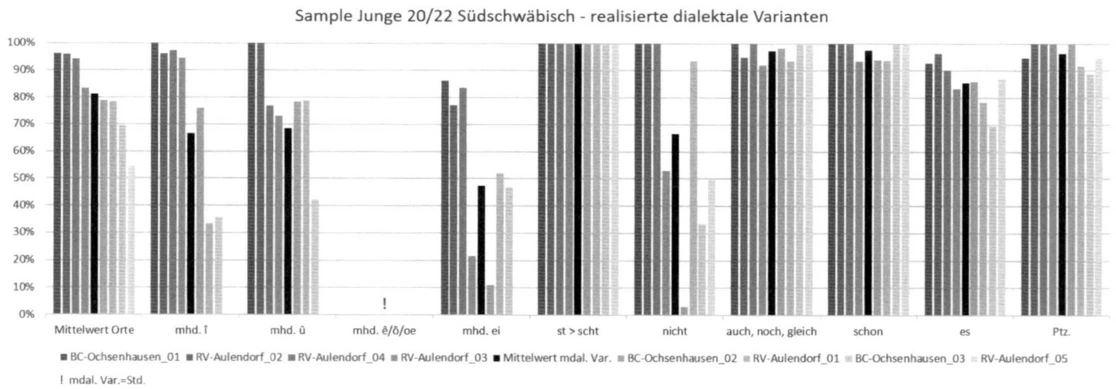

Abb. 24: realisierte dialektale Varianten aus dem Teilkorpus junger Erwachsener (20/22, Aufnahmen 2022) des südschwäbischen Sprachgebiets, Säulendiagramm.

Aufnahmeort	Mittelwert Orte	mhd. î	mhd. û	mhd. ê/ô/oe	mhd. ei	st > scht	nicht	auch, noch, gleich	schon	es	Ptz.
BC-Ochsenhausen_01	96,12%	100,00%	100,00%	Var.=Std.	86,27%	100,00%	100,00%	100,00%	100,00%	92,86%	94,74%
RV-Aulendorf_02	95,82%	96,15%	100,00%	Var.=Std.	77,27%	100,00%	100,00%	95,00%	100,00%	96,43%	100,00%
RV-Aulendorf_04	94,24%	97,22%	76,92%	Var.=Std.	83,64%	100,00%	100,00%	100,00%	100,00%	90,00%	100,00%
RV-Aulendorf_03	83,29%	94,44%	72,97%	Var.=Std.	21,62%	100,00%	52,94%	92,00%	93,55%	83,33%	100,00%
BC-Ochsenhausen_02	78,81%	75,86%	78,38%	Var.=Std.	11,11%	100,00%	3,03%	98,21%	93,88%	85,96%	100,00%
RV-Aulendorf_01	78,46%	33,33%	78,79%	Var.=Std.	51,92%	100,00%	93,55%	93,42%	93,75%	78,33%	91,67%
BC-Ochsenhausen_03	69,52%	35,71%	42,11%	Var.=Std.	47,06%	100,00%	33,33%	100,00%	100,00%	69,57%	88,89%
RV-Aulendorf_05	54,50%	0,00%	0,00%	Var.=Std.	0,00%	100,00%	50,00%	100,00%	100,00%	86,96%	94,74%
Mittelwert mdal. Var.	81,35%	66,59%	68,65%	Var.=Std.	47,36%	100,00%	66,61%	97,33%	97,65%	85,43%	96,25%

Abb. 25: realisierte dialektale Varianten aus dem Teilkorpus junger Erwachsener (20/22, Aufnahmen 2022) des südschwäbischen Sprachgebiets, tabellarische Form.

„... nicht unbedingt ein Thema, über das man im Familienkreis spricht“

Erinnern und Erzählen von Flucht und Vertreibung in und mit historischen Tonaufnahmen des Arno-Ruoff-Archivs. Ein Werkstattbericht

Margret Findeisen

Abstract

Das Arno-Ruoff-Archiv des Ludwig-Uhland-Instituts für Empirische Kulturwissenschaft der Universität Tübingen mit seinem umfangreichen Bestand an historischen Tonbandaufnahmen beherbergt unter anderem zahlreiche Tonbandaufnahmen von Vertriebenen aus ehemaligen Ostgebieten, die Mitte der 1950er Jahre im deutschen Südwesten von Tübinger Sprachwissenschaftlern angefertigt wurden. Im Vergleich zu Tonbandaufnahmen mit einheimischen Sprecher*innen wurde diesen Dokumenten des jungen Nachkriegsdeutschlands bisher kaum Beachtung geschenkt, geschweige denn wurden sie systematisiert und für die Erschließung fachspezifischer Perspektiven zugänglich gemacht. Im Zuge eines Dissertationsprojekts sollen diese einzigartigen Zeitzeugnisse nun erschlossen und für eine kulturwissenschaftliche Gegenwartsperspektive geöffnet werden. Die Recherche noch lebender Nachfahren der einst auf Tonband Aufgenommenen soll dabei ermöglichen, Praktiken des Erinnerns und Erzählens über Familienschicksale ins Zentrum zu rücken. Darüber hinaus fragt die Arbeit auch nach dem epistemischen Potenzial klanglicher (Im-)Materialität. Die Synthese historischer Tonbandaufnahmen und gegenwärtiger (Nachfahren-)Ethnografie wirft zudem grundsätzliche Fragen zum Umgang mit Archiven und deren Beständen auf.

Der Beitrag gibt einen Überblick zum derzeitigen Projektstand, erörtert Arbeitsschritte, mögliche theoretische Erweiterungsmomente gegenwärtiger Fachdiskussionen und präsentiert erste vorsichtige Befunde aus dem Feld.

Das Arno-Ruoff-Archiv – Perspektiven von heute auf Tonbandaufnahmen von gestern

Unter Federführung des Sprachforschers und Psychiaters Eberhard Zwirner, der 1932 das Deutsche Spracharchiv[1] gründete und anschließend fast 40 Jahre dessen Leitung innehatte, entstand im Jahr 1955 im Zuge eines von der Deutschen Forschungsgemeinschaft finanzierten Projekts zur Dokumentation sprachlicher Varietäten des Deutschen eine Sammlung gesprochener Alltagssprache immensen Umfangs. Im deutschen Südwesten bzw. für die Universität Tübingen führten Arno Ruoff und Hermann Bausinger, Ruoffs damaliger Assistent, die Erhebung sprechsprachlicher Daten für Württemberg durch[2]. Die Aufnahmen aus den frühen Nachkriegsjahren markieren damit die Anfänge des Bestandes des Arno-Ruoff-Archivs des Ludwig-Uhland-Instituts für Empirische Kulturwissenschaft, welcher über die Jahre und Jahrzehnte fortlaufend ergänzt wurde. Neben bereits intensiv beforschten Tonaufnahmen mit einheimischen ‚Gewährsleuten' – so seinerzeit die Bezeichnung der zur Untersuchung gesprochener Sprache Interviewten[3] [4]– umfasst der Archivbestand auch mehrere hundert bis dato ungehörte Aufnahmen mit Vertriebenen aus ehemaligen Ostgebieten, welche im Zuge von Flucht und Vertreibung Mitte des vergangenen Jahrhunderts ihre einstige Heimat verlassen mussten und zum Zeitpunkt der Aufnahme oft erst wenige Jahre im deutschen Südwesten lebten[5]. Verglichen mit einheimischen Dialektsprechen-

1 Seit 2004 *Archiv für Gesprochenes Deutsch (AGD).*

2 Das Arno-Ruoff-Archiv der Arbeitsstelle „Sprache in Südwestdeutschland" beherbergt ausschließlich die Aufnahmen aus Württemberg; für Baden erhob der Freiburger Sprachwissenschaftler Johannes Künzig entsprechende Daten gemäß der Zwirner'schen Vorgaben. Die badischen Aufnahmen werden vom Institut für Volkskunde der Deutschen des östlichen Europa (IVDE, bis 2013 *Johannes-Künzig-Institut)* in Freiburg betreut. Sie sollen nach aktuellem Planungsstand im Laufe des Projekts ebenfalls in die Arbeit einbezogen werden.

3 Zur Unterscheidung der beiden für die Arbeit verwendeten Samples wird nachfolgend die Differenzierung zwischen einerseits ‚Gewährsleuten' (für die 1955 von Ruoff und Bausinger Aufgenommenen) sowie andererseits *Interviewpartner*innen* (für die im Zuge meiner Dissertation 2022/23 Befragten) verwendet.

4 Vgl. etwa das Hörbuch von Mirjam Nast/Hubert Klausmann: Jetz isch halt alles anderscht, net? Kultureller Wandel im Ländlichen Raum. Ubstadt-Weiher 2020. Außerdem: Lioba Keller-Drescher: Ein Spracharchiv: Die schriftlichen Dokumente der Tübinger Sprach- und Dialektforschung im Archiv des Ludwig-Uhland-Instituts. In: Tübinger Vereinigung für Volkskunde e.V. (Hg.): Dialekt und Alltagssprache. Arbeitsstelle Sprache in Südwestdeutschland. (= Tübinger Korrespondenzblatt Nr. 57). Tübingen 2004, S. 65–75 sowie: Dies.: Ein Gesprächsarchiv. Neue Fragen und Perspektiven. Ebd., S. 76–85.

5 Zur ausführlichen Darstellung des Projekts siehe Arno Ruoff: Grundlagen und Methoden der Untersuchung gesprochener Sprache. Einführung in die Reihe „Idiomatica" mit einem Katalog der ausgewerteten Tonbandaufnahmen (= Idiomatica 1). Tübingen 1973, hier insbesondere Kapitel 1; Außerdem: Arno Ruoff: Die Tübinger Arbeitsstelle „Sprache in Südwestdeutschland" 1955–1995. In: Tübinger Vereinigung für Volkskunde e.V. (Hg.): Dialekt und Alltagssprache. Arbeitsstelle Sprache in Südwestdeutschland. (= Tübinger Korrespondenzblatt Nr. 57). Tübingen 2004, S. 19–52. Sowie: Hubert Klausmann: Sprachlicher Alltag ist Kultur. Das Projekt „Sprachalltag" der

den, die als Repräsentierende der in der Dialektforschung lange primär fokussierten Gruppe sogenannter ‚*NORM*‘ (*non-mobile*, *older*, *rural man* bzw. *male*)[6] verstanden wurden, sind die Archivaufnahmen von zwangsweise mobilisierten Sprecher*innen bis dato kaum aufgearbeitet. Klaas-Hinrich Ehlers stellt in diesem Zusammenhang fest, es falle

> „vor allem das quantitative Missverhältnis auf zwischen den langjährigen und extrem kostspieligen Tonaufnahmen Zwirners, die die empirischen Bedingungen der Möglichkeit für Sprachausgleichsforschung schaffen wollten, und der tatsächlich geleisteten Forschungsarbeit dazu.“[7]

Die Vernachlässigung der Vertriebenen-Aufnahmen stand und steht damit in einer Reihe mit dem gesellschaftlichen – und lange Zeit auch wissenschaftlichen – Desinteresse an der Thematik. Denn auch die (Tonband-)Stimmen jener Personen, die Teil des „großen Experiments“[8] waren, wie der damalige Flüchtlingskommissar Theodor Eschenburg 1946 die Umsiedlung von etwa 12 Millionen Menschen bezeichnete – allein im deutschen Südwesten lebten rund 1,6 Millionen – blieben wortwörtlich ungehört[9].

Zumindest rein quantitativ war diese Personengruppe im Nachkriegsdeutschland jedoch überaus präsent; eine Volkszählung im Jahr 1950 hatte allein in der amerikanischen Zone Baden-Württembergs einen Anteil von 15,5 Prozent an der

Arbeitsstelle „Sprache in Südwestdeutschland“. In: Ludwig-Uhland-Institut (Hg.): Kultur ist. Beiträge der Empirischen Kulturwissenschaft in Tübingen. Tübingen 2022, S. 103–118.

6 Vgl. Helen Christen: Chamäleons und Fossilien. Forschungsperspektiven für die konsolidierte schweizerisch-alemannische Dialektologie. In: Dieter Stellmacher (Hg.): Dialektologie zwischen Tradition und Neuansätzen. Beiträge der Internationalen Dialektologentagung, Göttingen 19.–21. Oktober 1998 (= Zeitschrift für Dialektologie und Linguistik – Beihefte, 109). Stuttgart 2000, S. 33–47, hier S. 33.

7 Klaas-Hinrich Ehlers: Vertriebenen-Linguistik. Geschichte und Profil der germanistischen Forschung zu den sprachlichen Folgen der Vertreibung nach dem Zweiten Weltkrieg. In: Gerda Haßler (Hg.): Metasprachliche Reflexion und Diskontinuität. Wendepunkte – Krisenzeiten – Umbrüche. Münster 2015, S. 208–221, hier S. 215.

8 Merkblatt für die Bewohner des französisch besetzten Gebietes Württembergs und Hohenzollern über die Aufnahme von Flüchtlinge [sic!], Staatsarchiv Sigmaringen, Wü 51/0191. Zitiert nach: Mathias Beer: Zünglein an der Waage bei der Abstimmung über den Südweststaat: Flüchtlinge und Vertriebene in Baden-Württemberg. In: Ders. (Hg.): Baden-Württemberg – eine Zuwanderungsgeschichte. (= Schriften zur politischen Landeskunde Baden-Württembergs Band 40). Stuttgart 2014. S. 69–100, hier S. 73.

9 Eine rare Ausnahme bildet Dietrich Fiess' ‚Studie zur Entwicklung der Mundart von Sarata in Bessarabien aus ihren verschiedenen Herkunftsmundarten‘. Sie basiert jedoch auf Erhebungsdaten von 1966/67 und entstand ergo nicht im Zuge des von Eberhard Zwirner koordinierten Projekts. Vgl.: Dietrich Fiess: Siedlungsmundart - Heimatmundart. Studien zur Entwicklung der Mundart von Sarata in Bessarabien aus ihren verschiedenen Herkunftsmundarten (= Idiomatica 4). Tübingen 1975.

Gesamtbevölkerung ergeben[10]. Es lag also nahe, Vertriebene in die damaligen Erhebungen dezidiert miteinzubeziehen. In einem Projektrückblick schreibt Ruoff dazu:

> „In einem Planquadratnetz, das über den ganzen deutschen Sprachraum gelegt war, dessen Fächer im Mittel etwa 16 km Seitenlänge hatten, sollte von Vertretern der Landesuniversitäten je ein Ort ausgewählt werden und darin sechs Gewährsleute (drei einheimische und drei heimatvertriebene) unterschiedlichen Geschlechts, Alters und Berufs, die sich ohne Vorbereitung zehn Minuten lang in ihrer Alltagssprache über ein beliebiges Thema äußerten."[11]

Ausgehend vom Wissen um die geschilderten Entstehungsbedingungen der historischen Tonbandaufnahmen stand am Beginn der Dissertation im Herbst 2021 zunächst das Ordnen des Archivbestands, das auch die standardsprachliche Transkription der Aufnahmen sowie das Kartografieren der einstigen Heimatorte der Aufgenommenen einschloss. Fortlaufende Orientierung gab dabei die Überlegung, welche Fragen Kulturwissenschaftler*innen *heute* an das Material von *gestern* haben könnten: Was machen Akteur*innen mit historischem Tonmaterial, das seinerzeit mit modernster Technik aufgenommenen wurde und allein aufgrund der Seltenheit auditiver Zeugnisse aus dieser Zeit so ganz und gar nichts Alltägliches hat(te)? Welchen Mehrwert vermag eine kulturwissenschaftlich-praxeologische Perspektive auf die linguistischen Archivdaten zu leisten, die Ruoff und Bausinger vor fast 70 Jahren erhoben haben?

Die Arbeit blickt dabei auch in Richtung grundsätzlicher Potenziale und Grenzen von Klangarchiven; die programmatische Frage „Wozu sammeln?!"[12], welche die Tagung des Verbunds KulturWissen vernetzt und der Kommission Sachkulturforschung & Museum der Deutschen Gesellschaft für Empirische Kulturwissenschaft unlängst stellte, darf und muss auch mit Blick auf die Beschäftigung mit den Tonbandaufnahmen des Arno-Ruoff-Archivs auf die Agenda rücken.

Im Zuge dieser Fragen und Überlegungen entstand rasch die Idee, die historischen Aufnahmen in Bezug zu denjenigen zu setzen, zu denen sie vielleicht am ehesten „gehören" – den heute noch lebenden Nachkommen der einstigen ‚Gewährsleute' nämlich. Wie würden Enkel*innen, Urenkel*innen, Söhne und

10 Vgl. Andreas Kossert: Kalte Heimat. Die Geschichte der deutschen Vertriebenen nach 1945. (= Schriftenreihe der Bundeszentrale für politische Bildung, Band 712). Bonn 2008, S. 54f. Zur Situation der Vertriebenen speziell in Baden-Württemberg vgl. auch: Thomas Grosser: Die Integration der Heimatvertriebenen in Württemberg-Baden (1945-1961). Stuttgart 2006.

11 Ruoff 2004, S. 19.

12 Wozu sammeln?! Zur Neuverhandlung einer musealen Kernaufgabe. Tagung des Verbunds KulturWissen vernetzt und der Kommission Sachkulturforschung & Museum der DGEKW vom 7.–8.11.2022 im Landesmuseum Württemberg.

Töchter auf die Nachricht einer Universitätsmitarbeiterin reagieren, die angibt, im Archivbestand ein Tonband gefunden zu haben, auf welchem die Großmutter, der Urgroßvater oder ein Elternteil vor fast 70 Jahren zwei Dialektforschern vom eigenen Schicksal berichtet? Noch dazu, wenn es sich bei den Erzählungen um das oft dramatische Verlassen der alten Heimat handelt; einem Ort, der mitunter mehrere tausend Kilometer vom deutschen Südwesten entfernt liegt? Wie leicht bzw. schwer würde es sein, in direkter Weiterführung von Ruoffs und Bausingers ‚Gewährsleuten‘ noch lebende Nachfahren zu finden... so es sie überhaupt gibt oder je gegeben hat? Und (wie) würden Menschen über ein Thema sprechen, über das in vielen Familien so konsequent geschwiegen wurde?

I. Sortieren

Ausgehend von der weitestgehend unsortierten Fülle Tübinger Archivaufnahmen mit Vertriebenen, die wie angedeutet kaum Gegenstand bisheriger Forschung waren, galt es zunächst, eine strukturgebende Systematik zu entwickeln, welche als Grundlage für die weitere Arbeit mit den Tonaufnahmen dienen sollte. Im Arno-Ruoff-Archiv waren die Aufnahmen bis dato lediglich nach den in Württemberg gelegenen Orten der Erhebung von 1955 sortiert, Parameter zu Heimatorten *vor* der Umsiedelung mussten also zunächst erschlossen werden. Hierbei half mitunter der zu jedem und jeder Befragten angelegte Personalbogen, welcher Aufschluss über grundlegende biografische Angaben wie Geburtsjahr und -ort, Beruf, zum Zeitpunkt der Umsiedelung, zu etwaigen Lageraufenthalten und weiteren Stationen gab.

Da die Digitalisate der Tonbänder im Arno-Ruoff-Archiv wie geschildert lediglich nach Erhebungsort im deutschen Südwesten 1955, nicht jedoch nach Herkunftsort bzw. -region sortiert waren, erfolgte im Zuge der Systematisierung auch eine Art Rückkartografierung der einzelnen Aufnahmen in Bezug auf den letzten Wohnort in (Süd-)Osteuropa. Hierfür wurden die auf dem Personalbogen angegebenen, meist ausschließlich deutschsprachig notierten Ortsbezeichnungen mittels Abgleich der heutigen landessprachlichen Bezeichnung rekonstruiert. Das Kartografieren entsprechender Geodaten ergab sodann einen visuellen Überblick über den immensen territorialen Umfang, den die sprachlichen Zeugnisse abdecken und der, grob gesagt, von Kaliningrad bis ins mittlere Serbien und vom Böhmerwald bis ans Schwarze Meer reicht. Mit Blick auf die hochdiversen Herkunftsgebiete der Vertriebenen im deutschen Südwesten, welche sich auch in der Vielfalt sprachlicher Zeugnisse des Arno-Ruoff-Archivs widerspiegeln, sei jedoch auf eine erkennbare Dominanz der Gruppe sogenannter Donauschwaben verwiesen – eine Volksgruppe, die größtenteils im 18. und 19. Jahrhundert ihre Heimat donauabwärts verließ, um sich in den fruchtbaren, aber unbestellten Gebieten (Süd-)Osteuropas anzusiedeln. Die Bezeichnung ‚Schwaben' für diese Siedlergruppe ist hierbei jedoch etwas irreführend, denn es handelte sich bei den Aussiedlern weder ausschließlich um solche aus ‚Schwaben' noch aus ‚dem Schwäbischen', vielmehr emigrierten auch Siedler aus der Pfalz, Bayern etc. donauabwärts. Hinsichtlich der baden-württembergischen Landesgeschichte kommt den Donauschwaben aber durchaus eine herausragende Stellung zu: Nicht zuletzt hatten die Alliierten nach Kriegsende die Verteilung von Donauschwaben auf den vorwiegend süddeutschen Raum vorgegeben, und Baden-Württemberg hatte am 11. September 1954 die Patenschaft über die „Volksgruppe der Donauschwaben" übernommen[13]. Die Stringenz dieser Verbindungslinie - Bausinger spricht gar vom „Modellfall Donauschwaben"[14] - lässt sich auch am Bestand des Arno-Ruoff-Archivs ablesen, wo Tondokumente dieser Personengruppe einen Großteil der Aufnahmen ausmachen. Nicht unerwähnt sei in diesem Zusammenhang auch eine Anmerkung Ruoffs, mit der selbiger die seiner Meinung nach besondere Eignung dieser Personengruppe für seine sprachwissenschaftlichen Untersuchungen ausweist. Höchstwahrscheinlich stützt sie sich auch auf Beobachtungen, die Ruoff 1954 während eines mehrwöchigen Aufenthalts in einem Biberacher Flüchtlingslager gemacht haben will[15]:

> „In Württemberg waren dies [die ‚Gewährsleute', Anm. d. Verf.] vielfach Donauschwaben, aber auch dort, wo sie nicht in der Mehrzahl waren, haben wir sie vorgezogen, weil aus keiner anderen Herkunftsgegend die Menschen so gern, flüssig, anschaulich, inhaltsreich erzählten wie eben die schwäbischen und nicht-schwäbischen Donauschwaben."[16]

II. Aussortieren

Die Systematisierung der Aufnahmen hatte nicht zuletzt gezeigt, dass die Wissenschaftler des Arno-Ruoff-Archivs noch in den 1960er und -70er Jahren in Vertriebenensiedlungen fuhren, um dort Tonaufnahmen anzufertigen. Auch einige wenige Folgeinterviews aus dem Korpus von 1955 waren darunter. Diese späteren Aufnahmen bleiben jedoch für das hier dargestellte Projekt unbeach-

13 Vgl. auch Mathias Beer: Zur Entstehung und Beharrlichkeit von Geschichtsbildern. Die Patenschaft des Landes Baden-Württemberg über die „Volksgruppe der Donauschwaben". In: Mathias Beer/Reinhard Johler/Christian Marchetti: Donauschwaben und andere. Tübinger Südosteuropaforschung. (= Tübinger Korrespondenzblatt 61). Tübingen 2015, S. 105–134.

14 Hermann Bausinger: Modellfall Donauschwaben. In: Mathias Beer/Reinhard Johler/Christian Marchetti: Donauschwaben und andere. Tübinger Südosteuropaforschung. (= Tübinger Korrespondenzblatt 61). Tübingen 2015, S. 135–144.

15 Arno Ruoff: Donauschwäbische Sprachforschungen am Ludwig-Uhland-Institut. In: Mathias Beer/Reinhard Johler/Christian Marchetti: Donauschwaben und andere. Tübinger Südosteuropaforschung. (= Tübinger Korrespondenzblatt 61). Tübingen 2015, S. 21–35, hier S. 28.

16 Ebd.

tet; zum einen, um eine zeitliche Einheitlichkeit gegenüber den ebenfalls 1955 von Johannes Künzig in Baden angefertigten und nach Möglichkeit ebenfalls zu berücksichtigenden Aufnahmen herzustellen. Zum anderen zeigte sich während des Abhörens der in einigem zeitlichen Abstand zur Umsiedlung angefertigten Aufnahmen, dass die Fragenden bei den Aufnahmeserien nach 1955 den biografischen Einschnitt durch Verlust der einstigen Heimat kaum noch thematisierten. Und auch die Befragten ihrerseits kamen kaum noch auf das Thema zu sprechen. Stattdessen dominieren hierin Fragen zu Alltag, Beruf und Freizeit in der „neuen Heimat“ die Schilderungen.

Das wie dargestellt eingegrenzte Material wurde sodann zuerst hinsichtlich geografischer Parameter eingehegt; in die Untersuchung einbezogen werden sollten ausschließlich Aufnahmen aus dem Gebiet der heutigen baden-württembergischen Landesgrenze. Indem also sowohl die für die Universität Tübingen durch Arno Ruoff und Hermann Bausinger erstellten Aufnahmen aus Württemberg als auch die für die Universität Freiburg angefertigten Aufnahmen von Johannes Künzig und seiner damaligen Assistentin und späteren Ehefrau Waltraut Werner (bzw. nach Heirat: Werner-Künzig) aus Baden im Zuge der Arbeit berücksichtigt werden, soll die damals erfolgte Territorialeinteilung in Baden und Württemberg überwunden werden. Einerseits, um eine holistische Überschneidung mit dem Gebiet des heutigen Baden-Württembergs liefern zu können, andererseits, um den Bestand nach Maßstäben quantitativer Handhabbarkeit einzuschränken. Dementsprechend bleiben beispielsweise einige duzend Aufnahmen aus Bayerisch-Schwaben unberücksichtigt.

In einem zweiten Schritt wurde das verbliebene Material im Sinne des Forschungsvorhabens hinsichtlich biografischer Daten der ‚Gewährsleute‘ zugespitzt: Beim Abhören der Aufnahmen zeigte sich, dass Ruoff und Bausinger die im Zuge der Untersuchung befragten Kinder – die Richtlinien des Deutschen Spracharchivs forderten ja explizit altersbezogene Diversität – zu weiten Teilen nicht nach Erfahrungen von Flucht und Vertreibung befragten. Angesichts der als gering einzuschätzenden Erinnerungen an die früheste Kindheit erscheint dieses Vorgehen durchaus nachvollziehbar, denn viele der jungen ‚Gewährsleute‘ waren kurz vor oder während dem Verlassen der alten Heimat geboren worden. Stattdessen lassen sich die Interviewer von Kindern und Jugendlichen nicht selten kürzlich gesehene Kinofilme oder Theaterstücke nacherzählen oder über Schulausflüge und Freizeitverhalten berichten. Diese Schilderungen erscheinen, wenngleich für die Darstellung der Alltagskultur Mitte der 1950er Jahre sicherlich wertvolle Zeugnisse, im Rahmen des Forschungsvorhabens jedoch wenig aussagekräftig.

Da die Migrationsbewegungen aus den ehemaligen deutschen Ostgebieten gebietsgezogen spezifisch verliefen und somit sowohl in ihrem zeitlichem als auch ihrem praktischen Vollzug nicht vergleichbar sind[17], erwiese sich das Festlegen eines konkret-numerischen Geburtsjahrs, bis zu welchem Sprechende zu berücksichtigen sein würden, da für die Schilderung von Flucht- und Vertreibungserfahrung „alt genug“, als wenig zielführend. Grob gesagt kann jedoch davon ausgegangen werden, dass der Großteil der für die Erhebung berücksichtigen Aufnahmen Personen einschließt, die vor 1935 geboren wurden. Die, Stand heute, „älteste“ in die Untersuchung einbezogene Person wurde hingegen im Jahr 1871 geboren.

Der nächste Schritt bezog sich, drittens, auf die Eingrenzung nach Gesichtspunkten der sprechsprachlichen Verständlichkeit des Materials. Bedingt durch das nicht selten hohe Alter der ‚Gewährsleute‘ (schließlich wollte man hören, wie „die Alten“ „dort“ „früher“ sprachen!), sind die phonetischen Fähigkeiten der Aufgenommen bisweilen stark eingeschränkt. Ferner lassen neurodegenerative (Alters-)Erscheinungen, die Arno Ruoff mitunter auch auf dem zugehörigen Aufnahmebogen vermerkte, Schilderungen bisweilen unverständlich erscheinen. Auch wiesen Interviewte selbst oder deren Begleiter, meist entschuldigend bis beschämt, auf gemindertes Erinnerungsvermögen hin. In diesen Fällen werden beispielsweise Sätze durchgehend mitten in der Erzählung abgebrochen, der Interviewer wird aufgrund eingeschränkten Hörvermögens nicht verstanden und Nachfragen nach der (unverständlichen) Frage nehmen weite Teile des Gesprächs ein. In diesen, jedoch quantitativ seltenen, Fällen wurde – auch bezüglich der erwartbar geringen Anschlussfähigkeit im Zuge eines Nachfahrengesprächs – von einer Berücksichtigung der Aufnahme abgesehen.

Viertens stellte auch die Aufnahmedauer ein Auswahlkriterium für etwaiges Einbeziehen einer Tonaufnahme in das Forschungsvorhaben dar: Hatte Zwirner in den Richtlinien seines Forschungsvorhabens die Länge der Aufnahme noch auf zehn Minuten begrenzt, schreibt Ruoff dazu rückblickend: „Im Verlauf der ersten Wochen im Gelände modifizierten wir Zwirners Aufnahmeplan gründlich. Die starre Zehn-Minuten-Grenze für die einzelnen Aufnahme wurde aufgehoben“[18]. Dadurch unterscheiden sich die in die Untersuchung einbezogenen Tonbandaufnahmen bisweilen ein wenig in ihrer Länge, sind aber grundsätzlich von ungefähr zehn- bis fünfzehnminütiger Dauer – allein, weil die damalige Aufnahmekapazität der Tonbänder oft nicht mehr „hergab“. Darüber hinaus existieren jedoch auch weit kürzere Aufnahmen, die nur wenige Minuten umfassen und in denen der bzw. die Sprechende kaum zu Wort kommt und welche (aus für Außenstehende meist nicht nachvollziehbaren Gründen) rasch abgebrochen wurden.

17 Vgl. Mathias Beer: Flucht und Vertreibung der Deutschen. Voraussetzungen, Folgen, Verlauf. München 2011. Insbesondere Kapitel 5 und 6.

18 Ruoff 2004, S. 20.

III. Fokussieren

Nachdem das Material hinsichtlich geografischer, temporaler, phonetischer und formaler Eignung systematisiert wurde, galt es letztlich, die nach dieser Matrix verbliebenen Tonaufnahmen unter Fokussierung auf das Sujet von Flucht, Vertreibung und Ankommen zu befragen. Hierbei zeigten sich schnell erhebliche Diskrepanzen bei der Arbeit mit Forschungsdaten, die aus einer Fremderhebung (und dadurch in vorliegenden Fall auch Fremd*fokussierung*) resultieren und gänzlich eigenständig erhobenem, aktuellen Datenmaterial. Des Weiteren offenbarten sich beim Abhören der vor fast 70 Jahren erhobenen Daten mitunter weitaus „andere“ Prinzipien wissenschaftlichen Arbeitens, die mitunter alles andere als einen Forschungsprozess auf Augenhöhe abbilden. Beispielsweise wurden gehemmte ‚Gewährsleute‘ hinsichtlich des schon laufenden Aufnahmegeräts getäuscht[19]. Außerdem wurden Befragte, die sich in der Gesprächssituation hörbar unwohl fühlten und der Aufforderung der Interviewten, nun doch bitte im Heimatdialekt zu sprechen, nicht nachkommen konnten oder wollten, mit Nachdruck zum Sprechen „gerade so wie daheim“ aufgefordert.

Britta Lange weist in ihrer Untersuchung zu Tonaufnahmen von Kriegsgefangenen, die zwischen 1915 und 1918 in deutschen Lagern interniert waren[20], auf die besondere Behutsamkeit hin, die der Umgang mit solchen unter repressiven Bedingungen entstandenen Tondokumenten erfordert. Zwar sind die Entstehungsumstände der von Lange thematisierten „gefangenen Stimmen“[21] sicherlich bei weitem nicht mit denen der Tübinger Dokumentation vergleichbar, Langes grundsätzliche Überlegungen zum Umgang mit derartigen „sensiblen Sammlungen“[22] erweisen sich jedoch für die Arbeit mit den Ruoff‘schen Aufnahmen als ausgesprochen konstruktiv. Insbesondere die von Lange auf die Agenda gesetzte „Ethik des Lautarchivs und mögliche Praktiken im Umgang mit den Kriegsgefangenenstimmen“[23] wird sicherlich Ausgangspunkt für weitere grund-

19 Vgl. z. B.: Interview I-840 Waldmannshofen (1955), Minute 02:32– 02:47.
Explorator (EX): Ja äh - also brauchen Sie keine Angst haben, das Ding läuft ja nicht.
Gewährsperson (GP): Nicht?
EX: Ah, woher denn? Äh und - das interessiert mich bloß so d-, weil ich –
GP: Ach so!
EX: Ja freilich - über was wir nachher sprechen könnten. Da brauchen Sie jetzt keine Angst vor dem Ding haben.
Bzw. Interview I-766 Erdmannhausen (1955), Minute 01:23–01:29.
GP: Hört man das alles in dem-, da?
EX: Nein, der schaltet erst ein, wenn es - wenn es darauf ankommt.

20 Britta Lange: Gefangene Stimmen. Tonaufnahmen von Kriegsgefangenen aus dem Lautarchiv 1915–1918. Berlin 2019.

21 Ebd.

22 Vgl. dazu: Britta Lange: Sensible Sammlungen. In: Margit Berner/Anette Hoffmann/Britta Lange: Sensible Sammlungen. Aus dem anthropologischen Depot. Hamburg 2011, S. 15–40.

23 Lange 2019, S. 12.

sätzliche Überlegungen zum Beziehungsgeflecht geben, in welches derartige Zeugnisse eingebunden sind.

Die – zumindest streckenweise – Abwesenheit ethnografischer Sensibilität bei der Entstehung der Aufnahmen des Arno-Ruoff-Archivs manifestiert sich nicht zuletzt im mitunter schroffen Unterbrechen von Fluchterzählungen, wenn Ruoff etwa in Anbetracht geringer verbleibender Aufnahmezeit des Tonbands eher Interesse an Aussprache und Bezeichnung der Zahlen und Wochentage in der Heimatmundart zeigt als an individuellen Schicksalsschilderungen. Diese Beobachtung vermag eine grundsätzliche und eine, mal mehr, mal weniger, fatale Interferenz bei der Arbeit mit historischem Material aus der Perspektive kulturwissenschaftlicher Gegenwartforschung evident zu machen und verdeutlicht divergierende Erhebungsinteressen. So hatte der Sprachwissenschaftler Arno Ruoff bei seinen Datenerhebungen in erster Linie die vom Erzählgegenstand losgelöste Dokumentation sprechsprachlicher Besonderheiten im Blick, keinesfalls bestand jedoch ein themenfokussiert-inhaltliches Forschungsinteresse, wie Ruoff auch explizit beschreibt:

> „Wir sagten ihnen [den ausgewählten Dialektsprecher*innen, Anm. d. Verf.], daß es uns ausschließlich um ihre Sprache gehe, nicht um den Inhalt des Gesprächs. Sofort bei Beginn der Aufnahme gaben wir uns Mühe, sie dies vergessen zu lassen, indem wir unser Interesse an irgendwelchen Sachfragen zeigten, für die der Sprecher kompetent war und über die er flüssig reden konnte.“[24]

Unter Berücksichtigung dieser offensichtlichen Diskrepanzen hinsichtlich der Forschungsinteressen damals und heute galt und gilt es, einen dezidiert kulturwissenschaftlichen Blickwinkel zu entwickeln und diesen in die Beschäftigung mit linguistisch-motivierten Archivdaten zu implementieren. Hinsichtlich der Rolle, die den Befragten dabei zukommt, bedeutet diese Umdeutung konsequenterweise eine Stärkung der Akteur*innen-Perspektive, die also Abstand von der Auffassung bloßer ‚Gewährsleute‘ nimmt, bei deren Äußerungen es ‚nicht um den Inhalt des Gesprächs‘ geht. Stattdessen wendet sie sich den Sprechenden als autarken Individuen zu, deren hörbare Erzählperformative[25] sehr wohl – und sogar in erster Linie! – Gegenstand des (kulturwissenschaftlichen) Interesses sind. Den Mehrwert derartiger Betrachtung umschreibt Utz Jeggle – passenderweise dezidiert hinsichtlich einer Unterscheidung von ‚Kulturforscher‘ und ‚Linguist‘:

24 Ruoff 1973, S. 76f.

25 Zu einer kulturwissenschaftlichen Perspektivierung des Performativitätsbegriffs vgl. Karin Bürkert: Performativität. In: Timo Heimerdinger/Markus Tauschek (Hg.): Kulturtheoretisch argumentieren. Ein Arbeitsbuch. Münster/New York 2020, S. 351–379.

> „Der Kulturforscher will im Unterschied zum Linguisten nicht nur wissen, was der Mund sagt, sondern auch wie der Mundwinkel ein Fragezeichen setzt und das Auge die Aussage kommentiert. Er will wirklich in die Seele hineinschauen, oder wissenschaftlicher formuliert, die mentale Struktur entdecken."[26]

Die Frage, inwiefern angesichts der bei Jeggle geschilderten – aber dezidiert auch ausschließlich visuell wahrnehmbaren – Metainformationen die Tonbandaufnahme als Schwundstufe leiblicher Co-Präsenz einer Interviewsituativik erscheint, wird auf theoretischer Ebene zu reflektieren sein. Hinsichtlich der grundsätzlichen Beschaffenheit des Tonbandmaterials verweist Jeggles Differenzierung jedoch sicherlich auf das Erfordernis, dem Material gegenüber eine in besonderem Maße kritische Haltung einzunehmen. Mit Blick auf rein auditiv verfasste Quellen kann eine solche Differenzierung nur zu konstruktivem Misstrauen gegenüber dem mahnen, was wir hören bzw. gerade *nicht* hören. Bei der Arbeit mit dem historischen Material fasse ich die archivarischen Tondokumente demnach als hochgradig konstruierte Artefakte auf, über deren konkrete Entstehungsbedingungen vieles wortwörtlich im Stillen bleibt, beispielsweise, weil Aufnahmen an manchen Stellen geschnitten wurden, also vom nachträglichen Durchtrennen eines womöglich linear konzipierten Narrativs auszugehen ist, weil Aufnahmen in Befragungssituationen entstanden sind, die ‚Gewährsleuten' mitunter als repressiv empfunden haben könnten, weil die Aufnahmen nur einen Ausschnitt dessen abbilden, was jemand seinen fremden Gegenübern berichten wollte – noch dazu wenn es sich dabei um Forscher von der Universität handelt, die mit Übertragungswagen und Toningenieur auftauchten und ergo in den oftmals kleinen Erhebungsorten nicht gerade eine diskrete Erscheinung gewesen sein dürften.

In ihren Forschungen zu Tonaufnahmen afrikanischer Kriegsgefangener während des Ersten Weltkriegs schlägt Anette Hoffmann für die Einordnung derartiger Tondokumente den Begriff des „Echos"[27] vor, der sich qua semantischer Implikatur also deutlich von der Auffassung eines primordialen, „authentischen" Klangereignisses abgrenzt. Diese Einordnung scheint – zumindest zum jetzigen Zeitpunkt der Arbeit – auch für die Tonbandstimmen des Arno-Ruoff-Archivs

26 Utz Jeggle: Das Fremde im Eigenen. Beiträge zur Anthropologie des Alltags. Bernhard Tschofen/Reinhard Johler/Monique Scheer/Thomas Thiemeyer (Hg.). Tübingen 2014. (= Untersuchungen des Ludwig-Uhland-Instituts der Universität Tübingen, Band 115), S. 17.

27 Anette Hoffmann: Echoes of the Great War: the Recordings of African Prisoners of WWI. In: Open Arts Journal Issue 3 (2014), S. 7–23, hier S. 12.: "I suggest to understand these acoustic traces as echo-voices, that is, not only in the sense of their sonic qualities as abbreviated, mediated and often distorted traces of speech acts, songs and stories, which implicate the modification of the voice that spoke, but also as the uncertain reverberations of accounts, messages, interventions, commentary and critique that was articulated from subaltern positions in the process of producing an archive of languages."

durchaus anschlussfähig. Kurzum: Die Berücksichtigung dessen, „Was über das Auge hinausgeht“, wie Regina Bendix „zur Rolle der Sinne in der ethnographischen Forschung“[28] schreibt, ist hinsichtlich des Projektvorhabens wohl nicht vollständig zu klären ohne die Frage, was über das *Ohr* hinausgeht. Eine Ethnografie des *Hörbaren* müsste, so zeigt jedenfalls der gegenwärtige Arbeitsstand, wohl zwangsläufig auch eine Ethnografie des *Unhörbaren* einschließen und etwaige quasi-enigmatische Leerstellen bewusst als solche auffassen. In einem metaphorischen Sinne scheint es beinahe, als korreliere das Nebulöse der Entstehungsumstände der beforschten Tondokumente mit dem strukturellen Schleier aus Stumm- und Taubheit, der über individueller wie kollektiver Erinnerungspraxis dieses Kapitels deutscher Geschichte zu liegen scheint.

IV. Vom Suchen und Finden des Feldes

Wenngleich die Durchführung von Folgestudien vor allem auf dem Gebiet der Ethnologie gängige Praxis ist, Folgebefragungen mit gewissem zeitlichen Abstand hier also durchaus üblich waren und sind, ist die vorliegende Arbeit klar von derartig formal konzipierten Kontinuitätslinien abzugrenzen. So handelt es sich beim hier beschriebenen Projekt nicht um die Beforschung derselben ‚Gewährsleute‘, respektive Interviewpartner*innen, innerhalb eines durch einzelne Forschende betreuten Zeitraums, denn schließlich beträgt der zeitliche Abstand zwischen beiden Datenerhebungen annähernd 70 Jahre. Des Weiteren unterscheiden sich die Forschungsinteressen wie dargelegt in erheblichem Maße. Dennoch steht die Arbeit mit historischem Tonbandmaterial, das mit Kaspar Maase also gewissermaßen „[d]as Archiv als Feld“[29] auffasst, in linearer Interdependenz zum gegenwärtigen Forschungsfeld. Die Gestalt des Samples mit seiner genealogisch bedingten Auswahl von Interviewpartner*innen ist dabei als in hohem Maße vorstrukturiert zu betrachten: vorgegeben durch die ausschließliche Berücksichtigung der Nachfahren, die ergo eine verwandtschaftliche Beziehung zwischen den 1955 von Ruoff und Bausinger Befragten sowie den 2022/23 von mir Interviewten zur Folge hat, ist die Auswahl von Gesprächspartner*innen auf einen linearen Anschluss verwandtschaftlicher Kontinuität fixiert. Ob es zu den einst Interviewten jedoch überhaupt Nachfahren geben würde, die unter Berücksichtigung geltender Datenschutzbestimmungen ausfindig zu machen sein würden und die zudem einem leitfadengestützten Interview mit Einbettung der

28 Regina Bendix: Was über das Auge hinausgeht: zur Rolle der Sinne in der ethnographischen Forschung. In: Schweizerisches Archiv für Volkskunde, Band 102 (2006), S. 71–94.

29 Kaspar Maase: Das Archiv als Feld? Überlegungen zu einer historischen Ethnographie. In: Katharina Eisch/Marion Hamm (Hg.): Die Poesie des Feldes. Beiträge zur ethnographischen Kulturanalyse. (= TVV Band 93), Tübingen 2001, S. 255–271.

historischen Tonaufnahme zustimmen würden, sollte sich erst im weiteren Verlauf zeigen.

Nachdem die datenschutzrechtlichen Rahmenbedingungen des Forschungsvorhabens geklärt waren und im Zuge dessen insbesondere die Herausgabe personenbezogener Daten bereits Verstorbener zu Forschungszwecken als tragbar eingestuft wurde, begann im August 2022 die Ermittlung noch lebender Nachfahren derjenigen Personen, die vor fast 70 Jahren in das beinahe monströs anmutende Aufnahmegerät von Arno Ruoff und Hermann Bausinger gesprochen hatten. In einem ersten Schritt wurden hierfür zunächst (Online-)Telefonbücher durchsucht sowie durch Internetrecherche gezielt Nachforschungen nach entsprechenden (Familien-)Namen am einstigen Erhebungsort angestellt. Dem Vorhaben kam dabei mitunter zugute, dass die Erhebungen der Tübinger Forscher nicht selten in eher kleinen Dörfern stattfanden und sich die Familiennamen der Vertriebenen meist deutlich von denen der Einheimischen unterschieden – eine Devianz, die in den bereits durchgeführten Interviews von einzelnen Interviewpartner*innen durchaus als für die eigene Biografie belastend geschildert wurde[30]. Soweit Personen gleichen Nachnamens, die noch am einstigen Erhebungsort wohnhaft waren, ermittelt werden konnten, wurden diese zunächst postalisch benachrichtigt, über die Existenz der Tonbandaufnahme informiert und um Mitteilung gebeten, ob es sich bei der einst von Ruoff und Bausinger interviewten Person tatsächlich um direkte Vorfahren der Kontaktierten handele. Diese schlichte Telefonbuchrecherche war jedoch verhältnismäßig selten von Erfolg gekrönt, meist fand sich mit den Korrelaten „Familienname“ und „Erhebungsort“ kein Eintrag (mehr) – das Telefonbuch scheint als Informationsquelle weitestgehend ausgedient zu haben. Nicht zuletzt schilderten einige der später auf anderem Weg Aufgefundenen, sie hätten ihren Telefonbucheintrag aufgrund einer Vielzahl betrügerischer Anrufe, Stichwort: Enkeltrick, aus dem Verzeichnis löschen lassen.

Das Vorgehen wurde dann im nächsten Schritt zu einem aufwändigen Rechercheprozess ausgeweitet, der jeweils in hohem Maße einzelfallabhängig war und ist: einmal führte eine in einer Onlineausgabe der örtlichen Zeitung veröffentlichte Todesanzeige der einst Befragten (samt abgedruckten Namen der Hinterbliebenen, die wiederum per Telefonbuch auffindbar waren) zum Ziel; ein andermal erzählt eine von Ruoffs ‚Gewährsleuten‘ – auf der Aufnahme von 1955

30 Interview am 28.11.2022, 02:16:04–02:17:07.
„Und also mein Mädchenname [Name] - wenn das irgendwie - also wir sind jetzt noch nicht so lange verheiratet, seit acht Jahren. Ja, aber das musste ich immer übersetzen. Vor allem, weil ich ja so viele Patienten hatte, die mitunter meinen Namen nicht verstanden haben, auch beim zweiten und dritten Mal, ja. (Da) habe ich innerlich schon so viel Ärger gespürt, ja? Und `Ja, wo kommen Sie her?´. Da kam schon so ‚ne -, so ein Schutz in mir hoch, ja. Während, wenn mir klar war, das ist auch - der kommt aus einer Heimatvertriebenengeschichte (…) - da war gleich so ‚was Verwandtes dann.“

eine junge Frau – sie betreibe mit ihrem Mann einen ‚Autoverleih' am Ort… und ein Suchmaschineneintrag ergab, dass noch heute ein Autohaus gleichen Namens am Ort existiert. Die junge Frau von einst saß mir einige Wochen später als nun 91-Jährige gegenüber – hellwach, redselig und ausgesprochen heiter. Ein andermal kam durch die Kontaktaufnahme mit dem Seniorenverein am einstigen Erhebungsort die Verbindung zu jemandem zustande, der jemanden kannte, der vielleicht jemanden kennen könnte, den ich anrufen solle usf. Auch Heimatortgemeinschaften und Vertriebenenverbände wurden in die Suche miteinbezogen und über deren Homepage kontaktiert. Allerdings zeigte sich hier nicht selten, dass eine Antwort auf meine Nachfrage, ob sich möglicherweise jemand an Person xy aus dem ehemaligen Heimatort erinnere, oft ausblieb, was möglicherweise durch das mitunter beachtliche Lebensalter der Seitenbetreibenden begründbar ist. Meist waren Informationen auf der Website einschlägiger Verbände nicht mehr aktuell und unklar, ob der Internetauftritt überhaupt noch gehostet würde, geschweige denn regelmäßig Emails abgerufen würden.

Dazwischen lagen unzählige E-Mails, Telefonate, Briefe, Anrufbeantworter, Spuren ins Nichts… und Volltreffer. Aus wissenssoziologischer Perspektive ist sicher gerade auch der Prozess der Nachfahren-Recherche ein genaue(re)s Hinsehen wert, sagt er doch viel darüber aus, wer in einer Gesellschaft was über den anderen weiß, welche Informationen an welchem Ort gespeichert werden – und durch wen. Darüber hinaus wirft die Recherche zudem nicht zuletzt ein Licht auf Fragestellungen transgenerationaler Mobilität: Wie hoch ist die Wahrscheinlichkeit, dass Enkel noch immer am selben Ort wohnen wie einst die Großeltern, welche Möglichkeiten gibt es, die Nachkommen einer zum Erhebungszeitpunkt Unverheirateten ausfindig zu machen, die ihren Mädchennamen höchstwahrscheinlich nach Heirat abgelegt hat? Und dies alles selbstverständlich immer unter Wahrung heute geltender Datenschutzregelungen. Kurz: Am Ende gibt es zum Zustandekommen eines jeden Interviews wohl eine eigene kleine Geschichte – eine meist langwierige und fast immer kuriose.

Lange Linien und kurze Wellen – Vertriebenenforschung am Ludwig-Uhland-Institut

Bereits kurz nach Kriegsende wandte sich die empirisch arbeitende Volkskunde kriegsbedingten Migrationsfragen zu. Und es liegt nahe, dass der Entstetigung bestehender Strukturen, wie sie durch die Ansiedlung von Millionen Vertriebenen im Nachkriegsdeutschland geschehen ist und welche praxeologische Aushandlungen der Interferenzen zwischen alter und neuer Ordnung erforderlich machte, ein kulturwissenschaftliches Momentum par excellence innewohnt. Schon 1955 begannen Hermann Bausinger, Markus Braun und Herbert Schwedt mit der Beforschung von Vertriebenensiedlungen in Süddeutschland, 1959 erschien der

Band „Neue Siedlungen“[31]. Dabei grenzten sich die „[v]olkskundlich-soziologische[n] Untersuchungen des Ludwig-Uhland-Instituts Tübingen“ – so der Untertitel – zum einen nach außen von einem vorwiegend historisch ausgerichteten Forschungsinteresse ab und markierten andererseits nach innen eine Trennungslinie zum primär konservatorisch motivierten Sammeln, etwa von Sagen, Trachten und ähnlichem aus der „alten Heimat“. Diese grundlegende disziplinäre Neuausrichtung, die sich nicht zuletzt in der Beschäftigung mit Vertriebenenschicksalen manifestiert, artikulieren Bausinger, Braun und Schwedt explizit im Vorwort ihres Untersuchungsbandes:

> „Inzwischen aber hat sich die Volkskunde weitgehend von romantisierenden Vorstellungen entfernt. Die funktionale Methode, die in den letzten Jahren beträchtlich an Boden gewann, bedeutet eine Wendung zum Soziologischen: es geht nichtmehr bloß um die Kulturgüter und ihre autonomen Zusammenhänge, sondern auch um die Funktion des Kulturguts in dem jeweiligen Kreis seiner Träger.“[32]

Hermann Bausinger hebt in diesem Zusammenhang auch den paradigmatischen Wechsel des volkskundlichen Sujets in toto heraus – die bis dato gängige Auffassung einer Volkskunde, die Kultur als ortgebundene Entität auffasst, konnte unter den Bedingungen (binnen-)nationaler Migration keinen Bestand mehr haben. Bausinger schreibt über diesen Einschnitt: „Was die Volkskunde konstituiert hatte: die Orientierung an Artefakten und der Bezug auf ethnisch homogene Trägergruppen, war hier nicht mehr (zumindest nichtmehr ausschließlich) gefragt.“[33]

Stattdessen rückte die empirisch-geleitete Vertriebenenforschung „Fragen des Einlebens, der Akkulturation, der entstehenden kulturellen Mischung“[34] ins Zentrum. Die Vertriebenen selbst werden aus diesem Blickwinkel heraus als Akteur*innen eines *doings* aufgefasst, der pragmatische Gegenwartsbezug hebt sich also dezidiert von rein konservatorischen Motivationen ab: „Die Frage an die Flüchtlinge“, so Bausinger, „lautete nicht mehr: Was habt ihr mitgebracht?, sondern: Wie lebt ihr hier?“[35]

31 Hermann Bausinger/Markus Braun/Herbert Schwedt: Neue Siedlungen. Volkskundlich-soziologische Untersuchungen des Ludwig-Uhland-Instituts Tübingen. Stuttgart 1959.

32 Ebd., S. 13f.

33 Hermann Bausinger: Das Problem der Flüchtlinge und Vertriebenen in den Forschungen zur Kultur der unteren Schichten. In: Rainer Schulze/Doris von der Brelie-Lewien/Helga Grebing: Flüchtlinge und Vertriebene in der westdeutschen Nachkriegsgeschichte. Bilanzierung der Forschung und Perspektiven für die künftige Forschungsarbeit. Hildesheim 1987, S. 180–195, hier S. 186.

34 Ebd., S. 184.

35 Ebd., S. 185.

Das an einer alltagskulturellen Pragmatik orientierte Forschungsinteresse der Disziplin mag nicht zuletzt auch der methodischen Hinwendung zu(m) ‚Fremden'[36] geschuldet sein, das sich im Sonderstatus Bahn brach, welcher den Vertriebenen im Nachkriegsdeutschland zukam. Indem die Tübinger Vertriebenenforschung den Blick früh auf die konkreten Lebensbedingungen der Vertriebenen vor Ort richtete, markierte sie damit nicht zuletzt einen Kontrapunkt zur Annahme eines vermeintlich raschen und lautlosen Einlebens und lief der Annahme eines vielbeschworenen Integrationsmythos[37] zuwider, denn parallel zum *Wirtschafts*wunder war zur damaligen Zeit nicht selten von einem *Integrations*wunder die Rede.

Im Gegensatz zur exotisierenden Volkskunde, die den ebenso faszinierten wie argwöhnischen Blick in ihren Anfängen in erster Linie „nach außen", auf das Wilde und Ungestüme lenkte, steht die beforschte Gruppe der Vertriebenen als die ‚nahen Fremden'[38] gewissermaßen im Zwischenraum eines dualistischen Extrinsik-Intrinsik-Konzepts. Diese (Selbst-)Verortung erwies sich mit Blick auf den Status dieser Personengruppe in der deutschen Nachkriegsgeschichte als ebenso konstitutiv wie problembehaftet, was auch in den Gesprächen mit Nachfahren entsprechend thematisiert wird. Anschließend an diese Perspektive formuliert Bausinger schließlich in seinem Aufsatz „Beharrung und Einfügung. Zur Typik des Einlebens der Flüchtlinge"[39] graduelle Praktiken der (Nicht-)Integration, die sich im Spannungsfeld des konservativ Statischen und des progressiv Überintegrierten bewegen. Dabei sei jedoch, darauf verweist Bausinger explizit, der Mischtypus aus mehreren Kategorien wie bei jedweder Form der Typenbildung häufiger als die Reinform.[40] Bausinger selbst will die Frage nach Leben und Einleben von Vertriebenen jedoch nicht ausschließlich aus einer Gegenwartsperspektive heraus beantwortet wissen, sondern verweist explizit auf eine zukunftsorientierte Blickrichtung, die über die Erlebnisgeneration hinaus denkt und verdeutlicht.

> „Das kulturwissenschaftliche Interesse schließt aber auch die jüngeren Generationen der Zuwanderer ein. Es wird systematisch zu fragen sein, wie es mit deren kulturellen Orientierungen und Attitüden steht, mit ihrer Beziehung zur ‚alten Heimat', die nie ihre Heimat war und die doch nicht ohne Bedeutung für sie ist."[41]

36 Vgl. Hermann Bausinger: ‚Fremde' als Problem der Empirischen Kulturwissenschaft. In: Berichte und Abhandlungen/Berlin-Brandenburgische Akademie der Wissenschaften 1, 1995. S. 275–296.
37 Vgl. dazu: Paul Lüttinger: Der Mythos der schnellen Integration. In: Zeitschrift für Soziologie 15 (1986), S. 20-36.
38 Bausinger 1995, S. 288.
39 Hermann Bausinger: Beharrung und Einfügung. Zur Typik des Einlebens der Flüchtlinge. In: Jahrbuch für Volkskunde der Heimatvertriebenen; 2 (1956), S. 9–16.
40 Ebd., S. 15.
41 Bausinger 1987, S. 195.

Gerade dieser von Bausinger formulierte dezidierte Blick auf das Danach, auf das künftige Aushandeln von Vergangenem, erweist sich für die vorliegende Arbeit als äußerst anschlussfähig.

Mitte der 1990er Jahre nahm sodann eine Gruppe Studierender um Christel Köhle-Hezinger den Faden der Vertriebenenforschung am Ludwig-Uhland-Institut wieder auf. In Anlehnung an den 1959 von Bausinger, Braun und Schwedt herausgegebenen Band erschien 1995 die Untersuchung ‚Neue Siedlungen – Neue Fragen. Eine Folgestudie über Heimatvertriebene in Baden-Württemberg – 40 Jahre danach‘[42]. Auch diese Untersuchung stellt die nun schon beinahe traditionell gewordene Fragestellung nach Alltag(en) von Vertriebenen in den Mittelpunkt. In seinem Vorwort zum 40-jährigen Jubiläumsband fasst Bausinger die Aufgabe des Projekts zusammen, „nämlich eine möglichst genaue und detaillierte Beobachtung der Veränderungen, denen die Traditionen unterworfen wurden; allgemeiner gesagt: eine Analyse des sozialen und kulturellen Lebens unter den neuen Verhältnissen“[43]. Zu fragen sei zudem, so Bausinger weiter:

> „Was besagt heute noch die Kategorie Heimatvertriebene, die eine ganze Zeit lang nicht nur ein, sondern *das* [Hervorhebung i.O.] Definitionsmerkmal war, und zwar sowohl für die Heimatvertriebenen selbst wie für die Einheimischen? Wie verhält es sich mit den Jüngeren, den Angehörigen der zweiten und dritten Generation, um diese selten exakt bestimmte Hilfsbegriffe zu verwenden? Welche Rolle spielt die Erinnerung?“[44]

Die tschechische Kulturwissenschaftlerin Libuše Volbrachtová wandte sich ab den 1990er Jahren am Ludwig-Uhland-Institut ebenfalls der Vertriebenenforschung aus kulturwissenschaftlicher Warte zu und berichtete über „Einlebensprozesse deutsch-böhmischer Flüchtlinge nach 1945“, indem sie mittels qualitativer Interviews „Distinktions- und Integrationsschwierigkeiten einer Flüchtlingsgruppe in den Westzonen der Bundesrepublik“[45] skizzierte. Als Besonderheit im Rahmen des Erhebungsprozesses erwies sich dabei Volbrachtovás

42 Christel Köhle-Hezinger (Hg.): Neue Siedlungen – Neue Fragen. Eine Folgestudie über Heimatvertriebene in Baden-Württemberg – 40 Jahre danach. Ein Projekt des Ludwig-Uhland-Instituts für Empirische Kulturwissenschaft der Universität Tübingen. Tübingen 1996, S. 11. Vgl. auch Sandro Ratt: Didaktik des Umbruchs. Ein Rückblick auf das Neue-Siedlungen-Projekt. In: Mathias Beer/Reinhard Johler/Christian Marchetti: Donauschwaben und andere. Tübinger Südosteuropaforschung. (= Tübinger Korrespondenzblatt 61). Tübingen 2015, S. 37–58.

43 Hermann Bausinger: Vorwort. In: Christel Köhle-Hezinger (Hg.): Neue Siedlungen - Neue Fragen. Eine Folgestudie über Heimatvertriebene in Baden-Württemberg - 40 Jahre danach. Ein Projekt des Ludwig-Uhland-Instituts für Empirische Kulturwissenschaft der Universität Tübingen. Tübingen 1996, S. 11–13, hier S. 11.

44 Ebd., S. 13.

45 Libuše Volbrachtová/Monika Rössler: Einlebensprozesse deutsch-böhmischer Flüchtlinge nach 1945: Distinktions- und Integrationsschwierigkeiten einer Flüchtlingsgruppe in den Westzonen der Bundesrepublik. Tübingen 1992, S. 36.

spezielle Selbstverortung im Feld – Volbrachtová war selbst aus der Tschechoslowakei geflohen. Doch entgegen ihrer Vorannahme, das parallele Schicksal würde Exploratorin und Interviewpartner*innen verbinden, musste Volbrachtová feststellen, dass (vermeintlich) geteilte biographische Bezugspunkte eher Distanz denn die erwartete, oder gar erhoffte, Nähe generierten. Interviewpartner*innen wiesen ihr den Status einer Art Kollaborateur zu und hielten ihr während Gesprächen etwa entgegen: „Also ihr [sic!] Volk war ja auch nicht eines der besten. [...] Das läßt sich nicht mehr gutmachen; der Havel hat's ja auch gesagt, Sie müssen sich schämen."[46] Wie sich zeigte, warf das Schicksal von Flucht und Vertreibung noch jahrzehntelang Schatten; sowohl auf individuelle Lebenserzählungen als auch auf kollektive Erfahrungswelten.

Die kulturwissenschaftliche Forschungslinie, die zu unterschiedlichsten Zeitpunkten immer wieder fragte, wie es Vertriebenen jetzt gerade geht, wie sie in der Gegenwart ihren Alltag bestreiten und Prozesse aushandeln, hat die Volkskunde respektive Empirische Kulturwissenschaft einerseits durch die Nachkriegsjahre begleitet, wenngleich, andererseits, ein kontinuierlich-systematischer Blick gen Osten ausblieb und die Beschäftigung mit der Thematik eher über kurze Wellen charakterisierbar scheint. Reinhard Johler beschreibt diese langen Linien der Tübinger Vertriebenenforschung in ihrer Ambivalenz und richtet im Zuge dessen die Perspektive auf den „Südosten Europas und die Tübinger EKW" [47]. Die „knapp hundertjährige volkskundlich-kulturwissenschaftliche Beschäftigung" der Disziplin fokussierend, so Johler,

> „lassen sich zwei inhaltliche Stränge identifizieren: zum einen eine lange, spezifische, für das Institut aber hoch bedeutsame Ost-West-Beziehungsgeschichte; und zum anderen einen dauerhafte, wenngleich durch zeitgeschichtlichen Wandel immer wieder modifizierte, Geschichte der Beschäftigung mit und – wichtiger – der Beobachtung von kulturellen ‚Vermischungen'."[48]

Dieser Traditionslinie schließt sich die vorliegende Arbeit ein Stück weit an, indem sie nach dem Umgang mit dem Erbe von Heimatvertriebenen aus ehemaligen Ostgebieten in den Nachfahrengenerationen fragt. Anknüpfend an diverse Modelle zur Schematisierung von Akkulturationsprozessen, beispielhaft sei hier

46 Libuše Volbrachtová: Qualitative Feldforschung. Vor- und Nachteile. In: Katharina Eisch/Marion Hamm (Hg.): Die Poesie des Feldes. Beiträge zur ethnographischen Kulturanalyse. (= TVV Band 93), Tübingen 2001, S. 75–88, hier S. 86.

47 Reinhard Johler: Der Südosten Europas und die Tübinger EKW. Eine donauschwäbische Institutsgeschichte. In: Mathias Beer/Reinhard Johler/Christian Marchetti (Hg.): Donauschwaben und andere. Tübinger Südosteuropaforschung. (= Tübinger Korrespondenzblatt 61). Tübingen 2015, S. 145–175.

48 Ebd., S. 175.

dasjenige von Ulrich Tolksdorf zu „Phasen der kulturellen Integration bei Flüchtlingen und Aussiedlern"[49] genannt, wird nach dem Momentum des (In-)Finiten derartiger Prozesse zu fragen sein und es gilt, die Rolle in den Blick zu nehmen, die Erinnern und Erzählen in der Gegenwart zukommt. Überdies unbestritten scheint die Beschäftigung mit „Prozesse[n] von Heimisch-Werden und Heimisch-Sein"[50] damals wie heute Kerngeschäft der Empirischen Kulturwissenschaft zu sein, denn – so merkt Reinhard Johler an gleicher Stelle an – „[f]ür die Mehrheit der Menschen aber wird Heimatsuche ein zentrales Thema ihres Lebens bleiben."[51]

Methodik – das Interview im Interview

Im Zuge des Forschungsprojekts soll ein multidimensionaler Blickwinkel die langen Wellen einer bis heute beispiellosen Zwangsmobilisierung Mitte des vergangenen Jahrhunderts freilegen. Hierfür werden zwei Zeitperspektiven ineinander verschränkt. Durch das Verweben von historischer Tonbandaufnahme sowie aktuell erhobenen bzw. noch zu erhebenden Daten entsteht dabei ein „Gemeinsames Drittes"[52], wie Pierrine Saini und Thomas Schärer das Produkt derartiger Erhebungen mittels externer Stimuli durch Video- und Filmmaterial benennen. Auf formaler Ebene bedeutet das Einbeziehen dieser Methodik die Reflexion disziplinspezifischer Potenziale und Grenzen auditiver Materialität, wobei – so merken Karin Bürkert und Mirjam Nast berechtigterweise an – „die auditive Ebene historischer Archivalien ein Desiderat in der empirisch-kulturwissenschaftlichen Forschung [darstellt]"[53],.

Utz Jeggle führt in seinen Ausführungen „Vom Umgang mit Sachen"[54] an, dass eben jener für die Kulturwissenschaft seit jeher konstitutiv sei. Die Untersuchung des daraus resultierenden Subjekt-Objekt-Verhältnisses weist Jeggle im

49 Ulrich Tolksdorf: Phasen der kulturellen Integration bei Flüchtlingen und Aussiedlern. In: Klaus J. Bade (Hg.): Neue Heimat im Westen: Vertriebene, Flüchtlinge, Aussiedler. Münster 1990, S. 106–127.

50 Reinhard Johler: Heimisch werden in Baden-Württemberg: Integration, Akkulturation und Assimilation im Alltag. In: Mathias Beer (Hg.): Baden-Württemberg – eine Zuwanderungsgeschichte. (= Schriften zur politischen Landeskunde Baden-Württembergs Band 40). Stuttgart 2014, S. 199-216, hier S. 215.

51 Ebd.

52 Pierrine Saini/Thomas Schärer: Erinnerung, Film- und Fotoelicitation. In: Christine Bischoff/ Karoline Oehme-Jüngling/Walter Leimgruber (Hg.): Methoden der Kulturanthropologie. Bern 2014, S. 313-330, hier S. 329.

53 Karin Bürkert/Mirjam Nast: Kultur ist hörbar. Überlegungen zu einer auditiven historischen Ethnographie. In: Ludwig-Uhland-Institut (Hg.): Kultur ist. Beiträge der Empirischen Kulturwissenschaft in Tübingen. Tübingen 2022, S. 119-146, hier S. 120.

54 Utz Jeggle: Vom Umgang mit Sachen. In: Konrad Köstlin/Hermann Bausinger (Hg.): Umgang mit Sachen. Zur Kulturgeschichte des Dinggebrauchs. 23. Deutscher Volkskunde-Kongreß in Regensburg vom 6. – 11. Oktober 1981, Regensburg 1983, S. 11–25.

Zuge dessen explizit als Proprium der Disziplin aus und „sie [die Volkskunde, Anm. d. Verf.] hat als ein Thema des Fachs das Verhältnis der Menschen zu ihren Sachen beschrieben“[55]. Im Anschluss daran wäre also zu fragen: Welches Verhältnis haben Menschen zu den Sachen, i.e. Stimmen ihrer Vorfahren? Was löst die Konfrontation mit den konservierten Erzählungen heute in Interviewpartner*innen aus? Und welche Rolle kommt dem Auditiven samt dem ihm eignenden Charakter des Immateriellen beim Prozess des Erinnerns und Erzählens zu?

Nun handelt es sich bei den historischen Tonbandaufnahmen des Arno-Ruoff-Archivs freilich um besondere „Sachen“, die nicht zuletzt durch die Transformation der Tonbandaufnahmen hin zu digitalisierten Sounddateien eine hochgradig spezifische Materialqualität aufweisen. Gerade auch der Prozess der Um-Medialisierung wird sicher im weiteren Verlauf der Arbeit in Gänze zu thematisieren sein. Hinsichtlich der Einzigartigkeit und Fragilität des Materials erwies sich diese externe Speicherung und Vervielfachung, gleichwohl damit ihres einstigen und alleinigen Trägermediums entledigt, jedoch als echter Glücksfall. Auf dramatische Weise evident wurde dies nicht zuletzt während eines Brandes in den einstigen Räumen der Arbeitsstelle „Sprache in Südwestdeutschland“ im März 2017[56]. Brand- und Löschwasserschäden zerstörten damals erhebliche Teile des Institutsbestandes. Glücklicherweise lagen jedoch zu diesem Zeitpunkt bis auf wenige Ausnahmen sämtliche Tonbänder bereits vollständig digitalisiert vor[57].

Nach der Betrachtung formal-materieller Eigenschaften stellt sich im Weiteren die Frage nach dem epistemischen Eigenwert einer Tonbandaufnahme – Bürkert/Nast fragen in diesem Zusammenhang analog zu Arlette Farges ‚Geschmack des Archivs‘[58] nach dem „Klang des Archivs“[59]. „[D]er ‚auratische‘ Effekt, der das punctum archivalischer Tonaufnahmen ausmacht“, verweise dabei laut den Autorinnen „auf eine weitere Bedeutungsebene, die verlangt, unsere Sinne und unsere Aufmerksamkeit für emotionale Signale zu schärfen, wenn es um den ethnografischen Umgang mit Archivdingen geht.“[60]

Anschließend an diese „sinnlichen“ Verweise wurde die Relevanz des Hörens als Erkenntnismomentum bei der Konzeption des Frageleitfadens ausdrücklich eingeschlossen. Eine solchermaßen auditiv konzipierte Forschung setzt laut

55 Ebd., hier S. 11.

56 Siehe https://www.tagblatt.de/Nachrichten/-Bewohner-starb-nach-Sturz-vom-Balkon-324957.html?StoryId=325049 (06.02.2023) und https://www.stuttgarter-zeitung.de/inhalt.toter-bei-zwangsraeumung-in-tuebingen-vollstrecker-in-der-schusslinie.66c07dbb-b798-4ff3-a4f6-2e7d7c971247.html (06.02.2023).

57 Vgl. dazu auch Eckart Frahm/Eckard Sauer/Sigrid Schmid: Digitalisierung der historischen Tonbandaufnahmen. Technische Angaben und Erfahrungsberichte. In: Tübinger Vereinigung für Volkskunde e.V. (Hg.): Dialekt und Alltagssprache. Arbeitsstelle Sprache in Südwestdeutschland. (= Tübinger Korrespondenzblatt Nr. 57). Tübingen 2004, S. 53–64.

58 Zitiert nach Bürkert/Nast 2022, S. 120.

59 Ebd.

60 Ebd., S. 141.

Oehme-Jüngling voraus, „Klang als kulturell geprägt und kulturprägend zu erkennen.“[61] Hinsichtlich einer entsprechend adaptierten auditiven Annäherung der Kulturanthropologie bedeute dies, so Oehme-Jüngling, „eine Forschung, die Mensch-Klang-Beziehungen zu ihrem Thema macht, [darf] in ihrer methodischen Ausrichtung das Hören nicht vernachlässigen, sondern muss dieses erkenntnisleitend einsetzen.“[62]

Im Laufe der Arbeit wird sicherlich noch eine Binnendifferenzierung auditiver Erscheinungen erforderlich sein. Denn wie ein Blick in einschlägige Literatur zeigt, existiert zwar eine Vielzahl von Darstellungen, die das Auditive als Art klangliches Totalphänomen thematisiert, wozu also auch und in besonderer Weise Töne und Geräusche zählen, und die auch das Hören als zugehörigen Rezeptionsmodus „ins Ohr fassen“. [63] Inwiefern sich derartige Konzepte jedoch auch im Hinblick auf die Spezifik des vorliegenden Tonbandmaterials des Arno-Ruoff-Archivs, verstanden als sprechsprachliche Repräsentation biografisch-episodischer Erzählungen, als anschlussfähig erweisen, wird Gegenstand bevorstehender Reflexionen sein.

Die Konzeption der Befragungssituation mit der ihr eignenden Referentialität zu historischem Archivmaterial, das als externer Stimulus in der Interviewsituativik fungiert, reiht sich in eine Linie analog arbeitender Konzepte ein, die nachfolgend in aller gebotenen Kürze aufgeführt und hinsichtlich etwaiger Anschlusspotenziale besprochen werden sollen.

Mit den Konzepten von Erinnerungsgegenständen[64] von Andreas Kuntz sowie – noch spezifischer – der Fotobefragung[65] von Jutta Buchner-Fuhs, liegen Methodenentwürfe zur Einbindung materialisierter, externer Gesprächsimpulse vor, deren Grundideen sicher auch für eine Befragung mittels auditiven Materials anschlussfähig sind. Mit Blick auf die charakteristischen Qualitäten des Auditiven wie etwa seine Fugitivität, die Notwendigkeit einer technischen Abspielvorrichtung, die von der Tonspur zumindest bis zu einem gewissen Grad erzwungene Linearität des Rezeptionsprozesses etc. stoßen derartige, auf der Haptik eines unmittelbaren Konkretums fußende Konzepte jedoch sicher bald an Grenzen. Denn an die wortwörtlich greifbare Materialität von Gegenständen, respektive

61 Karoline Oehme-Jüngling: Auditive Feldforschung. In: Christine Bischoff/Karoline Oehme-Jüngling/Walter Leimgruber (Hg.): Methoden der Kulturanthropologie. Bern 2014, S. 351–366, hier S. 352.

62 Ebd.

63 Vgl. beispielhaft R. Murray Schafer: The Soundscape. Our Sonic Environment and the Tuning of the World. Rochester 1977. Sowie in jüngster Vergangenheit: Patricia Jäggi: Im Rauschen der Schweizer Alpen. Eine auditive Ethnographie zu Klang und Kulturpolitik des internationalen Radios. Bielefeld 2020.

64 Andreas Kuntz: Erinnerungsgegenstände. Ein Diskussionsbeitrag zur Erforschung rezenter Sachkultur. In: *Ethnologia Europaea* 20 (1990), S. 61–80.

65 Jutta Buchner-Fuhs: Die Fotobefragung – eine kulturwissenschaftliche Interviewmethode? In: Zeitschrift für Volkskunde 93 (1997), S. 189–216. Vgl. auch John Collier: Photography in Anthropology. A Report on Two Experiments. In: American Anthropologist 59 (1957), S. 843–859.

Fotografien, sind nicht zuletzt weitestgehend skriptgeleitete Nutzungspraktiken angeheftet, die das Rezipieren des Visuellen und die räumliche Anordnung innerhalb der Subjekt-Objekt-Interaktion bestimmen bzw. mitunter determinieren. Dementsprechend benötigt das Betrachten von Gegenständen bzw. Fotografien einen speziellen Bezugspunkt im Raum; Hinsehen (und Wegsehen!) sind nur von einem konkreten Punkt aus überhaupt möglich. Nicht zuletzt dadurch sind soziale Praktiken der individuellen wie kollektiven Rezeption wie etwa das Gruppieren um ein Fotoalbum, das Zeigen einer Bildschirmpräsentation, das Herumreichen von Fotografien oder deiktische Gesten, die auf ein Detail im Foto hinweisen, als formalisiert-konventionelle Subjekt-Objekt-Interaktion einzuordnen. Im Zuge der weiteren Forschung wäre nicht zuletzt nach etwaig analogen Rezeptionspraktiken für den Bereich des Auditiven zu fragen.

Pierrine Saini und Thomas Schärer sind in ihren Ausführungen zu Film- und Fotoelicitation bestrebt, „Fragen und methodische Herausforderungen der visuellen Stimulanz des Gedächtnisses im Rahmen eines qualitativen Interviews zu präsentieren“[66]. Externe Stimuli seien in diesem Sinne „Projektionsgefäße für subjektive Bedeutungen und Werte und deshalb gut geeignet, Gespräche thematisch zu öffnen und auf eine persönliche Ebene zu bringen.“[67] Die Funktion derartiger externer Reize sei dabei das Elicitieren, also „das Herausholen einer latenten Information, einer Erinnerung und/oder eines Gefühls“[68]. Wenngleich der Einsatz rein auditiver Quellen sicherlich als *Vor-* bzw. *Zwischen*stufe zu den von Saini/Schärer eingesetzten audio-visuellen Reizen (Video/Film) zu verstehen ist, zeigen sich deren Überlegungen zum Konnex von Stimulus und Response im Grundsatz durchaus anschlussfähig für das Mittel der „Tonbandbefragung“ (– so jedenfalls könnte eine vorläufige Arbeitsbezeichnung der hier vorgestellten Methodik lauten). Dies gilt insbesondere hinsichtlich der diversen bei Saini/Schärer skizzierten Interventionsmodi, mittels derer die situativ Befragten auf den externen Stimulus reagieren können (zum Beispiel kommentierend, erläuternd, assoziativ etc.)[69].

Angelehnt an die Interaktionsmöglichkeit, die Saini/Schärer zwischen Interviewpartner und Medium schaffen, erhielten auch im Zuge der vorliegenden Arbeit die Interviewpartner*innen die Möglichkeit, die starre Linearität der historischen Tonbandaufnahme zu unterbrechen und etwa durch Spulen, Wiederholen bestimmter Textstellen etc. ein unmittelbares Metakommunikat zur Ruoff-Aufnahme entstehen zu lassen. Unter Berücksichtigung des ethnografischen Erhebungsdesigns erschien es daher sinnvoll, eine vorläufige Forschungsfrage auf

66 Pierrine Saini/Thomas Schärer: Erinnerung, Film- und Fotoelicitation. In: Christine Bischoff/Karoline Oehme-Jüngling/Walter Leimgruber: Methoden der Kulturanthropologie. Bern 2014, S. 313–330, hier S. 313.

67 Ebd., S. 326.

68 Ebd., S. 314.

69 Vgl. ebd., S. 320f.

zwei Dimensionen zu beziehen: (1) Inwiefern haben Fluchtbiografien von Vertriebenen aus ehemaligen Ostgebieten Einfluss auf familiäre Identitätsnarrative in der Nachfahrengeneration? sowie (2) Welche Rolle spielen auditive Materialität und das Hören als epistemische Rezeptionspraxis im Kontext des (Nicht-)Erinnerns an Flucht und Vertreibung?

Über das Schweigen sprechen – erste Beobachtungen aus dem Feld

Nach Eintritt in die Feldphase im Spätherbst 2022 soll die nachfolgende Darstellung einen holzschnittartigen Überblick allererster Tendenzen aus der Feldforschung skizzieren, nachdem zum jetzigen Zeitpunkt gut eine Hand voll leitfadengestützter Interviews durchgeführt wurden. Im Mittelpunkt dieses kurzen Abrisses zum Status Quo stehen einerseits, den Inhalt in den Blick nehmend, Praktiken der Einbettung transgenerationaler Fluchterfahrungen in individuelle Biografie-Erzählungen der Nachfahrengeneration sowie andererseits, die spezifisch medialisierte Form der Tonaufnahme betrachtend, die rezipientenseitige Wahrnehmung auditiver Materialität.

Die Beschreibung erster Feldbefunde beginnt mit einer Revision: Lag eine anfängliche Orientierung der Forschungsfrage eher auf erinnernden Erzählpraktiken innerhalb des Familienverbunds, zeigte sich im Laufe der Interviews rasch, dass individuell erlebten Aushandlungsprozessen der Akteur*innen weit mehr Raum zukommt als Erzähl- und Erinnerungspraktiken im Kollektiv. Denn der anfänglichen Frage, *wie* in der Familie über Generationen hinweg das Ausagieren der eigenen Familienbiografie stattfand, folgte nicht selten die immer gleiche Antwort: Gar nicht! Nachfragen, worüber konkret nicht gesprochen wurde, erwiesen sich als schwergängig, wie auch das titelgebende Zitat widerspiegelt: „Es war klar: Das ist nicht unbedingt ein Thema, über das man im Familienkreis spricht“ [70] , wie die befragte Enkelin einer Vertriebenen formulierte. Hierzu gibt auch die Äußerung eines Interviewpartners einen Einblick, der im Rahmen meiner Forschungen seinen Großvater über dessen Ausweisung aus dem Sudetenland sprechen hörte: „Also Frau [*Name Exploratorin*], so viel hat er mit uns nicht geredet, wie da [zeigt auf Lautsprecher] schon drauf ist.“[71]

Konrad Köstlin thematisiert dieses große Schweigen zwischen der Generation der Erlebenden und deren Nachkommenden ganz explizit mit Bezug auf Erinnerungspraktiken im Kontext von Fluchterfahrungen und macht dabei auch deutlich, dass die Thematik nicht ausschließlich von Erlebenden aus Erinnerungserzählungen verbannt wurde, vielmehr sei „die `Tabuisierung der Thema-

70 Interview am 11.11.2022, 01:04:20–01:04:28.
71 Interview am 22.11.2022, 01:27:54–01:27:54.

tik´ anfangs von den nicht am Krieg beteiligten Zuhörern ausgegangen."[72] Dem oft thematisierten Nicht-Reden-Können steht also auf Seite der Rezipienten reziprok ein Nicht-*Zuhören*-Können oder -Wollen gegenüber. Köstlin schreibt dazu weiter: „Deshalb bleibt auch ungeklärt, ob die Krieger verstummt waren, weil sie nicht erzählen konnten oder ob sie nicht erzählen konnten, weil die anderen absolut nichts hören wollten (...)".[73] Sicherlich werden die weiteren Interviews zeigen, inwiefern anfängliche Forschungsfragen ggf. weiter revisions- bzw. spezifizierungsbedürftig sind. Mit Blick auf die konkrete Fokussierung des Forschungsinteresses zeigt sich jedoch bis dato, dass, statt der anfänglichen Fokussierung von Familiengefügen als Bezugsrahmen für Erinnerungs- und Identitätspraktiken, tendenziell eher eine individuelle Perspektive naheliegt, die - zumindest zunächst - also danach fragt, wie Akteur*innen als Solitär*innen ihre Wahrnehmung auf persönlicher Ebene reflektieren. Diese primäre Hinwendung zum bzw. zur Einzelnen schließt eine weitergehende Thematisierung auf Ebene des kollektiv-familiären Verbundes ja keineswegs aus.

Mit den ersten Überlegungen zu einem akteurszentrierten, gegenwartsperspektivierenden Feldzugang war klar, dass eine Verbindung zweier Zeitebenen, die also Nachfahren mit den Stimmen ihrer Vorfahren umgehen lässt, mitunter erhebliches Potenzial für Emotionen und deren performative Abbildung innerhalb des Gesprächsprozesses bieten würde - sowohl in den Aufnahmen, die Ruoff und Bausinger 1955 aufgezeichnet hatten als auch in den von mir 2022/23 geführten Interviews. Für die kulturwissenschaftliche Perspektivierung dieses emotionalen Praxisvollzugs gibt ein *Be*- bzw. *Hinter*fragen im Sinne eines emotionalen *doings* sicherlich wertvolle Impulse für einen emotionsfokussierten Feldzugang. Für den gegenwärtigen Arbeitsstand scheinen sich die basalen Kategorien Nähe - Fremdheit als vereinfachte Zuordnungssysteme anzubieten, welche sich als (emotionale) Außen eines sachkulturellen Umgangs der Akteur*innen mit den Tonbandaufnahmen ihrer Vorfahren ausweisen.

In ihren Reflexionen zum Hören historischer Tonaufnahmen beschreiben Bürkert/Nast das damit verbundene Rezeptionserlebnis als „Verlusterfahrung"[74]. Und auch bezogen auf die Aufnahmen des Arno-Ruoff-Archivs liegt es nahe, dass paradoxerweise erst durch das Hörbarmachen verstummter Stimmen das Bewusstsein für deren Absenz hergestellt wird. Im Verlauf der Gespräche zeigte sich, dass die Entkoppelung von performierenden Sprecher*innenkörpern für die Nachfahren nicht selten eine Art Schwundstufe darstellte, die im Verlauf der Arbeit sicherlich unter Aspekten von Medialität und Performativität ebenso zu thematisieren wie zu problematisieren sein wird.

72 Konrad Köstlin: Erzählen vom Krieg - Krieg als Reise II. In: BIOS. Zeitschrift für Biographieforschung 2 (1989), S. 173-182, hier S. 180.

73 Ebd., S. 177.

74 Bürkert/Nast 2022, S. 122.

Die den Interviewpartner*innen gegebene Möglichkeit, die Archivaufnahmen selbständig zu rezipieren, beispielsweise durch Zurückspulen oder Stoppen der Aufnahme, ermöglicht einen vertieften Einblick in einen Rezeptionsprozess zwischen Nähe und Fremdheit. Eine Erfahrung von Fremdheit formulierten die Interviewpartner*innen etwa bei der Schilderung, den/die auf der Tonaufnahme Sprechende*n zunächst nicht erkannt zu haben. Nicht selten wurde dies mit der zeitlichen Distanz zwischen Aufnahmezeitpunkt 1955 und den auditiven Erinnerungen der Nachfahrengeneration erklärt. So waren die von mir Interviewten ja erst Jahre, manche Jahrzehnte, nach dem Aufnahmedatum geboren worden und nun zum ersten Mal mit der wesentlich jüngeren klanglichen Performativität der Aufgenommenen konfrontiert. Dass selbstverständlich auch technische Spezifika des Aufnahme- und Wiedergabeprozesses konstitutiv für diese Fremdheitserfahrung sein können, wird Gegenstand weiterer Betrachtung sein.

Auch der Kategorie Sprech- bzw. Sprachverständlichkeit könnte im Zuge solcher Fremdheits Überlegungen eine wesentliche Rolle zukommen, da etwa einzelne lexikalische Äußerungen, meist aus dem Bereich der Landwirtschaft, von den Interviewten mehrmals an- bzw. nachgehört wurden. Mitunter blieben manche Begrifflichkeiten jedoch auch nach mehrmaligem Hören unverstanden und deren Bedeutung wurde schließlich bei der Exploratorin erfragt. Da zudem, abgesehen von einer interviewten Person, keine*r der Nachfahren die Ruoff'sche Tonbandaufnahme im Vorfeld meiner Kontaktaufnahme bereits gehört hatte, geschweige denn überhaupt von deren Existenz wusste, meldeten nicht wenige Interviewte zurück, einzelne Stellen oder ganze Passagen zunächst nicht oder nicht vollständig verstanden zu haben. Auch schilderten Interviewpartner*innen, erst nach einem anfänglichen „Einhören" Zugang zum Gesagten bekommen zu haben.

Synchron zu den geschilderten Fremdheitserfahrungen beschrieben Interviewpartner*innen jedoch auch Empfindungen von Nähe, die durch das auditive Rezipieren der Aufnahme ausgelöst wurden. Dies äußerten Gesprächspartner*innen während des Interviews sowohl verbal (etwa, wenn Interviewpartner*innen ihre Rührung oder Bewegtheit formulierten) als auch nonverbal (wenn etwa Gesprächspartner*innen während des Gesprächs zu weinen begannen). In ihrer Untersuchung zu Podcasts macht die Medienwissenschaftlerin Aylin Euritt Intimität als Analysekategorie für Gehörtes zugänglich[75]; und wenngleich sich Podcasts als medial spezifisch konstruierte Settings sicherlich formal stark von Produktions- und Rezeptionsbedingungen bei Tonbandaufnahmen unterscheiden noch dazu, wenn letztere aus den 1950er Jahren stammen – gilt es doch, den Begriff der Intimität im Laufe der Arbeit auf eine mögliche Anschlussfähigkeit hin zu überprüfen.

75 Alyn Euritt: Podcasting as an Intimate Medium. Abingdon/New York 2023.

In Zusammenhang mit dem Nähe-Fremdheits-Verhältnis, welches die auf Tonbandaufnahme konservierte Performativität von Stimmlichkeit nach ersten Feldbeobachtungen für die Nachfahrengeneration(en) konstituiert, war zudem zu beobachten, dass im Vorfeld von der Exploratorin als eher bedrückend eingestufte Aufnahmen, in denen etwa der Verlust der einstigen Heimat beweint wurde, keineswegs immer ebensolche emotional „nahe", verstanden als linear abhängige, Folgereaktionen auslösten. So begann etwa eine von Ruoff Befragte bei der Schilderung der Landschaft ihrer einstigen böhmischen Heimat, in die sie laut eigener Aussage nie mehr wird zurückkehren können, zu weinen[76]. Im weiteren Verlauf des Gesprächs ist ihre tränenerstickte Stimme zu hören. Die von mir interviewte Enkelin der Ruoff'schen Gewährsperson relativierte die hörbare parasprachliche Äußerung jedoch und kommentierte im Anschluss an die gesprochene Passage der Großmutter: „(...) sie war immer schnell am Weinen. Also wenn es um die Heimat ging, dann war sie immer schnell am Weinen. (...) Ich brauche ein Tempo [*Taschentuch*, Anm.], aber ich bin *nicht* am Weinen. [Lachen] Mir läuft nur die Nase. [Lachen]"[77]

Hinsichtlich des individuellen Umgangs mit den „emotionalen Sachen" ihrer Vorfahren verweisen nicht wenige Befragte auf psychotherapeutische Behandlungen, in welchen ihnen vorgenerationale Fluchterfahrungen begegnet seien. Die Beschäftigung im Rahmen von Psychotherapien, aber auch von Rückführungen, Hypnosesitzungen etc., gaben die Interviewten dabei als Praktik der Bewältigung der von den Vorfahren gemachten (Emotions-)Erfahrungen an. Der biographische Einschnitt, den die Vorfahren durch den Verlust der einstigen Heimat in ehemaligen Ostgebieten erlebt hatten, wurde häufig als Korrelat eigener pathologischer Bezugspunkte genannt. Auch verweisen Interviewte in diesem Zusammenhang auf entsprechende psychologische Forschungen und Forschungstraditionen, die sich in Folge des Zweiten Weltkriegs der Erforschung transgenerationaler Traumata widmeten. Ebenso wurde im Zuge von Vorgesprächen explizit auf die Bücher der Journalistin Sabine Bode[78] zu Kriegskindern und -enkeln verwiesen.

Die Dispositive der eigenen Familiengeschichte wurden jedoch nicht ausschließlich im Sinne des pathologischen, und ergo behandlungsbedürftigen, Makels geschildert, sondern durchaus auch im Sinne eines bestärkenden, generationenübergreifenden Narrativs ausgedeutet, wenn etwa eine Interviewte formuliert:

> „Weil, das gibt unserer Beziehung nochmal einen anderen Input. Auf der einen Seite, wo wir herkommen und wenn Extremsituationen kommen,

76 Interview I-784 Adelberg (1955), Minute 08:57–10:00.
77 Interview am 28.11.2022, 00:13:39–00:15:10.
78 Sabine Bode: Kriegsenkel. Die Erben der vergessenen Generation. Stuttgart[9] 2012. Sowie: Sabine Bode: Nachkriegskinder. Die 1950er Jahrgänge und ihre Soldatenväter. Stuttgart[3] 2012.

> dass wir auch dann die gleiche Kraft entwickeln können. Und es ist echt bewundernswert, was eure Urgroßmutter geleistet hat. Und irgendwo stecken ja die Gene in uns auch. Und es gibt ja vielleicht für uns dann auch die Kraft, egal was jetzt auf uns zukommt – dass wir das auch gut bewältigen können.“[79]

Insgesamt ist festzuhalten, dass mir zumindest jene Nachfahren, die mit mir zu sprechen bereit waren – in Einzelfällen gab es auch solche, die weder an Tonband noch an Gespräch Interesse hatten und dies entweder in Telefonaten selbst kommunizierten oder durch Kontaktpersonen vermitteln ließen – mit auffallender Dankbarkeit begegneten. Nachdem die jeweils mehrstündigen Unterredungen stets mit einer Kopie der Ruoff‘schen Tonaufnahme auf CD (auf Wunsch auch als Downloadlink) endeten, verliehen Gesprächspartner*innen ihrem Dank deutlich Ausdruck. Entsprechend formulierte eine Interviewpartnerin:

> „Danke, danke für das, dass Sie uns gefunden haben. Und das ist für mich empfundene Bereicherung, also dieses hören zu können. Ja auch für uns, so dieses – zusammensitzen zu können und noch mal in Erinnerungen schwelgen, sich austauschen, das macht man ja sonst bei anderen Anlässen eigentlich wenig bis nichtmehr. (...) Es ist ein Thema, was so nach hinten gerutscht ist, aber was uns ja trotzdem im Leben begleitet und ein Teil von uns ist. Und das hat das Ganze jetzt wieder so nach vorne geholt. Es hat einen Raum gegeben, es hat eine Bereicherung gegeben durch die Tonaufnahme im Gesprächsanlass. Und dafür will ich Danke sagen. Vielen Dank.“[80]

Der von den Interviewten geäußerte Dank bezieht sich dabei nicht nur auf das Überbringen und Abspielen der Aufnahme an sich, sondern vielmehr auf die Erschaffung eines kommunikativen Raumes, der das Erinnern der eigenen (Familien-)Biografie ermöglicht. Interessanterweise manifestierte und materialisierte sich diese Dankbarkeit für den Zugang zur Aufnahme aus dem Arno-Ruoff-Archiv in den meisten Fällen in kleinen Geschenken, die mir – dezidiert verbunden mit Verweis auf die Reziprozität von Geben und Nehmen – ausgehändigt werden sollten. Sicherlich gilt es im weiteren Verlauf, diese Beobachtung zu präzisieren und etwa mit Konzepten performativer Schenkpraktiken sowie semantischen Fragen von Dankbarkeit und Gabentausch in welchen, im Simmel‘schen Sinne, „die Seelenhaftigkeit der Beziehungen zwischen den Menschen in Gegenstände

79 Interview am 11.11.2022, 01:38:17–01:38:58.
80 Ebd., 01:37:14– 01:38:14.

hinausverlegt“[81] wird, in Bezug zu setzen. Außerdem wird grundsätzlich danach zu fragen sein, innerhalb welcher Medialisierungskonzepte derartige Rückgaben denkbar sind, wie sie etwa auch im Zuge mannigfaltiger Restitutionsdebatten von Museen und anderen (Kultur-)Institutionen, nicht zuletzt angesichts der Aufarbeitung von (Post-)Kolonialgeschichte, seit jüngster Vergangenheit begangen werden.

Ein weiterer Zwischenbefund tangiert die weltpolitische Lage, welche seit dem russischen Angriffskrieg auf die Ukraine im Februar 2022 eine Sensibilität der Interviewten hinsichtlich gegenwärtiger Parallelen zu den historischen Flucht- bzw. Umsiedelungsbewegung nach sich zu ziehen scheint. Ein Interviewpartner beschreibt diese wahrgenommene Analogie explizit:

> „Wo wir in der Zeitung das erste Mal über die Ukraine-Flüchtlinge gelesen haben, hat die [Name Ehefrau] gesagt: ‚Lass uns das machen. Oder wie findest du die Idee? Weil in meiner Familie auch diese Flucht war, und auch Leute da waren, die geholfen haben.‘ Wir haben jetzt auch ein halbes Jahr dann eine ukrainische Familie hier gehabt.“[82]

Auffällig bei solchen Schilderungen von als parallel empfundenen Schicksalen ist die Rolle, die der bildlichen Imagination dabei zukommt: So berichten Interviewpartner*innen über medial vermittelten (Bewegt-)Bilder von Geflüchteten – meist Frauen mit Kindern, die wenige Habe in ein paar Taschen gepackt – in die das eigene Familienschicksal ebenso *hinein-* wie *heraus*gelesen wird. Zu unterstreichen ist hierbei, dass der hergestellte Konnex in allen Fällen auf einer imaginierten Transferleistung beruht, hatte doch keine(r) der Befragten die eigenen Vorfahren tatsächlich je im geschilderten Zustand gesehen – zum einen wurden die Interviewten deutlich nach Ankunft der Vorfahren im damaligen Erhebungsort geboren, zum anderen dürften von den Ankunftsszenen der Nachkriegszeit, welche die Interviewten mental illustrieren, nur in Ausnahmefällen überhaupt Fotografien existieren. Köstlin nimmt explizit auf dieses „Eingehen der Bilder in Sprachbilder (...), etwa in der Doppelformel von ‚Flucht und Vertreibung‘“ Bezug und spricht in diesem Zusammenhang von einem „Kanon visueller und akzeptierter Deutungsikonen“[83]. Das Erkennen *der* bzw. *des* „Eigenen im Fremden“[84]

81 Georg Simmel: Dankbarkeit. Ein soziologischer Versuch. In: Der Morgen. Wochenschrift für deutsche Kultur. Begründet und herausgegeben von Werner Sombart zusammen mit Richard Strauß, Georg Brandes und Richard Muther unter Mitwirkung von Hugo von Hofmannsthal (1. Jg., Nr. 19), Berlin 1907, S. 593–598 (Berlin), hier S. 593.

82 Interview am 11.11.2022, 01:28:01–01:28:19.

83 Konrad Köstlin: Eine Ästhetik des Verlusts. In: Elisabeth Fendl (Hg.): Zur Ästhetik des Verlusts. Bilder von Heimat, Flucht und Vertreibung. Referate der Tagung des Johannes-Künzig-Instituts für ostdeutsche Volkskunde 8. bis 10. Juli 2009. Münster/New York/München/Berlin 2010. S. 7–24, hier S. 14.

84 Vgl. Anmerkung 26, hier S. 277.

scheint sich also aus einer diffusen Mixtur tradierter und (medial) imaginierter Erlebtheiten zu speisen.

Wenngleich durchgängig alle Interviewpartner*innen über sich erzählen, bedingt durch die eigene Familiengeschichte einen anderen, meist toleranteren Blick auf gegenwärtige Migrationsdebatten zu haben, stehen Migrationsbewegungen von Ukrainer*innen im Mittelpunkt der Schilderungen. Ob dies lediglich einer zeitlichen Bezugnahme zu aktuellen Geschehnissen geschuldet ist oder der Identifizierungsgrad tatsächlich nach Herkunftsland der Geflüchteten divergiert – aufgrund mannigfaltiger weltweiter Migrationsbewegungen wären freilich auch andere Krisenherde als Bezugspunkt denkbar –, werden sicherlich weitere Gespräche zeigen.

Neben inhaltlichen Anknüpfungspunkten waren auch Bezugnahmen auf die auditiv verfasste Materialität der Tonaufnahme sowie das Hören als Rezeptionsmodus Gegenstand der Interviews. Die bereits thematisierte spezifische Speichermodalität des Tonbands mit der ihr anhaftenden Vagheit wurde auch in den Gesprächen mit Nachfahren als Besonderheit des Mediums ausgemacht, deren Unbestimmtheit jedoch von Befragten auch mit eigenen Bestimmtheiten aufgefüllt. Beispielsweise reflektiert ein Interviewpartner dezidiert mit Blick auf die stimmliche Performativität seiner Mutter, die jedoch verstarb, als er selbst noch im Kindesalter war:

> „Und jetzt bin ich sehr stolz, also von, von meiner Mutter ein Überbleib-, ein stimmliches Überbleibsel zu haben. (...) Ja, äh, ich glaube, dass es insofern schon hilft, weil es - und das war ja ein Teil unserer Begegnung - also, dass ich jetzt auch diese Stimme so nochmal auf mich ein zweites Mal jetzt auch noch mal auf mich habe wirken lassen... Also, weil - wenn man da doch Rückschlüsse auf die Person ziehen kann, ja? Auch wenn die sehr subjektiv sind natürlich. Vielleicht liest jemand ganz Fremdes ‚was ganz anderes‘ raus. Ja, vielleicht findet jemand dieses Mädchenhafte nicht, ja? Vielleicht ist das mein Ding. Vielleicht will ich sie so sehen, ich weiß es nicht.“ [85]

Hinsichtlich einer vertieften ethnografischen Ausdeutung des bereits gesammelten und noch zu sammelnden Materials werden neben den bereits im Ansatz illustrierten Aspekten sicherlich weitere Anknüpfungspunkte fachspezifischer wie fachübergreifender Komplexe herzustellen sein.

85 Interview am 26.10.2022, 01:42:27–01:43:21.

Ausblick: Weiterhören, Weitersuchen, Weiterfragen

Die Forschungskonzeption, Tonbandaufnahmen mit Vertriebenen, die Mitte der 1950er Jahren aus linguistischem Fraginteresse heraus an der Universität Tübingen entstanden sind, nunmehr für eine kulturwissenschaftliche Perspektive zugänglich zu machen, erweist sich durch den Einbezug heute noch lebender Nachfahren als ausgesprochen fruchtbar. Der akteur*innenzentrierte, gegenwartsorientierte Feldzugang fragt dabei dezidiert und im Grundsatz nach dem praktischen Umgang mit Archivbeständen und nimmt nicht zuletzt die Traditionslinien volkskundlich-kulturwissenschaftlicher Vertriebenenforschung auf. Die Recherche heute noch lebender Nachfahren einstiger ‚Gewährsleute' aus dem Vertriebenen-Korpus des Arno-Ruoff-Archivs ist gewissermaßen Türöffner dieser Perspektive. Neben der Innovation dieser Betrachtung transgenerationalen Ausagierens im Komplex gegenwärtiger Identitätspraktiken stellt eben dieser Ansatz sicherlich gleichzeitig auch den blinden Fleck des Forschungsvorhabens dar. Die Recherche etwaiger Nachfahren, so es sie überhaupt gibt, sowie nicht zuletzt die Bereitschaft zum Gespräch über das in vielen Familien belastete Thema machen Prognosen, v.a. auch mit Blick auf den zeitlichen Fortgang, bisweilen vage. Hinsichtlich der bisherigen Gespräche erwiesen sich die Tonbandaufnahmen jedoch als hochanschlussfähiger Stimulus, der neben inhaltlichen Anknüpfungspunkten nicht zuletzt epistemische Fragen nach auditiv konzeptionierter Wissensgenerierung stellt. Den „schwer fassbaren Reiz und Überschuss, den historische Tonbandaufnahmen bergen"[86], thematisieren die Interviewten in den Gesprächen durchweg als ebensolchen, und die verbale Fixierung des Gehörten stößt mitunter an Grenzen. Das Projekt bietet mit Sicherheit die Möglichkeit zu intensiven Fragen nach Qualität und Potentialität von Tonbandaufnahmen, auf denen performative Stimmlichkeit in Form von Erzählungen konserviert ist (und die damit im Gegensatz zu beispielsweise aufgenommener Musik oder Geräuschen steht). Gerade angesichts eines seit Jahren stetig wachsenden Podcast-Marktes[87], dessen Erfolg neben mannigfaltigen inhaltlichen Ausrichtungen sicherlich nicht zuletzt in der Spezifik seiner medialen Form liegen dürfte, scheint diese Hinwendung zum Stimm(en)haften auf aktuelle mediale Entwicklungen zu verweisen. Die folgenden ethnografischen Forschungen vermögen historische und gegenwärtige Forschungsfelder zu synthetisieren und somit einen neuen Blick auf vermeintlich Vertrautes freizulegen.

86 Bürkert/Nast 2022, S. 126.
87 https://de.statista.com/statistik/daten/studie/876487/umfrage/nutzung-von-podcasts-in-deutschland/ (08.02.2023)

Literatur

Bausinger, Hermann: Beharrung und Einfügung. Zur Typik des Einlebens der Flüchtlinge. In: Jahrbuch für Volkskunde der Heimatvertriebenen 2 (1956), S. 9–16.

Bausinger, Hermann/Braun, Markus/Schwedt, Herbert: Neue Siedlungen. Volkskundlich-soziologische Untersuchungen des Ludwig-Uhland-Instituts Tübingen. Stuttgart 1959.

Bausinger, Hermann: Das Problem der Flüchtlinge und Vertriebenen in den Forschungen zur Kultur der unteren Schichten. In: Schulze, Rainer/von der Brelie-Lewien, Doris/Grebing, Helga: Flüchtlinge und Vertriebene in der westdeutschen Nachkriegsgeschichte. Bilanzierung der Forschung und Perspektiven für die künftige Forschungsarbeit. Hildesheim 1987, S. 180–195.

Bausinger, Hermann: ‚Fremde' als Problem der Empirischen Kulturwissenschaft. In: Berichte und Abhandlungen. Berlin-Brandenburgische Akademie der Wissenschaften 1 (1995), S. 275–296.

Bausinger, Hermann: Vorwort. In: Köhle-Hezinger, Christel (Hg.): Neue Siedlungen - Neue Fragen. Eine Folgestudie über Heimatvertriebene in Baden-Württemberg - 40 Jahre danach. Ein Projekt des Ludwig-Uhland-Instituts für Empirische Kulturwissenschaft der Universität Tübingen. Tübingen 1996, S. 11–13.

Bausinger, Hermann: Modellfall Donauschwaben. In: Beer, Mathias/Johler, Reinhard/Marchetti, Christian: Donauschwaben und andere. Tübinger Südosteuropaforschung. (= Tübinger Korrespondenzblatt 61). Tübingen 2015, S. 135–144.

Beer, Mathias: Flucht und Vertreibung der Deutschen. Voraussetzungen, Folgen, Verlauf. München 2011.

Beer, Mathias: Zünglein an der Waage bei der Abstimmung über den Südweststaat: Flüchtlinge und Vertriebene in Baden-Württemberg. In: Ders. (Hg.): Baden-Württemberg – eine Zuwanderungsgeschichte. (= Schriften zur politischen Landeskunde Baden-Württembergs Band 40). Stuttgart 2014, S. 69–100.

Beer, Mathias: Zur Entstehung und Beharrlichkeit von Geschichtsbildern. Die Patenschaft des Landes Baden-Württemberg über die „Volksgruppe der Donauschwaben". In: Beer, Mathias/Johler, Reinhard/Marchetti, Christian: Donauschwaben und andere. Tübinger Südosteuropaforschung. (= Tübinger Korrespondenzblatt 61). Tübingen 2015, S. 105–134.

Bendix, Regina: Was über das Auge hinausgeht: zur Rolle der Sinne in der ethnographischen Forschung. In: Schweizerisches Archiv für Volkskunde, Band 102 (2006), S. 71–94.

Buchner-Fuhs, Jutta: Die Fotobefragung – eine kulturwissenschaftliche Interviewmethode? In: Zeitschrift für Volkskunde 93 (1997), S. 189–216.

Bode, Sabine: Kriegsenkel. Die Erben der vergessenen Generation. Stuttgart[9] 2012.

Bode, Sabine: Nachkriegskinder. Die 1950er Jahrgänge und ihre Soldatenväter. Stuttgart[3] 2012.

Bürkert, Karin: Performativität. In: Heimerdinger, Timo/Tauschek, Markus (Hg.): Kulturtheoretisch argumentieren. Ein Arbeitsbuch. Münster/New York 2020, S. 351–379.
Bürkert, Karin/Nast, Mirjam: Kultur ist hörbar. Überlegungen zu einer auditiven historischen Ethnographie. In: Ludwig-Uhland-Institut (Hg.): Kultur ist. Beiträge der Empirischen Kulturwissenschaft in Tübingen. Tübingen 2022, S. 119–146.
Christen, Helen: Chamäleons und Fossilien. Forschungsperspektiven für die konsolidierte schweizerisch-alemannische Dialektologie. In: Stellmacher, Dieter (Hg.): Dialektologie zwischen Tradition und Neuansätzen. Beiträge der Internationalen Dialektologentagung, Göttingen 19.–21. Oktober 1998 (= Zeitschrift für Dialektologie und Linguistik – Beihefte, 109). Stuttgart 2000, S. 33–47.
Collier, John: Photography in Anthropology. A Report on Two Experiments. In: American Anthropologist 59 (1957), S. 843–859.
Ehlers, Klaas-Hinrich: Vertriebenen-Linguistik. Geschichte und Profil der germanistischen Forschung zu den sprachlichen Folgen der Vertreibung nach dem Zweiten Weltkrieg. In: Haßler, Gerda (Hg.): Metasprachliche Reflexion und Diskontinuität. Wendepunkte – Krisenzeiten – Umbrüche. Münster 2015, S. 208–221.
Euritt, Alyn: Podcasting as an Intimate Medium. Abingdon/New York 2023.
Fiess, Dietrich: Siedlungsmundart - Heimatmundart. Studien zur Entwicklung der Mundart von Sarata in Bessarabien aus ihren verschiedenen Herkunftsmundarten (= Idiomatica 4). Tübingen 1975.
Frahm, Eckart/Sauer, Eckard/Schmid, Sigrid: Digitalisierung der historischen Tonbandaufnahmen. Technische Angaben und Erfahrungsberichte. In: Tübinger Vereinigung für Volkskunde e.V. (Hg.): Dialekt und Alltagssprache. Arbeitsstelle Sprache in Südwestdeutschland. (= Tübinger Korrespondenzblatt Nr. 57). Tübingen 2004, S. 53–64.
Grosser, Thomas: Die Integration der Heimatvertriebenen in Württemberg-Baden (1945–1961). Stuttgart 2006.
Hoffmann, Anette: Echoes of the Great War: the Recordings of African Prisoners of WWI. In: Open Arts Journal Issue 3 (2014), S. 7–23.
Jäggi, Patricia: Im Rauschen der Schweizer Alpen. Eine auditive Ethnographie zu Klang und Kulturpolitik des internationalen Radios. Bielefeld 2020.
Jeggle, Utz: Vom Umgang mit Sachen. In: Köstlin, Konrad/Bausinger, Hermann (Hg.): Umgang mit Sachen. Zur Kulturgeschichte des Dinggebrauchs. 23. Deutscher Volkskunde-Kongreß in Regensburg vom 6.–11. Oktober 1981, Regensburg 1983, S. 11–25.
Jeggle, Utz: Das Fremde im Eigenen. Beiträge zur Anthropologie des Alltags. Tschofen, Bernhard/Johler, Reinhard/Scheer, Monique/Thiemeyer, Thomas (Hg.). Tübingen 2014. (= Untersuchungen des Ludwig-Uhland-Instituts der Universität Tübingen, Band 115).
Johler, Reinhard: Heimisch werden in Baden-Württemberg: Integration, Akkulturation und Assimilation im Alltag. In: Beer, Mathias (Hg.): Baden-Württemberg

– eine Zuwanderungsgeschichte. (= Schriften zur politischen Landeskunde Baden-Württembergs Band 40). Stuttgart 2014, S. 199–216.
Johler, Reinhard: Der Südosten Europas und die Tübinger EKW. Eine donauschwäbische Institutsgeschichte. In: Beer, Mathias/Johler, Reinhard/Marchetti, Christian (Hg.): Donauschwaben und andere. Tübinger Südosteuropaforschung. (= Tübinger Korrespondenzblatt 61). Tübingen 2015, S. 145–175.
Keller-Drescher, Lioba: Ein Spracharchiv: Die schriftlichen Dokumente der Tübinger Sprach- und Dialektforschung im Archiv des Ludwig-Uhland-Instituts. In: Tübinger Vereinigung für Volkskunde e.V. (Hg.): Dialekt und Alltagssprache. Arbeitsstelle Sprache in Südwestdeutschland. (= Tübinger Korrespondenzblatt Nr. 57). Tübingen 2004, S. 65–75.
Keller-Drescher, Lioba: Ein Gesprächsarchiv. Neue Fragen und Perspektiven. In: Tübinger Vereinigung für Volkskunde e.V. (Hg.): Dialekt und Alltagssprache. Arbeitsstelle Sprache in Südwestdeutschland. (= Tübinger Korrespondenzblatt Nr. 57). Tübingen 2004, S. 76–85.
Klausmann, Hubert: Sprachlicher Alltag ist Kultur. Das Projekt „Sprachalltag" der Arbeitsstelle „Sprache in Südwestdeutschland". In: Ludwig-Uhland-Institut (Hg.): Kultur ist. Beiträge der Empirischen Kulturwissenschaft in Tübingen. Tübingen 2022, S. 103–118.
Köhle-Hezinger, Christel (Hg.): Neue Siedlungen – Neue Fragen. Eine Folgestudie über Heimatvertriebene in Baden-Württemberg – 40 Jahre danach. Ein Projekt des Ludwig-Uhland-Instituts für Empirische Kulturwissenschaft der Universität Tübingen. Tübingen 1996.
Kossert, Andreas: Kalte Heimat. Die Geschichte der deutschen Vertriebenen nach 1945. (= Schriftenreihe der Bundeszentrale für politische Bildung, Band 712). Bonn 2008.
Köstlin, Konrad/Bausinger, Hermann (Hg.): Umgang mit Sachen. Zur Kulturgeschichte des Dinggebrauchs. 23. Deutscher Volkskunde-Kongreß in Regensburg vom 6.–11. Oktober 1981, Regensburg 1983.
Köstlin, Konrad: Erzählen vom Krieg – Krieg als Reise II. In: BIOS. Zeitschrift für Biographieforschung 2 (1989), S. 173–182.
Köstlin, Konrad: Eine Ästhetik des Verlusts. In: Elisabeth Fendl (Hg.): Zur Ästhetik des Verlusts. Bilder von Heimat, Flucht und Vertreibung. Referate der Tagung des Johannes-Künzig-Instituts für ostdeutsche Volkskunde 8. bis 10. Juli 2009. Münster/New York/München/Berlin 2010. S. 7–24.
Kuntz, Andreas: Erinnerungsgegenstände. Ein Diskussionsbeitrag zur Erforschung rezenter Sachkultur. In: Ethnologia Europaea 20 (1990), S. 61–80.
Lange, Britta: Sensible Sammlungen. In: Berner, Margit/Hoffmann, Anette/Lange, Britta: Sensible Sammlungen. Aus dem anthropologischen Depot. Hamburg 2011, S. 15–40.
Lange, Britta: Gefangene Stimmen. Tonaufnahmen von Kriegsgefangenen aus dem Lautarchiv 1915–1918. Berlin 2019.

Lüttinger, Paul: Der Mythos der schnellen Integration. In: Zeitschrift für Soziologie 15 (1986), S. 20–36.
Maase, Kaspar: Das Archiv als Feld? Überlegungen zu einer historischen Ethnographie. In: Eisch, Katharina/Hamm, Marion (Hg.): Die Poesie des Feldes. Beiträge zur ethnographischen Kulturanalyse. (= TVV Band 93), Tübingen 2001, S. 255–271.
Nast, Mirjam/Klausmann, Hubert: Jetz isch halt alles anderscht, net? Kultureller Wandel im Ländlichen Raum. Ubstadt-Weiher 2020.
Oehme-Jüngling, Karoline: Auditive Feldforschung. In: Bischoff, Christine/Oehme-Jüngling, Karoline/Leimgruber, Walter (Hg.): Methoden der Kulturanthropologie. Bern 2014, S. 351–366.
Ratt, Sandro: Didaktik des Umbruchs. Ein Rückblick auf das Neue-Siedlungen-Projekt. In: Beer, Mathias/Johler, Reinhard/Marchetti, Christian: Donauschwaben und andere. Tübinger Südosteuropaforschung. (= Tübinger Korrespondenzblatt 61). Tübingen 2015, S. 37–58.
Ruoff, Arno: Grundlagen und Methoden der Untersuchung gesprochener Sprache. Einführung in die Reihe „Idiomatica“ mit einem Katalog der ausgewerteten Tonbandaufnahmen (= Idiomatica 1). Tübingen 1973.
Ruoff, Arno: Die Geschichte der Tübinger Arbeitsstelle „Sprache in Südwestdeutschland“ 1955–1995. Mit einer Bibliographie. In: Ders./Löffelad, Peter (Hg.): Syntax und Stilistik der Alltagssprache. Beiträge der 12. Arbeitstagung zur alemannischen Dialektologie. 25.–29. September 1996 in Ellwangen/Jagst (= Idiomatica 18). Tübingen 1997, S. 283–296.
Ruoff, Arno: Die Tübinger Arbeitsstelle „Sprache in Südwestdeutschland“ 1955–1995. In: Tübinger Vereinigung für Volkskunde e.V. (Hr.): Dialekt und Alltagssprache. Arbeitsstelle Sprache in Südwestdeutschland. (= Tübinger Korrespondenzblatt Nr. 57). Tübingen 2004, S. 19–52.
Ruoff, Arno: Donauschwäbische Sprachforschungen am Ludwig-Uhland-Institut. In: Beer, Mathias/Johler, Reinhard/Marchetti, Christian: Donauschwaben und andere. Tübinger Südosteuropaforschung. (= Tübinger Korrespondenzblatt 61). Tübingen 2015, S. 21–35.
Saini, Pierrine/Schärer, Thomas: Erinnerung, Film- und Fotoelicitation. In: Bischoff, Christine/Oehme-Jüngling, Karoline/Leimgruber, Walter (Hg.): Methoden der Kulturanthropologie. Bern 2014, S. 313–330.
Schafer, R. Murray: The Soundscape. Our Sonic Environment and the Tuning of the World. Rochester 1977.
Simmel, Georg: Dankbarkeit. Ein soziologischer Versuch. In: Der Morgen. Wochenschrift für deutsche Kultur. Begründet und hg. von Werner Sombart zusammen mit Richard Strauß, Georg Brandes und Richard Muther unter Mitwirkung von Hugo von Hofmannsthal (1 Jg., Nr. 19), Berlin 1907, S. 593–598.
Tolksdorf, Ulrich: Phasen der kulturellen Integration bei Flüchtlingen und Aussiedlern. In: Bade, Klaus J. (Hg.): Neue Heimat im Westen: Vertriebene, Flüchtlinge, Aussiedler. Münster 1990, S. 106–127.

Volbrachtová, Libuše/Rössler, Monika: Einlebensprozesse deutsch-böhmischer Flüchtlinge nach 1945: Distinktions- und Integrationsschwierigkeiten einer Flüchtlingsgruppe in den Westzonen der Bundesrepublik. Tübingen 1992.

Volbrachtová, Libuše: Qualitative Feldforschung. Vor- und Nachteile. In: Katharina Eisch/Marion Hamm (Hg.): Die Poesie des Feldes. Beiträge zur ethnographischen Kulturanalyse. (= TVV Band 93), Tübingen 2001, S. 75–88.

Autor_innenverzeichnis

Dr. Isabell Arnstein ist Studienrätin für die Fächer Deutsch und Geschichte mit Gemeinschaftskunde an der Zentralgewerbeschule Buchen im Odenwald und war von 2021-2023 Mitarbeiterin beim Projekt „Der Dialekt im sprachlichen und gesellschaftlichen Wandel“ mit dem Forschungsschwerpunkt „Innere und äußere Mehrsprachigkeit im beruflichen Schulwesen“. Sie ist auch Ansprechpartnerin am Zentrum für Schulqualität und Lehrerbildung (ZSL) Stuttgart für den Bereich „Dialekt in der Schule“. Isabell Arnstein setzt sich zum Ziel, die Beziehungen zwischen Dialekt und Ortsloyalität sowie Dialekt als Integrationsfunktion und Möglichkeit zur stärkeren gesellschaftlicheren Teilhabe zu erforschen. Darüber hinaus liegt ihr Interesse darin, das Potenzial der inneren und äußeren Mehrsprachigkeit im System Schule zu erfassen und diese Erkenntnisse auch für die Konzeption von Schulunterricht zu verwenden.

Dr. Rudolf Bühler ist seit 2009 wissenschaftlicher Mitarbeiter der „Arbeitsstelle Sprache in Südwestdeutschland/Arno-Ruoff-Archiv“ des Ludwig-Uhland-Instituts für Empirische Kulturwissenschaft der Universität Tübingen. Er studierte Germanistik – Sprachwissenschaft des Deutschen, neuere/neueste Geschichte und ostslavische Philologie in Freiburg i.Br. 2016 promovierte er mit der Dissertation „Sprachwandeltendenzen in Baden-Württemberg. Eine diachrone Untersuchung am Beispiel der schwäbisch-fränkischen Dialektgrenze.“

Prof. Dr. Hubert Klausmann ist seit 2009 Leiter des Projekts „Sprachalltag“, seit 2015 auch Leiter der „Arbeitsstelle Sprache in Südwestdeutschland“ am Ludwig-Uhland-Institut für Empirische Kulturwissenschaft der Universität Tübingen. Zu seinen Forschungsschwerpunkten gehören Dialektologie, Familiennamengeografie und Sprachkritik. Er war viele Jahre Lehrer an einem baden-württembergischen Gymnasium und Mitarbeiter am „Vorarlberger Sprachatlas“.

Margret Findeisen, M.A. ist seit September 2021 Wissenschaftliche Mitarbeiterin an der Tübinger Arbeitsstelle „Sprache in Südwestdeutschland“/Arno-Ruoff-Archiv des Ludwig-Uhland-Instituts für Empirische Kulturwissenschaft. Sie studierte Allgemeine Rhetorik und Empirische Kulturwissenschaft an der Universität Tübingen und arbeitete anschließend einige Jahre als Pressesprecherin und Referentin in Kultur und Politik. Derzeit promoviert sie zu Tonbandaufnahmen des Arno-Ruoff-Archivs, welche Tübinger Sprachwissenschaftler Mitte der 1950er Jahre mit Vertriebenen anfertigten und setzt diese historischen Zeugnisse in alltagskulturellen Gegenwartsbezug der Nachfahrengeneration(en).